Formação de Professores(as) e os 20 anos da Lei Nº. 10.639/2003

Conselho Editorial da LF Editorial

Amílcar Pinto Martins - Universidade Aberta de Portugal

Arthur Belford Powell - Rutgers University, Newark, USA

Carlos Aldemir Farias da Silva - Universidade Federal do Pará

Emmánuel Lizcano Fernandes - UNED, Madri

Iran Abreu Mendes - Universidade Federal do Pará

José D'Assunção Barros - Universidade Federal Rural do Rio de Janeiro

Luis Radford - Universidade Laurentienne, Canadá

Manoel de Campos Almeida - Pontifícia Universidade Católica do Paraná

Maria Aparecida Viggiani Bicudo - Universidade Estadual Paulista - UNESP/Rio Claro

Maria da Conceição Xavier de Almeida - Universidade Federal do Rio Grande do Norte

Maria do Socorro de Sousa - Universidade Federal do Ceará

Maria Luisa Oliveras - Universidade de Granada, Espanha

Maria Marly de Oliveira - Universidade Federal Rural de Pernambuco

Raquel Gonçalves-Maia - Universidade de Lisboa

Teresa Vergani - Universidade Aberta de Portugal

WILMA DE NAZARÉ BAÍA COELHO
ERINALDO VICENTE CAVALCANTI
NICELMA JOSENILA COSTA DE BRITO
(Organizadores)

Formação de Professores(as) e os 20 anos da Lei Nº. 10.639/2003

REALIZAÇÃO

APOIO

2024

Copyright © 2024 os organizadores e autores
1ª Edição

Direção editorial: Victor Pereira Marinho e José Roberto Marinho

Imagem da capa: Maiana Araújo Lourenço
Capa: Fabrício Ribeiro
Projeto gráfico e diagramação: Fabrício Ribeiro

Edição revisada segundo o Novo Acordo Ortográfico da Língua Portuguesa

Dados Internacionais de Catalogação na publicação (CIP)
(Câmara Brasileira do Livro, SP, Brasil)

Formação de professores(as) e os 20 anos da Lei nº 10.639/2003 / organizadores Wilma de Nazaré Baía Coelho, Erinaldo Vicente Cavalcanti, Nicelma Josenila Costa de Brito. – São Paulo: LF Editorial, 2024.

Vários autores.
Bibliografia.
ISBN 978-65-5563-436-5

1. Cultura afro-brasileira 2. Educação - Brasil - Currículos 3. Política educacional - Brasil 4. Professores - Formação 5. Relações étnico-raciais I. Coelho, Wilma de Nazaré Baía. II. Cavalcanti, Erinaldo Vicente. III. Brito, Nicelma Josenila Costa de.

24-197734   CDD-371.829

Índices para catálogo sistemático:
1. História e cultura afro-brasileira: Ensino: Educação 371.829

Tábata Alves da Silva - Bibliotecária - CRB-8/9253

Todos os direitos reservados. Nenhuma parte desta obra poderá ser reproduzida sejam quais forem os meios empregados sem a permissão da Editora. Aos infratores aplicam-se as sanções previstas nos artigos 102, 104, 106 e 107 da Lei Nº 9.610, de 19 de fevereiro de 1998

LF Editorial
www.livrariadafisica.com.br
www.lfeditorial.com.br
(11) 2648-6666 | Loja do Instituto de Física da USP
(11) 3936-3413 | Editora

SUMÁRIO

Eixo Temático I – Formação de Professores(as), Currículo e Relações Étnico-Raciais

PLANEJAMENTO EDUCACIONAL E ERER: reflexões sobre o Curso de Pedagogia da UFPA......................13

Antonio Matheus do Rosário Corrêa

RELAÇÕES ÉTNICO-RACIAIS, CURRÍCULO E PPC DE LETRAS DA UNILA......................27

Raquel Amorim dos Santos; Samara Ferreira da Silva

PPC DE FORMAÇÃO DE PROFESSORES DE CIÊNCIAS BIOLÓGICAS DAS IES FEDERAIS E ESTADUAIS DO NORTE DO BRASIL E A ERER......................35

Cristiano Pinto da Silva; Wilma de Nazaré Baía Coelho

PRÁTICAS PEDAGÓGICAS INTERÉTNICAS NA FORMAÇÃO DE PROFESSORES PARA A COMUNIDADE QUILOMBOLA EMBIRAL – CABEÇA BRANCA/MA......................45

Maria Alice Pires Oliveira Van Deursen; István van Deursen Varga;
Raimundo Luís Silva Cardoso

ERER: disputas no currículo eurocentrado do sistema de ensino brasileiro... 55

Flávia Rodrigues Lima da Rocha; Geovanna Moraes de Almeida;
Ló-Ruama Íllary Freires Pereira

CURRÍCULO, FORMAÇÕES DE PROFESSORES E ERER NOS PPC's DA UFPA E DA UNIOESTE......................65

Raquel Amorim dos Santos; Râmila de Souza da Silva

A ERER NA BNCC DO ENSINO MÉDIO......................77

Milena Farias e Silva; Wilma de Nazaré Baía Coelho

REPRESENTAÇÕES DE PROFESSORES PRECEPTORES DO PROGRAMA RP-CAPES/MEC/UFRA E SUAS EXPERIÊNCIAS FORMATIVAS NO PROGRAMA......................93

Felipe Alex Santiago Cruz; Thais Gabriele Mendes da Silva

O QUE PENSAM LICENCIANDOS EM CIÊNCIAS BIOLÓGICAS/UFRA ACERCA DAS PRÁTICAS DE PROFESSORES SUPERVISORES VIVENCIADAS NOS ESO? 101

Emilly Nogueira Alves; Felipe Alex Santiago Cruz; Jéssica Karina Mesquita Vieira

DCNEEQ: reflexões acerca do panorama jurídico..................113

Laércio Farias da Costa; Wilma de Nazaré Baía Coelho

SABERES TRADICIONAIS DO QUILOMBO DO ITACURUÇÁ (ABAETETUBA/PA): algumas reflexões..................125

Mara Rita Duarte de Oliveira; Laércio Farias da Costa; Ester Gomes da Silva

FORMAÇÃO DE PROFESSORES: características de altas habilidades ou superdotação matemática..................137

Célia Miriam da Silva Nogueira

Eixo Temático II – A Diversidade e o Ensino de História

CURRÍCULOS ESTADUAIS/REGIÃO NORTE: a regionalidade no ensino de história e a BNCC..................149

Andressa da Silva Gonçalves; Wilma de Nazaré Baía Coelho

O ESPAÇO DO ENSINO DE HISTÓRIA E DA ERER NA PRODUÇÃO DOCENTE – o caso das universidades públicas do Nordeste (2002-2019) ..163

Vitor Jacques Vital; Mauro Cezar Coelho

A AMAZÔNIA DA ESCOLA E DA EDUCAÇÃO BÁSICA: como os estudantes do Ensino Fundamental representam a História e a Amazônia? ...175

Carlos Augusto Guedes Souza; Erinaldo Vicente Cavalcanti;
Rebeka Katellen Santos do Nascimento

O QUE A HISTÓRIA DEVE ENSINAR? Reflexões a partir do que estudantes da Educação Básica consideram importante aprender 187

Rebeka Katellen Santos do Nascimento; Erinaldo Vicente Cavalcanti;
Carlos Augusto Guedes Souza

ALÉM DAS CORRENTES E GRILHÕES: o Museu do Negro de São Luís/MA como proposta para o Ensino de História..................201

Leonardo Ryon Alves dos Santos

O COMPLEXO DO VER-O-PESO COMO FERRAMENTA DE ENSINO-APRENDIZAGEM PARA ALUNOS DOS ANOS INICIAIS 213

Suzane Cunha da Luz; Vitória Fernandes Borges

O PASSADO NO PRESENTE: o anacronismo no Ensino de História... 225

Alexandre Faro Chermont; Mauro Cezar Coelho

FLORESTAS VIZINHAS, REPÚBLICAS LIMÍTROFES: uma história do (não) lugar que a Pan-Amazônia ocupa nos cursos de graduação em História da Amazônia Brasileira (2002-2019).......................................235

Italo Luis Souza de Souza; Andrei Lucas Reis Vasconcelos; Mauro Cezar Coelho

Eixo Temático III – A Lei Nº. 10.639/2003 e a Escola Básica: epistemologias e panoramas da sociedade brasileira

CURRÍCULO DO ENSINO FUNDAMENTAL/PA: notas iniciais sobre a ERER..249

Larissa Estumano Soares; Wilma de Nazaré Baía Coelho

IDENTIDADE E EXPERIÊNCIAS COM ESTUDANTES DE UMA ESCOLA PÚBLICA DE BELÉM/PA 263

Caroline das Graças dos Santos Ribeiro; Maria Vitória Morato Lopes Macedo; Nicelma Josenila Costa de Brito

A CRIANÇA NEGRA NO DISCURSO: somos todos iguais 271

Raylanne Costa Arouche; Érica Andressa Rocha; Grace Kelly Silva Sobral Souza

A EDUCAÇÃO INTERCULTURAL, CURRÍCULO, PRÁTICAS PEDAGÓGICAS E DIVERSIDADE NA ESCOLA 285

Antonilda da Silva Santos

ESTUDANTES NEGROS: leituras preliminares sobre o acesso a bens culturais em uma escola de Educação Básica em Belém/PA.....................295

Rebeca Salem Varela Melo; Nicelma Josenila Costa de Brito

20 ANOS DA LEI Nº. 10.639/2003: breve panorama da literatura especializada 305

Waldemar Borges de Oliveira Júnior; Erllenkeley Angelo Ribeiro

A LEI Nº. 10.639/03: relato de uma experiência na escola 315

Francimar Brito Silva; Nicelma Josenila Costa de Brito

PRODUÇÕES ACADÊMICAS SOBRE SOCIABILIDADES E JOVENS NEGRAS: perfis de autores(as) de teses e dissertações (2016 a 2021) 327

Thaís da Silva Mendonça Copelli; Wilma de Nazaré Baía Coelho

PRODUÇÕES ACADÊMICAS SOBRE O LUGAR DA ERER NOS LIVROS DIDÁTICOS DE ENSINO MÉDIO: mapeamento de teses e dissertações (2017-2022) 337

Alessandra de Almeida Souza; Wilma de Nazaré Baia Coelho

DESIGUALDADES SOCIAIS NA ESCOLA 349

Josecley de Paula Alves; Nicelma Josenila Costa de Brito

EDUCAÇÃO E EQUIDADE FEITA NO BRASIL 357

Leslia de Freitas Knopp; Érica Souza

ESTATUTO DA IGUALDADE RACIAL: por um Brasil possível 369

Carla Cristina Mafra Ribeiro

A TRAJETÓRIA DA POPULAÇÃO NEGRA NO ENSINO FUNDAMENTAL NAS ESCOLAS PÚBLICAS DO BRASIL: considerações preliminares sobre acesso e permanência 377

Antonio Henrique França Costa

APRESENTAÇÃO

A obra *Formação de Professores(as) e os 20 anos da Lei Nº. 10.639/2003* advém de diálogos tecidos entre múltiplos(as) atores(as) no contexto de mais um movimento empreendido pelo Núcleo de Estudos e Pesquisas sobre Formação de Professores e Relações Étnico-Raciais – NEAB GERA/UFPA, desta feita, por ocasião dos debates referentes aos vinte anos de promulgação da Lei Nº 10.639/2003. Estes debates contaram com a participação de docentes da Escola Básica e do Ensino Superior, estudantes em distintas etapas de seus processos formativos e profissionais do campo educacional, os(as) quais, por meio de experiências diversificadas, constituíram as discussões apresentadas no XIII SEMINÁRIO NACIONAL E XV SEMINÁRIO REGIONAL SOBRE FORMAÇÃO DE PROFESSORES/AS E RELAÇÕES ÉTNICO-RACIAIS, cujo enfoque privilegiou a "Diversidade, formação de professores(as) e a produção do conhecimento no contexto dos 20 anos da Lei Nº. 10.639/2003: diferentes contextos culturais, intersecções e aproximações", com realização no período de 29 de novembro a 2 de dezembro de 2023.

Organizamos a obra a partir de 3 (três) eixos temáticos, constituídos por: *Formação de Professores(as), Currículo e Relações Étnico-Raciais; A Diversidade e o Ensino de História* e *A Lei Nº. 10.639/2003 e a Escola Básica: epistemologias e panoramas da sociedade brasileira*. Sendo assim, esperamos que a leitura e estudos advindos dos textos que dialogam com a temática da Educação para as Relações Étnico-Raciais contribuam para ampliação do capital de conhecimento daqueles(as) que engendram esforços para efetivação de uma sociedade e educação antirracista.

Uma boa leitura a todos(as).

Wilma de Nazaré Baía Coelho
Erinaldo Vicente Cavalcanti
Nicelma Josenila Costa de Brito
(Organizadores)

Eixo Temático I
Formação de Professores(as), Currículo e Relações Étnico-Raciais

PLANEJAMENTO EDUCACIONAL E ERER:
reflexões sobre o Curso de Pedagogia da UFPA

Antonio Matheus do Rosário Corrêa[1]

Introdução

Este relato de experiência compartilha vivências formativas realizadas durante o componente curricular Planejamento Educacional (60h) – ofertado pela Universidade Federal do Pará (UFPA), *Campus* Bragança, Faculdade de Educação, ministrado pelo autor, ao curso de Licenciatura em Pedagogia. O ementário desse componente privilegia: "fundamentos teóricos do planejamento educacional e estudo dos modelos de planejamento, em sua relação com o processo de desenvolvimento e de participação social" (FACED, 2012, p. 50).

Esse componente dispõe de fundamentos para o processo de planejamento educacional em confluência com a participação social, o qual possibilita uma articulação com a Educação para as Relações Étnico-Raciais (ERER) via transformação da sociedade por sujeitos comprometidos com a subversão do racismo e garantia de equidade étnico-racial.

As Diretrizes Curriculares Nacionais para a Educação das Relações Étnico-Raciais e para o Ensino da História e Cultura Afro-Brasileira e Africana (DCNERER), no Art. 1º, §1º, enfatizam que as Instituições de Ensino Superior: "[...] incluirão nos conteúdos de disciplinas e atividades curriculares dos cursos que ministram, a Educação das Relações Étnico-Raciais, bem como o tratamento de questões e temáticas que dizem respeito aos afrodescendentes [...]" (BRASIL, 2004, p. 31).

---

1 Mestre pelo Programa de Pós-Graduação em Linguagens e Saberes da Amazônia (PPLSA) da Universidade Federal do Pará (UFPA). Professor Substituto da UFPA, *Campus* Bragança, Faculdade de Educação. Membro do Núcleo de Estudos e Pesquisas Afro-Brasileiros (NEAB/ UFPA). *E-mail*: matheuscorrea@ufpa.br

A relevância acadêmica se apresenta na necessidade de articulação entre os campos de conhecimento do planejamento educacional e da ERER, em relação a qual foi realizado levantamento bibliográfico de artigos científicos entre os anos de 2013 a 2023, na plataforma *Scientific Electronic Library Online* (SciELO), com os descritores *Planejamento Educacional* e *Educação para as Relações Étnico-Raciais*. Neste levantamento não fora localizada nenhuma produção acerca da temática, o que reforça a urgência em abrangê-la na formação inicial de professores(as) na Licenciatura em Pedagogia.

Perante o exposto, elaborou-se o seguinte problema de estudo: quais experiências formativas foram possibilitadas pela relação entre o componente curricular Planejamento Educacional e o campo do conhecimento da ERER no curso de Licenciatura em Pedagogia da UFPA – *Campus* Bragança? Nesse sentido, objetiva-se compartilhar experiências formativas desenvolvidas no componente curricular Planejamento Educacional em relação à ERER. Especificamente, objetivou-se apresentar experiências formativas do componente curricular Planejamento Educacional relacionadas à ERER; estabelecer relação teórica e prática na produção do conhecimento sobre Planejamento Educacional e participação social no tocante às Relações Étnico-Raciais.

Aporte Teórico: Planejamento Educacional, Formação de Professores(as) e ERER

Considera-se a formação de professores(as) como momento de embasamento teórico, metodológico e prático em diferentes componentes curriculares, processo formativo dentro do qual efetivam-se interlocuções em torno de experiências em contextos escolares e não escolares; construções de conhecimentos pedagógicos na complexidade da sociedade contemporânea e conformação de reflexões críticas sobre fenômenos educativos e sociais. Para as Diretrizes Curriculares Nacionais para a Formação Inicial de Professores para a Educação Básica, a formação de professores(as) se fundamenta em "I - a sólida formação básica, com conhecimento dos fundamentos científicos e sociais de suas competências de trabalho; / II - a associação entre as teorias e as práticas pedagógicas" (BRASIL, 2019, p. 46), dimensões necessárias ao(a) futuro(a) profissional pedagogo(a).

Conforme aponta a literatura especializada, com a qual concordo, necessita-se de uma formação de professores(as) comprometida com a relação teórico-prática de conhecimentos pedagógicos, os quais estão consubstanciados nas Relações Étnico-Raciais (RER) como campo de estudo e fenômeno social. Considerando a "[...] formação de professores preponderante para o enfrentamento do silenciamento sobre as questões raciais no cotidiano da escola" (SANTOS, 2009, p. 21), ela possibilita ao(a) graduando(a) o contato com as questões étnico-raciais e reflexões para enfrentamento das diferentes facetas do racismo, do preconceito, da discriminação e dos estereótipos e estigmas, entre outros motivados pela superioridade do branco sobre o negro.

A formação de professores(as) busca preparar o(a) futuro(a) profissional pedagogo(a) para atuação na docência da Educação Infantil e Ensino Fundamental, Coordenação Pedagógica, Gestão Escolar e Educação em Ambientes Não Escolares, sendo esses espaços atravessados pelas RER. Conforme Art. 5º, IX, das Diretrizes Curriculares Nacionais para o Curso de Graduação em Pedagogia, o(a) egresso(a) estará apto(a) a: "Identificar problemas socioculturais e educacionais com postura investigativa, integrativa e propositiva em face de realidades complexas, com vistas a contribuir para superação de exclusões sociais, étnico-raciais, econômicas, culturais, religiosas, políticas" (BRASIL, 2006, p. 11).

A formação de professores(as) para atuação como pedagogo(a) se dedica, entre outros componentes formativos, a identificação de questões socioculturais e educacionais alcançadas pelo senso investigativo, integração interdisciplinar e proposições para alcance de soluções educacionais, entre estas, aquelas que concernem a exclusão por motivo étnico-racial, com vistas à garantia da cidadania. Esse movimento formativo é um mecanismo de problematização da "[...] ideia de cidadania cultivada nos cursos de formação de professores [que] oblitera a cor, a questão racial e seus desdobramentos das discussões relacionadas à formação para a cidadania" (COELHO, 2006, p. 27).

A cidadania está articulada a ERER como processo de garantia de direitos historicamente negados na relação entre negros e brancos no Brasil, desde o período colonial. Para Gomes e Araújo (2016, p. 195), são "relações construídas no processo histórico, social, político, econômico e cultural", sendo as socializações dos sujeitos demarcadas pelos aspectos étnicos ligados aos traços fisionômicos e raízes culturais e os aspectos raciais ressignificados pelas dimensões políticas, históricas e constitutivas da população negra.

O Planejamento Educacional, relacionado a ERER, confere processos de transformação da sociedade e participação democrática, por meio de planos, projetos e programas voltados para a luta contra o racismo e práticas antirracistas no sentido de valorização e reconhecimento de contribuições da população negra para a Educação. Tal compreensão pauta-se nas reflexões de Vasconcellos (2009, p. 75), para quem "o planejamento, sem dúvida, pode colocar-se como um instrumento teórico-metodológico para a intervenção da realidade". O processo de planejamento é caminho teórico-metodológico para intervenção de problemáticas educacionais cotidianas, dentre o qual se cita a problematização do racismo e fornecimento de estratégias para sua superação na formação inicial do curso de Licenciatura em Pedagogia.

Considerando as etapas de elaborar, executar e avaliar (DALMÁS, 1994; GANDIN, 2005), a participação social da comunidade local é fundamental para a promoção de planos, projetos e programas democráticos em sistemas e unidades de ensino, garantindo ampla mobilização de sujeitos e grupos. Para Dalmás (1994, p. 27), o processo de planejamento participativo é possível quando "envolve as pessoas como sujeitos a partir de sua elaboração, e com presença constante na execução e avaliação, não apenas como indivíduos, mas sujeitos de um processo que os envolve como grupo".

Experiências formativas sobre Planejamento Educacional e ERER proporcionam efetividade de políticas de formação no curso de Licenciatura em Pedagogia, além de elos entre conhecimentos vivenciados *a priori* por graduandos(as) com saberes pedagógicos, a partir de enunciações durante o componente curricular, como forma de "reinventar os saberes pedagógicos a partir da prática social da educação" (PIMENTA, 1999, p. 25).

Percurso Teórico-Metodológico

O relato de experiência se embasa na abordagem qualitativa de estudo, o qual desvela "particular relevância ao estudo das relações sociais devido à pluralização das esferas da vida" (FLICK, 2009, p. 20). As tessituras dialógicas desenvolvidas durante o componente curricular e socializações a respeito da

ERER favorecem a pluralização de experiências cotidianas dos(as) discentes em interação com conhecimentos pedagógicos.

Quanto ao tipo de estudo, elencou-se a etnografia da prática escolar (ANDRÉ, 1995) como caminho de contato com representações, linguagens e saberes compartilhados por discentes na interação entre planejamento educacional e ERER em experiências formativas no curso de Licenciatura em Pedagogia da UFPA, *Campus* Bragança. André (1995, p. 34) pontua que essa etnografia desvela a prática escolar ao "descrever as ações e representações dos seus atores sociais, reconstruir sua linguagem, suas formas de comunicação e os significados que são criados e recriados no cotidiano do seu fazer pedagógico".

Para a geração de dados, desenvolveu-se observação participante configurada pela relação dialógica entre docente e discentes participantes do componente curricular Planejamento Educacional, como forma de processamento do ensino e da aprendizagem. Corrobora-se com Neto (1994, p. 59), ao afirmar que "o observador, enquanto parte do contexto de observação, estabelece uma relação face a face com os observados. Nesse processo, ele, ao mesmo tempo, pode modificar ser modificado pelo contexto", em socialização de conhecimentos experienciais e pedagógicos.

Ressalta-se que a turma do curso de Licenciatura em Pedagogia da UFPA – *Campus* Bragança era composta por 30 discentes matriculados(as), mas somente 25 frequentaram as aulas regularmente e com aproveitamento para aprovação. Considerando a interlocução entre Planejamento Educacional e ERER, a geração de dados se alinha ao desenvolvimento do componente curricular, com realização das seguintes etapas:

Quadro 1 – Etapas de geração de dados sobre Planejamento Educacional e ERER

Etapa	Descrição de Ações e Atividades
Planejamento de Ensino – Planejamento Educacional (60h)	Apresentação do plano de ensino do componente curricular Planejamento Educacional (60), com ementa, objetivos, conteúdo programático, método de ensino, habilidades e competências, avaliação da aprendizagem, bibliografias e cronograma.
Exibição de Série Documental – Educação na Amazônia	Exibição da série documental Educação na Amazônia, episódio "Quilombos e Quilombolas", produzida pelo Programa Sala de Notícias do Canal Futura, disponível em: https://www.youtube.com/watch?v=wXexAYIPGa0.
Leitura e Estudo Bibliográfico	Estudo bibliográfico dos documentos: Plano Nacional de Implementação das Diretrizes Curriculares Nacionais para a Educação das Relações Étnico-Raciais e para o Ensino de História e Cultura Afro-Brasileira e Africana (Brasil, 2013); A experiência vivida pelo negro (Fanon, 2008).
Sessão de Estudos do Núcleo de Estudos e Pesquisas Afro-Brasileiros da Universidade Federal do Pará (NEAB/UFPA)	Participação com diálogos, reflexões e críticas sobre a obra *Pele Negra, Máscaras Brancas* de Frantz Fanon, na plataforma virtual Google Meet.
Resposta a Fórum Virtual no aplicativo *Google Docs*	Produção de texto científico-acadêmico sobre o capítulo *A experiência vivida pelo negro* (Fanon, 2008), individual ou dupla.

Fonte: elaborado pelo autor (2023), a partir do plano de ensino do componente Planejamento Educacional.

Os procedimentos de análise estão fundamentados na Análise do Discurso do Círculo de Bakhtin (2016), especificamente nos Gêneros do Discurso, definidos como enunciados relativamente estáveis, comunicados entre falante e ouvinte na cadeia discursiva de determinado contexto. De acordo com Bakhtin (2016), os Gêneros do Discurso são divididos em primário, menos complexo, comunicado no cotidiano dos sujeitos de forma dialógica; secundário, mais complexo, presente em enunciados imersos por conhecimentos políticos, científicos e vivenciais. Nessa interlocução de gêneros discursivos, as experiências formativas são construídas e comunicadas pelos sujeitos (discentes) e grupo social (turma).

Resultados e discussões: experiências formativas no curso de Licenciatura em Pedagogia da UFPA – *Campus* Bragança

Esta seção dispõe de experiências formativas realizadas no componente curricular Planejamento Educacional em interfaces com a ERER em turma de Pedagogia. Para Coelho (2018, p. 111), "é necessário que a reflexão sobre a formação de professores e relações étnico-raciais e suas implicações no combate ao racismo sejam amplamente discutidas como um fator estruturante dos processos de formação", apresentada no Plano de Ensino.

O planejamento de ensino é um processo importante para o trabalho docente e participação pedagógica de discentes, visto que diálogos construídos apresentam cultura do grupo, necessidades/dificuldades formativas e opções coletivas, sendo a proposta de ensino modificada. Segundo Dalmás (1994) e Gandin (2005), o planejamento participativo possui caráter democrático, dialógico e colaborativo em três sentidos, quais sejam: planejar para a comunidade, planejar com a comunidade e planejamento da comunidade, em consideração aos princípios da elaboração, execução e avaliação como modos de transformação social.

Nesse sentido, o amplo diálogo e participação de discentes proporcionam o contato teórico, prático e experiencial na formação inicial de professores(as), considerado como momento ímpar na ERER, conforme tessituras dialógicas desenvolvidas na Licenciatura em Pedagogia da UFPA, *Campus* Bragança, Faculdade de Educação. Com as etapas do plano de ensino firmadas coletivamente, exibiu-se o episódio *Quilombos e Quilombolas* da série *Educação na Amazônia*, que discorre sobre a vida escolar em comunidades quilombolas do estado do Pará, com foco em torno das formas de planejamento de ensino e de aulas contextualizadas na ótica histórica, social e cultural desses territórios e grupos amazônicos.

Participaram desse momento dialógico 12 discentes, com enunciações sobre falta de planejamento de ensino voltado à historicidade quilombola na Amazônia; necessidade de planejamento direcionado a História e Cultura Afro-Brasileira e Africana; problematização em planos de ensino da história negativa da população negra no Brasil; projetos e planos de ensino devem alcançar a realidade da população negra, com valorização cultural.

Nessas enunciações discursivas, o planejamento educacional e seus produtos – plano e projetos de ensino –, precisam problematizar o processo de desvalorização do negro nas sociedades brasileira e amazônicas, para conferir às populações quilombolas o reconhecimento e a valorização de suas histórias, culturas, ancestralidades e contribuições no contexto da Escola Básica, sobretudo com profissionais docentes oriundos desse território.

As Diretrizes Nacionais Operacionais para a garantia da Qualidade da Educação Escolar Quilombola reforçam que os "Conselhos de Educação devem mediar a garantia de consulta e a participação quilombola em todas as etapas de planejamento, tomada de decisões e execução das políticas e programas voltados à oferta da Educação Escolar Quilombola" (BRASIL, 2020, p. 1). Isso determina que seja garantido aos remanescentes de quilombolas a participação social em diferentes formas de planejamento, como agentes ativos da tomada de decisões, o que "constitui um posicionamento como sujeitos, para acessar direitos territoriais e étnicos" (MARIN, 2009, p. 224).

Sobre o estudo de bibliografias referentes ao planejamento educacional e RER, propôs-se leitura do Plano Nacional de Implementação das Diretrizes Curriculares Nacionais para a Educação das Relações Étnico-Raciais e para o Ensino de História e Cultura Afro-Brasileira e Africana, especificamente os aspectos introdutórios, a seção acerca de atribuições de grupos colegiados e núcleos de estudo, que responsabiliza os Núcleos de Estudos e Pesquisas Afro-Brasileiros (NEABs) e grupos correlatos a "colaborar com a formação inicial e continuada de professores(as) e graduandos em Educação das Relações Étnico-Raciais e Ensino de História e Cultura Afro-Brasileira e Africana" (BRASIL, 2013, p. 44).

Tal documento normativo fomentou o trabalho colaborativo entre docente, discentes e o NEAB/UFPA, em Sessão de Estudos sobre o livro *Pele Negra, Máscaras Brancas*, de Frantz Fanon. Na oportunidade, dialogamos sobre o capítulo *A experiência vivida pelo negro*, o qual versa sobre os complexos de superioridade do branco e inferioridade do negro no processo de colonização da população negra na Ilha de Martinica (FANON, 2013).

Figura 1 – Sessão de Estudos sobre a obra *Pele Negra, Máscaras Brancas*, de Frantz Fanon.

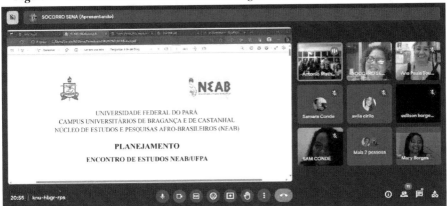

Fonte: Silva (2023).

Essa experiência formativa despertou o fazer dialógico e participativo dos discentes, na medida em que socializaram suas vivências educacionais com trechos presentes no texto estudado, destacando principalmente a seguinte fala de Fanon (2013, p. 103): "Cheguei ao mundo pretendendo descobrir um sentido nas coisas, minha alma cheia do desejo de estar na origem do mundo, e eis que me descubro objeto em meio a outros objetos". Isso desvela máculas do colonialismo, do racismo contra o negro e, sobretudo, o impacto que possui sobre as relações étnico-raciais vivenciadas por outros sujeitos, enunciada noutros discursos.

Após a Sessão de Estudo, solicitou-se aos(às) discentes que elaborassem uma resposta ao fórum virtual sobre o texto, considerando a relação planejamento educacional e experiência vivenciada pela população negra, no qual obtivemos 17 enunciados coletivos e destacamos os seguintes:

Quadro 2 – Principais enunciados do Fórum Virtual *A Experiência Vivida pela população Negra*.

Discentes	Resposta
D. C. O; M. F. S.	[...] o racismo estruturado e enraizado nas sociedades antigas e modernas tornou um duro martírio, o caminho de vida das populações negras, que até os dias atuais lutam por sua sobrevivência, enquanto que o branco apenas "vive".
G. P. R; L. M. C	[...] nuances do negro na visão da branquitude da época, fica explícito no texto o quanto o negro era tratado com inferioridade, onde era apenas objetificado para a servidão.
A. C; L. M.	[...] faz refletir acerca de quantas imposições sociais dos colonizadores brancos compõem aquele negro representado no livro, bem como compõem os outros negros do mundo.
F. O; J. S	[...] É necessário reconhecer a humanidade e a igualdade de todos os seres humanos, independentemente da cor da pele [...].
R. M. R. R; S. C. B.	[...] necessidade de lutar contra o racismo e a opressão racial, a fim de restaurar a dignidade dos negros.
E. B; E. G.	A sua cor era vista como algo para se sentir vergonha e era sempre afirmada e lembrada pelos brancos [...].

Fonte: elaborado pelo autor (2023), com base em respostas coletivas do Fórum Virtual.

Visualiza-se que aspectos concernentes ao racismo em sociedades e temporalidades diferentes, branquitude e negritude, processo de colonização e necessidade de humanização por conta da violência provocada por práticas racistas e necessidade de luta contra a opressão racial, estão latentes nos discursos dos(as) discentes. Nesse sentido, o embate entre racismo e antirracismo ocorre nas experiências formativas em Planejamento Educacional, em direção à participação social que não reproduza a segregação e a discriminação racial na escola.

Corrobora-se com Souza (2016, p. 73), quando afirma que a "[...] ausência de referenciais positivos e a potencialização da marginalização do negro provoca uma visão negativa do mesmo". Quando o planejamento educacional consegue potencializar a participação social da população negra em processos decisórios e acompanhamento de planos e projetos, a ERER é realizada com eficiência e eficácia, em contínua "[...] reflexão/conhecimento/interpretação da realidade e sua transformação [...]" (VASCONCELLOS, 2009, p. 73).

Considerações Finais

Este relato de experiência partilhou vivências formativas desenvolvidas durante o componente curricular Planejamento Educacional ofertado a uma turma de Licenciatura em Pedagogia da UFPA, *Campus* Bragança. Considerando a articulação deste com o campo da ERER, visualizam-se contribuições significativas para a formação inicial de professores(as) e debates sobre questões étnico-raciais na Amazônia, em perspectiva decolonial.

As experiências formativas partiram do processo de planejamento de ensino na forma participativa e democrática, o qual possibilitou escolhas de conhecimentos pedagógicos pelos(as) discentes em perspectiva política, pedagógica e sociocultural. Nesse sentido, a exibição de recurso audiovisual sobre a Educação Escolar Quilombola, leitura e estudo de documento e bibliografia a respeito da ERER, diálogos em Sessão de Estudos do NEAB/UFPA e resposta ao Fórum Virtual, fomentaram uma reflexão teórica e prática em Planejamento Educacional, sobretudo em modelos e processos.

Portanto, o trabalho de ensino e consequente aprendizagem nessas tessituras formativas de futuros(as) profissionais pedagogos(as), consubstancia formas de pensarmos o Planejamento Educacional como aliado da problematização do racismo como violência presente na sociedade e contexto escolar, bem como fomenta formas de participação social da população negra em direção da valorização e reconhecimento de direitos dessa população.

Referências

ANDRÉ, Marli Eliza Dalmazo Afonso de. **Etnografia da prática escolar**. Campinas: Papirus, 1995.

BAKHTIN, Mikhail. **Os gêneros do discurso**. Tradução: Paulo Bezerra. São Paulo: Editora 34, 2016.

BRASIL. Conselho Nacional de Educação. Resolução Nº. 1, de 17 de junho de 2004. Institui Diretrizes Curriculares Nacionais para a Educação das Relações Étnico-Raciais e para o Ensino de História e Cultura Afro-Brasileira e Africana. **Diário Oficial da União**: seção 1, Brasília, DF, ano 141, n. 118, p. 11, 22 jun. 2004. Disponível em: https://pesquisa.in.gov.br/imprensa/jsp/visualiza/index.jsp?jornal=1&pagina=11&data=22/06/2004. Acesso em: 14 fev. 2024.

BRASIL. **Plano nacional de implementação das diretrizes curriculares nacionais para educação das relações étnico-raciais e para o ensino de história e cultura afro-brasileira e africana**. Brasília: MEC, SECADI, 2013. *Ebook*. Disponível em: https://editalequidaderacial.ceert.org.br/pdf/plano.pdf. Acesso em: 14 fev. 2024.

BRASIL. Conselho Nacional de Educação. Resolução Nº. 2, de 20 de dezembro de 2019. Define as Diretrizes Curriculares Nacionais para a Formação Inicial de Professores para a Educação Básica e institui a Base Nacional Comum para a Formação Inicial de Professores da Educação Básica (BNC-Formação). **Diário Oficial da União**, Seção 1, Brasília, DF, ano 156, n. 72, p. 46, 15 abr. 2020. Disponível em: https://www.in.gov.br/web/dou/-/resolucao-n-2-de-20-de-dezembro-de-2019-*-252499504. Acesso em: 14 fev. 2024.

BRASIL. Conselho Nacional de Educação. Resolução Nº. 1, de 15 de maio de 2006. Institui Diretrizes Curriculares Nacionais para o Curso de Graduação em Pedagogia, licenciatura. **Diário Oficial da União**, Seção 1, Brasília, DF, ano 143, n. 92, p. 11, 16 de mai. 2006. Disponível em: https://pesquisa.in.gov.br/imprensa/jsp/visualiza/index.jsp?jornal=1&pagina=11&data=16/05/2006. Acesso em: 14 fev. 2024.

BRASIL. Conselho Nacional de Educação. **Parecer Nº. 8, de 10 de dezembro de 2020**. Diretrizes Nacionais Operacionais para a garantia da Qualidade das Escolas Quilombolas. Distrito Federal: Conselho Nacional de Educação, 10 dez. 2006. Disponível em: http://portal.mec.gov.br/index.php?option=com_docman&view=download&alias=168161-pceb008-20&category_slug=janeiro-2021-pdf&Itemid=30192. Acesso em: 12 out. 2023.

COELHO, Wilma de Nazaré Baía. **A cor ausente**. Belo Horizonte: Mazza Edições; Belém: Unama, 2006.

COELHO, Wilma de Nazaré Baía. Formação de professores e relações étnico-raciais (2003-2014): produção em teses, dissertações e artigos. **Educar em Revista**, Curitiba, v. 34, n. 69, p. 97-122, mai./jun. 2018. Disponível em: https://doi.org/10.1590/0104-4060.57233. Acesso em: 14 fev. 2024.

DALMÁS, Ângelo. **Planejamento participativo na escola**: elaboração, acompanhamento e avaliação. Petrópolis: Vozes, 1994.

FANON, Frantz. **Pele negra, máscaras brancas**. Tradução: Renato da Silveira. EDUFBA, 2008.

FLICK, Uwe. **Introdução à pesquisa qualitativa**. 3. ed. Porto Alegre: Artmed, 2009.

GANDIN, Danilo. **Planejamento como prática educativa**. São Paulo: Loyola, 2005.

GOMES, Nilma Lino; ARAÚJO, Marlene de. Infância, educação infantil e relações étnico-raciais: alguns pontos para pensar a infância de 0 a 5 anos. *In*: COELHO, Wilma de Nazaré Baía; OLIVEIRA, Julvan Moreira de. **Estudos sobre relações étnico-raciais e educação no Brasil**. São Paulo: Livraria da Física, 2016. p. 189-242.

MARIN, Rosa Acevedo. Quilombolas na Ilha de Marajó: território e organização política. *In*: GODOI, Emilia Pietrafesa de; MENEZES, Marilda Aparecida de; MARIN, Rosa Acevedo (Orgs.). **Diversidade do campesinato:** expressões e categorias. São Paulo: Editora Unesp; Brasília: NEAD, 2009. v. 1, p. 209-228.

NETO, Otávio Cruz. O trabalho de campo como descoberta e criação. *In*: MINAYO, Maria Cecília de Souza (Org.). **Pesquisa social**: teoria, método e criatividade. 3. ed. Petrópolis: Vozes, 1994. p. 51-66.

PIMENTA, Selma Garrido. Formação de professores: identidade e saberes da docência. *In*: PIMENTA, Selma Garrido (Org.). **Saberes pedagógicos e atividade docente**. São Paulo: Cortez, 1999. p. 15-34.

SANTOS, Raquel Amorim dos. **[In]visibilidade negra**: representação social de professores acerca das relações raciais no currículo escolar do Ensino Fundamental em Ananindeua (PA). 2009. Dissertação (Mestrado em Educação) – Instituto de Ciências da Educação, Universidade Federal do Pará, Belém, 2009. Disponível em: https://repositorio.ufpa.br/jspui/handle/2011/2132. Acesso em: 14 fev. 2024.

SILVA, Maria José Borges da. **Sessão de Estudos sobre a obra *Pele Negra, Máscaras Brancas* de Frantz Fanon**. 19 Agosto 2023. 1 fotografia. Disponível em: https://drive. google.com/file/d/1kgIp2ajq_-4RYWq5z5SDu2KMfjqj4KAE/view?usp=sharing. Acesso em: 15 nov. 2023.

SOUZA, Maria Elena Viana. Educação para as relações étnico-raciais e Interculturalidade: desafios contemporâneos. *In*: COELHO, Wilma de Nazaré Baía; OLIVEIRA, Julvan Moreira de (Orgs.). **Estudos sobre relações étnico-raciais e educação no Brasil**. São Paulo: Livraria da Física, 2016. p. 71-88.

UNIVERSIDADE FEDERAL DO PARÁ. Conselho Superior de Ensino, Pesquisa e Extensão. **Resolução Nº. 4.356, de 13 de dezembro de 2012**: Aprova o Projeto Pedagógico do Curso de Licenciatura em Pedagogia, de interesse do *Campus* Universitário de Bragança. Belém: Conselho Superior de Ensino, Pesquisa e Extensão, 13 dez. 2012. Disponível em: https://drive.google.com/file/d/1zxSTRoQPaaIUghl1p dHSmGM45kV03m3k/view. Acesso em: 10 out. 2023.

VASCONCELLOS, Celso dos Santos. **Planejamento**: projeto de ensino-aprendizagem e Projeto Político-Pedagógico – elementos metodológicos para elaboração e realização. 19. ed. São Paulo: Libertad Editora, 2009.

RELAÇÕES ÉTNICO-RACIAIS, CURRÍCULO E PPC DE LETRAS DA UNILA

Raquel Amorim dos Santos[2]
Samara Ferreira da Silva[3]

Introdução

Este trabalho pauta-se na temática da Política de Currículo e Relações Étnico-Raciais na Formação Inicial de Professores dos Cursos de Licenciatura na América-Latina, e investiga como as relações étnico-raciais configuram-se no desenho curricular do Projeto Pedagógico do Curso de Letras da Universidade Federal da Integração Latino-Americana – UNILA. Para tal investigação, parte das Leis Nº. 10.639/2003, Nº. 11.645/2008 e das DCNERER que incluem a história e cultura afro-brasileira, africana e indígena no currículo das escolas brasileiras. O estudo baseou-se em Santos (2004), Coelho (2021) para as discussões sobre as relações étnico-raciais e formação de professores(as) para o trato específico sobre a questão racial. Utilizou-se Schwarcz (1998) para incursionar sobre o racismo. Sacristán (1995; 2000) e Pimenta (1996) para tratar sobre o processo de formação de professores(as) e para debater sobre currículo na perspectiva decolonial, com Quijano (2005) e Santos (2004).

Este trabalho registra uma das incursões realizadas no Projeto de Pesquisa sobre a Política de Currículo e Relações Étnico-Raciais na Formação Inicial de Professores dos Cursos de Licenciatura das Universidades públicas Federal e Estadual brasileiras, que analisou o Projeto Pedagógico do Curso de Letras – Espanhol e Português como Línguas Estrangeiras (LEPLE) – da Universidade Federal da Integração Latino-Americana (UNILA), alocado no

---

2 Docente do curso de Pedagogia/PPSLA da Universidade Federal do Pará. *E-mail*: rakelamorim@yahoo.com.br

3 Estudante do curso de Pedagogia da Universidade Federal do Pará, Bolsista de Iniciação Científica – CNPq. *E-mail*: samcond.sc@gmail.com

Instituto Latino-Americano de Arte, Cultura e História (ILAACH). A pesquisa baseia-se nas prescrições das Leis Nº. 10.639/2003, Nº. 11.645/2008 e das Diretrizes Curriculares Nacionais das Educação das Relações Étnico-Raciais e para o Ensino da História e Cultura Afro-Brasileira e Africana (DCNERER). O estudo objetiva analisar as enunciações e discursividades sobre a Educação das Relações Étnico-Raciais (ERER) na Formação Inicial de Professores do curso de Letras da UNILA. Para tanto, fora empregada a abordagem qualitativa, de pesquisa bibliográfica e documental, para que fossem estabelecidas as etapas a seguir: Leitura e Análise do Projeto Pedagógico do Cursos de Letras, para compreender os caminhos da formação docente adotados pela UNILA, após vinte anos da incorporação das relações étnico-raciais em parâmetros legais (Leis Nº. 10.639/2003, Nº. 11.645/2008 e Diretrizes Curriculares para a Educação das Relações Étnico-Raciais e para o Ensino da História e Cultura Afro-Brasileira e Africana).

A pesquisa é de abordagem qualitativa, voltada às questões da formação de professores(as) e às significações das relações étnico-raciais, expressas no desenho curricular do PPC/UNILA (2020). Para a geração dos dados foi realizada uma pesquisa documental, de campo e revisão bibliográfica e análise do discurso de viés bakhtiniano. Para assim, compreender as estruturas ideológicas presentes no currículo da formação de professores(as) de língua/linguagem.

O objetivo do estudo é analisar os enunciados e discursividades sobre a Educação das Relações Étnico-Raciais (ERER) na Formação Inicial de Professores do Curso de Letras Espanhol e Português como Línguas Estrangeiras (LEPLE), da Universidade Federal da Integração Latino-Americana – UNILA. O estudo é de abordagem qualitativa com aplicação da pesquisa bibliográfica e documental. Para a geração dos dados será utilizada como fonte os documento escrito: Projeto Pedagógico de Curso (PPC) de Letras. Para a análise circunstanciada, empregamos a análise do discurso de base teórico-metodológica da linguagem em Bakhtin (2010), indissociável, dos conceitos de dialogismo, enunciado e signo ideológico presentes no PPC, como fenômeno integral concreto.

A ERER e o PPC do Curso de Letras da UNILA

O PPC apresenta uma falta de clareza sobre a gama de temas transversais e as obrigatoriedades do Ensino de História e Cultura Afro-Brasileira, Africana e Indígena no Projeto Pedagógico do Curso de Letras Espanhol e Português como Línguas Estrangeiras, da UNILA. Logo, não explicita no desenho curricular a menção às Diretrizes Curriculares Nacionais das Educação das Relações Étnico-Raciais e para o Ensino da História e Cultura Afro-Brasileira e Africana (DCNERER), para tratar as especificidades sobre as Relações Étnico-Raciais exigidas por lei.

Nesse sentido, a transversalidade proposta no currículo trata de forma universal os debates acerca da Educação das Relações Étnico-Raciais e o Ensino da História e Cultura Afro-Brasileira e Africana. Portanto, essa temática disputa o espaço no currículo com outras discussões como: Políticas de Gênero, Educação Ambiental e Direitos Humanos, a proteção dos Direitos da Pessoa com Deficiência. Temas que estão presentes em todos os semestres do curso de forma tangencial. Notou-se que, geralmente, o PCC utiliza a carga horária de 30h para componentes obrigatórios que versam sobre temas transversais. Dessa forma, as temáticas assumem um papel secundário, oferecendo menos tempo e zelo comparado ao cânone dos componentes obrigatórios da língua e linguagem para a formação dos(as) professores(as) bilíngues. Desse modo, a abordagem torna-se superficial, evitando uma formação crítico-reflexiva dos docentes.

A pesquisa qualitativa neste estudo respondeu a questões particulares relacionadas ao campo da Formação de Professores(as) e as significações sobre as Relações Étnico-Raciais, que se debruçam sobre um universo de significados expressos nas enunciações do Projeto Pedagógico de Curso do Curso de Letras Espanhol e Português como Línguas Estrangeiras (LEPLE), da Universidade Federal da Integração Latino-Americana – UNILA. O primeiro discurso aferido sobre a instituição confere a origem da mesma, subsidiada pela Lei Nº. 12.189/2010, que compreende a união científica dos países membros do Mercosul, como: Bolívia, Paraguai, Uruguai, Venezuela, Colômbia e Peru.

É possível compreender os aspectos linguísticos regionais que reforçam o bilinguismo espanhol-português do PPC, que busca promover a relação de cooperação no âmbito educacional entre os países da América-latina. O PPC de Letras Espanhol e Português como Línguas Estrangeiras prevê "[...] a integralização de sua matriz curricular, temas transversais de natureza interdisciplinar, especialmente relevantes nas relações contemporâneas entre sociedade, indivíduos e meio ambiente" (PPC, UNILA, p. 20), em consonância com os Parâmetros Curriculares Nacionais para a Educação Básica, empregando por meio de temas transversais as Relações Étnico-Raciais para o ensino de história e cultura afro-brasileira, africana e dos povos originários. Os componentes que mencionam a ERER estão organizados em semestres.

Constatou-se também que o curso utiliza temas semestrais, correspondentes a cada período de formação inicial e comportam questões culturais, sociais e históricas da América Latina, quais sejam: I – migração, diásporas e globalização; II – identidade, alteridade, subjetividades; III – sociedade e educação em direitos humanos; IV – colonialidade: insurgências e resistências; V – modernidades: impactos e reconfigurações; VI – história, memória e poder; VII – espaço, cultura e ecologia.

O PPC destaca uma abordagem enviesada dos temas transversais, incluindo uma sessão para tratar sobre Educação das Relações Étnico-Raciais nos componentes curriculares obrigatórios do curso. O PPC organiza-se em Núcleos Curriculares, onde organizam as disciplinas que mencionam a ERER: a) Núcleo Específico Obrigatório do Eixo Linguagens (Poéticas Latino-Americanas I; Poéticas latino-americanas II e Poéticas Latino-Americanas IV); b) Núcleo Específico Optativo do Eixo de Linguagens (Literaturas Africanas de Língua Portuguesa), c) Núcleo Específico Optativo do Eixo de Linguagens (Heterogeneidade, Diglossia e Colonialismo Linguístico; Linguagem e Identidade; Bilinguismo e multilinguismo/plurilinguismo; Ensino em contexto multiétnico e multicultural), d) Núcleo Específico Optativo do Eixo Pedagógico (Gênero, diversidade sexual e educação) e e) Núcleo Pedagógico (Educação Inclusiva e Laboratório de Linguística Aplicada II).

No desenho do PPC, a ERER é mencionada a fim de reforçar e estabelecer o discurso da composição multicultural dos povos da América Latina, abarcando o conceito de miscigenação entre os povos indígenas, europeus e africanos. Inclui o pressuposto da Diáspora Negra, para refletir sobre a relações culturais dos povos da África, da América Latina e suas influências significativas nas Américas. O discurso adotado trata sobre a Identidade Latino-Americana, enfatizando as interações culturais presentes no processo histórico, pelo viés do pensamento latino-Americano dos anos 1960 (Filosofia, Teologia da Libertação e Pedagogia do Oprimido) por meio de reflexões filosóficas e pedagógicas de autores latino-americanos. A fim de construir um percurso sobre as sociedades e Estados que, de acordo com o PPC, são marcadas pela multiculturalidade, que reflete como a sociedade lida com os aspectos da diversidade étnica e cultural e as desigualdades sociais no território latino-americano.

O PPC apresenta uma predileção por autores latino-americanos e autores que convergem para a teoria crítica. Os autores utilizados na referência obrigatória abordam temas relacionados à sociolinguística, com foco nas línguas faladas e suas ramificações sociais e culturais, destacando-se: Savedra (2009) e Calvet (2007), que examinam as políticas adotadas em relação às línguas e seus efeitos na sociedade, abordando questões como monolinguismo, multilinguismo e diversidade linguística. Ainda utiliza Pulcinelli (1988) e Freire (2003), que discutem sobre as políticas linguísticas e questões sociolinguísticas utilizadas na América Latina e a relação entre linguagem, poder e política. Inclui também Bagno (1989), que aborda os conflitos linguísticos e a tradição gramatical exposta que confirma a existência exclusiva da norma elitizada, que favorece a exclusão social. Algumas referências complementares expõem Mejía (1999), que discute as perspectivas atuais sobre educação bilíngue e bilinguismo na Colômbia, abordando as políticas e práticas relacionadas a esses temas. Os autores Didarra (2016) e Freire (2003), também citados nas referências, discutem as dificuldades enfrentadas no contexto do bilinguismo. Reúnem pesquisas sobre as políticas linguísticas utilizadas na América Latina, que destacam as questões sociolinguísticas e culturais presentes na área ao discutirem a relação entre linguagem, poder e política.

Os temas abordados pelo PPC abrangem aspectos da história e da cultura latino-americana. Propõem uma compreensão contextual ampla das realidades que envolvem as populações, as temáticas abordadas apontam para um amplo panorama sobre complexas dinâmicas históricas, sociais e culturais da América Latina. Portanto, não define um caminho. Logo, a compreensão dessas temáticas torna-se abrangente e não corrobora para o trato das Relações Étnico-Raciais, sobretudo quando o currículo menciona as Culturas Pré-Colombianas e a Pré-História da América que remete ao período que antecede a chegada de outros povos, o que tange a arqueologia cultural e histórica das civilizações.

Considerações finais

As Relações Étnico-Raciais constituem-se ainda como um campo epistemológico invisível ou transfronteiriço no PPC do Curso de Letras Espanhol e Português como Línguas Estrangeiras (LEPLE), que necessita do reconhecimento e valorização das identidades, diversidades de histórias e culturas, fomentando a inclusão tangenciada da História e Cultura Afro-Brasileira e Africana na formação da sociedade das Américas.

Referências

ANFOPE – Associação Nacional pela Formação dos Profissionais da Educação. **Documento Final do XX Encontro Nacional da ANFOPE** – 1 a 5 de fevereiro de 2021. Política de Formação e Valorização dos Profissionais da Educação: Resistências propositivas à BNC da Formação inicial e continuada. 2021.

ANFOPE – Associação Nacional pela Formação dos Profissionais da Educação. **Boletim ANFOPE**, n. 1, 2018.

ANPEd – Associação Nacional de Pós-Graduação e Pesquisa em Educação. **Novas Diretrizes para a Formação de Professores: continuidades, atualizações e confrontos de projetos**. Colaboração de texto por Eliana da Silva Felipe (GT 08), 2020. Disponível em: https://www.anped.org.br/news/novas-diretrizes-para-formacao-de-professores-continuidades-atualizacoes-e-confrontos-de. Acesso em: 8 dez. 2021.

BAKHTIN, Mikhail; VOLOCHINOV, Valentin N. **Marxismo e filosofia da linguagem**: problemas fundamentais do método sociológico na ciência da linguagem. Trad. M. Lahud e Y. F. Vieira. 13. ed. São Paulo: Hucitec, 2006.

BRASIL. **Lei Nº. 11.645, de 10 de março de 2008**. Altera a Lei Nº. 9.394, de 20 de dezembro de 1996, modificada pela Lei Nº. 10.639, de 9 de janeiro de 2003, que estabelece as diretrizes e bases da educação nacional, para incluir no currículo oficial da rede de ensino a obrigatoriedade da temática "História e Cultura Afro-Brasileira e Indígena". Disponível: http://www.planalto.gov.br/ccivil_03/_ato2007-2010/2008/lei/l11645.htm Acesso em: 10 nov. 2021.

BRASIL. **Lei Nº. 10.639, de 9 de janeiro de 2003**. Altera a Lei Nº. 9.394, de 20 de dezembro de 1996, que estabelece as Diretrizes e Bases da Educação Nacional, para incluir no currículo oficial da rede de ensino a obrigatoriedade da temática "história e cultura afro-brasileira", e dá outras providências. Disponível em: http://www.planalto.gov.br/ccivil_03/leis/2003/l10.639.htm Acesso em: 10 nov. 2021.

BRASIL. **Lei Nº. 13.415, de 16 de fevereiro de 2019**. Altera a Lei Nº. 9.394, de 20 de dezembro de 1996, que estabelece as Diretrizes e Bases da Educação Nacional. Disponível em: http://www.planalto.gov.br/ccivil_03/_ato2015-2018/2017/lei/l13415.htm Acesso em: 23 out. 2020.

BRASIL. **Resolução Nº. 1, de 17 de junho de 2004**. Institui Diretrizes Curriculares Nacionais para a Educação das Relações Étnico-Raciais e para o Ensino de História e Cultura Afro-Brasileira e Africana. Ministério da Educação, Conselho Nacional de Educação, Brasília, 2004.

BRASIL. **Lei Nº. 12.288, de 20 de julho de 2010**. Institui o Estatuto da Igualdade Racial; altera as Leis Nº. 7.716, de 5 de janeiro de 1989, Nº. 9.029, de 13 de abril de 1995, Nº. 7.347, de 24 de julho de 1985, e Nº. 10.778, de 24 de novembro de 2003.

BRASIL. Ministério da Educação. **Base Nacional Comum Curricular**. Brasília: MEC, 2017.

COELHO, Wilma de Nazaré Baía. Formação de professores e relações étnico-raciais (2003-2014): produção em teses, dissertações e artigos. **Educar em Revista**, Curitiba, Brasil, v. 34, n. 69, p. 97-122, maio/jun, 2018.

FIORIN, José Luiz; BAKHTIN, Mikhail M. Para uma filosofia do ato responsável. Tradução aos cuidados de Valdemir Miotello & Carlos Alberto Faraco. São Carlos: Pedro & João Editores, 2010, **Bakhtiniana**. **Revista de Estudos do Discurso**, v. 5, p. 205-209, 2011. Recuperado de https://revistas.pucsp.br/index.php/bakhtiniana/article/view/4889. Acesso em: 23 out. 2020.

FLICK, Uwe. **Introdução à pesquisa qualitativa**. 3. ed. Porto Alegre: Bookman, 2009.

GATTI, Bernadete Angelina; NUNES, Marina Muniz Rosa (Orgs.). **Formação de professores para o Ensino Fundamental**: um estudo dos currículos das licenciaturas em Pedagogia, Língua Portuguesa, Matemática e Ciências Biológicas. São Paulo: Fundação Carlos Chagas, 2009.

GREEN, Bill; BIGUM, Chris. Alienígenas na Sala de Aula. *In*: SILVA, Tomaz T. da. **Alienígenas na Sala de Aula**. Petrópolis: Vozes, 1995.

LIBÂNEO, José Carlos. Ainda as perguntas: o que é pedagogia, quem é o pedagogo, o que deve ser o curso de Pedagogia. *In*: PIMENTA, Selma Garrido (Org.) **Pedagogia e pedagogos**: caminhos e perspectivas. São Paulo: Cortez, 2002. p. 59-97.

LÜDKE, Menga; ANDRÉ, Marli E. D. A. **Pesquisa em educação**: abordagens qualitativas I. São Paulo: EPU, 1986.

PIMENTA, Selma Garrido. Formação de professores: identidade e saberes da docência. *In*: PIMENTA, Selma Garrido. (Org). **Saberes pedagógicos e atividade docente**. São Paulo: Cortez, 1999, p. 15-34.

SACRISTÁN, José Gimeno. **O currículo**: uma reflexão sobre a prática. Tradução Ernani F. da F. Rosa. 3. ed. Porto Alegre: Artmed, 2000.

SACRISTÁN, José Gimeno. Currículo e Diversidade Cultural. *In*: SILVA, Tomaz Tadeu da; MOREIRA, Antônio Flávio (Orgs). **Territórios Contestados**. Petrópolis, RJ: Vozes, 1995, p. 82-113.

SANTOS, Raquel Amorim dos. A história da África e dos africanos na educação brasileira: mito ou realidade nos 10 anos da Lei Nº. 10.639/03? *In*: COELHO, Wilma de Nazaré Baía; SANTOS, Raquel Amorim dos; SILVA, Rosângela Maria de Nazaré Barbosa; SOUZA, Simone de Freitas Conceição. **A Lei Nº. 10.639/2003**: pesquisa e debates. São Paulo: Livraria da Física, 2014.

UNILA. **Estatuto Universidade Federal da Integração Latino-Americana**. Gabinete da Reitoria. Aprovado pela Portaria Nº. 32, de 11 de abril de 2012, da Secretaria de Regulação e Supervisão da Educação Superior, do Ministério da Educação; publicada no DOU Nº. 71, de 12 de abril de 2012, s. 1, p. 8.

UNILA. **Projeto Pedagógico do Curso de Letras – Espanhol e Português como Línguas Estrangeiras**, aprovado pela Resolução COSUEN Nº. 014 de 08 de agosto de 2014 e alterado pelo Adendo III da Resolução Nº. 01 de 28 de janeiro de 2020.

PPC DE FORMAÇÃO DE PROFESSORES DE CIÊNCIAS BIOLÓGICAS DAS IES FEDERAIS E ESTADUAIS DO NORTE DO BRASIL E A ERER

Cristiano Pinto da Silva[4]
Wilma de Nazaré Baía Coelho[5]

Introdução

Este texto objetiva apresentar uma análise das disciplinas e ementas que versam sobre a formação de professores(as) de Ciências Biológicas para a Educação das Relações Étnico-Raciais (ERER) nas Universidades Federais e Estaduais do Norte do Brasil; compreender qual o lugar da ERER nas disciplinas sobre a formação inicial de professores(as) em Ciências Biológicas e investigar como o estudo de relações raciais se estrutura neste campo. Para tal reflexão, utilizaremos as noções conceituais de *habitus* e *campo* da teoria da prática de Pierre Bourdieu, o que nos oportuniza perceber a apropriação de sua praxiologia por pesquisadores(as) da área educacional no Brasil.[6]

No que concerne à formação inicial de professores(as) – como espaço de ação pedagógica e de promoção das relações étnico-raciais democráticas – assumimos a reflexão de Wilma Coelho (2011, p. 11), para quem "os cursos de formação de professores, em sua maioria, não atentam para o lugar crucial que a questão étnico-racial tem, não apenas na formação da identidade, mas

---

4 Mestre em Educação pela Universidade Federal do Pará (UFPA). Docente do Centro de Ciências Sociais e Educação da Universidade do Estado do Pará (UEPA) e Especialista em Educação Classe III da Secretaria de Estado de Educação (SEDUC-PA). *E-mail*: cpintodasilva@ymail.com

5 Doutora em Educação pela Universidade Federal do Rio Grande do Norte (UFRN), Professora Titular da Universidade Federal do Pará (UFPA), Bolsista Produtividade 1D do CNPq. *E-mail*: wilmacoelho@yahoo.com.br.

6 Para esta questão, consultar: MEDEIROS, Cristina Carta Cardoso de. A teoria sociológica de Pierre Bourdieu na produção discente dos Programas de Pós-Graduação em Educação no Brasil (1965-2004). 2007. Universidade Federal do Paraná- Biblioteca Central.

também, na construção da autoestima e, consequentemente, no desempenho". A autora nos sinaliza a relevância da inserção da temática em tela, nos cursos de formação de professores(as), visto que o silenciamento, a invisibilização e a negação da diversidade presente na sociedade brasileira, afetam diretamente o processo de aprendizagem dos(as) alunos(as)[7] que não se veem respeitados(as), representados(as) e legitimados(as) no espaço acadêmico.

Portanto, a presença circunstanciada da ERER nos cursos de formação de professores(as) serve de subsídio epistemológico e empírico para a superação das dificuldades causadas pela reprodução de preconceitos, em um espaço onde devem ser objetivamente ressignificadas à luz da Ciência. Nesse sentido, este texto interroga: como se apresentam atualmente as práticas curriculares oficiais dos Cursos de Ciências Biológicas das Universidades Federais e Estaduais do Norte do Brasil em relação a Educação para as Relações Étnico-Raciais?

Desde o início do século XXI, por influência da pressão social feita pelos Movimentos Sociais Negros[8], alguns dos marcos legais no tocante à diversidade cultural – como a Lei Nº. 10.639/03 e a Lei Nº. 11.645/08 alteraram os Artigos 26 A e 79 B da Lei de Diretrizes e Bases da Educação Nacional (LDBEN) Nº. 9.394/96, o Parecer CNE/CP 003/2004 e a Resolução CNE/CP 01/04, em consonância com as Diretrizes Curriculares para a Educação das Relações Étnico-Raciais e para o Ensino de História e Cultura Afro-Brasileira e Africana (2004) – constituem parte da legislação educacional vigente e se apresentam como balizas norteadoras de concepções e práticas educacionais.

Há uma lacuna histórica no Ensino Superior brasileiro, conforme assinala a literatura especializada, com a qual concordamos: a inobservância acerca da necessidade de trabalhar a formação de professores(as) reflexivos(as), críticos(as) e um currículo antirracista, multicultural e que considere relevante

---

7   Para aprofundar a reflexão sobre esse contexto, consultar: MUNANGA, Kabengele. O preconceito racial no sistema educativo brasileiro e seu impacto no processo de aprendizagem do "alunado negro". *In*: AZEVEDO, José Clóvis de (org.) **Utopia e Democracia na Escola Cidadã.** Porto Alegre: UFRGS, 2000.p. 235-244.

8   Para aprofundar a reflexão sobre o protagonismo dos Movimentos Negros no Brasil e as conquistas educacionais havidas, consultar: SANTOS, Sales Augusto dos. A Lei Nº. 10.639/03 como fruto da luta antirracista do Movimento Negro. *In*: **Educação anti-racista**: caminhos abertos pela Lei Federal Nº. 10.639/03. Secretaria de Educação Continuada, Alfabetização e Diversidade. Brasília: Ministério da Educação, Secretaria de Educação Continuada, Alfabetização e Diversidade, 2005.

de ser organicamente e academicamente tratado, são essenciais para a subversão da estrutura hegemônica atual dos cursos superiores no Brasil.

Notas Introdutórias Sobre a Reforma da Lei das Licenciaturas

Em 2015 foi lançada a reforma curricular das Licenciaturas, a CNE/CP Nº. 02/2015, de 1° de julho de 2015, a qual abrange, de forma ampla, a formação inicial, continuada, cursos de segunda licenciatura e cursos de complementação pedagógica. Tal proposta se diferencia da anterior, Resolução Nº. 02/2002 (e da posterior, Resolução Nº. 02/2019), por conta de sua abordagem. Ainda que com algumas limitações, a Resolução de 2015 (revogada em 2019) reconhecia a aplicação dos preceitos de diversidade, das diferenças, inclusão, igualdade, tratamento circunstanciado à diversidades étnico-raciais na formação de professores(as).

Como exemplo, trazemos um excerto da Resolução Nº. 02/2015: (...) considerando que a igualdade de condições para acesso e permanência (...) a valorização das práticas sociais, o respeito e a valorização da **diversidade étnico-racial**, entre outros, constituem princípios vitais para a melhoria e democratização da gestão e do ensino (BRASIL, 2015, grifo nosso). Tal Resolução favorece a inserção da ERER e o trato promissor nas licenciaturas, ainda que de forma tardia.

Diversas alterações normativas surgem neste ínterim, dentre as quais, aquelas denominadas de o "Novo Ensino Médio" e a Base Nacional Comum Curricular (BNCC). As referidas políticas trazem em seu cerne a homogeneização, hierarquização, estratificação e descaracterização do currículo crítico (SILVA, 2018). Estudos têm apontado, também, que a reforma do Ensino Médio intensifica as desigualdades sociais e escolares, uma vez que a formação integral desses(as) estudantes é comprometida, em vista do atendimento das demandas mercadológicas (FURTADO; SILVA, 2020).

Fundamentação Teórico-Metodológica

Como exposto anteriormente, este texto pretende problematizar o tratamento que a Educação Superior brasileira (mais especificamente as licenciaturas em Ciências Biológicas) dispensam ao desenvolvimento intelectual e democrático, da convivência com a diversidade existente na sociedade brasileira e a valorização da mesma por meio de práticas educacionais que respeitem as múltiplas identidades nacionais. Dentro dessa perspectiva, a educação, não raras vezes, reitera práticas hegemônicas que obliteram a cor (COELHO, 2005).

Tal obliteração remete à inflexão daquilo que foi sublinhado por Bourdieu como utilização da educação como instrumento ideológico, por vezes reproduzindo relações de dominação de um grupo sobre outro (BOURDIEU, 2001, 2005, 2009, 2011, 2013). Nesse caso, a população negra não tem sido potencialmente contemplada nos processos formativos iniciais, em parte das licenciaturas, dentre elas, aquela destinada à formação de professores(as) de Ciências Biológicas.

As reflexões de Bourdieu (2001) sobre *habitus* destacam a incorporação das estruturas sociais, as quais, uma vez internalizadas pelos agentes – neste caso, da formação inicial de professores(as) de Biologia – interferirão, de forma *estrutural e estruturante,* nas práticas sociais – e, por conseguinte, educacionais – que serão externalizadas por esses agentes, quando da ação de formação de crianças, adolescentes e adultos em seus espaços profissionais. Portanto, o *campo* da formação inicial estrutura suas regras, mediado, quase que frequentemente, por *habitus* específicos, nos quais incorporações com base no enfrentamento do racismo constituirão uma reiteração dos silenciamentos que, caso não sejam objeto de subversão pelos agentes da formação inicial, comprometerão uma prática antirracista nos espaços escolares.

Nessa reflexão, o percurso metodológico, associado à reflexão de Pierre Bourdieu, encontra em Alves-Mazzoti (2002) a possibilidade de reflexão sobre os dados empíricos a qual possibilitará a análise dos dados referentes a concepção curricular que pauta a formação de professores(as) de Ciências Biológicas para a ERER. Para tal análise, levamos em consideração a recorrência dos elementos que fundamentam os objetivos centrais deste texto. Sobretudo, em relação às ementas e disciplinas focalizadas para este texto. Para tanto, lançaremos mão da análise de conteúdo (BARDIN, 2016), considerando a sistematização, organização e análise da empiria, para tanto, "as recorrências" serão priorizadas na reflexão realizada, retratando sua relevância e a necessidade de atenção a essas temáticas. Assim, as categorias de análise textual se apresentam por sua frequência de utilização no contexto pesquisado.

Análise das Ementas e Disciplinas

Analisamos, a ausência de disciplinas e ementas na área de Ciências no período anterior à promulgação das leis que alteraram os Artigos 26 A e 79 B da Lei de Diretrizes e Bases da Educação Nacional (LDBEN) Nº. 9.394/96, assim como a persistência da inexistência de disciplinas nos anos em que as leis foram sancionadas pelo Governo Federal. Verificamos que as disciplinas e ementas que versam sobre questões pedagógicas relacionadas à diversidade cultural e racial da sociedade brasileira só foram publicadas a partir dos últimos dez anos após a sanção da Lei Nº. 10.639/03, conforme assinalado no quadro abaixo:

Quadro 1 – PROJETOS PEDAGÓGICOS DOS CURSOS DE CIÊNCIAS BIOLÓGICAS DAS UNIVERSIDADES FEDERAIS DA REGIÃO NORTE.

Universidade/Sigla	INFOMAÇÕES GERAIS	ANO
	PPC	
Universidade Federal do Acre (UFAC)	PROJETO PEDAGÓGICO DO CURSO DE LICENCIATURA EM CIÊNCIAS BIOLÓGICAS (REFORMULAÇÃO)	2017
Universidade Federal do Amapá (UNIFAP)	PROJETO PEDAGÓGICO DO CURSO DE GRADUAÇÃO LICENCIATURA PLENA EM CIÊNCIAS BIOLÓGICAS	2013
Universidade Federal do Amazonas (UFAM)	PROJETO PEDAGÓGICO DO CURSO DE LICENCIATURA EM CIÊNCIAS BIOLÓGICAS	2012
Universidade Federal Rural da Amazônia (UFRA)	PROJETO PEDAGÓGICO DO CURSO DE LICENCIATURA EM CIÊNCIAS BIOLÓGICAS MODALIDADE EDUCAÇÃO A DISTÂNCIA	2013
CAPANEMA PARÁ (UFRA)	PROJETO PEDAGÓGICO DO CURSO DE LICENCIATURA EM BIOLOGIA	2018
Universidade Federal do Pará (UFPA)	REESTRUTURAÇÃO CURRICULAR DO CURSO DE LICENCIATURA EM CIÊNCIAS BIOLÓGICAS	-
ALTAMIRA PARÁ (UFPA)	PROJETO PEDAGÓGICO DO CURSO DE LICENCIATURA EM CIÊNCIAS BIOLÓGICAS	2018
BRAGANÇA PARÁ (UFPA)	PROJETO PEDAGÓGICO DO CURSO DE LICENCIATURA EM CIÊNCIAS BIOLÓGICAS DO *CAMPUS* UNIVERSITÁRIO DE BRAGANÇA	2008

MARAJÓ/SOURE PARÁ (UFPA)	PROJETO PEDAGÓGICO DO CURSO DE LICENCIATURA PLENA EM CIÊNCIAS BIOLÓGICAS DO *CAMPUS* UNIVERSITÁRIO DO MARAJÓ/SOURE	2010
SANTARÉM PARÁ (UFOPA)	PROJETO PEDAGÓGICO DO CURSO DE LICENCIATURA PLENA EM CIÊNCIAS BIOLÓGICAS DO PROGRAMA DE CIÊNCIAS NATURAIS	2014
Universidade Federal de Rondônia (UNIR)	PROJETO PEDAGÓGICO DO CURSO DE LICENCIATURA EM CIÊNCIAS BIOLÓGICAS	2013
Universidade Federal de Roraima (UFRR)	PROJETO POLÍTICO PEDAGÓGICO DO CURSO DE LICENCIATURA EM CIÊNCIAS BIOLÓGICAS	2011
Universidade Federal do Tocantins (UFT)	PROJETO PEDAGÓGICO DO CURSO DE LICENCIATURA EM BIOLOGIA	2009

Dentre as Universidades Federais elencadas, podemos apontar que, após reflexão sobre as ementas, dos treze Projetos Pedagógicos de Curso (PPC), 25% das disciplinas mencionam e concretizam encaminhamentos sobre formação de professores(as) em Ciências para a ERER.

As instituições estaduais que ofertam cursos de licenciatura voltados para a formação de professores(as) de Ciências são listadas a seguir, no Quadro 2:

Quadro 2 – PROJETOS PEDAGÓGICOS DOS CURSOS DE CIÊNCIAS BIOLÓGICAS DAS UNIVERSIDADES ESTADUAIS DA REGIÃO NORTE.

UNIVERSIDADE/ SIGLA	INFOMAÇÕES GERAIS	ANO
	PPC	
(ACRE)	NÃO POSSUI UNIVERSIDADE ESTADUAL	-
Universidade do Estado do Amapá (UEAP)	PROJETO PEDAGÓGICO DO CURSO DE LICENCIATURA EM CIÊNCIAS NATURAIS COM HABILITAÇÃO EM BIOLOGIA	2019
Universidade do Estado do Amazonas (UEA)	PROJETO PEDAGÓGICO DO CURSO DE CIÊNCIAS BIOLÓGICAS	2013
Universidade do Estado do Pará (UEPA)	PROJETO PEDAGÓGICO DO CURSO DE LICENCIATURA EM CIÊNCIAS BIOLÓGICAS	2017
RONDÔNIA	NÃO POSSUI UNIVERSIDADE ESTADUAL	-

Universidade do Estado de Roraima (UERR)	PROJETO POLÍTICO-PEDAGÓGICO DO CURSO DE LICENCIATURA EM CIÊNCIAS BIOLÓGICAS	2017
Universidade Estadual de Tocantins (UNITINS)	PROJETO PEDAGÓGICO DO CURSO DE LICENCIATURA EM BIOLOGIA	2011

Observamos que, das Universidades Estaduais do Norte do Brasil, 20% das Universidades Estaduais do Norte do Brasil possuem disciplinas com ementas e conteúdos que evidenciam o trato circunstanciado com a ERER na Formação Inicial de Professores(as) de Ciências Biológicas.

A literatura especializada já publicou sobejamente sobre a relevância aos cursos de formação considerarem, valorizarem e propiciarem reflexões sobre as experiências profissionais, dentre a qual destacamos Tardiff (1991), Schon (1992) e Nóvoa (1992), Reali, Tancredi e Mizukami (2008), Nono e Mizukami (2007), Freitas e Villani (2002), entre outros(as). No campo das Ciências Biológicas e ERER, Douglas Verrangia (2014) sublinha que as Ciências Naturais ainda se apresentam pautadas em "relações sociais injustas", dentre as quais aquelas de natureza étnico-racial. Com essa reflexão do autor, reitera-se a relevância do debate nos processos de formação inicial em Ciências Biológicas, não somente na Região Norte, nas Universidades Federais, Estaduais, assim como no Brasil.

Considerações Finais

A formação de professores(as) de Ciências Biológicas também se apresenta como um campo de disputa entre a formação pedagógica e a formação específica, não permitindo efetivamente a integração dos dois campos e inviabilizando a abordagem de questões como: racismo, diversidade racial e étnica, preconceito e discriminação em seus escopos epistemológicos e conceituais.

Após as reflexões com as ementas das disciplinas examinadas para este texto, podemos inferir que as disciplinas que relacionam a formação de professores(as) em Ciências Biológicas para a ERER ainda são diminutas, sinalizando a necessidade de maior investimento acadêmico-científico em um campo ainda pouco sondado, no que tange a essa temática tão estruturante para a compreensão das diversidades, do enfrentamento do racismo estrutural presentes na sociedade brasileira.

Referências

ALVES-MAZZOTTI, Alda Judith. A "revisão da bibliografia" em teses e dissertações: meus tipos inesquecíveis – o retorno. *In*: BIANCHETTI, Lucídio; MACHADO, Ana Maria Neto (Organizadores). **A Bússola do Escrever.** Florianópolis: Editora da UFSC; São Paulo: Cortez, 2002.

ANDRÉ, Marli. **Formação de professores:** a constituição de um campo de estudos. Educação, v. 33, n. 3, setembro-dezembro, 2010.

BARDIN, Laurence. **Análise de conteúdo.** Tradução Luís Antônio Reto e Augusto Pinheiro. 6. ed. Lisboa: Edições 70, 2016.

BOURDIEU, Pierre; PASSERON, Jean Claude. **A reprodução**: elementos para uma teoria do sistema de ensino. 5. ed. Petrópolis: Vozes, 2012.

BOURDIEU, Pierre. **As categorias do juízo professoral.** *In*: NOGUEIRA, Maria Alice; CATANI, Afrânio (Org.). 11. ed. Escritos de Educação. Petrópolis: Vozes, 2010. p. 185-216.

BOURDIEU, Pierre. **O poder simbólico.** Tradução Fernando Tomaz. 11. ed. Rio de Janeiro: Bertrand Brasil, 2007.

BRASIL. Ministério da Educação, Secretaria de Educação Continuada, Alfabetização e Diversidade. **Educação anti-racista:** caminhos abertos pela Lei Federal Nº. 10.639/03. Brasília, 2005.

COELHO, Wilma de Nazaré Baía. **A cor ausente**: um estudo sobre a presença do negro na formação de professores. Pará, 1970-1989. Belo Horizonte: Mazza, 2009.

FURTADO, Renan S.; SILVA, Vergas V. A reforma em curso no Ensino Médio brasileiro e a naturalização das desigualdades escolares e sociais. **Revista e-Curriculum**, São Paulo, v. 18, n. 1, p. 158- 179, jan./mar. 2020.

OLIVEIRA, Maria Marly de. **Como fazer pesquisa qualitativa.** 4. ed. Petrópolis: Vozes, 2012.

ROCHA, Décio; DEUSDARÁ, Bruno. **Análise de conteúdo e análise de discurso**: aproximações e afastamentos na (re)construção de uma trajetória. Revista Alea, Rio de Janeiro, v. 7, n. 2, p. 305-322, jul.-dez. 2005.

SILVA, Monica R. A BNCC da reforma do Ensino Médio: o resgate de um empoeirado discurso. **Educação em Revista**, Belo Horizonte, v. 34, p. 1-15, 2018.

VERRANGIA, Douglas. Educação científica e diversidade étnico-racial: o ensino e a pesquisa em foco. **Revista Interacções**, v. 10, n. 31. 2015.

PRÁTICAS PEDAGÓGICAS INTERÉTNICAS NA FORMAÇÃO DE PROFESSORES PARA A COMUNIDADE QUILOMBOLA EMBIRAL – CABEÇA BRANCA/MA

Maria Alice Pires Oliveira Van Deursen[9]
István van Deursen Varga[10]
Raimundo Luís Silva Cardoso[11]

Introdução

Como a cartilha "Educação em Saúde para os indígenas Gamella no Maranhão" pode contribuir para a formação de professores(as) comprometidos com a promoção das relações étnico-raciais e a preservação da identidade cultural indígena e quilombola da comunidade de Embiral – Cabeça Branca?

A comunidade de Embiral – Cabeça Branca, originada pela aliança interétnica entre indígenas e quilombolas, encontra-se na região da Baixada Ocidental, parte da Amazônia Maranhense, nas margens ocidentais do médio curso do rio Turiaçu, no município de Pedro do Rosário.

Historicamente, essa região constituiu-se em palco de muitos e memoráveis encontros e alianças (e, também, conflitos) entre diversos grupos étnicos.

A tessitura dessas alianças teve implicações profundas na trajetória histórica do Maranhão, sendo um elo essencial para compreendermos um dos episódios mais marcantes do estado: a Insurreição de Escravos em Viana, de

---

9   Assessora Técnica da Secretaria de Estado de Desenvolvimento Econômico e Programas Estratégicos do Governo do Maranhão. Mestra em Cultura e Sociedade pela UFMA. *E-mail*: alicejevi@yahoo.com.br

10   Docente da UFMA. Doutor em Saúde Pública pela USP. *E-mail*: istvan.varga@ufma.br

11   Enfermeiro da UFMA. Doutorando em Enfermagem pela UFMG. *E-mail*: raimundo.cardoso@ufma.br

1867, organizada e deflagrada no Quilombo São Benedito do Céu, conforme documentado por Araújo (2014).

Este evento não apenas destaca a complexidade das interações culturais e sociais na Baixada Maranhense, mas também ressalta a resiliência da trama de conexões entre diferentes comunidades que moldaram o curso da história local. A comunidade de Embiral hoje é guardiã das ruínas do referido quilombo, conforme pesquisas realizadas por Maria Alice Pires Oliveira Van Deursen e István van Deursen Varga (autores desse artigo), nos seguintes trabalhos: "A Cabeça Branca da Hidra e seus Pântanos: subsídios para novas pesquisas sobre comunidades indígenas, quilombolas e camponesas na Amazônia Maranhense" (VARGA, 2019) e "Memória e História da Comunidade de Embiral: relações interétnicas entre indígenas e quilombolas" (DEURSEN, 2022).

Embora certificada como quilombola, grande parte da comunidade também se identifica como indígena, predominantemente da etnia Akroá-Gamella, e vários de seus moradores também reconhecem ancestralidade indígena da etnia Ka'apor, de modo que o contexto inter-racial e interétnico da comunidade é muito evidente.

Povo Akroá-Gamella

De acordo com Varga (2019), os colonizadores portugueses chamavam genérica e pejorativamente de "Gamella", no início do século XVIII, alguns dos grupos indígenas (Akroá, Gueguê e Timbira) falantes de línguas do tronco linguístico Macro-Jê, que habitavam as bacias dos rios Gurguéia e Gilbués, no que é hoje o sul do Piauí.

Além de resistentes e combativos, os Akroá-Gamella ganharam, ao longo dos séculos XVIII e XIX, entre a população regional e os representantes dos Impérios (português e brasileiro), a fama de serem perigosos, por sua tendência a abrigar escravos fugidos e se aliar a comunidades quilombolas (VARGA, 2019).

Os sucessivos conflitos com as frentes de expansão da sociedade envolvente, que os atingiram a partir de então, provocaram a separação dos Akroá-Gamella em dois subgrupos: um, concentrado nas matas de Codó; outro, em uma região atualmente conhecida como Baixada Ocidental Maranhense, entre os vales dos rios Gurupi e Turiaçu, especialmente nos arredores do lago

Capivari, na vila de Viana, em região localizada entre os atuais municípios de Viana, Matinha e Penalva (VARGA, 2019).

A partir da década de 1730, "pacificados" os Barbados, os Akroá-Gamella e os Timbira passaram a representar a grande ameaça às fazendas do vale do Mearim, considerada, então, a região mais fértil do estado (VARGA, 2019).

Vítimas de uma expedição militar, os Gamella de Codó foram derrotados, escravizados e dispersos em 1856 (Nimuendaju, 1937, p. 65), o que teria marcado sua extinção enquanto grupo indígena (VARGA, 2019).

Já os Gamella de Viana foram "reduzidos" (como se dizia à época), a um pequeno território de cerca de 14.000 hectares, nas proximidades da sede da Vila, o qual lhes foi concedido pela primeira vez em 1759 (VARGA, 2019).

A partir de meados do século XVIII, seguiram-se quase dois séculos de incentivo oficial à miscigenação e à integração dos aldeamentos e comunidades indígenas à economia e à sociedade regional, o que, em alguns casos, as levou a esconder sua identidade étnica, como tática para um convívio menos intolerante com os não-indígenas (VARGA, 2019).

Os Gamella de Viana não se conformaram com essa restrição territorial e com as práticas que lhes eram impostas, o que os levou a atacar as fazendas da região em 1810, 1818, 1819 e 1820. De qualquer modo, a cessão daquele pequeno território foi judicialmente confirmada também no século XIX, depois da independência do Brasil (VARGA, 2019).

Em 1867, comunidades quilombolas da então Comarca de Viana (que abrangia boa parte da região atualmente denominada Baixada Ocidental Maranhense), aliadas a grupos indígenas Gamella, Ka›apor e Tenetehara, concentrados em torno de um lugar chamado Cabeça Branca e do quilombo São Benedito do Céu, às margens do rio Turiaçu, ocuparam fazendas da região e ameaçavam atacar a cidade, caso não fosse atendida sua reivindicação de abolição da escravidão. Foram reprimidos e dispersos. O episódio ficou conhecido como a Insurreição de Escravos de Viana.

Decolonialismo, Multiculturalismo, Pedagogia Dialógica

A incorporação das perspectivas teóricas e subsídios de Aníbal Quijano (2005), Stuart Hall (2002) e Paulo Freire (1980; 1987; 2021), no presente artigo, é fundamental para fornecer bases sólidas para reflexão. A Teoria Decolonial proposta por Aníbal Quijano é crucial para analisar e questionar as estruturas de poder colonial ainda presentes na educação. Quijano destaca a persistência de posições sociais e culturais que resultaram da colonização, impactando diretamente o sistema educacional. Sua abordagem oferece uma lente crítica para desconstruir conceitos eurocêntricos, proporcionando espaço para a proteção de práticas pedagógicas mais autênticas e emancipatórias. No contexto da produção de cartilhas, a Teoria Decolonial pode orientar a criação de materiais que respeitem e promovam a diversidade cultural, rompendo com padrões historicamente estabelecidos.

A abordagem dos Estudos Culturais, conforme delineada por Stuart Hall, oferece uma contribuição valiosa para a compreensão de como as identidades culturais são construídas e representadas na educação. Ao aplicar essa perspectiva na produção das cartilhas, foi possível criar um material que não apenas reconheça, mas também valorize as diversas culturas presentes em Embiral. A ênfase nos processos de construção de identidade cultural fornece uma base teórica sólida para a elaboração de conteúdos que promovam a inclusão e a representatividade (HALL, 2002).

A incorporação da Pedagogia Dialógica de Paulo Freire na proposta foi fundamental para promover uma educação participativa e crítica. A ênfase no diálogo, na participação ativa e na conscientização é particularmente relevante ao se trabalhar com comunidades indígenas e quilombolas. A pedagogia de Freire destaca a importância de envolver a comunidade na construção do conhecimento, alinhando-se com os princípios de respeito à cultura e valorização do conhecimento local. Ao adotar essa perspectiva, as cartilhas podem se tornar ferramentas eficazes para a promoção da autonomia e empoderamento dessas comunidades (FREIRE, 1980; 1987; 2021).

Em síntese, a interseção desses três autores fornece uma base teórica abrangente e interdisciplinar, fundamentada na crítica às estruturas coloniais, na compreensão das dinâmicas culturais e na promoção de práticas pedagógicas dialógicas. Essa abordagem integrada é essencial para a construção de uma proposta educacional verdadeiramente inclusiva e sensível às especificidades da comunidade afroindígena de Embiral, contribuindo para a promoção da diversidade e para a superação de desigualdades históricas.

Sobre a Metodologia

Quanto à metodologia adotada, este artigo se configura como um estudo de caso e um relato de experiência de pesquisa-ação ou ação-participativa, baseada no referencial delineado por Thiollent (2000), que fornece uma estrutura analítica robusta para a condução da pesquisa, incorporando princípios fundamentais que orientam a interação entre teoria e prática, essenciais para a compreensão aprofundada e reflexiva da experiência em questão.

A condução da ação participativa, desde a sua concepção até a execução, foi empreendida pela equipe de extensionistas e pesquisadores ligados ao Núcleo de extensão e pesquisa com populações e comunidades Rurais, Negras, quilombolas e Indígenas (NuRuNI), do Departamento de Sociologia e Antropologia (DESOC) e do Programa de Pós-Graduação em Saúde e Ambiente (PPGSA), da Universidade Federal do Maranhão (UFMA).

No período de 28 de outubro a 1 de novembro de 2021, com apoio da Organização das Nações Unidas para a Educação, a Ciência e a Cultura (UNESCO) e do Programa Conjunto das Nações Unidas sobre HIV/AIDS (ONUSIDA), uma equipe de extensionistas e pesquisadores do NuRuNI (incluindo os autores deste capítulo), realizou uma oficina na comunidade quilombola de Embiral-Cabeça Branca, com objetivo de elaborar uma cartilha bilíngue, a ser utilizada tanto pelos(as) professores(as), como pelos(as) agentes de saúde da comunidade.

Pretendia-se que a cartilha "Educação em Saúde para os Gamella no Maranhão: IST/HIV/Aids, hepatites virais, COVID-19, malária e tuberculose" se constituísse num recurso didático-pedagógico bilíngue e intercultural, como instrumento que fornecesse subsídios para os diversos atores envolvidos com a educação, a saúde e a preservação da identidade cultural Akroá-Gamella.

A referida cartilha não é, portanto, apenas um compêndio informativo; é um veículo estratégico destinado a catalisar ações concretas em várias esferas. Buscou-se, primordialmente: fortalecer o trabalho dos professores(as) junto aos quilombolas e indígenas Akroá-Gamella, promovendo a afirmação étnica e cultural dessa comunidade; subsidiar agentes e equipes de saúde, capacitando-os a lidar com os problemas de saúde de forma adequada, respeitando os aspectos culturais da comunidade; orientar pajés, curandeiros e parteiras no enfrentamento das doenças introduzidas pelos(as) não indígenas. Por fim, a cartilha pretende apoiar os esforços dos Gamella na revitalização de sua língua (que se sabe ser do tronco linguístico Macro-Jê, motivo por que foi traduzida para a língua Krikati, deste tronco linguístico: opção dos Akroá-Gamella) reafirmando a importância intrínseca da preservação linguística como um componente cultural vital da comunidade.

A oficina teve uma carga horária de 60h (sendo 16h teóricas e 44h de atividades práticas de pesquisa de campo e aplicação da metodologia de trabalho proposta durante a oficina nos seus locais de atuação), e um total de 21 participantes.

Foram trabalhados os seguintes eixos temáticos, correspondentes aos seguintes capítulos da cartilha:

- Quem são os Gamella?
- Cabeça Branca, São Benedito do Céu e Embiral
- Mapas
- Os Gamella, os Quilombolas e a Pajelança
- O papel de cada um
- O Conhecimento dos Não Indígenas ("O Povo do Livro") sobre as Infecções Sexualmente Transmissíveis (IST), HIV/AIDS, Hepatites Virais, Covid-19, Malária e Tuberculose
- O que são as Infecções Sexualmente Transmissíveis (IST)?
- HIV/AIDS
- Hepatites Virais
- Covid-19
- Malária
- Tuberculose
- Propostas para a Organização dos Gamella para a Saúde
- Ações Propostas para os Serviços de Saúde

As estratégias empregadas para a coleta de dados envolveram a utilização de observação participante, diários de campo e a implementação de um plano de intervenção ao longo da oficina.

A observação participante ocorreu durante várias visitas à comunidade e nas reuniões ao longo de todo o período da oficina. Os registros dessa observação foram meticulosamente anotados no diário de campo, deixando observações sobre diálogos e interações, reflexões iniciais, considerações teóricas e resultados. Esses registros abrangem uma variedade de aspectos, incluindo ambientais, financeiros, individuais, coletivos e comportamentais dos participantes. Aprendizagem e saber formal/saber informal.

A dinâmica envolveu a troca de saberes e de experiências entre os pesquisadores e participantes durante a execução da oficina e o desenho de mapas do território.

Considerações Finais

A parceria do NuRuNI com a UNESCO e o ONUSIDA evidencia a relevância e o alcance internacional dessa iniciativa, que teve como foco principal a promoção da saúde e a preservação da identidade cultural quilombola/Gamella. A colaboração entre diferentes instituições é essencial para enfrentar os desafios complexos que afetam as comunidades quilombolas e indígenas, destacando o compromisso global com a diversidade étnica e cultural.

A produção da cartilha "Educação em Saúde para os Gamella no Maranhão: IST/HIV/Aids, hepatites virais, COVID-19, malária e tuberculose" representa um passo significativo na resposta às demandas específicas dessa comunidade. Trata-se de um recurso didático-pedagógico bilíngue e intercultural, um instrumento valioso que visa capacitar diversos agentes, incluindo profissionais de saúde e educadores.

A abordagem bilíngue e intercultural da cartilha reflete o respeito pela diversidade linguística e cultural da comunidade quilombola de Embiral, reforçando a importância de se adaptar as estratégias educativas às particularidades de cada contexto. O conteúdo da cartilha não visa apenas fornecer informações sobre temas cruciais de saúde, mas também propõe fortalecer a preservação da identidade cultural da comunidade.

É notável o alcance potencial desta cartilha, que não se limitará apenas aos profissionais de saúde, mas também será uma ferramenta poderosa para os educadores. A promoção da saúde, quando integrada ao contexto educacional, pode resultar em impactos significativos na prevenção de doenças e na promoção de estilos de vida saudáveis.

Encorajamos todos os envolvidos na área da saúde e educação a utilizarem essa cartilha como um guia prático e informativo. Que ela se torne um elo entre os conhecimentos científicos e a riqueza cultural da comunidade de Embiral, contribuindo assim para a construção de um ambiente mais saudável e consciente.

Para que os(as) professores(as) possam efetivamente utilizar a cartilha "Educação em Saúde para os indígenas Gamella no Maranhão" na sala de aula, promovendo a afirmação étnica e cultural e abordando a história da comunidade, seguem algumas sugestões:

Contextualização Cultural:

Começar as aulas contextualizando a cultura Gamella, utilizando elementos da cartilha para ilustrar e explicar práticas culturais, tradições e valores específicos.

Linguagem Bilíngue:

Fazer uso da abordagem bilíngue da cartilha, integrando a língua Gamella na comunicação e no ensino. Isso contribuirá para a preservação e fortalecimento da língua indígena.

História da Comunidade:

Utilizar os conteúdos históricos da cartilha para criar atividades que envolvam os(as) alunos(as) na compreensão da história da comunidade Gamella. Podem ser realizadas pesquisas, debates e produções artísticas relacionadas.

Diálogo Interativo:

Promover um ambiente de aprendizagem interativo, incentivando os(as) alunos(as) a compartilharem suas próprias experiências e conhecimentos sobre a cultura Gamella. Isso cria um espaço de diálogo e valorização.

Enfoque nas Questões de Saúde:

Explorar os temas de saúde presentes na cartilha, como IST/HIV/Aids, hepatites virais, COVID-19, malária e tuberculose, de forma integrada aos conhecimentos culturais e históricos. Isso pode incluir discussões sobre práticas de saúde tradicionais e modernas.

Atividades Práticas:

Desenvolver atividades práticas, como dramatizações, produção de materiais educativos pelos(as) alunos(as), e projetos de pesquisa relacionados à saúde e à cultura Gamella.

Avaliação Inclusiva:

Desenvolver métodos de avaliação que considerem a diversidade cultural, acompanhando e valorizando diferentes formas de expressão e conhecimento.

Ao implementar essas estratégias, os(as) professores(as) podem não apenas abordar os tópicos de saúde apresentados na cartilha, mas também fortalecer a identidade cultural dos(as) alunos(as) afroindígenas, contribuindo para uma educação mais inclusiva e respeitosa à diversidade étnica.

Referências

ARAÚJO, Mundinha. **Insurreição de escravos em Viana – 1867**. 3. ed. São Luís: Edições AVL, 2014.

DEURSEN, Mapov. **Memória e história da comunidade de Imbiral**: relações interétnicas entre indígenas e quilombolas (Dissertação). São Luís: Universidade Federal do Maranhão, 2022.

FREIRE, Paulo. **Conscientização**: teoria e prática da libertação – uma introdução ao pensamento de Paulo Freire. 3. ed. São Paulo: Moraes, 1980.

FREIRE, Paulo. **Pedagogia do oprimido**. 27. ed. Rio de Janeiro: Paz e Terra, 1987.

FREIRE, Paulo. **Pedagogia da Esperança**: um reencontro com a pedagogia do oprimido. 28. ed. Rio de Janeiro: Paz e Terra, 2021.

HALL, Stuart. **Da diáspora**. Belo Horizonte. UFMG/UNESCO, 2002.

NIMUENDAJU, Curt Unckel. The Gamella Indians. **Primitive Man**, v. 10, n. 3-4, Washington, 1937.

QUIJANO, Anibal. Colonialidade do poder, eurocentrismo e América Latina. *In*: LANDER, E. (org.). **A colonialidade do saber**: eurocentrismo e Ciências Sociais. Perspectivas Latino-americanas. Buenos Aires: CLACSO, 2005, p. 227-278.

THIOLLENT, Michel. **Metodologia da Pesquisa-ação**. São Paulo: Cortez-Autores Associados, 2000.

VARGA, István van Deursen. A cabeça branca da hidra, e seus pântanos: subsídios para novas pesquisas sobre comunidades indígenas, quilombolas e camponesas na Amazônia Maranhense. **Revista de História.** São Paulo. v. 178, p. 1-34, 2019.

ERER: disputas no currículo eurocentrado do sistema de ensino brasileiro

Flávia Rodrigues Lima da Rocha[12]
Geovanna Moraes de Almeida[13]
Ló-Ruama Íllary Freires Pereira[14]

Introdução

Este capítulo é um recorte adaptado do primeiro capítulo da tese de uma das autoras, em que pese que as coautoras foram pesquisadoras de Iniciação Científica na construção do referido texto de doutorado, no período de 2021 e 2022[15]. O presente trabalho é uma breve reflexão da Educação das Relações Étnico-Raciais nos currículos do sistema de ensino no Brasil, com o recorte temporal partindo do período de redemocratização (meados dos anos 1980) aos nossos dias.

É sabido que a Educação das Relações Étnico-Raciais é parte da política pública educacional brasileira de promoção de igualdade racial, criada a partir da lei Nº. 10.639/2003, que modifica a Lei de Diretrizes e Bases da Educação Nacional (LDBEN), de 1996, inserindo nela o artigo 26-A que curriculariza o ensino de história e cultura africana e afro-brasileira. Assim, desde 2003, os currículos brasileiros têm sido obrigados a se adaptarem a conteúdos voltados para a Educação das Relações Étnico-Raciais, não apenas na inserção de novos temas, outrora silenciados pelo racismo e pelo colonialismo, como também ressignificando conteúdos já curricularizados a respeito da população negra,

---

12 Doutora em Educação pela UFPR. Docente da UFAC. *E-mail*: flavia.rocha@ufac.br

13 Mestranda pelo Programa de Pós-Graduação em Letras: linguagem e identidade pela UFAC. *E-mail*: geovanna.almeida@sou.ufac.br

14 Especialista em Educação das Relações Étnico-Raciais pela UFAC. *E-mail*: pereiraloruama@gmail.com

15 Tese esta defendida pelo Programa de Educação da Universidade Federal do Paraná, em 2022, sob o título: Práticas Pedagógicas em Educação das Relações Étnico-Raciais em Escolas Acreanas.

porém consolidados de forma estereotipada e de forma negativa para a identidade desta população.

Historicamente, o currículo brasileiro tem sido construído a serviço da colonialidade, que, segundo Anibal Quijano (2005), é a prática de dominação do colonizador europeu, que se perpetua nos espaços que foram colonizados, mesmo depois de suas independências políticas, consolidando a Europa e seus valores como princípios hegemônicos de poder e de ser, inclusive nos currículos escolares e, consequentemente, nas práticas pedagógicas escolares.

No entanto, longa tem sido a luta do movimento negro brasileiro para romper com esse sistema curricular colonial e eurocentrado, e inserir nele suas histórias e culturas de forma humanizada e positiva, de forma que as pessoas negras possam, dentro das escolas, se identificarem positivamente com o que lhes é ensinado.

Este texto recortou como problema a ser discutido a indagação de como tem sido o percurso da educação das relações étnico-raciais no sistema curricular brasileiro, desde o período de redemocratização até os dias atuais. Buscando compreender a discussão teórica dessa pauta e mapeando a trajetória da inserção do ensino de história e cultura africana e afro-brasileira no currículo nacional.

A metodologia utilizada para a construção desse texto foi a revisão de literatura especializada e pesquisa documental sobre os documentos curriculares próprios do recorte temporal dessa pesquisa.

Breve discussão a respeito da inserção da educação das relações étnico-raciais no currículo brasileiro

Sabe-se que o currículo é e sempre foi um poderoso campo de disputa, a seleção do que o compõe não é ocasional, tampouco ingênua. Definir os conteúdos para o currículo escolar é, sobretudo, escolher a mentalidade do(a) cidadão(a) que se quer formar. Segundo Miguel Gonzalez Arroyo (2015), currículos são sínteses de conhecimento e cultura; e segundo Tomaz Tadeu da Silva (2018), também são reprodutores de desigualdades, uma vez que estão a serviço de um grupo dominante que os monopoliza e escolhe quais conhecimentos, histórias e culturas eles irão sintetizar. Por isso é tão importante definir quais conhecimentos e quais culturas farão parte do currículo que é o documento deliberador da formação nas escolas.

O entendimento do Movimento Negro brasileiro, desde há muito tempo, é da necessidade de inserir a história e a cultura africana e afro-brasileira no currículo nacional de forma obrigatória, ainda que em uma tensa e intensa disputa com o currículo tradicionalmente baseado no eurocentrismo. Não é fácil quebrar as grades de um currículo tradicionalmente estabelecido, mas essa é a primeira tarefa para possibilitar que outros conhecimentos entrem no currículo real, saindo da legislação distante e pouco eficaz (ARROYO, 2015).

Segundo Nilma Lino Gomes (2012)

> É nesse contexto que se encontra a demanda curricular de introdução obrigatória do ensino de História da África e das culturas afro-brasileiras nas escolas da educação básica. Ela exige mudança de práticas e descolonização dos currículos da educação básica e superior em relação à África e aos afro-brasileiros. Mudanças de representação e de práticas. Exige questionamento dos lugares de poder. Indaga a relação entre direitos e privilégios arraigada em nossa cultura política e educacional, em nossas escolas e na própria universidade (GOMES, 2012, p. 100).

Como se pode perceber, democratizar o currículo é uma demanda do movimento negro, a fim de ter suas histórias inseridas e respeitadas, mas é também é uma demanda da sociedade brasileira em período de redemocratização que almejava por uma educação mais inclusiva e justa.

Trajetória da inserção da Educação das Relações Étnico-Raciais no currículo brasileiro após o período de redemocratização

O processo de redemocratização no Brasil nos anos 1980 foi uma luta de toda população civil contra a ditadura militar e tudo aquilo que estava ligado a ela. Essa luta foi organizada pelos mais diferentes setores sociais, de diferentes campos políticos da militância, inclusive pela educação e pelo Movimento Negro. A própria Constituição de 1988 já previa, de diversas formas, a igualdade de todos perante a lei, inclusive em seu artigo 5º, abrindo a discussão para uma escola mais igualitária entre os desiguais.

Ainda nesse contexto, em 1996 entrou em vigor a nova Lei de Diretrizes e Bases da Educação Nacional (LDBEN), Lei Nº. 9.394, que também já trouxe em seu texto a defesa dos princípios de igualdade, pluralismo de ideias e de tolerância. A partir da LDBEN de 1996, e sob muito tensionamento, foram construídos os Parâmetros Curriculares Nacionais (PCNs) como uma proposta de currículo nacional com conteúdos comuns para serem estudados nos diferentes estados, agregados aos currículos locais e regionais, publicados entre os anos de 1997 e 2000, esses documentos passaram a contribuir para a definição dos currículos estaduais e municipais.

Os PCNs formam uma coleção dividida por níveis de anos e disciplinas para o Ensino Fundamental e Ensino Médio[16]. Seu objetivo, segundo o discurso governamental da época, quando o poder executivo nacional era ocupado pelo presidente Fernando Henrique Cardoso (PSDB – 1995-2002), era o de garantir que todas as pessoas, mesmo em locais diferentes do Brasil e em diferentes condições econômicas e sociais, tivessem o direito de usufruir do conjunto de conhecimentos básicos para o exercício da cidadania prevista pela LDBEN de 1996.

Na composição dos PCNs havia três volumes com seis documentos referentes aos Temas Transversais, sendo um deles tratando de Pluralidade Cultural, o que levava muitas escolas a trabalharem a cultura africana e afro-brasileira, porém, na maioria das vezes, de forma isolada da dinâmica do processo de ensino e aprendizagem do cotidiano escolar, bem como desvinculada dos conteúdos escolares.

O texto sobre o tema transversal pluralidade cultural era ambíguo em relação ao racismo e como proposta de educação antirracista, orientado por uma perspectiva de formação brasileira como "cadinho das três raças", que pouco dialogava com a sociologia das relações étnico-raciais e a antropologia indígena e antropologia do sujeito negro brasileiro de então, menos ainda com os movimentos sociais negro e indígena. No entanto, era um avanço por propor algum trabalho pedagógico sobre diversidade, mas muito limitado enquanto

---

16   Para a Educação Infantil foi construído um Referencial Curricular Nacional, publicado em 1998. Coleção composta por três volumes, sendo o primeiro, um documento introdutório; o segundo, um volume voltado para os processos de construção da identidade e da autonomia das crianças; e o terceiro, com seis documentos orientadores para a construção das diferentes linguagens pelas crianças e para as relações que se estabelecem com os objetos de conhecimento: Movimento, Música, Artes Visuais, Linguagem Oral e Escrita, Natureza e Sociedade e Matemática.

proposta. Como toda proposta curricular, sua implantação nas escolas foi realizada de forma não linear, cheia de quebras, dobras, resistências, rupturas e continuidades. Então ocorreram, tanto resistências em manter os currículos inalterados, como mudanças que efetivaram práticas de educação intercultural ou ensino de história e cultura afro-brasileira e africana com respaldo nos conhecimentos difundidos pelos movimentos indígenas e negros.

Os Temas Transversais passaram a ser trabalhados frequentemente, em forma de projetos, muitas vezes com sentido folclórico ou de mero lazer, com pouco significado educacional em suas ações. Isso se dava até mesmo pela falta de condições dentro do sistema escolar para desenvolver melhor esses temas, que eram de todas as disciplinas e ao mesmo tempo de nenhuma. Esse contexto também explicita a operacionalização do racismo estrutural e institucional[17] nas relações que permeiam o ambiente escolar, o que se nota na própria falta de prioridade do tema das relações étnico-raciais em meio aos conteúdos escolares trabalhados no cotidiano do processo de ensino e aprendizagem.

A partir de 2003, o Brasil começou a passar por mudanças políticas, quando chegou ao fim o governo de Fernando Henrique Cardoso (PSDB), e início do governo Lula (PT – 2003-2010), a partir do qual, segundo Nilma Lino Gomes (2017, p. 20), o Brasil passou a construir "políticas públicas de igualdade racial, bem como a inserir o recorte étnico-racial – não sem resistências – nas várias políticas sociais existentes". E foi nesse contexto que a Lei Nº. 10.639 foi sancionada, no dia 9 de janeiro de 2003.

Em 2004, seguindo o Parecer do Conselho Nacional de Educação 03/2004, que teve como relatora a Professora Petronilha Beatriz Gonçalves e Silva, militante do movimento negro, publicou-se a Resolução Nº. 1/2004, instituindo as Diretrizes Curriculares Nacionais para a Educação das Relações Étnico-Raciais e para o Ensino de História e Cultura Afro-Brasileira (DCNERER, 2004). Este documento foi de suma importância para a implantação e implementação da Lei Nº. 10.639/2003 e para sua melhor compreensão, inclusive

---

17   Entendendo-se aqui como racismo estrutural e institucional os conceitos trazidos por Silvio Luiz de Almeida (2019), que define racismo estrutural como o racismo que transcende o âmbito da ação individual, frisando a dimensão do poder como elemento constitutivo das relações raciais, não somente o poder de um indivíduo de uma raça sobre outro, mas de um grupo sobre outro. E aponta o racismo institucional como o resultado do funcionamento das instituições, que passam a atuar em uma dinâmica que confere, ainda que indiretamente, desvantagens e privilégios com base na raça.

é ele quem vai melhor explicar o significado da curricularização da história e da cultura afro-brasileira e africana em todas as áreas do conhecimento e em todas as etapas de ensino, uma vez que o texto da Lei Nº. 10.639/2003 se resume a poucas linhas.

É por meio das DCNERER que Educação Infantil e Ensino Superior passam a ter obrigatoriedade de inserir em seus currículos o ensino de história e cultura afro-brasileira e africana, bem como outras áreas do conhecimento para além da História, Educação Artística (atual Ensino de Artes) e Literatura. Além disso, as DCNERER trazem uma longa discussão de como este conteúdo deve ser trabalhado e com quais significados para a população negra e branca, a fim de definir um currículo não apenas inclusivo na diversidade dos sujeitos que formam a população brasileira, mas também como um currículo de reparação histórica para a população afro-brasileira.

Por fim, é importante destacar a Educação das Relações Étnico-Raciais na Base Nacional Comum Nacional (BNCC), que é o atual documento orientador dos currículos estaduais e municipais, aprovado em 2017. No contexto de construção mercadológica e tecnicista da proposta da BNCC, Windyz Brandão Ferreira (2015) aponta que, desde os anos 1990, o termo *diversidade* vem crescendo e se esvaziando de seus significados e implicações, em favor da retórica política internacional, na qual este termo se tornou item de agenda, numa maneira de homogeneizar os diferentes em um único contexto e conceito, o de diversidade, atendendo assim ao processo de globalização, mas deixando de atender às especificidades dos diferentes, inclusive no contexto educacional.

É importante levar em consideração também a discussão realizada por Paulo Vinicius Baptista da Silva e Elisangela de Farias (2019) a respeito da diversidade e das relações étnico-raciais na BNCC, que, além de rememorar a já tradicional afirmação de Antonio Flávio Moreira e Tomaz Tadeu da Silva (1994) sobre o currículo como um território de disputas, que inclui e exclui, percebem na BNCC uma defesa do universalismo associado e como a justificativa de igualdade, reforçando a tradicional homogeneização dos sujeitos, suas histórias e culturas, silenciando os diferentes e consolidando o ensino normativo colonizador e europeizado.

Além disso, segundo estes autores, a relativa autonomia dada às escolas e aos sistemas locais de ensino, dando indicativa de que cada unidade federativa e município poderá construir um currículo multicultural, perde-se enquanto orientação e na falta de obrigatoriedade de tratar de assuntos extremamente relevantes em um país de maioria negra e com altos índices de mortes dessa população por diversos tipos de violências advindas do racismo estrutural, que é também estruturante, transformando assim a ERER e suas práticas pedagógicas em tema secundário e aparentemente facultado, apesar de todo o amparo legal que conquistou ao longo dos anos.

Dessa forma, a BNCC assume uma pretensa neutralidade que não pode ser encontrada em produções humanas, que são todas constituídas de escolhas e contextos nos quais estão inseridas. Sendo então este silêncio da BNCC quanto a ERER apenas uma consolidação do tradicional racismo escolar e da hierarquização dos saberes, quando o que se precisa de fato, segundo os autores, é de práticas pedagógicas que se efetivem de formas plurais, aliadas ao currículo nacional e local.

Considerações Finais

É certo que o Brasil é um país racista, com um alto nível de exclusão da população negra nos espaços de poder e de privilégio de sua sociedade, inclusive no contexto educacional, em que a maior parte dos concludentes do Ensino Médio é de pessoas brancas. Com relação aos currículos, ainda há muito o que ser feito para que haja uma inclusão da história e da cultura afro--brasileira e africana no currículo nacional de forma a trazer visibilidade a essas histórias silenciadas por séculos e a essas culturas, estigmatizadas pelo colonialismo, a fim de trazer para a população negra brasileira a dignidade roubada pelo sistema escravocrata, a humanidade de sua identidade e revelar as imensas contribuições desse povo para a construção do Brasil de hoje.

No entanto, também não se pode negar as conquistas que as tensões do movimento negro têm provocado na construção de uma política de promoção de igualdade racial, inclusive educacional e com o recorte de currículo, como a própria Lei Nº. 10.639/2003 e suas DCNERER (2004), que, ainda de forma a ser muito melhorada e ampliada, traz esta discussão para a BNCC e para os currículos locais, mostrando que as conquistas do movimento negro em direção a igualdade racial são um caminho sem volta.

REFERÊNCIAS

ALMEIDA, Silvio Luiz de. **Racismo Estrutural**. São Paulo: Sueli Carneiro; Polen, 2019. (Feminismos Plurais. Coordenação de Djamila Ribeiro).

ARROYO, Miguel González. Os Movimentos Sociais e a construção de outros currículos. **Educar em Revista**, Curitiba, n. 55, p. 47-68, jan./mar. 2015. Disponível em: http://www.scielo.br/pdf/er/n55/0101-4358-er-55-00047.pdf. Acesso em: 23 mar. 2022.

BRASIL. **Constituição da República Federativa do Brasil de 1988**. Disponível em: http://www.planalto.gov.br/ccivil_03/constituicao/constituicaocompilado.htm. Acesso em: 19 ago. 2020.

BRASIL. **Lei Nº. 9.394, de 09 de janeiro de 1996**. Estabelece as Diretrizes e Bases da Educação Nacional. Disponível em: http://www.planalto.gov.br/ccivil_03/leis/l9394. htm. Acesso em: 19 ago. 2020.

BRASIL. **Lei Nº. 10.639, de 9 de janeiro de 2003**. Altera a lei Nº. 9.394, de 20 de dezembro de 1996, que estabelece as Diretrizes e Bases da Educação Nacional, para incluir no currículo oficial da rede de ensino a obrigatoriedade da temática "História e Cultura Afro-brasileira" e dá outras providências. Disponível em: http://www.planalto. gov.br/ccivil_03/leis/2003/l10.639.htm. Acesso em: 19 ago. 2020.

BRASIL. Ministério da Educação. **Base Nacional Comum Curricular**. Brasília, 2018.

BRASIL. **Diretrizes Curriculares Nacionais para a Educação das Relações Étnico-Raciais e para o Ensino de História e Cultura Afro-Brasileira**. Brasília: MEC/Seppir, 2004. Disponível em: https://download.inep.gov.br/publicacoes/diversas/temas_interdisciplinares/diretrizes_curriculares_nacionais_para_a_educacao_das_relacoes_etnico_raciais_e_para_o_ensino_de_historia_e_cultura_afro_brasileira_e_africana.pdf. Acesso em: 23 mar. 2022.

BRASIL. Ministério da Educação (MEC). **Referencial Curricular Nacional para Educação Infantil**. Brasília, DF: MEC/SEF, 1998.

BRASIL. Ministério da Educação (MEC). Secretaria de Educação Fundamental (SEF). **Parâmetros Curriculares Nacionais**: introdução aos Parâmetros Curriculares Nacionais. Brasília, DF: MEC/SEF, 1997a.

BRASIL. Ministério da Educação (MEC). Secretaria de Educação Fundamental (SEF). **Parâmetros Curriculares Nacionais**: apresentação dos temas transversais, ética. Brasília, DF: MEC/SEF, 1997b.

BRASIL. Ministério da Educação (MEC). Secretaria de Educação Básica. **Diretrizes Curriculares Nacionais para a Educação Infantil.** Brasília: MEC, SEB, 2010.

COELHO, Wilma de Nazaré Baía; SOARES; Nicelma Josenila Brito. A implementação das leis Nº. 10.639/2003 e Nº. 11.645/2008 e o impacto na formação de professores. **Educação em Foco,** Juiz de Fora, v. 21, n. 3, p. 573-606, set./dez. 2016. Disponível em: https://periodicos.ufjf.br/index.php/edufoco/article/view/19871/10618. Acesso em: 23 mar. 2022.

FERREIRA, Windyz Brandão. O Conceito de Diversidade na BNCC: relações de poder e interesses ocultos. **Revista Retratos da Escola,** Brasília, v. 9, n. 17, p. 299-319, jul./dez. 2015. Disponível em: https://retratosdaescola.emnuvens.com.br/rde/article/view/582/656. Acesso em: 23 mar. 2022.

GOMES, Nilma Lino. Educação Cidadã, Etnia e Raça: o trato pedagógico da diversidade. *In*: CAVALLEIRO, Eliane dos Santos (org.). **Racimo e Anti-Racismo na Educação:** repensando nossa escola. 6. ed. São Paulo: Selo Negro, 2001. p. 83-96.

GOMES, Nilma Lino. Relações Étnico-Raciais, Educação e Descolonização dos Currículos. **Currículo sem Fronteiras,** v. 12, n. 1, pp. 98-109, jan/abr 2012.

MOREIRA, Antonio Flávio Barbosa; SILVA, Tomaz Tadeu da (org). **Currículo, Sociedade e Cultura**. São Paulo: Cortez, 1994.

QUIJANO, Aníbal. "Colonialidade do poder, eurocetrismo e América Latina". LANDER, Edgardo (org). A colonialidade do saber: eurocentrismo e ciências sociais. **Perspectivas latinoamericanas**. CLACSO, Buenos Aires, Argentina. 2005.

SANTOS, Sales Augusto dos. A Lei Nº. 10.639/03 como fruto da luta anti-racista do movimento negro. *In*: BRASIL. **Educação anti-racista:** abertos pela Lei Federal Nº. 10.639/03. Brasília: Ministério de Educação, Secretaria de Educação Continuada, Alfabetização e Diversidade, 2005. p. 21-37.

SILVA, Paulo Vinicius Baptista da; FARIAS, Elisangela de. Base Nacional Comum Curricular: considerações sobre diversidade e relações étnico-raciais na área de Linguagens do Ensino Fundamental. *In*: SILVA, Fabiany de Cássia Tavares; FILHA, Constantina Xavier (Org.). **Conhecimentos em Disputa na Base Nacional Comum Curricular**. Campo Grande: Editora Oeste, 2019.

SILVA, Tomaz Tadeu da; HALL, Stuart; WOODWARD, Kathryn. **Identidade e diferença**: a perspectiva dos estudos culturais. 15. ed. Rio de Janeiro: Vozes, 2014. 4ª reimp., 2018.

CURRÍCULO, FORMAÇÕES DE PROFESSORES E ERER NOS PPC's DA UFPA E DA UNIOESTE

Raquel Amorim dos Santos[18]
Râmila de Souza da Silva[19]

Introdução

Este texto, que enfoca o tema currículo e relações étnico-raciais na formação inicial de professores(as), inspeciona o panorama desta formação em cursos de Pedagogia. Ele pauta-se na investigação de como as relações étnico-raciais são integradas no Currículo da Formação Inicial de Professores(as) em Cursos de Pedagogia da UFPA e UNIOESTE. Ele busca destacar que no Brasil, as desigualdades sociais e raciais que são demarcadas pelas diferenças de classes, fatores econômicos, renda ou ocupação, que atinge, sobremaneira, os grupos menos favorecidos. Para Santos (2007), as formas de divisão de classes deram origem ao surgimento de duas linhas abissais, a primeira denominada "deste lado da linha" e a segunda descrita "o outro lado da linha", para se referir a superiores e inferiores, respectivamente. Assim, essa divisão de linhas caracteriza as formas de desigualdade presentes tanto no velho mundo quanto no novo mundo, com formas de classificar e separar os europeus (classe superior) e os índios, escravos etc. (inferiores e excluídos), perpetuando os padrões de desigualdades presentes na sociedade.

---

18 Docente da Universidade Federal do Pará – UFPA, Faculdade de Pedagogia – FAPED, do *campus* Universitário de Castanhal – CCAST e do Programa de Pós-Graduação em Linguagens e Saberes na Amazônia (PPLSA), *campus* de Bragança (UFPA). Coordenadora do Núcleo de Estudos Afro-Brasileiros e Africanos – NEAB/UFPA e Pesquisadora do Núcleo de Estudos e Pesquisas sobre Formação de Professores e Relações Étnico-Raciais – GERA/UFPA. *E-mail*: rakelamorim@ufpa.br

19 Estudante do Curso de Pedagogia da Universidade Federal do Pará – UFPA, *campus* Universitário de Castanhal – CCAST, Bolsista PIBC – UFPA. *E-mail*: souzaramila067@gmail.com

A abordagem qualitativa com aplicação da pesquisa bibliográfica e documental norteou os processos inerentes aos levantamentos. Para a geração dos dados foram utilizadas como fonte os documentos escritos: Projeto Pedagógico de Curso (PPC) com objetivo de compreender como as Relações Étnico-Raciais configuram-se nos Cursos de Pedagogia. A área de estudo da presente proposta de pesquisa está localizada na região Norte, município de Castanhal-PA, estado do Pará e na região Sul, município de Cascavel, estado do Paraná. As áreas de pesquisa se justificam por estarem situadas as universidades públicas (federal e estadual), *lócus* deste estudo, sendo: a) Universidade Federal do Pará, *Campus* de Castanhal e b) Universidade Estadual do Oeste do Paraná (UNIOESTE), *Campus* Cascavel.

Panorama dos PPPs e a ERER

Permanecendo enraizada na sociedade brasileira, a desigualdade atinge diversos aspectos como socioeconômicos, culturais, educacionais, e que reflete nos currículos das instituições de ensino, na formação inicial de professores(as) e outros. A Lei Nº. 10.639/2003, ampliada pela Lei Nº. 11.645/2008, que altera a LDB Nº. 9.394/96 e determina a inclusão da obrigatoriedade da história e cultura afro-brasileira, africana e indígena nos currículos oficiais das escolas brasileiras, que tem seu conteúdo silenciado pela lógica de um currículo eurocêntrico.

A inclusão das questões étnico-raciais no currículo é basilar para a formação de professores(as) da Educação Básica e para a construção de uma educação antirracista, promovendo "[...] uma ruptura epistemológica e curricular, na medida em que torna público e legítimo o 'falar' sobre a questão afro-brasileira e africana. Mas, não é qualquer tipo de fala. É a fala pautada no diálogo intercultural". O currículo intercultural tornará o "outro" existente algo concreto e irá desconstituir todas as formas utilizadas para classificar e selecionar este ser que se encontra em meio a discriminação racial (GOMES, 2012, p. 105).

Dessa forma, é necessário descolonizar os currículos que, para Gomes (2012, p. 98), a descolonização do currículo busca "[...] uma mudança epistemológica e política no que se refere ao trato da questão étnico-racial na escola e na teoria educacional proporcionada pela introdução obrigatória do ensino de História da África e das culturas afro-brasileiras nos currículos [...]". A descolonização dos currículos exige um debate epistemológico sobre as relações étnico-raciais, mudanças nas práticas pedagógicas marcadas pela lógica eurocêntrica, questionamentos dos lugares de poder, direitos e privilégios.

Gomes (2012, p. 102), a partir da abordagem curricular descolonizadora, afirma: "[...] a necessidade de formar professores e professoras reflexivos e sobre as culturas negadas e silenciadas nos currículos". Para tanto, adverte a necessidade de descolonização curricular, desconstruindo a visão de inferiorização das culturas afro-brasileiras e africanas, historicamente mantidas pela lógica hegemônica como aquelas não civilizadas e cultas, paradigmas cristalizados nos territórios que determinam tais condições de poder. A hegemonia de um conhecimento em detrimento de outros, vê de forma hierarquizada as culturas e povos étnico-raciais, e essa herança histórica tem influenciado as propostas curriculares da Educação Básica e do Ensino Superior.

As universidades, a partir dos Projetos Pedagógicos de Cursos, têm inserido a temática das relações étnico-raciais, em sua maioria pela inclusão das Leis Nº. 10.639/2003, Nº. 11.645/2008, Parecer CNE/CP Nº. 3/2004 e Resolução CNE/CP Nº. 1/2004. No entanto, essa discussão deve ser inserida em todos os componentes curriculares dos cursos de licenciaturas e bacharelados, por meio dos Projetos Pedagógicos de Curso – PPC e atividades de ensino, pesquisa e extensão.

Sendo assim, esta pesquisa busca analisar a Formação Inicial de Professores(as) e as significações sobre as Relações Étnico-Raciais nas discursividades dos Projetos Pedagógicos de Curso (PPC), por meio das Legislações antirracistas, Leis Nº. 10.639/2003, Nº. 11.645/2008 e DCNERER.

O PPC é compreendido como um documento curricular elaborado para ser ofertado à comunidade acadêmica e à sociedade, demonstrando sua forma de organização e suas principais características desenvolvidas através da função de suas escolhas e percursos formativos, visando a formação acadêmica profissional do discente. Portanto, é um "[...] documento que representa o planejamento e organização do curso, sendo insumo formal e estruturante da oferta de serviços de ensino". (COPAC, 2022, p.5). Desse modo, deve-se abranger todas as formas de ensino e integrá-las de maneira mais abrangente.

O Projeto Pedagógico do Curso – PPC de Pedagogia da Faculdade de Pedagogia do *Campus* Universitário de Castanhal, da Universidade Federal do

Pará, foi aprovado em 2007 através da Resolução Nº. 2.669/99 – CONSEP, sendo consolidado em 2010. O Curso de Pedagogia foi implantado no *Campus* de Castanhal na década de 1990, como parte da política de interiorização da UFPA, visando o processo de descentralização dos cursos de graduação nos interiores.

A Faculdade de Pedagogia do *Campus* Universitário de Castanhal/ UFPA, apresenta um desenho curricular organizado em núcleos, dimensões e componentes curriculares. O PPC compõe três grandes núcleos que norteiam a organização curricular: Núcleo de Estudos Básicos, com 960 horas; Núcleo de Aprofundamento e Diversificação de Estudos, com 2.100 horas; e Núcleo de Estudos Integradores, com 270 horas (PPC/FAPED, 2010).

O Núcleo de Estudos Básicos compõe-se em duas dimensões: Fundamentos do Trabalho Pedagógico e Fundamentos do Trabalho em Pesquisa Científica. Desse modo, o Núcleo de Estudos Básicos integra a ERER por meio de dois componentes curriculares: Antropologia Educacional e Didática e Formação Docente. O componente curricular de Antropologia Educacional apresenta a ERER em seu ementário abordando "[...] os estudos das diversidades culturais em educação escolar e não escolar: gênero, raça, etnia, cor etc." (PPC/FAPED, 2010, p. 57).

O ementário de Antropologia Educacional corrobora com o estudo das diversidades dentro dos ambientes educacionais e não educacionais, destacando as diversidades de gênero, raça, etnia, cor etc. Gomes (2012, p. 99) relata que "o debate sobre a diversidade epistemológica do mundo encontra maior espaço nas ciências humanas e sociais". Pois, possibilitará maiores diálogos para a inserção de diversas temáticas dentro dos currículos, sendo necessários na formação de professores(as) discursos que insiram as diversidades sociais e seus aspectos de valorização efetiva dentro do currículo do curso de Pedagogia.

O componente curricular Didática e Formação Docente apresenta em seu ementário "[...] identidade docente e as questões de gênero, etnia e classe social. A docência como base da atuação do pedagogo" (PPC/FAPED, 2010, p. 60).

A ementa de Didática e Formação Docente aborda a ERER envolvendo identidade docente e questões de gênero, etnia e classe social, essas questões colaboram com a inclusão da temática dentro das formações de professores(as) e com a formação para a docência no curso de Pedagogia da UFPA, essa inserção deve ser voltada para a valorização da temática racial e debates na formação de professores(as) sobre as relações "sociais e raciais no Brasil" que envolvem as questões de "[..] racismo, discriminações, intolerância, preconceito, estereótipo, raça, etnia, cultura, classe social, diversidade, diferença, multiculturalismo; de práticas pedagógicas [...]" (BRASIL, 2004, p. 23).

O Núcleo de Aprofundamento e Diversificação de Estudos identifica os fundamentos teóricos e metodológicos como o FTM do Ensino de Português; de Matemática; de Ciências; de História; e de Geografia, que apresentam uma carga horária total de 300 horas. Percebe-se a inserção apenas no FTM de História, que se constitui como único componente curricular das FTM que atende as DCNERER. Em seu ementário aborda "[...] objetivos e finalidades para o ensino de história nas séries iniciais. História e cultura afro-brasileira. [...]" (PPC, FAPED/UFPA, 2010, p. 73).

O FTM do Ensino de História, em seu ementário, aborda as determinações das DCNERER e da BNCC, denotando alguns aspectos que incluem a Educação das Relações Étnico-Raciais, destacando objetivos e finalidades para a temática da história e cultura afro-brasileira para a formação de professores(as) nas séries iniciais. A BNCC determina: "a inclusão dos temas obrigatórios definidos pela legislação vigente, tais como a história da África e das culturas afro-brasileira e indígena, deve ultrapassar a dimensão puramente retórica e permitir que se defenda o estudo dessas populações como artífices da própria história do Brasil.[...]" (BRASIL, 2018, p. 401). A inclusão da temática étnico-racial descaracteriza as formas eurocêntricas e a valorização de um padrão branco que compõe os currículos no Brasil, além de visibilizar e valorizar características culturais e identitárias desses grupos étnicos.

O Núcleo de Estudos Integradores não apresenta em seus ementários a abordagem da Educação das Relações Étnico-Raciais. Isso ocasiona lacunas na formação inicial de professores(as) em relação a ausência de discussão da ERER no currículo, perpetuando a invisibilidade das temáticas étnico-raciais e de gênero, raça, etnia, cor, religião, entre outras, na formação de professores(as), fragilizando o percurso formativo dos(as) estudantes que devem compreender a ERER para a implementação da Lei Nº. 10.639/2003 na escola.

A UNIOESTE, por sua vez, foi aprovada pela Resolução Nº. 265/2016-CEPE, com elaboração realizada pelo Conselho de Ensino, Pesquisa e

Extensão. A partir da CR Nº. 48.862/2016, resolve: "Art. 1º: Aprovar, conforme o anexo desta Resolução, o projeto pedagógico do curso de Pedagogia, do *campus* de Cascavel, para implantação gradativa a partir do ano letivo de 2017" (PPC/UNIOESTE, 2016, p.1).

O PPC de Pedagogia da UNIOESTE inclui a discussão da Educação das Relações Étnico-Raciais a partir da legislação antirracista, fundamentada no Parecer CNE/CP Nº. 3/2004. Assim afirma:

> Atendendo as Diretrizes Nacionais para a Educação das Relações Étnico-Raciais e para o Ensino de História e Cultura Afro-Brasileira e Indígena, nos termos de Lei Nº. 9.394/96, com a redação dada pelas Leis Nº. 10.639/2003 e Nº. 11.645/2008, e da Resolução CNE/CP Nº. 1/2004, fundamentada no Parecer CNE/CP Nº. 3/2004, foram alteradas as ementas das disciplinas de História da Educação II e Sociologia da Educação. O conteúdo desta legislação também figura em eventos promovidos pelo colegiado em forma de atividades de extensão (PPC/UNIOESTE, 2016, p. 6-7).

A despeito da referência à ERER por meio da legislação antirracista (DCNERER, Leis Nº. 10.639/2003 e Nº. 11.645/2008), limita-se a alterações do ementário em algumas disciplinas do currículo, destacando-se: História da Educação II e Sociologia da Educação, assim como em eventos extensionistas. Percebe-se que a ERER é justificada pelo conteúdo expresso no ementário desses componentes curriculares, mas a inserção dessa discussão no currículo, esvaia-se no conjunto das disciplinas ofertadas no PPC do curso pela ausência dessa discussão na formação inicial de professores(as).

Dessa maneira, há uma necessidade de modificações nos currículos que constituem a formação inicial de professores(as), pois as formas de abordagem da temática racial, mesmo com a promulgação dos aparatos legais (Leis Nº. 10.639/2003 e Nº. 11.645/2008), ainda são tratadas com pouca visibilidade dentro dos currículos das instituições de ensino, formando assim profissionais despreparados para a inclusão efetiva da história racial dentro das instituições de ensino.

A Estrutura Curricular do Curso de Pedagogia UNIOESTE *Campus* Cascavel é composta pelo Currículo Pleno com desdobramentos em Áreas/Matérias e disciplinas, que por sua vez compõem-se: 1) De Formação Geral;

2) De Formação Diferenciada; 3) Estágio Supervisionado; 4) Trabalho de Conclusão de Curso e 5) Atividades Acadêmicas Complementares.

A UNIOESTE compõe 31 disciplinas e Atividades Complementares. Desse quantitativo identificou-se que somente três disciplinas apresentam a ERER em seus ementários, quais sejam: História da Educação I, Sociologia da Educação e História da Educação II, sendo incluídas a partir das legislações antirracistas Lei N°. 10.639/2003, N°. 11.645/2008 e DCNERER.

O ementário de História da Educação I enuncia a ERER destacando:

> Correlação das ideias educacionais à produção da vida humana, analisando o processo de transformação social e educacional desde a passagem da sociedade gentílica para a escravista até a consolidação da sociedade capitalista, situando neste, o debate acerca da criação da escola pública (PPC/UNIOESTE, 2016, p. 30).

A ementa faz menção às ideias educacionais a partir do processo transitório da sociedade gentílica para a escravista até a consolidação da sociedade capitalista. É relevante dimensionar que os ideais educacionais, historicamente, foram marcados por concepções pedagógicas que corroboraram para o não lugar do negro no processo educacional, sendo o ensino destinado aos filhos da elite, visando a manutenção do poder e dominação.

Para Saviani (2011, p. 222), as "[...] desigualdades refletia-se na educação, que na verdade era tratada como um objeto de privilégio das elites". As organizações das instituições públicas de ensino estavam ligadas aos métodos de países europeus de valorização dos pressupostos burgueses que refletia, sobremaneira, a escola pública. Refletir sobre o conteúdo da criação da escola pública é problematizar, dentre outros marcos históricos, o contexto da escravidão, marcado por uma visão "civilizatória" de uma violência incomensurável.

A ementa de Sociologia da Educação apresenta a ERER por meio de "[...] análises das relações entre educação e movimentos sociais: movimentos sociais negro; movimentos sociais indígenas [...]" (PPC/UNIOESTE, 2016, p. 33).

A ementa da disciplina de Sociologia da Educação delineia estudos sobre a educação e as relações sociais, culturais, políticas e econômicas. Centra a discussão nos movimentos sociais, dando ênfase a diferentes movimentos sociais como negros, indígenas, meio ambiente, campo, gênero e sexual, demandando análises das relações entre a educação e os movimentos sociais. De acordo com Gonh (2010, p. 3): "os movimentos realizam diagnósticos sobre a realidade social, constroem propostas. Atuando em redes, constroem ações coletivas que agem como resistência à exclusão e lutam pela inclusão social".

A ementa de História da Educação II apresenta a ERER da seguinte forma: "[...] o tratamento das relações étnico-raciais, afro-brasileira e indígena e a diversidade religiosa na escola brasileira[...]" (PPC/UNIOESTE, 2016, p. 34).

A ementa centra as discussões nas concepções e objetivos da história da educação brasileira a partir dos períodos colonial, imperial e republicano, com foco nas relações étnico-raciais, afro-brasileiras, indígenas e na diversidade religiosa das escolas brasileiras, visando a compreensão da realidade educacional. A história da educação brasileira revela os processos de exclusão e desigualdades dos povos afro-brasileiros nas escolas.

O tratamento da diversidade nas escolas ainda é tido de forma desigual, principalmente ao se tratar das questões raciais, sendo reflexo de anos de exclusão e pelo fato de que "a sociedade democrática brasileira ainda tende, de forma bastante sistemática, a colocar/situar negros e negras num lugar desigual ante os demais grupos étnico-raciais e culturais construtores da nossa brasilidade" (BRASIL, 2006, p. 60). Distorcendo, invisibilizando e apagando suas histórias de lutas e conquistas dentro das escolas brasileiras.

Considerações Finais

O PPC de Pedagogia da UFPA integra a ERER por meio de núcleos, no Núcleo de Estudos Básico, na disciplina de Antropologia Educacional, o estudo da diversidade envolvendo "gênero, raça, etnia, cor etc." integra as Leis Nº. 10.639/2003, Nº. 11.645/2008 e as DCNERER, a discussão da temática possibilita o preparo na formação inicial de professores(as) para o trato com as diferenças dentro dos ambientes escolares e não escolares. A diversidade desconstrói uma desvalorização que, de forma muito efetiva, se integrou dentro dos currículos das Escolas Básicas e das Instituições de Ensino Superior, a integração da diversidade é um fator importante para a valorização das diferentes culturas presentes na sociedade brasileira com foco para diversidade étnico-racial. Mas, para que essa valorização da diversidade étnico-racial seja integrada no currículo, é preciso uma "[...] mudança nos discursos, raciocínios, lógicas, gestos, posturas, modo de tratar as pessoas negras[...]" (BRASIL, 2006, p. 232).

Na disciplina de Didática e Formação Docente, torna-se necessário que estes futuros profissionais estejam preparados para lidar com a diversidade dentro dos âmbitos educacionais, desconstruindo padrões de desigualdades, desvalorização e de estereótipos presentes na sociedade. Munanga (2005, p. 22) enuncia que essa desconstrução "[...] possa vir a ser um dos objetivos específicos dos cursos de formação de professores, especialmente para os das séries iniciais, como uma das formas de visibilizar as diferentes práticas cotidianas, experiências e processos culturais, sem o estigma da desigualdade". Dessa forma, o ementário efetiva a inclusão da ERER e inclui as DCNERER, Leis Nº. 10.639/2003 e Nº. 11.645/2008 no processo de discussão da temática para a formação docente.

No núcleo de Aprofundamento e Diversificação de Estudos, o FTM de História se configura com a única disciplina que integra a ERER. Assim, esse componente curricular aborda as legislações antirracistas Leis Nº. 10.639/2003 e Nº. 11.645/2008 e DCNERER, pois possibilitará desconstrução de padrões de poder que inferiorizam o povo negro, ao tratar em seu ementário as relações étnico-raciais ao determinar o estudo da cultura afro-brasileira.

Em síntese, destacamos que os Núcleos presentes no PPC de Pedagogia da UFPA são basilares para a compreensão dos conhecimentos voltados à formação do pedagogo, considerando o trabalho pedagógico, a ação docente, as experiências do trabalho de campo na área da educação em ambientes escolares e não escolares, a diversificação da formação por meio dos tópicos temáticos possibilitando ao futuro(a) professor(a) a inserção em disciplinas de outras áreas de conhecimento, monitoria, projetos de ensino, pesquisa e extensão, estágios profissionais, cursos em áreas afins, participação em eventos científicos da área da educação, como assegura o PPC de Pedagogia. No entanto, um percurso formativo que invisibiliza a temática das Relações Étnico-Raciais na maioria dos ementários dos componentes curriculares. Evidencia-se, portanto, a necessidade de enfrentamento frente ao silenciamento epistêmico das Relações Étnico-Raciais no PPC do Curso de Pedagogia. Para isso considera-se necessária a efetiva implementação dos dispositivos jurídicos antirracistas (Lei Nº. 10.639/2003, Nº. 11.645/2008 e DCNERER).

Assim, concluímos que o PPC de Pedagogia da UFPA trata a Educação das Relações Étnico-Raciais de forma superficial, abordando apenas nas competências e habilidades e em alguns componentes curriculares de forma mais evidente. Apesar de a ERER ser tratada no PPC do curso, suas discussões são pouco pautadas na inclusão da temática como uma política curricular de ações afirmativas, mesmo sua reformulação antecedendo a promulgação da legislação antirracista (Lei Nº. 10.639/2003, Nº. 11.645/2008 e DCNERER).

A Unioeste, por sua vez, integra a ERER por meio de algumas disciplinas. Na disciplina de História da Educação I o ementário é propositivo na menção do período da escravidão, no entanto, percebe-se uma centralidade maior no contexto histórico da criação da escola pública em detrimento dos conteúdos do período escravista e da educação escolarizável para negros. Isso exige um aprofundamento epistemológico sobre a historiografia educacional brasileira no que se refere a abordagem sobre o negro no processo educacional, problematizando sua história, seus processos de lutas e resistências, o que pode caracterizar mudanças epistêmicas sobre as relações étnico-raciais nos percursos formativos e curriculares dos egressos da Educação Básica.

Refletir sobre os currículos de formação inicial de professores(as) é compreendê-lo como uma política cultural, de descolonização dos currículos como possibilidade de mudança epistemológica e política. Para Gomes (2012, p. 98), os processos de descolonização dos currículos na escola brasileira significa: "[...] possibilidade de uma mudança epistemológica e política no que se refere ao trato da questão étnico-racial na escola e na teoria educacional proporcionada pela introdução obrigatória do ensino de História da África e das culturas afro-brasileiras nos currículos [...]".

Na disciplina de Sociologia da Educação, a ementa apresenta ampla abordagem acerca do campo da educação e da sociedade, corrobora para visibilizar a história dos movimentos sociais no Brasil e sua contribuição na luta pela superação das desigualdades sociais, raciais, ambiental, gênero e sexual. No caso do movimento negro, a integração de conhecimentos sobre a história desse movimento social e sua relação com a educação pode demarcar mudanças epistemológicas nos currículos da formação inicial de professores(as), no que tange as lutas históricas dos negros na resolução dos problemas sociais advindos do racismo, preconceitos e discriminações raciais.

Em relação a ementa de História da Educação II, o ementário reflete conteúdos que expõe os processos educacionais que foram marcados por grandes opressões ao povo negro, porém, possibilita a exposição das grandes conquistas e lutas para a integração dos povos étnico-raciais dentro dos ambientes educacionais, na garantia de seus espaços em prol de valorização e reconhecimento de seu lugar na sociedade, assim como a desconstrução de padrões europeus característicos nos modelos educacionais. Evidenciando o combate à discriminação racial, racismo e desigualdades na realidade educacional atual.

Assim sendo, identificamos que a Educação das Relações Étnico-Raciais é evidenciada no currículo do curso, essa inclusão corrobora com a formação inicial de professores(as) no trato com a diversidade étnico-racial, no que se refere aos conhecimentos históricos na docência, porém, o PPC apresenta essa inclusão apenas em algumas disciplinas do curso, como em História da Educação I, Sociologia da Educação e História da Educação II, impossibilitando a inclusão efetiva da temática e as práticas no trato com as diversidades.

Contudo, o currículo possui uma necessidade de maior inserção da ERER, mesmo destacando as Legislações antirracistas Leis Nº. 10.639/2003, Nº. 11.645/2008 e DCNERER no discurso do PPC, evidenciando a inclusão da temática em alguns ementários do curso. Dessa maneira, é necessário bem mais que a integração da temática em dois componentes curriculares, é fundamental que haja uma modificação curricular, pois alterará a formação inicial de professores(as) tornando-os(as) mais ativos(as) na construção de ensinos e aprendizagens antirracistas.

Referências

BRASIL. **Diretrizes Curriculares Nacionais para a Educação das Relações Étnico-Raciais e para o Ensino de História e Cultura Afro-Brasileira e Africana, SECAD; SEPPIR**. Ministério da educação, Brasília, 2004.

BRASIL. **Lei Nº. 10.639**, de 9 de janeiro de 2003. Altera a Lei Nº. 9.394, de 20 de dezembro de 1996, que estabelece as Diretrizes e Bases da Educação Nacional, para incluir no currículo oficial da rede de ensino a obrigatoriedade da temática "história e cultura afro-brasileira", e dá outras providências. Disponível em: L11645 (planalto. gov.br). Acesso em: 3 fev. 2023.

BRASIL. **Lei Nº. 11.645,** de março de 2008. Altera a Lei Nº. 9.394, de 20 de dezembro de 1996, modificada pela Lei Nº. 10.639, de 9 de janeiro de 2003, que estabelece as diretrizes e bases da educação nacional, para incluir no currículo oficial da rede de ensino a obrigatoriedade da temática "História e Cultura Afro-Brasileira e Indígena". Disponível: L10639 (planalto.gov.br). Acesso em: 3 fev. 2023.

BRASIL. Ministério da Educação. **Base Nacional Comum Curricular**. Educação é a base. Brasília: MEC, 2018.

BRASIL. Ministério da Educação / Secretaria da Educação Continuada, Alfabetização e Diversidade. **Orientações e Ações para Educação das Relações Étnico-Raciais**. Brasília: SECAD, 2006.

BENTO, Maria Aparecida Silva. Branqueamento e Branquitude no Brasil. *In*: CARONE, Iray; BENTO, Maria Aparecida Silva (Org.). **Psicologia social do racismo** – estudos sobre branquitude e branqueamento no Brasil. Petrópolis: Vozes, 2002, p. 25-58.

GOMES, Nilma Lino. Relações Étnico-Raciais, Educação e Descolonização dos Currículos. **Currículo sem Fronteiras**, v. 12, n. 1, p. 98-109, jan/abr., 2012.

GONH, Maria da Glória. Movimentos sociais na contemporaneidade. Trabalho encomendado pelo Grupo de Trabalho Movimentos Sociais e Educação. **33ª Reunião Anual da ANPEd**, Caxambu (MG), 2010.

HOOKS, Bell. **Eu não sou uma mulher?**: mulheres negras e feminismo. Tradução Bhuvi Libanio. 10. ed. Rio de Janeiro: Rosa dos Tempos, 2022.

MUNANGA, Kabengele. **Superando o Racismo na Escola**. 2. ed. Brasília: Ministério da Educação, Secretaria de Educação Continuada, Alfabetização e Diversidade, 2005.

SANTOS, Boaventura de Sousa. **Para além do Pensamento Abissal das linhas globais a uma ecologia de saberes**. 2007, p. 71-94. Novos Estudos Cebrap.

SAVIANI, Dermeval. **História das ideias pedagógicas no Brasil**. 3. ed. rev. 1 reimpr. Campinas: Autores Associados, 2011.

UFC, Coordenadoria de Projetos e Acompanhamento Curricular. **Projetos Pedagógicos de Cursos (PPC) e Curricularização da Extensão**. Fortaleza: Universidade Federal do Ceará – UFC; Pró-Reitoria de Graduação – PROGRAD, 2022.

UFPA, **Projeto Pedagógico Pedagógico de Curso**. Castanhal: Universidade Federal do Pará, 2010.

UNIOESTE. **Resolução Nº. 265/2016-CEPE, de 8 de dezembro de 2015**. Aprova o Projeto Pedagógico do Curso de Pedagogia, do *Campus* de Cascavel, para implantação gradativa a partir do ano letivo de 2017.

A ERER NA BNCC DO ENSINO MÉDIO

Milena Farias e Silva[20]
Wilma de Nazaré Baía Coelho[21]

Introdução

O Ensino Médio passou a integrar a Educação Básica no ano de 1996, com a aprovação da Lei de Diretrizes e Bases da Educação Nacional (LDB), após vários debates acerca do acesso e garantia da educação brasileira. No entanto, de acordo com Paolo Nosella (2016), esse nível de ensino enfrenta problemas na sua identidade, posto que não se tem definido concretamente a sua finalidade, pois a simples afirmação de formação para o trabalho não garante o seu princípio pedagógico específico, já que os objetivos apresentados na Lei Nº. 13.415/2017 relacionam essa etapa de ensino ao processo produtivo. Além disso, o autor argumenta que o trabalho, mesmo que estabelecidos os seus princípios, não é suficiente para definir a identidade do Ensino Médio, pois "as creches são expressão educacional de determinadas formas produtivas da história, assim como a pré-escola e o 1º grau têm o fato do trabalho social como seu princípio pedagógico norteador" (NOSELLA, 2016, p. 20-21). Ou seja, o trabalho está presente nas outras etapas da Educação Básica.

Portanto, nos somamos à acepção de Marise Ramos (2008), para quem a formação omnilateral dos sujeitos possibilita a integração de três dimensões, são elas: trabalho, ciência e cultura. Destarte, o trabalho não seria focado apenas no processo produtivo, ele teria um princípio educativo, que possibilitaria

---

20   Graduada em Licenciatura em História pela Universidade Federal do Pará. Mestranda na linha de Currículo do Programa de Pós-Graduação em Currículo e Gestão da Escola Básica (PPEB/UFPA). Bolsista de Apoio Técnico a Pesquisa do CNPq – Nível 1ª. *E-mail*: milenafarias086@gmail.com

21   Doutora em Educação pela Universidade Federal do Rio Grande do Norte (UFRN), Professora Titular da Universidade Federal do Pará (UFPA), Bolsista Produtividade 1D do CNPq. *E-mail*: wilmacoelho@yahoo.com.br

o desenvolvimento pessoal e social dos(as) estudantes. Portanto, a autora argumenta que se deve "garantir o direito de acesso aos conhecimentos socialmente construídos, tomados em sua historicidade, sobre uma base unitária que sintetize humanismo e tecnologia tomados em sua historicidade" (RAMOS, 2008, p. 6).

Desde 2016[22], as reformas têm colocado em xeque a questão da formação dos(as) estudantes do Ensino Médio. A Lei Nº. 13.415/2017, que regulamenta a educação em tempo integral na última etapa da Educação Básica, tem o compromisso, de acordo com Karen Silva e Aldimara Boutin (2018), em atender as demandas do Capital, posto que o modelo de formação é tecnicista e menos propedêutico. Carlos Barbosa (2019, p. 98), ao tecer argumento sobre o objetivo do novo Ensino Médio, enfatiza que "formar o sujeito apolítico, acrítico e adaptável às mudanças do mercado, desenvolvendo as competências exigidas pela nova configuração do mundo do trabalho" se constitui à ênfase conferida ao Ensino Médio.

À vista disso, a Lei Nº. 13.415/2017 objetiva a formação dos(as) estudantes provenientes da classe trabalhadora para inseri-los no mercado de trabalho, contribuindo para a acumulação de capital de um grupo social pertencente à classe dominante. Edward Thompson (1987), no seu estudo sobre o processo de criação e efetivação de uma Lei, afirma que as legislações são elaboradas pelos grupos sociais dominantes como forma de garantia dos seus direitos. Por meio dos seus discursos ideológicos e assistência das instituições, a classe dominante consegue o apoio de grande parte da população e garante a sua aprovação, com o discurso a partir da prerrogativa de igualdade social, pois sem essa "máscara" ela não é efetivada.

A Lei, segundo a premissa de Edward Thompson (1987), está imbricada nas relações de produção, ela media e reforça as relações sociais, face a sua utilização como parâmetro, tanto dos dominantes como dos dominados. Mas, é a classe dominante que tem os benefícios de uma legislação, pela razão de ser um instrumento de imposição de novas definições. No caso do Novo Ensino Médio, observa-se que o processo de promulgação da Lei Nº. 13.415/2017 mobilizou intensificamente a mídia para a promoção dos discursos "verdadeiros", como a "liberdade de escolha" dos(as) estudantes, a formação técnica e

---

22 Em 2016 foi aprovada a Medida Provisória Nº. 746, que institui a Política de Fomento à Implementação de Escolas de Ensino Médio em Tempo Integral.

profissional como garantia de inserção do(a) aluno(a) no mercado de trabalho e a flexibilização do novo Ensino Médio (SARGENTINI, 2018), como forma de garantir o apoio da sociedade brasileira.

À despeito das diferenças temporais, geográficas e culturais, a premissa defendida por Thompson nos permite estabelecer, com todas as preocupações apontadas anteriormente, uma ressonância dela em relação à reflexão apontada pelo autor entre os discursos "verdadeiros" e a "liberdade de escolha" indicados pela mídia em relação ao novo Ensino Médio, em 2017, no Brasil.

Os discursos utilizados para a aprovação da Lei, segundo assertiva de Celso Ferreti (2018), repousam sobre a baixa qualidade do ensino e atratividade, aos(às) estudantes em razão das altas taxas de reprovação e possibilidades de ingresso deles(as) no mercado de trabalho. Nos discursos que foram apresentados para a sociedade, a nova legislação iria oportunizar aos(às) estudantes uma educação voltada para a formação profissional, como discutido anteriormente, por meio de um currículo que reduz a carga horária do Ensino Médio, possibilita a atuação de profissionais com o notório saber[23], estabelece os itinerários formativos[24] e determina apenas o ensino de língua portuguesa e matemática como obrigatórios nos três anos dessa etapa escolar (BRASIL, 2017).

A discussão abordada pela literatura especializada, no que diz respeito ao processo de efetivação daquilo que consta na legislação, aponta a fragilidade da Lei Nº. 13.415/2017. Para Carlos Barbosa (2018), a redução da carga horária nega aos(às) alunos(as) o acesso ao conhecimento comum da Educação Básica e o texto da Lei não garante que todas as unidades escolares disponibilizarão os itinerários formativos, tendo em vista que não assegura os sistemas de ensino a ofertarem um número mínimo de itinerários e informa que a formação técnica e profissional poderá ser realizada em instituições parceiras. Éder Silveira, Nara Ramos e Rafael Vianna (2018) sublinham sobre as comunidades escolares, por diversas razões impossibilitadas de ofertar os itinerários formativos, que os(as) estudantes em condição de vulnerabilidade socioeconômica, os quais não possuam recursos para realizar deslocamentos até uma instituição

---

23   Notório saber é um termo utilizado no texto da Lei Nº. 13.415/2017 para qualificar a atuação de profissionais que não têm formação em licenciatura, mas possuem um nível de conhecimento considerado equivalente.

24   Os itinerários formativos são o conjunto de disciplinas, oficinas, cursos, projetos e outras formas de trabalho que os(as) estudantes poderão escolher e que devem focar nas áreas de conhecimento e na formação técnica e profissional dos(as) estudantes.

parceira, não terão oportunidade de escolha, comprometendo a sua formação. Destarte, os discursos utilizados pelos grupos dominantes no processo de promulgação da Lei não são efetivados, em virtude da não garantia aos(às) estudantes provenientes da classe trabalhadora, da educação pretendida pelo Novo Ensino Médio.

A literatura especializada enfatiza que a inviabilização de uma formação integral colabora para a precarização da educação e, consequentemente, disponibilização de mão de obra barata para o mercado de trabalho, contribuindo para a acumulação do capital da classe dominante e sua perpetuação nos espaços de poder. Isto posto, observamos a Lei sendo utilizada como instrumento de mediação e reforçamento das relações sociais, como encaminha Edward Thompson (1987).

Além disso, a Lei Nº. 13.415/2017 deixa a cargo da Base Nacional Comum Curricular do Ensino Médio (BNCC-EM) a definição dos direitos e objetivos dessa etapa de ensino. Vale ressaltar que a discussão para a construção de uma BNCC ocorre desde 1988, quando por intermédio da Constituição Federal de 1988 passa a se exigir da União diretrizes e bases para a educação nacional. Todavia, somente no ano de 2013 que se inicia o movimento para a sua elaboração. De modo que, a primeira versão, em 2015, e a segunda, em 2016, tiveram ampla participação dos diversos atores sociais, como professores(as) do Ensino Superior e da Educação Básica, estudantes e gestores (HEINSFELD; SILVA, 2018). A avaliação dessas propostas ficou sob a responsabilidade de "especialistas, associações científicas e membros da comunidade acadêmica" (*Idem*, 2018, p. 675).

Já a terceira versão da BNCC-EM foi homologada em 2018, em um contexto político diferente das versões citadas anteriormente. Esse documento foi lançado por "outro governo, também sob denúncias de corrupção, com propostas de projeto educacional diferentes do anterior" (HEINSFELD; SILVA, 2018, p. 675-676). O processo teve interesses e influências de instituições privadas. De acordo com Anne Sena, Ângela Albino, Ana Rodrigues (2021), o número de associados(as) e mantenedores(as) das organizações da BNCC é superior a cem. Além disso, esse documento não teve a consulta dos(as) agentes das diversas camadas sociais, desconsiderando a diversidade cultural e social da sociedade brasileira. Afetando o processo formativo dos(as) brasileiros(as).

Tendo isso em vista, este texto se alinha a um fragmento do Projeto financiado pelo CNPq, intitulado "A Educação para as Relações Étnico-Raciais no Currículo Brasileiro: uma análise a partir da Base Nacional Comum Curricular e dos currículos estaduais", cujo objetivo é o de *analisar os encaminhamentos dados em relação à ERER nas propostas Curriculares construídas, a partir das três versões da Base Nacional Comum Curricular do Ensino Médio (BNCC-EM)*.

Para alcance do objetivo elencado na seção anterior, concentramos nossa análise em três documentos curriculares: Base Nacional Comum Curricular – Etapa Ensino Médio (2015, 2016, 2018), os quais apresentam um conjunto de orientações para a elaboração dos currículos das instituições de ensino estaduais e municipais. A análise desses documentos teve como aporte metodológico os estudos de Laurence Bardin (2016), no que se refere à análise de conteúdo, os quais possibilitam, por meio de um conjunto de técnicas, procedimentos sistemáticos de descrição e abstração do conteúdo de documentos e mensagens. O primeiro movimento que realizamos nos documentos foi a leitura flutuante, que viabiliza o contato inicial e a observância da organização e estrutura de cada uma dessas fontes.

O segundo momento tratou de uma leitura direcionada, a partir do objetivo do texto, buscamos identificar nos documentos o trato com a História e Cultura Africana, Afro-brasileira e Indígena, verificando em cada uma das seções a forma como aparecem, os momentos em que estão ausentes. Cada uma dessas categorias foi inserida em uma planilha no *Excel*, na qual registramos todos os excertos dessas ocorrências identificadas nas propostas curriculares.

O terceiro momento corresponde à inferência dos dados coletados, para tanto, utilizamos a frequência das ocorrências de algumas informações e a ausência de outras, sempre relacionando com o nosso aporte teórico, que diz respeito à Pierre Bourdieu (2004), Ivor Goodson (2018) e Tomaz Tadeu da Silva (2021), no que concerne, respectivamente, aos conceitos de *Campo* e *Currículo*. Os estudos desses autores nos possibilitaram a análise de nossa empiria, cujos dados serão apresentados na seção seguinte.

A ERER na BNCC do Ensino Médio: panorama preliminar

Ao observarmos que o processo de elaboração de Lei Nº. 13.415/2017 e da BNCC-EM está diretamente relacionado ao cenário político, concordamos com Pierre Bourdieu (2004) na assertiva de que as ações dos agentes, que estão em um espaço que os possibilita ditar as regras e normas de determinado campo, são direcionadas para a garantia de sua posição e de seus interesses. Ao dirigirmos essa reflexão ao Novo Ensino Médio, observamos que as reformas ocorridas na última etapa da Educação Básica tinham um objetivo, que era atender aos interesses do mercado. Dessa maneira,

> a BNCC perde seu foco na formação cidadã, lacuna importante do ensino na formação plena do indivíduo, não priorizando seu papel na qualificação e, sim, na padronização do ensino brasileiro, e tenta enquadrar o ensino médio dentro das necessidades de mercado, tanto de produção da mão de obra técnica necessária, na individualização do sujeito social e no barateamento dos serviços educacionais (ANGELI, 2020, p. 78).

Com base nessas ponderações, concordamos com Tomaz Silva (2021) ao compreender que a elaboração de um currículo está relacionada a discursos que tem como objetivo garantir a efetividade da dominação, a qual está centrada na raça e etnia. Em vista disso, "o currículo é sempre o resultado de uma seleção: de um universo mais amplo de conhecimentos e saberes, seleciona-se aquela parte que quer construir, precisamente, o currículo" (SILVA, 2021, p.15), seleção esta que não é neutra, ela reflete os interesses de determinados grupos (GOODSON, 2018).

No que tange à BNCC-EM e a ERER, Janaina Menezes (2021) argumenta que a versão da BNCC, aprovada, "exclui uma série de debates relativos à diversidade que são extremamente necessários no currículo escolar na atualidade, uma vez que expressam o amadurecimento de temas culturais, sociais, políticos e econômicos relativos aos grupos historicamente marginalizados do currículo" (p. 4). Isso evidencia que esse documento não estabelece uma formação integral, afetando a preparação dos(as) estudantes para o trato com a diversidade e diferença.

Perante o exposto, analisamos os encaminhamentos dados à ERER nas propostas curriculares construídas a partir da BNCC-EM[25], cujo objetivo é definir

---

25   Este termo será utilizado doravante.

> o conjunto orgânico e progressivo de aprendizagens essenciais que todos os alunos devem desenvolver ao longo das etapas e modalidades da Educação Básica, de modo a que tenham assegurados seus direitos de aprendizagem e desenvolvimento, em conformidade com o que preceitua o Nacional de Educação (PNE). (BRASIL, 2018, p. 7).

Esse documento curricular é utilizado como referência de outros documentos que tratam da organização do Ensino Médio. A exemplo temos a Lei Nº. 13.415/2017, a qual informa que o "currículo do ensino médio será composto pela Base Nacional Comum Curricular e por itinerários formativos, que deverão ser organizados por meio da oferta de diferentes arranjos curriculares, conforme a relevância para o contexto local e a possibilidade dos sistemas de ensino" (BRASIL, 2017, p. 1). No texto dessa legislação não há referência à ERER, todavia, cabe à BNCC a responsabilidade da implementação das legislações Nº. 10.639/2003 e Nº. 11.645/2008 que tratam da História e Cultura Africana, Afro-Brasileira e Indígena.

A partir deste encaminhamento da legislação em relação a BNCC-EM, justifica-se a relevância em averiguar como a temática da ERER está sendo abordada nos currículos educacionais. Contribuindo, dessa forma, para os estudos sobre o tema, uma vez que o documento das Diretrizes Curriculares Nacionais para a Educação das Relações Étnico-Raciais e para o Ensino de História e Cultura Afro-Brasileira e Africana (DCNERER) orienta que sejam desenvolvidas "pesquisas sobre processos educativos orientados por valores, visões de mundo, conhecimentos afro-brasileiros e indígenas, com o objetivo de ampliação e fortalecimento de bases teóricas para a educação brasileira" (MEC, 2004, p. 24).

Nesse sentido, ao averiguarmos os significados atribuídos à *Diversidade* e à *Diferença*, nas propostas curriculares construídas a partir da primeira versão da BNCC-EM (2015), identificamos que eles aparecem precedidos pelos seguintes verbos: *compreender, valorizar* e *respeitar*, conforme observado nos excertos na sequência:

> compreendendo a diversidade das culturas brasileira e estrangeiras (MEC, 2015, p. 35).

respeito às diferenças culturais, sociais, de crença, de gênero e de etnia (MEC, 2015, p. 68).

valorização da pluralidade sociocultural e linguística brasileira, de modo a estimular o respeito à diferença, diversidade étnica e liberdades individuais (MEC, 2015, p. 236).

Para que os(as) estudantes possam *compreender, respeitar e valorizar* a diversidade e as diferenças, eles(as) precisam ter contato com as diversas culturas que compõem o Brasil. Dessa forma, para o alcance deste ensejo no documento da BNCC-EM (2015), são elencados os objetivos de aprendizagem que orientam os(as) professores(as) e a Coordenação Pedagógica a trabalharem a temática da ERER nas escolas. Dentre os quais podemos citar:

LILP1MOA236 Interpretar e analisar obras africanas de língua portuguesa, bem como a literatura indígena, reconhecendo a literatura como lugar de encontro multiculturalidades (MEC, 2015, p. 61).

CNBI3MOA010 Analisar as implicações culturais e sociais da teoria darwinista nos contextos das explicações para as diferenças de gênero, comportamento sexual e nos debates sobre a distinção de grupos humanos, com base no conceito de raça, e o perigo que podem representar para os processos de segregação, discriminação e privações de benefícios a grupos humanos (MEC, 2015, 201).

CHHI1MOA001 Utilizar criativa e criticamente diferentes fontes históricas para construir conhecimentos sobre as culturas africanas, afro-brasileira, ameríndias e europeias (MEC, 2015, p. 258).

CHHI1MOA013 Valorizar o protagonismo de ameríndios, africanos, afro-brasileiros e imigrantes, em diferentes eventos da História do Brasil (MEC, 2015, p. 259).

Nessa primeira versão da BNCC-EM (2015), verificamos que o trato com a ERER ocorre de forma orgânica, com a abordagem em três áreas do conhecimento: Linguagens, Ciências da Natureza e Ciências Humanas, com exceção da área de Matemática. Já na segunda versão da BNCC-EM (2016), constatamos que houve uma redução na remissão aos conceitos *diversidade* e às *diferenças* e nos objetivos de aprendizagem que encaminhavam o trato com a ERER. Em vista disso, concordamos com o parecer elaborado em 2016 por Wilma Coelho, no qual ela afirma a necessidade de que o

> documento preliminar incorpore personagens indígenas e negros como agentes decisivos da trajetória histórica brasileira. Em todos os componentes curriculares, é essencial que literatos, cientistas, políticos, lideranças populares, artistas e outros agentes constituam o currículo nacional, de modo a evidenciar a participação efetiva dessas imensas parcelas da população nacional na conformação do Brasil (COELHO, 2016, p. 2).

Na terceira versão da BNCC-EM (2018), constatamos que os conceitos *diversidade* e *diferença* se fazem presentes de forma a tratar da diversidade de saberes, cultural e identitária, e são precedidos pelos verbos *reconhecer, compreender, valorizar* e *respeitar*.

> *Valorizar* a *diversidade* de saberes e vivências culturais e apropriar-se de conhecimentos e experiências que lhe possibilitem entender as relações próprias do mundo do trabalho e fazer escolhas alinhadas ao exercício da cidadania e ao seu projeto de vida, com liberdade, autonomia, consciência crítica e responsabilidade (BRASIL, 2018, p. 9, grifo nosso).

> Conhecer-se, apreciar-se e cuidar de sua saúde física e emocional, *compreendendo-se* na *diversidade* humana e reconhecendo suas emoções e as dos outros, com autocrítica e capacidade para lidar com elas (BRASIL, 2018, p. 10, grifo nosso).

> No Ensino Médio, o estudo dessas categorias deve possibilitar aos estudantes compreender os processos identitários marcados por territorialidades e fronteiras de diversas naturezas, mobilizar a curiosidade investigativa sobre o seu lugar no mundo, possibilitando a sua transformação e a do lugar em que vivem, enunciar aproximações e *reconhecer diferenças* (BRASIL, 2018, p. 10, grifo nosso).

> Compreender os processos identitários, conflitos e relações de poder que permeiam as práticas sociais de linguagem, *respeitar* as *diversidades*, a pluralidade de ideias e posições e atuar socialmente com base em princípios e valores assentados na democracia, na igualdade e nos Direitos Humanos, exercitando a empatia, o diálogo, a

resolução de conflitos e a cooperação, e combatendo preconceitos de qualquer natureza (BRASIL, 2018, 481, grifo nosso).

Por meio dos excertos apresentados, evidenciamos como as discussões, no tocante à *Diversidade* e à *Diferença*, são abordadas na BNCC-EM. Com base nessas orientações, espera-se que os(as) professores(as)do Ensino Médio desenvolvam nos(as) estudantes o reconhecimento, a compreensão, a valorização e o respeito da diversidade e das diferenças. Mas, no que tange a ERER, questionamos *o que* e *como* o documento orienta os(as) profissionais da última etapa da Educação Básica a implementar essa temática, tendo em vista que as Leis Nº. 10.639/2003 e Nº. 11.645/2008 tornaram obrigatória a inserção da História e Cultura africana, afro-brasileira e indígenas nos currículos educacionais.

Averiguamos que a ERER se apresenta nesse documento de 2018 – não de forma orgânica como na primeira versão – por meio das competências e habilidades. No entanto, a discussão em torno da História e Cultura desses povos está atrelada a uma perspectiva eurocêntrica, na qual as ações dos africanos, afro-brasileiros e indígenas são desdobramentos do protagonismo dos europeus no processo histórico da formação da sociedade brasileira, como observa-se nos excertos a seguir:

> (EM13CHS601) Relacionar as demandas políticas, sociais e culturais de indígenas e afrodescendentes no Brasil contemporâneo aos processos históricos das Américas e ao contexto de exclusão e inclusão precária desses grupos na ordem social e econômica atual (BRASIL, 2018, p. 565).

> (EM13CHS204) Comparar e avaliar os processos de ocupação do espaço e a formação de territórios, territorialidades e fronteiras, identificando o papel de diferentes agentes (como grupos sociais e culturais, impérios, Estados Nacionais e organismos internacionais) e considerando os conflitos populacionais (internos e externos), a diversidade étnico-cultural e as características socioeconômicas, políticas e tecnológicas (BRASIL, 2018, p. 561).

Para subversão dessa visão eurocentrada, somos anuentes à premissa de Mauro Coelho e Helenice Rocha (2018), para quem "europeus, indígenas, africanos e afrodescendentes, bem como imigrantes, assumam os protagonismos possíveis em uma história de colonização e descolonização até o presente em quem vivemos" (COELHO; ROCHA, 2018, p. 483). A efetivação desses preceitos nos currículos educacionais faz-se necessária para que os(as) estudantes tenham "consciência política e histórica da diversidade, ou seja, ter a compreensão de que a sociedade é formada por pessoas que pertencem a grupos étnico-raciais distintos, com cultura e história próprias" (MEC, 2010, p. 80), de modo que eles possam *reconhecer*, *compreender*, *valorizar* e *respeitar* a *diversidade* e a *diferença*, atendendo aquilo que a BNCC-EM almeja para os(as) estudantes do Ensino Médio.

Considerações Finais

Partindo da acepção de Tomaz Silva (2021), concordamos que o currículo é uma construção social, resultante das disputas e conflitos sociais para consolidação de determinados conhecimentos. Para que isso seja efetivado, os grupos hegemônicos elaboram suas estratégias para convencer aos demais grupos sociais, e para a manutenção de um poder hegemônico por meio do qual suas concepções sejam consideradas hegemônicas culturalmente. No sentido *bourdieusiano*, mesmo dentro do *campo*, há competições entre os agentes sociais os quais visam a garantia desse poder hegemônico.

Nessa perspectiva, compreendemos que as três versões da BNCC-EM apresentam fragilidades no trato com a ERER – em diferentes níveis – uma vez que a História e Cultura dos Africanos, Afro-brasileiros e Indígenas, cujo ensino é obrigatório – de acordo com as Leis Nº. 10.629/2003 e Nº. 11.645/2008 – em todos os currículos educacionais, pois a temática não mereceu protagonismo, de forma orgânica. Prevalecem, desse modo, habilidades e competências que se centralizam na História e Cultura europeia, subalternizando a história e cultura dos povos que constituem o Brasil. Uma vez que, refletir, discutir e repensar o currículo escolar, se apresenta como estratégia pedagógica com vistas ao enfrentamento e superação de um currículo eurocentrado, que expressa a *cultura dominante* (BOURDIEU, 2015).

Diante disso, no processo de construção de um currículo educacional, parece necessário considerar as demandas sociais com objetivo de elaborar um documento que, além de ressaltar a *diversidade* e a *diferença*, integre na matriz curricular conteúdos relativos à História e Cultura dos(as) negros(as), indígenas, imigrantes, e todos(as) os(as) outros(as) que reiteradamente têm sido marginalizados, na narrativa constitutiva dessa matriz curricular, os quais compõem e atuam efetivamente na construção da sociedade brasileira ao longo da história.

Referências

ANGELI, Gislaine. Base Nacional Comum e o Ensino Médio: reflexões sobre os objetivos da educação brasileira. **IF-Sophia**, Paraná, v. 6, n. 19, p. 71-82, 2020. Disponível em: https://www.grupodepesquisafilosofiacienciaetecnologiasifpr.com/_files/ugd/b2a6f0_e0525cd8eddd46f78fb05928785ea84a.pdf. Acesso em: 1 nov. 2023.

BARBOSA, Carlos S. O Novo Ensino Médio de Tempo Integral: reducionismo, privatização e mercantilização da educação pública em tempos de ultraconservadorismo. **e-Mosaicos**, Rio de Janeiro, v. 8, n. 19, p. 94-107, set./dez. 2019. Disponível em: https://www.e-publicacoes.uerj.br/index.php/e-mosaicos/article/view/46449/31708. Acesso em: 1 nov. 2023.

BARDIN, Laurence. **Análise de conteúdo**. Tradução Luís Antônio Reto e Augusto Pinheiro. São Paulo: Edições 70, 2016.

BOURDIEU, Pierre. A escola conservadora: as desigualdades frente à escola e à cultura. Tradução Aparecida Joly Garcia. *In*: NOGUEIRA, Maria A.; CATANI, Afrânio (Org.). **Escritos de Educação**. 16. ed. Petrópolis: Vozes, 2015.

BOURDIEU, Pierre. **Os usos sociais da ciência:** por uma sociologia clínica do campo científico. Tradução Denice Barbara Catani. São Paulo: Editora UNESP, 2004.

BRASIL. **Constituição da República Federativa do Brasil de 1988**. Disponível em: http://www.planalto.gov.br/ccivil_03/constituicao/constituicao.htm. Acesso em: 1 nov. 2023.

BRASIL. **Lei Nº. 10.639, de 9 de janeiro de 2003**. Altera a Lei Nº. 9.394, de 20 de dezembro de 1996, que estabelece as diretrizes e bases da educação nacional, para incluir no currículo oficial da Rede de Ensino a obrigatoriedade da temática "História e Cultura Afro-Brasileira", e dá outras providências. Disponível em: http://www.planalto.gov.br/ccivil_03/leis/2003/l10.639.htm. Acesso em: 1 nov. 2023.

BRASIL. **Lei Nº. 11.645, de 10 março de 2008**. Altera a Lei Nº. 9.394, de 20 de dezembro de 1996, modificada pela Lei Nº. 10.639, de 9 de janeiro de 2003, que estabelece as diretrizes e bases da educação nacional, para incluir no currículo oficial da rede de ensino a obrigatoriedade da temática "História e Cultura Afro-Brasileira e Indígena". Disponível em: http://www.planalto.gov.br/ccivil_03/_ato2007-2010/2008/lei/l11645.htm. Acesso em: 1 nov. 2023.

BRASIL. **Lei Nº. 13.415, de 16 de fevereiro de 2017**. Altera as Leis Nº. 9.394, de 20 de dezembro de 1996, que estabelece as diretrizes e bases da educação nacional, e Nº. 11.494, de 20 de junho 2007, que regulamenta o Fundo de Manutenção e Desenvolvimento da Educação Básica e de Valorização dos Profissionais da Educação, a Consolidação das Leis do Trabalho - CLT, aprovada pelo Decreto-Lei Nº. 5.452, de 1º de maio de 1943, e o Decreto-Lei Nº. 236, de 28 de fevereiro de 1967; revoga a Lei Nº. 11.161, de 5 de agosto de 2005; e institui a Política de Fomento à Implementação de Escolas de Ensino Médio em Tempo Integral. Disponível em: http://www.planalto.gov.br/ccivil_03/_ato2015-2018/2017/lei/l13415.htm. Acesso em: 1 nov. 2023.

BRASIL. **Lei Nº. 9.394, de 20 de dezembro de 1996**. Estabelece as diretrizes e bases da educação nacional. Disponível em: http://www.planalto.gov.br/ccivil_03/leis/l9394.htm. Acesso em: 1 nov. 2023.

BRASIL. **Medida Provisória Nº. 746, de 22 de setembro de 2016**. Institui a Política de Fomento à Implementação de Escolas de Ensino Médio em Tempo Integral, altera a Lei Nº. 9.394, de 20 de dezembro de 1996, que estabelece as diretrizes e bases da educação nacional, e a Lei Nº. 11.494 de 20 de junho 2007, que regulamenta o Fundo de Manutenção e Desenvolvimento da Educação Básica e de Valorização dos Profissionais da Educação, e dá outras providências. Disponível em: https://www2.camara.leg.br/legin/fed/medpro/2016/medidaprovisoria-746-22-setembro-2016-783654-publicacaooriginal-151123-pe.html. Acesso em: 1 nov. 2023.

COELHO, Mauro C.; ROCHA, Helenice A. B. Paradoxos do protagonismo indígena na escrita escolar da História do Brasil. **Tempo e Argumento**, Florianópolis, v. 10, n. 25, p. 464-488, jul./set. 2018. Disponível em: https://revistas.udesc.br/index.php/tempo/article/view/2175180310252018464/9408. Acesso em: 1 nov. 2023.

COELHO, Wilma N. B. **Parecer sobre a Base Nacional Comum**. Belém: UFPA, 2016, p. 1-2. Disponível em: http://basenacionalcomum.mec.gov.br/images/relatorios-analiticos/Wilma_de_Nazare_Baia_Coelho_SECADI.pdf. Acesso em: 01 nov. 2023.

FERRETI, Celso J. A reforma do Ensino Médio e sua questionável concepção de qualidade da educação. **Estudos Avançados,** São Paulo, v. 32, n. 93, p. 25-42, 2018. Disponível: https://www.scielo.br/j/ea/a/RKF694QXnBFGgJ78s8Pmp5x/?format=pdf&lang=pt. Acesso em: 1 nov. 2023.

GOODSON, Ivor. **Currículo: teoria e história**. Tradução Attílio Brunetta. 15. ed. Petrópolis, RJ: Vozes, 2018.

HEINSFELD, Bruna D.; SILVA, Maria P. R. N. As Versões da Base Nacional Comum Curricular (BNCC) e o Papel das Tecnologias Digitais: conhecimento da técnica versus compreensão dos sentidos. **Currículo sem Fronteiras** (Online), v. 18, n. 2, p. 668-690, maio/ago. 2018. Disponível em: https://www.curriculosemfronteiras. org/vol18iss2articles/heinsfeld-silva.pdf. Acesso em: 1 nov. 2023.

MENEZES, Janaina O. A BNCC no Ensino Médio: enfrentamentos quanto ao esvaziamento da diversidade no currículo. SEMINÁRIO NACIONAL; SEMINÁRIO INTERNACIONAL POLÍTICAS PÚBLICAS, GESTÃO E PRÁXIS EDUCACIONAL, 18; 4., 2021, Vitória da Conquista. *Anais...* Vitória da Conquista: Seminário Gepráxis, 2021, p. 1-14. Disponível em: http://anais.uesb.br/index.php/semgepraxis/article/viewFile/9620/9428. Acesso em: 1 nov. 2023.

MINISTÉRIO DA EDUCAÇÃO. **Base Nacional Comum Curricular**. Brasília: MEC, 2015. Disponível em: http://basenacionalcomum.mec.gov.br/images/relatorios-analiticos/BNCC-APRESENTACAO.pdf. Acesso em: 1 nov. 2023.

MINISTÉRIO DA EDUCAÇÃO. **Base Nacional Comum Curricular:** 2ª versão revista. Brasília: MEC, 2016. Disponível em: http://portal.mec.gov.br/docman/maio-2016-pdf/40791-bncc-proposta-preliminar-segunda-versao-pdf/file. Acesso em: 1 nov. 2023.

MINISTÉRIO DA EDUCAÇÃO. **Base Nacional Comum Curricular:** educação é a base. Ensino Médio. Brasília: MEC, 2018. Disponível em: http://basenacionalcomum. mec.gov.br/images/BNCC_EI_EF_110518_versaofinal_site.pdf. Acesso em: 1 nov. 2023.

MINISTÉRIO DA EDUCAÇÃO. **Diretrizes Curriculares Nacionais para a Educação das Relações Étnico-Raciais e para o Ensino de História e Cultura Afro-Brasileira e Africana**. Brasília: MEC, 2004. Disponível em: https://download. inep.gov.br/publicacoes/diversas/temas_interdisciplinares/diretrizes_curriculares_nacionais_para_a_educacao_das_relacoes_etnico_raciais_e_para_o_ensino_de_historia_e_cultura_afro_brasileira_e_africana.pdf. Acesso em: 1 nov. 2023.

MINISTÉRIO DA EDUCAÇÃO. **Orientações e Ações para a Educação das Relações Étnico-Raciais**. Brasília: SECAD, 2010. Disponível em: http://etnicoracial. mec.gov.br/images/pdf/publicacoes/orientacoes_acoes_miolo.pdf. Acesso em: 1 nov. 2023.

MINISTÉRIO DA EDUCAÇÃO. **Plano Nacional de Educação – PNE 2014-2024:** linha de base. Brasília: MEC, 2015. Disponível em: https://download.inep. gov.br/publicacoes/institucionais/plano_nacional_de_educacao/plano_nacional_de_educacao_pne_2014_2024_linha_de_base.pdf. Acesso em: 1 nov. 2023.

NOSELLA, Paolo. **Ensino Médio:** à luz do pensamento de Gramsci. Campinas, SP: Editora Alínea, 2016.

RAMOS, Marise. **Concepção de Ensino Médio Integrado.** Texto para o Seminário promovido pela Secretaria de Educação do Estado do Pará nos dias 8 e 9 de maio de 2008. Disponível em: https://tecnicadmiwj.files.wordpress.com/2008/09/texto-concepcao-do-ensino-medio-integrado-marise-ramos1.pdf. Acesso em: 1 nov. 2023.

SARGENTINI, Vanice. A imposição de reformas e a midiatização: o Ensino Médio no Brasil entre consensos e resistências. **EID&A**, Ilhéus, n. 16, p. 314-333, set. 2018. Disponível em: http://periodicos.uesc.br/index.php/eidea/article/view/2225/1561. Acesso em: 1 nov. 2023.

SENA, Anne K. C.; ALBINO, Ângela C. A.; RODRIGUES, Ana C. S. Redes Políticas que Influenciaram a Elaboração da BNCC para o Ensino Médio: naturalização da filantropia e mercantilização do ensino público. **Revista do Currículo**, João Pessoa, v. 14, n. 1, p. 1-15, jan./abr. 2021. Disponível em: https://periodicos.ufpb.br/index.php/rec/article/view/57809/33146. Acesso em: 1 nov. 2023.

SILVA, Karen C. J. R.; BOUTIN, Aldimara C. Novo ensino médio e educação integral: contextos, conceitos e polêmicas sobre a reforma. **Educação**, Santa Maria, v. 43, n. 3, p. 521-534, jul./set. 2018. Disponível em: https://periodicos.ufsm.br/reveducacao/article/view/30458/pdf. Acesso em: 1 nov. 2023.

SILVA, Tomaz T. **Documentos de Identidade:** uma introdução às teorias do currículo. 3. ed. Belo Horizonte: Autêntica, 2021.

SILVEIRA, Éder S.; RAMOS, Nara V.; VIANNA, Rafael B. V. O "Novo" Ensino Médio: apontamentos sobre a retórica da reforma, juventudes e o reforço da dualidade estrutural. **Revista Pedagógica,** v. 20, n. 43, p. 101-118, abr. 2018. Disponível em: https://bell.unochapeco.edu.br/revistas/index.php/pedagogica/article/view/3992. Acesso em: 1 nov. 2023.

THOMPSON, Edward P. **Senhores e Caçadores:** a origem da lei da negra. Tradução Denise Bottman. Rio de Janeiro: Paz e Terra, 1987.

REPRESENTAÇÕES DE PROFESSORES PRECEPTORES DO PROGRAMA RP-CAPES/MEC/UFRA E SUAS EXPERIÊNCIAS FORMATIVAS NO PROGRAMA

Felipe Alex Santiago Cruz[26]
Thais Gabriele Mendes da Silva[27]

Introdução

O estudo em questão tem como temática a formação de professores(as) de Ciências e, como objeto de investigação, as *representações* de professores(as) preceptores(as) da terceira versão do Programa Residência Pedagógica/CAPES/MEC/UFRA – PRP, ocorrida entre os anos de 2022 a 2024, bem como as suas experiências formativas no referido Programa. O destaque referente ao conceito de *representações* constitui discussão estrutural neste estudo e será objeto de circunstanciamento e problematização mais à frente. Dentre outras razões, a delimitação pelo objeto de estudo e o Programa citado considera o nosso percurso formativo no Curso de Licenciatura em Biologia da Universidade Federal Rural da Amazônia (UFRA), *campus* Capanema e, posteriormente, nossa experiência no Programa.

Buscando inferir uma discussão teórica que estruture o tema e o objeto deste estudo, bem como os seus aspectos qualitativos, realizamos investimentos em estudos teóricos partindo de quatro categorias que estão diretamente relacionadas como o tema e o objeto, que são: *Educação, Práticas de Ensino de Ciências, Programa de Residência Pedagógica, Representação.* Essas categorias foram definidas em conjunto com o orientador e fazem parte de um aporte teórico e conceitual, que será tratado mais adiante. Dada a delimitação da

---

26 Docente da Universidade Federal Rural da Amazônia-UFRA/*Campus* Capanema. Doutor em Educação em Ciências e Matemáticas. *E-mail*: felipe.cruz@ufra.edu.br

27 Graduanda do Curso de Licenciatura em Ciências Biológicas, da Universidade Federal Rural da Amazônia-UFRA/*Campus* Capanema. *E-mail*: thaisgabrielemendes123@gmail.com

estrutura de discussão teórica inicial, cabe-nos apresentar o seguinte problema que norteia o estudo em tela. Ei-lo: *de que modo se conformam as representações de professores(as) preceptores(as) do Programa Residência Pedagógica/CAPES/MEC/UFRA acerca de suas ações formativas no Programa?*

O enfrentamento deste problema demanda reflexões, empreendimento de estudos teóricos, metodológicos, de modo circunstanciado e, de modo objetivo, a definição do seguinte objetivo que, objetivamente, fará frente ao problema do estudo: *compreender as representações de professores(as) preceptores(as) do Programa Residência do Programa Residência Pedagógica/CAPES/MEC/UFRA acerca de suas ações formativas no Programa.* Para tanto, definimos objetivos específicos que irão contribuir na obtenção do objetivo geral anunciado, quais sejam: *Identificar o capital de conhecimento dos(as) professores(as) preceptores(as) acerca da relação docente e o Programa de Residência Pedagógica UFRA Campus Capanema; investigar o nível de conhecimento teórico sobre práticas de ensino e aprendizagens elaborados pelos(as) professores(as) preceptores(as).* Em conformidade com os aspectos estruturais apresentados nesta seção, torna-se pertinente apresentar, à seguir, sobre o referencial teórico do estudo.

Para apresentar tais discussões, empreendemos esforços de estudos sobre as categorias, no sentido de estruturar *capitais* de conhecimento que demandasse compreender o cenário de discussão teórica do tema e do objeto. O conceito de *capital* anunciado considera as contribuições de Pierre Bourdieu (1979) e está relacionado ao seu esforço de construção de uma teoria da ação prática, de modo que os agentes concretos, inseridos em um espaço social e detentores de um conjunto específico de disposições incorporadas, agem em contextos sociais distintos (BONAMINO *et al.*, 2010).

Em conformidade, o estudo em tela assume o *capital cultural* como dimensão fundamental desse estudo, segundo Bourdieu (2000), define como as regras da vida social e o conceito científico-econômico de *capital* como invenção do capitalismo que limita o universo das relações sociais à mercantilização, o *capital cultural* formulado por Pierre Bourdieu explica as desigualdades de rendimento escolar observado entre os(as) alunos(as), deslocando o eixo explicativo de ordem individual (inteligência, aptidão, dom etc.) para os fatores de ordem social, levando em consideração o meio sociocultural de pertencimento. A despeito dos conceitos relativos aos tipos de capitais resumidamente anunciados anteriormente, o nosso trabalho com o conceito considera o capital intelectual e cultural como dimensões que contribuem para o entendimento que os(as) professores(as) e alunos(as) realizam na escola, por meio das práticas de ensino e aprendizagens.

Os aspectos conceituais se articulam com a delimitação das categorias teóricas iniciais assumidas no estudo e que estão voltadas ao empreendimento de esforços, que partem da seguinte Literatura Especializada e aporte teórico, se não, vejamos: *Educação* (BRANDÃO, 2002; GOHN, 2014; PERRENOUD, 2010); *Práticas de Ensino e Práticas de Ensino de Ciências* (KRASILCHIK, 2000; CARVALHO, 2011); *Programa Residência Pedagógica CAPES/MEC* (Portaria N°. 038, de 28 de setembro de 2018 e documentos correlatos); *Representação* (CHARTIER, 1991; 2011).

A definição metodológica do estudo parte de uma abordagem qualitativa, conformada por técnicas de pesquisa bibliográfica, documental e aplicação de entrevistas. Assim, para a delimitação deste encaminhamento metodológico, empreendemos estudos teóricos advindos de literaturas especializadas, como: Marli André e Menga Ludke (1984); Antônio Carlos Gil (2017); Marconi e Lakatos (1990) e Robert Boghan e Sari Biklen (1982). Apesar da diversidade de autores que contribuem para os encaminhamentos teóricos e metodológicos referentes à essa abordagem, se assume o teórico Antônio Carlos Gil (2017), por entender que esse teórico possui contribuições teóricas e metodológicas que se aproximam das dimensões tratadas no estudo.

O processo de organização, codificação e sistematização dos dados fora orientado com base em algumas técnicas conceituais da Análise de Conteúdo, propostas por Laurence Bardin (2016). Este culminou com a organização das informações inseridas em banco de dados. As técnicas da Análise de Conteúdo concorreram para os encaminhamentos das três etapas de organização e sistematização dos dados: organização dos dados; sistematização dos dados e análise dos resultados.

A partir dos apontamentos teóricos, abordagens e técnicas adotadas no presente estudo, destacamos que os investimentos no *capital* teórico à luz das literaturas especializadas e aportes teóricos se iniciaram com as etapas dos Estágios Supervisionados Orientados (ESOs). Porém, a delimitação do objeto fora definida no mês de janeiro de 2023. Desse modo, as entrevistas foram estruturadas por meio de um roteiro cujas indagações direcionadas aos agentes participantes partem, de modo estrutural, dos objetivos constantes do estudo.

Vale ressaltar, que o estudo assume o conceito de *"agente"*, segundo as contribuições de Pierre Bourdieu (1979) e, cabendo novamente destacar, está relacionado ao seu esforço de construção de uma teoria da ação prática, de modo que os agentes concretos, inseridos em um espaço social e detentores de um conjunto específico de disposições incorporados, agem nas situações sociais.

A referida versão do Programa de Residência Pedagógica *Campus* Capanema se encontra sob a coordenação de área específica e estão atuando 15 (quinze) alunos(as) residentes e 03 (três) professores(as) preceptores(as) atuantes na rede estadual de ensino no município de Capanema nas respectivas escolas: Oliveira Brito; Maria Amélia de Vasconcelos e Padre Sales. Desse modo, as entrevistas foram realizadas com os(as) três professores(as) participantes desta versão no período de 14 de junho de 2023 a 23 de junho de 2023.

As entrevistas foram constituídas, inicialmente pela apresentação do termo de consentimento livre e esclarecido, a fim de que os agentes autorizassem suas respostas para fins acadêmicos, em seguida as dimensões pessoais, profissionais e formativas e, por fim, as dimensões referentes ao objetivo do estudo por meio de perguntas estruturadas. As entrevistas foram gravadas em áudio por meio de aparelho específico e, posteriormente, foram transcritas e editadas de modo a compor o *corpus* documental[28] do estudo e organizadas em um banco de dados. O referido *corpus* documental advindo das entrevistas se encontra sob a responsabilidade da pesquisadora e do orientador deste estudo. Dito isso, a próxima seção tratará sobre a análise dos dados obtidos e as reflexões com base na literatura especializada e aporte teórico do objeto de estudo.

As representações sobre o Programa

É imprescindível destacar que o estudo objetivou compreender *as representações de professores(as) preceptores(as) do Programa Residência Pedagógica/ CAPES/MEC/UFRA Campus Capanema acerca de suas ações formativas no Programa, no que corresponde o capital de conhecimento dos(as) professores(as) preceptores(as) acerca da relação docente e o Programa de Residência Pedagógica e investigar o nível de conhecimento teórico sobre práticas de ensino e aprendizagens elaborados pelos(as) professores(as) preceptores(as).*

---

28 *Corpus documental* é o conjunto de dados de uma pesquisa que possui uma relativa organização a partir do levantamento inicial.

No que tange às manifestações dos agentes participantes do estudo, analisamos, por meio das suas *representações*, que os(as) professores(as) preceptores não obtiveram participação em curso de formação nesta terceira versão do programa, os agentes, em suas falas, relataram que houve formação apenas na primeira versão do programa, como a "Oficina de *Biscuit*" e a "Jornada Pedagógica de Formação de Professores da Rede Estadual". Esses destaques nos levam à reflexão de que os cursos de formação são pouco trabalhados com os preceptores.

Tal aspecto, articulado por Gatti (2010), em relação entre formação inicial e continuada, reconhece a escola como espaço necessário de formação inicial e continuada, porém, o que se coloca nos documentos norteadores acaba sendo de conhecimento de poucos e não há esforços governamentais, institucionais e nos cursos para tanto. Diante disso, é notório que o Programa carece de Cursos de formação inicial e continuada.

Por conseguinte, destacamos algumas reflexões sobre as *representações* dos preceptores acerca das contribuições do programa para o entendimento da formação continuada. De acordo com as manifestações, os mesmos afirmam que o Programa vem contribuindo positivamente para o avanço de conhecimento dos residentes e preceptores, uma vez que ocorre uma troca mútua de conhecimento entre ambas as partes.

Outro aspecto a ser destacado se refere ao *capital de conhecimento acerca da relação docente e o Programa de Residência Pedagógica*. De acordo com as reflexões dos agentes, indica que não apresentavam conhecimentos prévios acerca dos objetivos e atribuições do Programa e nem houve cursos de formação antes da inserção no mesmo. Esse entendimento denota compreender que o programa demanda investimentos em cursos de formações e bases teóricas acerca das atribuições do Programa. Baseando-se em Freire (1996), o(a) professor(a) em curso de formação não pode esgotar as práticas discursando sobre teoria da não extensão do conhecimento.

No que se refere ao *nível de conhecimento teórico sobre práticas de Ensino e aprendizagens elaborados pelos(as) professores(as) preceptores(as)*, as práticas de Ensino adotadas durante a realização do programa estão centradas no Ensino tradicional, com metodologias de aula expositivas, uso de quadro, livro didático e *data show*. Ademais, as aulas também se constituem por meio de metodologias ativas de Ensino, com a realização de aulas práticas, aulas de campo, jogos e seminários, elas são elaboradas em conjunto com os residentes do Programa. De acordo com nossas avaliações e manifestações dos preceptores, os residentes contribuem de modo positivo nas aulas ministradas.

Considerações finais

Os investimentos teóricos e os dados levantados nesse estudo, referentes às representações de professores(as) preceptores(as) do Programa de Residência Pedagógica/CAPES/MEC/UFRA sobre suas experiências formativas no programa, apontam que o Programa tem contribuído para os avanços de conhecimentos dos residentes e preceptores. No entanto, mostram a necessidade de ampliação na formação continuada dos preceptores do programa, especialmente em *capital* teórico e práticas de Ensino, como uma perspectiva de avanço no *capital* de conhecimento.

Referências

BARDIN, Laurence. **Análise de conteúdo.** Tradução Luís Antero Reto; Augusto Pinheiro. São Paulo: Edições 70, 2016.

BOGDAN, Robert; BIKLEN, Sari. **Investigação qualitativa em educação**: uma introdução à teoria e aos métodos. Tradução Maria João Alvarez; Sara Bahia dos Santos; Telmo Mourinho Baptista. Portugal: Porto Editora, 1994.

BONAMINO, Alicia *et al.* Os efeitos das diferentes formas de capital no desempenho escolar: um estudo à luz de Bourdieu e de Coleman. **Revista Brasileira de Educação**, Rio de Janeiro, v. 15, n. 45, p. 487-499, set./dez. 2010. Disponível em: https://www.scielo.br/j/rbedu/a/GbzRVcsL7L6PVNx3mxtdFkQ/?format=pdf&lang=pt. Acesso em: 19 out. 2023.

BRANDÃO, Carlos Rodrigues. **O que é Educação.** São Paulo: Editora Brasiliense, 2002.

BRASIL. Ministério da Educação. CAPES. **Portaria Nº. 38, de 28 de fevereiro de 2018.** Institui o Programa de Residência Pedagógica. Brasil, 2018. Disponível em: https://www.gov.br/capes/pt-br/centrais-de-conteudo/28022018-portaria-n-38-institui-rp-pdf. Acesso em: 19 out. 2023.

CARVALHO, Ana Maria Pessoa de; GIL-PÉREZ, Daniel. **Formação de professores de Ciências: tendências e inovações.** 10. ed. São Paulo: Cortez, 2011.

CHARTIER, Roger. Defesa e ilustração da noção de representação. Tradução André Dioney Fonseca; Eduardo de Melo Salgueiro. **Fronteiras**, Dourados, MS, v. 13, n. 24, jul./dez., p. 15-29, 2011. Disponível em: https://ojs.ufgd.edu.br/index.php/FRONTEIRAS/article/view/1598/955. Acesso em: 30 nov. 2023.

CHARTIER, Roger. O mundo como representação. Tradução Andrea Daher e Zenir Campos Reis. **Estudos Avançados**, v. 5, n. 11, p. 173-191, 1991. Disponível em: https://doi.org/10.1590/S0103-40141991000100010. Acesso em: 20 out. 2023.

FREIRE, Paulo. **Pedagogia da autonomia:** saberes necessários à prática educativa. São Paulo: Paz e Terra, 1996.

GATTI, Bernadete Angelina. Formação de professores no Brasil: características e problemas. **Educação & Sociedade**, v. 31, n. 113, p. 1355-1379, 2010. Disponível em: https://www.scielo.br/j/es/a/R5VNX8SpKjNmKPxxp4QMt9M/?format=pdf&lang=pt. Acesso em: 20 out. 2023.

GIL, Antônio Carlos. **Como elaborar projeto de pesquisa**. São Paulo: Atlas, 2017.

GOHN, Maria Glória. Educação não formal, Aprendizagens e Saberes em Processos Participativos. **Investigar em Educação**. Serie IIª, num. 1, 2014. pp. 1 Fac. Educação/UNICAMP/Brasil. Disponível em: https://epale.ec.europa.eu/sites/default/files/gohn_2014.pdf. Acesso em: 20 nov. 2023.

KRASILCHIK, Myriam. A formação continuada de professores de Ciências: percepções a partir de uma experiência. *In*: **Reunião Anual da ANPED**, Caxambú. Anais Caxambu: ANPED, 23ª, 2000. Disponível em: https://www.anped.org.br/sites/default/files/gt_08_06.pdf. Acesso em: 20 out. 2023.

LUDKE, Menga; ANDRÉ, Marli Eliza Dalmazo Afonso de. **Pesquisa em educação:** abordagens qualitativas. São Paulo: EPU, 1984.

MARCONI, Marina de Andrade; LAKATOS, Eva Maria. **Técnicas de pesquisa**. São Paulo: Atlas, 1990.

PERRENOUD, Philippe. **10 novas competências para ensinar.** Tradução Patrícia Chittoni Ramos. Porto Alegre: Artes Médicas, 2010.

O QUE PENSAM ALUNOS DA LICENCIATURA EM CIÊNCIAS BIOLÓGICAS ACERCA DAS PRÁTICAS DE PROFESSORES SUPERVISORES VIVENCIADAS NOS ESTÁGIOS SUPERVISIONADOS OBRIGATÓRIOS?

Emilly Nogueira Alves[29]
Felipe Alex Santiago Cruz[30]
Jéssica Karina Mesquita Vieira[31]

Introdução

Este trabalho traz para o centro do debate a formação de professores(as), e problematiza as práticas de ensino de professores(as) de Ciências e Biologia vivenciadas por alunos(as) da Licenciatura em Ciências Biológicas da Universidade Federal Rural da Amazônia (UFRA), *campus* Capanema, em atividades formativas nos espaços de Estágio Supervisionado Obrigatório (ESO), cuja ação se constitui como componente do Projeto Pedagógico de Curso (PPC). Os(as) professores(as) das escolas do município realizam acompanhamento dos(as) alunos(as) estagiários(as) e exercem a função de supervisores(as) dos estágios. O objetivo demandou compreender como se constituem as *representações* de alunos(as) da Licenciatura em Ciências Biológicas acerca das práticas de ensino de professores(as) supervisores(as) vivenciadas nos ESOs.

Para compreender as representações que conferem às práticas observadas na escola, demanda, inicialmente, investir em uma discussão teórica, de modo que estruture tal discussão, a partir da revisão de Literatura Especializada.

---

29 Graduada em Ciências Biológicas pela Universidade Federal Rural da Amazônia – UFRA/*Campus* Capanema. *E-mail*: emillynalves1999@gmail.com

30 Docente da Universidade Federal Rural da Amazônia – UFRA/*campus* Capanema. *E-mail*: felipe.cruz@ufra.edu.br

31 Graduada em Ciências Biológicas pela Universidade Federal da Amazônia – UFRA/*campus* Capanema. *E-mail*: jessicaridlle12345@gmail.com

Assim, delimitamos 04 (quatro) categorias teóricas, sendo elas: *Educação; Práticas de Ensino; Estágio Supervisionado Obrigatório* e *Representação*.

O anúncio do tema, do objetivo de trabalho e das categorias teóricas iniciais trabalhadas no texto demandou conformar o seguinte problema de estudo: *Em que medida se constituem as representações de alunos(as) da Licenciatura em Ciências Biológicas acerca das práticas de ensino de professores(as) supervisores(as) de ESO vivenciadas nos Estágios Supervisionados Obrigatórios?* A partir do que foi anunciado, cumpre-nos realizar uma discussão acerca das categorias anunciadas, como fundamentação teórica do trabalho.

Como aporte teórico, adotamos as discussões sobre *Educação* como ponto de partida, uma vez que se constitui como ciência que norteia e orienta as dimensões relacionadas à prática de ensino e aprendizagens. Compreender as questões relacionadas sobre Educação possibilita a constituição de uma base teórica conceitual sobre este campo que orienta e desdobra as demais categorias. Para Paulo Freire (1996), a Educação possui um potencial transformador na sociedade, ou seja, a Educação pode tanto reforçar os valores e ideias que sustentam a estrutura social vigente quanto questioná-los e propor novas formas de pensar e agir. Em vista disso, para o autor, a Educação é fundamental para promover mudanças sociais significativas.

Por conseguinte, Carlos Libâneo (2018) contribui enfatizando que "a Educação – ou seja, a prática educativa – é um fenômeno social e universal, sendo uma atividade humana necessária à existência e funcionamento de todas as sociedades. [...] Não há sociedade sem prática educativa nem prática educativa sem sociedade" (p. 15). Isso significa que o autor concebe a Educação como uma prática que envolve a transmissão de conhecimentos, valores e potencialidades passados de geração em geração, ocorrendo em diversos contextos sociais como, por exemplo, na família, escola e na comunidade em geral. Tornando possível desempenhar seu papel de cidadãos responsáveis e ativos.

Nesse cenário, a *Prática de Ensino* pode ser compreendida como ação que perpassa pelo ato de ensinar (LIBÂNEO, 2018). Ela se origina do campo da Educação e, portanto, avaliamos que as reflexões sobre as práticas de ensino possibilitam compreender de que modo as abordagens teóricas contribuem para orientar as práticas de ensino pelos(as) professores(as) de Ciências e Biologia na escola. Em vista disso, entendemos que uma prática inadequada contribui para o comprometimento das aprendizagens esperadas pelos(as) alunos(as).

Desse modo, nos parece haver uma demanda que orienta a ampliação de metodologias diversificadas no processo de ensino pelos(as) professores(as), de modo a qualificar as aprendizagens dos(as) alunos(as) nas escolas.

À guisa de contribuição do entendimento destacado, Carlos Libâneo (2018) acentua o ensino como uma atividade conjunta entre professores(as) e alunos(as) "organizado sob a direção do professor, com a finalidade de prover as condições e meios pelos quais os alunos assimilam ativamente conhecimentos, atitudes e convicções" (p. 28). Dessa forma, torna-se importante reconhecer que o conhecimento não é transmitido de um(a) professor(a) para o(a) aluno(a), mas é um processo ativo e colaborativo. Isso significa que o ensino não deve ser visto apenas como uma transmissão passiva de informações, instruções e aprendizagens para obtenção de metas avaliativas orientadas pelo Sistema Educacional (SAEB, Prova Brasil, ENEM), mas sim, como um conjunto de ações e estratégias pedagógicas individuais e coletivas, voltadas para a formação escolar com base na diversidade social e cultural.

Todas as ações relacionadas às práticas de ensino estão articuladas ao *Estágio Supervisionado Obrigatório* realizado nas escolas. Observa-se que o Estágio Supervisionado nos cursos de Licenciatura no Brasil é orientado por um conjunto de documentos normativos e, dentre eles, a Lei Nº. 11.788 de 25 de setembro de 2008. Em seu art. 1º o Estágio se constitui como

> ato educativo escolar supervisionado, desenvolvido no ambiente de trabalho, que visa à preparação para o trabalho produtivo de educandos que estejam frequentando o ensino regular em instituições de Educação superior, de Educação profissional, de ensino médio, da Educação especial e dos anos finais do ensino fundamental, na modalidade profissional da Educação de jovens e adultos (BRASIL, 2008).

Trata ainda, em seu inciso 1º, que "o Estágio faz parte do Projeto Pedagógico do Curso, além de integrar o itinerário formativo do educando". Isso significa que objetivo do Estágio é proporcionar ao estudante a oportunidade de aprender competências específicas da atividade profissional que está sendo realizada, além de ajudar a contextualizar essas competências no currículo do Curso em que ele está matriculado. Dessa forma, o Estágio se constitui como oportunidade para o estudante desenvolver competências de conhecimentos práticos aliados às contribuições teóricas trazidas por meio de outras disciplinas cumpridas nos cursos de licenciaturas, como no caso do Curso de Licenciatura em Ciências Biológicas da UFRA, *campus* Capanema.

À despeito desse entendimento sobre ESOs na formação de professores(as) no Brasil, Gatti *et al.* (2019) apontam que

> O estágio curricular supervisionado é componente obrigatório da organização curricular das licenciaturas e, historicamente, constitui um desafio para as instituições de formação e para as escolas da educação básica que recebem os estagiários. Apesar de o estágio ser compreendido como espaço privilegiado para imersão do futuro professor no contexto profissional e como possibilidade de integrar os momentos que constituem a formação do docente, muitas são as dificuldades para proporcionar ao estudante, em formação inicial, uma experiência significativa e fiel a esses objetivos (p. 229).

O argumento apresentado revela que o Estágio é o momento em que os(as) estudantes de Licenciatura têm a oportunidade de planejar, executar e avaliar a sua própria prática docente, sob a supervisão de um(a) professor(a), além de poder vivenciar a rotina escolar. Isso significa dizer que precisam possibilitar uma formação consistente em termos teóricos e práticos, que contemplem as diferentes áreas do conhecimento, as diversas metodologias de ensino e as estratégias de avaliação, de modo a garantir uma formação abrangente aos(às) futuros(as) professores(as). Porém, as autoras destacam ainda as dificuldades para que os(as) estudantes adquiram uma experiência significativa e fiel a esses objetivos sendo historicamente um desafio para as instituições de ensino.

No sentido de dar corpo às reflexões advindas das categorias mencionadas, partimos das considerações teóricas de Roger Chartier (2011), no que toca o conceito de *Representação*. Para o autor, representações perpassam por estruturas cognitivas que chancelam positividades ou negatividades à medida que o agente social constrói seu lugar na sociedade e adquire entendimentos sobre determinadas ações. Essa compreensão nos auxilia a entender as práticas que correspondem às ações humanas, guiadas por estruturas de entendimentos denominadas de representações. Dessa forma, podemos dizer que a representação se apresenta como o produto de um percurso subjetivo e está presente em todas as dimensões da vida social, desde as práticas cotidianas vivenciadas até as instituições políticas e culturais constituídas pela chancela ou não daqueles que a encaminham.

Nessa perspectiva, essas *representações*, conforme Roger Chartier (2011) dialoga, ajudaram-nos a interpretar a dimensão profissional da vida social do agente, e o modo pelo qual realizam e representam o assumir profissional de suas práticas. Desse modo, dialogando com o autor, depreendemos que as observações das práticas de ensino dos(as) professores(as) supervisores(as) também proporcionam aos(às) alunos(as) a oportunidade de compreender como as representações dos(as) professores(as), construídas ao longo de suas trajetórias profissionais, influenciam suas práticas pedagógicas.

À vista disso, a vivência dos(as) alunos(as) de Licenciatura em Ciências Biológicas durante os ESOs, ao observarem as práticas de ensino dos(as) professores(as) supervisores(as), proporciona um espaço de reflexão e diálogo sobre as representações presentes no contexto educacional. Essa experiência contribui para o desenvolvimento profissional dos(as) futuros(as) professores(as), permitindo-lhes uma postura crítica e reflexiva em relação ao ensino de Ciências e Biologia e às práticas de ensino.

No que toca ao aspecto metodológico, a abordagem assumida no trabalho é de natureza qualitativa, contando com as contribuições teóricas advindas da Literatura Especializada relacionada à Metodologia Científica (FLICK, 2013). Aliado a essa abordagem, adotamos algumas técnicas da Análise de Conteúdo, de Laurence Bardin (2016), para orientar a organização, codificação e sistematização dos dados obtidos na fase de levantamento dos mesmos.

Nesse sentido, para Flick (2013), a coleta de dados qualitativos se dá por meio da obtenção de uma compreensão atida por parte dos pesquisadores do caso ou fenômeno que está sendo estudado, por meio da reconstrução dos dados coletados. Nessa abordagem, há flexibilidade no uso de questões abertas, o que permite que possam responder livremente e com suas próprias palavras, o que pode levar a riqueza de dados.

No que toca ao processo de coleta de dados, optamos por trabalhar com a utilização de questionário *on-line*, estruturado por um Roteiro de perguntas semiestruturado, que foi enviado para os agentes participantes, por *e-mail*. A opção por trabalhar com questionário *on-line* considerou duas questões: o quantitativo de alunos(as) que realizaram os Estágios nos períodos dos semestres 2022.1 a 2022.2 e o entendimento de que tal metodologia atende a uma dinâmica de trabalho que possibilita a maior participação dos agentes.

No que toca à estrutura e organização do questionário enviado aos(às) alunos(as), inicialmente, elaboramos um roteiro de perguntas, que incluiu uma apresentação do trabalho e um Termo de Consentimento Livre e Esclarecido. Posteriormente, o agente participante teve acesso ao documento que apresentou uma estrutura fundamentada na coleta de informações pessoais, formativas e profissionais. E, para concluir, elaboramos uma dimensão, na qual tivemos como foco as dimensões relacionadas ao objetivo do trabalho, incluindo 5 (cinco) perguntas dissertativas, sendo uma delas como espaço livre para que os agentes participantes expressassem outros tipos de manifestações que acharam pertinente.

Nesse sentido, os dados obtidos foram organizados, codificados e sistematizados à luz do aporte teórico de algumas técnicas da Análise de Conteúdo de Laurence Bardin (2016). No que toca à organização, primeiramente os dados foram organizados em um banco de dados à medida que recebíamos as respostas dos agentes participantes, referente ao questionário enviado. O *Google Forms* já fornece uma planilha com esses dados. Posteriormente, essas respostas foram organizadas de acordo com cada pergunta relacionada ao objetivo do trabalho. Desse modo, organizamos e transformamos as ideias iniciais descritas pelos(as) agentes participantes em algo concreto e funcional, de modo a dar prossecução às etapas subsequentes do processo.

Ao final dessa etapa de organização, seguimos no processo de codificação dos dados. Dito isso, conduzimos uma leitura e análise de cada um dos 31 (trinta e um) questionários recebidos em cada uma das 5 (cinco) perguntas contidas no instrumento de coleta de dados. Para tanto, no processo de codificação dos dados, buscamos "tratar o material", termo proposto pela autora, "tratar o material é codificá-lo" (BARDIN, 2016, p. 133).

A partir do processo de codificação, trabalhamos na sistematização desses dados e, desse modo, "os resultados brutos são tratados de maneira a serem significativos ("falantes") e válidos. [..] permitem estabelecer quadros de resultados, diagramas, figuras e modelos, os quais condensam e põem em relevo as informações fornecidas pela análise" (BARDIN, 2016, p. 131). Nessa etapa, realizamos uma sistematização do que foi identificado, mediante a interpretação e análise dessas informações, de forma a considerar os elementos mais e menos recorrentes, a partir das manifestações dos agentes participantes.

A partir desse momento, avançamos para a fase fundamental, objetivando explorar e refletir sobre as respostas dos participantes em diálogo com as Literaturas Especializadas e Aportes Teóricos, visando interpretar e extrair significado das informações que foram coletadas.

Um panorama preliminar acerca dos achados em nosso estudo

Quando perguntados sobre o *nível de compreensão acerca de como se constituem as representações de alunos(as) da Licenciatura em Biologia acerca das práticas de ensino de supervisores(as) vivenciadas nos ESOs* (**pergunta 01**), a abordagem tradicional foi a mais observada pelos(as) agentes participantes, o que na perspectiva de José Carlos Libâneo (2018), é ocasionada pela transmissão do conhecimento/informações exposto pelo(a) professor(a), seguindo uma sistematização de normas dirigidas pela escola, com o intuito de instruir o aluno para a sociedade. Essa prática de ensino é predominantemente direcionada a aulas expositivas, com a utilização do quadro branco, apoio do livro didático e exercícios de fixação. Em nosso entendimento, as reflexões de Carlos Libâneo (2018) auxiliam na compreensão das abordagens, de modo que o(a) professor(a) possa, em seus estudos, relacionar e fomentar as atividades de ensino, com o intuito de proporcionar aos(às) alunos(as) condições para o processo de aprendizagem.

Quando perguntados sobre o *nível de identificação das principais características das práticas de ensino realizadas pelos(as) professores(as) supervisores(as) dos ESOs* (**pergunta 02**), tornou-se evidente que, devido a utilização do ensino tradicional ainda ser muito recorrente, os(as) alunos(as) destacam a utilização do livro didático e as aulas expositivas. Com base nessas considerações, José Carlos Libâneo (2018) que argumenta:

> O livro didático é necessário, mas por si mesmo ele não tem vida. É um recurso auxiliar cujo uso depende da iniciativa e imaginação do professor. Os conteúdos do livro didático somente ganham vida quando o professor os toma como meio de desenvolvimento intelectual, quando os alunos conseguem ligá-los com seus próprios conhecimentos e experiências, quando por intermédio deles

aprendem a pensar com a sua própria cabeça (LIBÂNEO, 2018, p. 83).

Em consonância com o que fora destacado, os agentes participantes corroboram com a abordagem do autor ao observar em seus Estágios que os(as) professores(as) adotavam metodologias tradicionais, baseadas no uso exclusivo de livros didáticos, aulas expositivas e transmissão unidirecional do conhecimento, em que os(as) alunos(as) eram tratados como meros(as) receptores(as) de informações. Posteriormente, os(as) professores(as) propunham atividades como forma de fixação do conteúdo, sem uma preocupação atida com os significados e a conexão entre os conteúdos e a realidade dos(as) alunos(as).

No que toca às manifestações dos agentes participantes acerca do *nível de compreensão das principais características das práticas de ensino à luz das orientações da Literatura Especializada* (**pergunta 03**), foi possível notar que a maior parte dos(as) agentes participantes destacaram a divergência entre a teoria estudada na Universidade com prática utilizada pelos(as) professores(as) supervisores(as) nas escolas no percorrer dos ESOs.

De acordo com tal premissa, Selma Garrido Pimenta e Maria Socorro Lucena Lima (2020) enfatizam que essa relação reflete uma aparente divergência entre a teoria ensinada na Universidade e a prática utilizada pelos(as) professores(as) supervisores(as) nos ESOs, contribuindo, com a possibilidade de distanciamento entre a teoria e a prática, o que, em nosso entendimento, não podem caminhar de modo isolado, fator que pode contribuir para que os(as) futuros(as) professores(as) percebam que a teoria relativa às práticas de ensino e aprendizagens internalizadas na Universidade se coloca como algo distante da cultura escolar, dimensão que nos colocamos como absolutamente alheios.

Em decorrência das manifestações sobre o nível de *compreensão acerca das reflexões das práticas de ensino observadas e manifestadas pelos(as) alunos(as) no contexto dos ESOs* (**pergunta 04**), no contexto da profissão docente, as práticas dos(as) professores(as) supervisores(as) remetem a um *habitus* professoral, como aponta Pierre Bourdieu (2017), em seu livro *Razões Práticas: sobre a teoria e ação*, que as práticas são construídas por meio das representações que o(a) docente pertence, mediante a experiências sociais passadas e estruturadas que agem no modo de sentir, pensar e agir, que dará cobro na estrutura de sua prática. Em suma, essa prática apresentada aos(às) alunos(as) se encontra na dimensão de campo tradicional, onde o(a) docente internaliza aos(às) alunos(as) a sua abordagem que foi construída a partir de relações que ocorrem na sociedade e de suas representações de grupos sociais na qual o mesmo está inserido.

Isso também significa que as práticas dos(as) professores(as) supervisores(as) podem ser resistentes à mudança, uma vez que são fortemente enraizadas em seu *habitus* professoral. Para promover uma educação mais inovadora e de acordo com às necessidades dos(as) alunos(as), desse modo, entendemos ser importante que os(as) professores(as) supervisores(as) reflitam sobre suas próprias práticas, reconheçam a influência de seu *habitus* e estejam abertos a novas abordagens e perspectivas pedagógicas.

Considerações Finais

No decorrer da análise dos dados, avaliamos *de que modo se constituem as representações de alunos(as) da Licenciatura em Ciências Biológicas acerca das práticas de ensino de professores(as) supervisores(as) de ESO vivenciadas nos Estágios Supervisionados Obrigatórios.* Nesse objetivo, depreendemos a identificação das principais características das práticas de ensino realizadas pelos(as) professores(as) supervisores(as). As análises revelaram que as abordagens de ensino observadas pelos(as) alunos(as) se constituem como predominantemente tradicionais, centradas em aulas expositivas, uso do quadro branco e do livro didático. Essa constatação ressaltou a discrepância entre as metodologias predominantes nas escolas e as abordagens discutidas na Literatura Especializada. Isso nos faz concluir acerca da necessidade de diálogo estreito entre teoria e prática na formação docente como um desafio a ser enfrentado de modo contínuo.

Por conseguinte, a reflexão acerca das práticas de ensino observadas e a análise deste objetivo, fez-nos refletir acerca da importância da formação continuada para os(as) professores(as), permitindo que reflitam sobre suas práticas e adotem abordagens alinhadas com as necessidades dos(as) alunos(as). Desse modo, concluímos que a dificuldade em utilizar práticas inovadoras é atribuída a diversos fatores, como a falta de infraestrutura, a pressão por cumprimento de carga horária e a relutância dos(as) professores(as) em mudar abordagens tradicionais. Assim, inferimos que, por meio da formação continuada, os(as) professores(as) são capazes de contemplar suas práticas de ensino com uma visão crítica, possibilitando a adoção de abordagens pedagógicas que se alinhem, de forma precisa, com as necessidades dos(as) alunos(as).

Considerando as análises apresentadas e os objetivos traçados para o trabalho, entendemos que, embora haja alguns indícios de esforços para mudar as práticas de ensino, ainda há um longo caminho a percorrer para alcançar harmonia entre a teoria acadêmica e a prática em sala de aula. A formação continuada, a reflexão constante e o incentivo à adoção de abordagens pedagógicas eficazes são aspectos cruciais para melhorar a qualidade do ensino e a preparação dos(as) futuros(as) professores(as). No entanto, ele não fecha as discussões, pois demanda que outras questões sejam ampliadas.

Referências

BARDIN, Laurence. **Análise de conteúdo**. Tradução Luís Antero Reto; Augusto Pinheiro. São Paulo: Edições 70, 2016.

BOURDIEU, Pierre. **Razões práticas**: sobre a teoria da ação. Tradução Mariza Corrêa. Campinas, SP: Papirus Editora, 2017.

BRASIL. Lei Nº. 11.788, de 25 de setembro de 2008. Dispõe sobre o estágio dos estudantes. **Diário Oficial da União**: Brasília, DF, 2008. Disponível em: https://www.planalto.gov.br/ccivil_03/_ato2007-2010/2008/lei/l11788.htm. Acesso em: 5 nov. 2023.

CHARTIER, Roger. Defesa e ilustração da noção de representação. Tradução André Dioney Fonseca; Eduardo de Melo Salgueiro. **Fronteiras**, Dourados, MS, v. 13, n. 24, jul./dez., p. 15-29, 2011. Disponível em: https://ojs.ufgd.edu.br/index.php/FRONTEIRAS/article/view/1598/955. Acesso em: 30 nov. 2023.

FLICK, Uwe. **Introdução à metodologia de pesquisa**: um guia para iniciantes. Tradução Magda Lopes. Porto Alegre: Penso, 2013.

FREIRE, Paulo. **Pedagogia da autonomia**: saberes necessários à prática educativa. São Paulo: Paz e terra, 1996.

GATTI, Bernardete Angelina *et al.* **Professores do Brasil**: novos cenários de formação. Brasília: UNESCO, 2019.

LIBÂNEO, José Carlos. **Didática**. São Paulo: Cortez, 2018.

PIMENTA, Selma Garrido; LIMA, Maria Socorro Lucena. **Estágio e Docência – Teoria e Prática**: diferentes concepções. São Paulo: Cultura Acadêmica, 2020, p. 133-136.

DCNEEQ: reflexões acerca do panorama jurídico

Laércio Farias da Costa[32]
Wilma de Nazaré Baía Coelho[33]

Introdução

Este texto objetiva operacionalizar o panorama jurídico das DCNEEQ por meio dos eventos que balizaram este trajeto, estabelecendo intersecções junto às nossas noções teóricas e conceituais, bem como sinalizar as reflexões que podem apontar as táticas de subversão para a continuidade desta agenda. Para este intento, o termo *Quilombo* resguarda a sua ancestralidade referindo-se a longa história de conflitos por poder, cisão de grupos racializados, migrações em busca de novos territórios e alianças políticas entre grupos alheios, o qual tomaremos de empréstimo de Almeida (1998) e a *Educação Escolar Quilombola* (EEQ) a partir da Lei de Diretrizes e Bases da Educação Nº. 9.394/1996, ao reconhecer as contribuições das diversas manifestações culturais na formação do país, com ênfase nas matrizes indígena, africana e europeia.

Essas orientações ganham força legal ao serem implementadas pela Lei Nº. 10.639/2003 e o Parecer CNE/CEB Nº. 16/2012 o qual prevê as orientações conceituais para a EEQ. Esses dispositivos jurídicos compreendem avanços e conquistas mobilizadas pelo movimento negro brasileiro[34] em um

---

32 Doutor em Educação na Amazônia pela Rede Educanorte. Integrante do NEAB GERA (Núcleo de Estudos e Pesquisas sobre Formação de Professores e Relações Étnico-Raciais). *E-mail*: laerciofariasc@gmail.com

33 Doutora em Educação pela Universidade Federal do Rio Grande do Norte (UFRN), Professora Titular da Universidade Federal do Pará (UFPA), Bolsista Produtividade 1D do CNPq. *E-mail*: wilmacoelho@yahoo.com.br

34 Em meados da década de 1980, o Movimento Negro Unificado (MNU) concebia o protesto antirracista como indissociável da luta classista de enfrentamento do capitalismo (Hanchard, 2001). Assim, o MNU define a educação como prioridade de suas pautas de reivindicação, pois identifica, neste espectro, uma forma eficiente de se combater a exclusão (GONÇALVES; SILVA, 2000) e de conquistar o seu lugar de existência por meio de suas disputas, construindo

processo de reivindicação (COELHO, M.; COELHO, W., 2012) ao travar uma luta histórica para o alcance de suas pautas educacionais (GONÇALVES; SILVA, 2000; MIRANDA, 2012; 2018).

Para interpretar os dados obtidos, identificamos o aporte teórico-metodológico, os quais operacionalizaram o *corpus* da pesquisa em procedimento de análise. Assim, trabalhamos com a epistemologia de Bourdieu (2003; 2004), especialmente por meio das noções conceituais de *habitus, campo, Campo e Estratégias Discursivas*; e, em Moura (2020); Nascimento (2019) e Almeida (1998) utilizamos o conceito de *Quilombo*. Para a Educação Quilombola, Miranda (2012; 2018). Em *Leis*, nos ancoramos em Thompson (1987), subsidiado pela literatura especializada sobre Legislação Educacional – *Regulação e Regulamentação* – em Barroso (2005); em *Currículo*, acionamos Apple (1979) e, ancorados na Formação de professores(as) e ERER, em Coelho; Soares (2016); Gomes (2017); Gonçalves; Silva (2000).

Nesse sentido, ao assumirmos um tipo de pesquisa documental, consideramos as mais diversas implicações relativas aos documentos, antes de formular uma conclusão definitiva. Dentro dessa investigação, entendemos que é possível até mesmo tratar a pesquisa bibliográfica que se vale especialmente de material impresso fundamentalmente para fins de leitura (GIL, 2018). A metodologia encontra legitimidade não só pelo fato de contribuir com a construção da resposta à problemática anunciada, mas também por proporcionar uma melhor visão desse problema ou das hipóteses que conduzem a sua verificação por outros meios[35].

DCNEEQ: o panorama jurídico

As *virtudes e os vícios* (COELHO, W.; COELHO, M., 2014) que estruturam o país reverberam em consensos e dissensos, e no âmbito dos grupos sociais, promovendo uma zona de embate social, político, jurídico e educacional com avanços e retrocessos no campo da EEQ e que colocam o currículo como o instrumento de dominação social a partir da forma como se estrutura e

---

um processo educativo contra-hegemônico ao produzir saberes emancipatórios e sistematizar conhecimentos concernentes à questão racial no Brasil (GOMES, 2012; 2017).

35 A pesquisa documental, ao ser elaborada com base em documentos, em função da natureza desses ou dos procedimentos adotados no processo de interpretação dos dados, desenvolve-se de maneira significativamente diversa (GIL, 2018).

a narrativa que assume (APPLE, 1979). Vejamos a seguir os eventos que marcam e identificam as tensões nesse trajeto que se encaminha para a elaboração das DCNEEQ.

O processo histórico de opressão colonial violentou e oprimiu a libertação do povo negro e etnicamente diferenciado da cultura hegemônica eurocentrada. Porém, à despeito dessa coerção social, as amarras não foram suficientes para extinguir as comunidades negras e as suas culturas, cujas estratégias de resistência possibilitaram a "afirmação do oprimido como outro, como pessoa e como fim" no horizonte da "exterioridade" que contempla o "espaço humano do outro" e da alteridade dentro da complexidade de cada grupo social (DUSSEL, 2005, p. 18). Logo, as comunidades quilombolas encontraram como táticas[36] de enfrentamento o fortalecimento das organizações do movimento negro urbano e as organizações vinculadas à luta pela reforma agrária. Assim, empreendeu forte mobilização pela visibilidade da questão das comunidades negras rurais, terras de preto e mocambos em diversos estados do país (ARRUTI, 2017).

Dessa forma, consideramos como marco inicial sobre as medidas legais necessárias para a devida valorização e inclusão da população quilombola no processo civilizatório do Brasil, a Constituição Federal de 1988, que apresenta no seu Artigo 68 o texto: "Aos remanescentes das comunidades dos quilombos que estejam ocupando suas terras é reconhecida a propriedade definitiva, devendo o Estado emitir-lhes os títulos respectivos" (BRASIL, 1988). E, nos Artigos 215 e 216, o reconhecimento aos direitos culturais e materiais dos povos quilombolas, assegurando também o Quilombo como patrimônio Cultural do país.

O texto constitucional do Artigo 68 pressupôs ambiguidade acerca do conceito de "remanescentes das comunidades de quilombos", ocasionando polêmica nos campos social, político e jurídico quando os movimentos sociais negros e campesinos, que disputavam pela apreciação de suas demandas, tensionavam duas perspectivas distintas: os *primordialistas e os ressemantizadores*[37].

---

36 Tática, nesse sentido, refere-se a "arte do fraco", o qual ao reconhecer o ensejo, o "fraco" combina diversos elementos para tirar partido das forças que lhes são estranhas, operando golpe a golpe, lance por lance (CERTEAU, 2008)

37 A corrente primordialista é estranha a questões agrárias e fundiárias, estando mais ligada a preocupações com a produção de uma identidade e de um orgulho racial, enquanto os Ressemantizadores concordam que a criação de um conceito de quilombo deve passar pelos

Assim, os legisladores – operadores do direito[38] – interpretaram o termo "remanescentes de quilombos" como "grupos que ficaram no passado", relacionando-os com a ideia de "fóssil, sobra, resto resíduo, refletindo, portanto, uma concepção frigorificada do termo", não podendo ser estendida legalmente à amplitude que se pretendia (ALMEIDA, 1998, p. 13-25).

Diante dessa conjuntura, observamos os conflitos identitários internos entre os movimentos Negro e Campesino, os quais promovem a agenda política das pautas quilombolas. Essas tensões são engendradas por um construto social colonizatório interpelado por um *habitus* externo, que é balizado por estereotipias e formas de organização social que, por vezes, têm impactado a construção identitária desses grupos sociais por meio de um intercâmbio cultural que é constituinte das sociedades através das formas pelas quais são representadas ou interpeladas nos sistemas culturais que as rodeiam (HALL, 2003). Dessa forma, a luta pela conquista e efetividade da aplicação de direitos mostrou-se como um dispositivo de construção identitária que mobilizou um contínuo engajamento das comunidades pela garantia dos benefícios possibilitados pela efetividade da lei (SANTOS; ARAÚJO, 2020).

Nesse enredo, já na década de 1990, o Senador Abdias do Nascimento proclamava ser necessária a presença da maioria afro-brasileira em todos os níveis de poder, e reafirmava o *quilombismo* como um movimento político não segregacionista, que busca o poder político realmente democrático (NASCIMENTO, 2019). Abdias do Nascimento agregou, também, força aos tensionamentos das comunidades quilombolas, aos movimentos pela reforma agrária acerca da necessária reconstrução do conceito de remanescente de quilombo, de modo a contemplar a complexidade do termo. Assim, o governo de Itamar Franco (1992-1995) convidou a Associação Brasileira de Antropologia (ABA) para realizar estudos e definir um conceito para o termo quilombo. Os significados foram disputados nos campos acadêmico, social, governamental e jurídico, resultando em posicionamentos político e conceitual de um conjunto de agentes em meio a um campo de disputas.

---

sujeitos e sua autoidentificação como os quilombolas, que procuram recuperar suas raízes voltando-se para os conflitos fundiários que as comunidades negras do interior estavam vivendo.

38 Os operadores do direito são agentes especializados que se situam como mediadores entre os envolvidos em um conflito e suas demandas e produzem uma fala específica na sociedade, marcada pela linguagem jurídica (RODRIGUEZ; SILVA, 2013).

Na sequência, identificamos que as *regras do jogo* no *campo* político, na gestão do governo de Fernando Henrique Cardoso, assumiu uma tendência *neoliberal*, na qual os *agentes* com maior autonomia, dentre os capitais legitimados por este campo neste tempo, sustentaram a interpretação do Artigo 68, por meio do Decreto Nº. 3.912, de 10 de setembro de 2001, o qual rompia com o Artigo 68 e indicava a Fundação Palmares como órgão competente para iniciar, dar seguimento e concluir o processo administrativo de titulação das terras dos remanescentes de quilombos. Nesse sentido, o Artigo 68 passa a servir apenas para regularizar eventuais situações agrárias, onde só teriam direito à terra as comunidades que comprovassem a ocupação desde 1888 até 1988, ou seja, com até 100 anos de posse. Assim, Fernando Henrique Cardoso e a sua equipe optaram em trabalhar com o conceito histórico de quilombo, mantendo o caráter restritivo do dispositivo constitucional (SANTOS, 2017).

A inserção do ex-presidente Luiz Inácio Lula da Silva (2003-2010), com amplo debate e sensibilidade à agenda do Movimento Negro e Campesino (CARREIRA, 2015), ocasionou uma série de alterações nas *regras* do *campo*, possibilitando que outros *agentes*, com outros capitais, se colocassem com poder deliberativo, alterando e tensionando os *sentidos do jogo*, logo, o *modus operandi*. Os reflexos dessas alterações no campo político se reverberam nos demais campos que estão articulados com o poder legislativo, jurídico e judiciário, dentre eles, a Educação, que sofre revisão *estrutural e estruturante* por meio das alterações epistemológicas, ideológicas e políticas, forjando um ensaio para a construção de outro *habitus*.

Essas alterações podem ser apreciadas no quesito territorial do Ministério da Cultura, no âmbito do governo do presidente Luís Inácio Lula da Silva, quando se tornou o órgão responsável pela titulação das terras reivindicadas pelas comunidades negras através da Fundação Palmares. Por meio da Medida Provisória Nº. 111, transformada na Lei Nº. 10.683, de 23 de maio de 2003, criou-se a Secretaria Especial de Promoção da Igualdade Racial (SEPPIR) e, em fevereiro de 2004, ocorreu a criação da Secretaria de Educação Continuada, Alfabetização e Diversidade (SECADI)[39] (CARREIRA, 2015), cujo objetivo, àquela época, foi o de implementar políticas de inclusão educacional em articulação com os sistemas de ensino, considerando as especificidades das

---

39 Extinta por meio do Decreto Nº. 9.465, de 2 de janeiro de 2019 e recriada pelo governo de Luiz Inácio Lula da Silva por meio do Decreto, de Nº. 11.342/2023.

desigualdades brasileiras e assegurando o respeito e a valorização da diversidade étnico-racial, cultural, de gênero, social, ambiental e regional do território nacional.

Nesse contexto, por meio das disputas políticas e ideológicas, a demarcação jurídica do conceito de comunidades remanescentes de quilombo sofre atualização a partir do Decreto Nº. 4887/2003, destacando que um dos principais elementos a ser considerado em seu processo educativo é o princípio da diversidade, ou seja, considerar que, embora tenham elementos comuns entre si, como a relação com a terra enquanto uma relação educativa, os quilombos e as pessoas que nelas habitam têm especificidades relacionadas à região, à cultura e à religião que os particularizam, destacando a ancestralidade negra em seu significado racial[40], que deve ser considerada no processo educativo.

Em 2003 foi aprovada a Lei Nº. 10.639/2003, que se coloca como uma política educacional de Estado[41] e que institui a obrigatoriedade da inclusão de "História e Cultura Afro-brasileira" nos currículos escolares da rede pública e privada de Ensino Fundamental ao alterar a LDB Nº. 9.394/96 em seus artigos 26-A, 79-A e 79-B. Essa alteração demandou a construção de diretrizes curriculares para a sua implementação e institui-se, assim, o Parecer CNE/CP Nº. 003/2004, o qual define as *Diretrizes Curriculares Nacionais* para a *Educação das Relações Étnico-Raciais* e para o *Ensino de História e Cultura Afro-Brasileira e Africana* e a Resolução CNE/CP Nº. 01/2004, que institui as diretrizes supracitadas.

Com isso, coloca-se como necessária a capacitação dos quadros técnicos de instâncias governamentais (federais, estaduais e municipais), possibilitando o enfrentamento dos racismos institucionais (GONÇALVES; SILVA, 2000), ao passo que garanta a reestruturação curricular das licenciaturas e Educação Básica, e capacite os(as) professores(as) que já atuam, por meio de formação continuada, e em formação inicial nas licenciaturas em universidades públicas e privadas, bem como nos diversos cursos de magistério (COELHO; SOARES, 2016).

---

40 Para este trabalho, *raça* é uma categoria socialmente constituída (GUIMARÃES, 2002; SCHWARCZ, 1993).

41 No dia 14/12/2010, o projeto do novo Plano Nacional de Educação (2011-2020) foi enviado ao Congresso Nacional pelo presidente da República.

Destaca-se, porém, que a adoção das leis supracitadas ainda não havia atingido, de forma efetiva, os sistemas de ensino, ocasionando uma alteração substancial nas *regras* do *campo*. Há o entendimento de que era necessário fortalecer e institucionalizar essas orientações. Assim, os órgãos deliberativos e movimentos vinculados ao tema compreenderam a necessidade de se elaborar um plano estratégico para equacionar as legislações *reguladoras e regulamentadoras* junto às instituições educacionais (BASTIDE, 2008).

A partir da reivindicação por uma política de inclusão do Movimento Negro, em especial de sua demanda quilombola, foram deliberadas em 2010 as Diretrizes Curriculares Nacionais Gerais para a Educação Básica, com o Parecer Nº. 07/2010 e a Resolução Nº. 4/10, do Conselho Nacional da Educação (CNE), os quais definem e determinam a Educação Escolar Quilombola como *modalidade educacional*, temática que precisa obrigatoriamente ser inserida nos debates e regulamentações educacionais posteriores, bem como o novo Projeto do Plano Nacional de Educação (2011-2020), o qual insere em seu Art. 8º, § 1º a obrigatoriedade dos entes federados inserirem em seu Plano de Educação as metas que considerem as necessidades específicas das populações do campo e de áreas remanescentes de quilombos, garantindo equidade educacional (ARRUTI, 2017). Com a garantia da participação dos *agentes* representantes dos movimentos sociais, pesquisadores(as) e instituições, os debates foram estruturados em eixos, dentre eles, a *Terra e o Território* em comunidades remanescentes de quilombos.

Nesse processo de construção das Diretrizes, também está posta a mediação dos *agentes* que possuíam diferentes capitais simbólicos, e que utilizariam de suas autonomias para legitimar *estratégias discursivas* que engendrassem a construção de um novo *habitus* no *campo*. Esses agentes, como antropólogos(as), historiadores(as), sociólogos(as), e outros(as) pesquisadores(as), contribuíram para que chegasse a termo a decisão da formulação das Diretrizes Curriculares para a Educação Escolar Quilombola.

As Diretrizes surgem, então, da interlocução entre diferentes Instituições Sociais, entre elas o MEC/SECADI, Conselho Nacional de Educação, SEPPIR, Fundação Cultural Palmares, Secretarias Municipais e Estaduais de Educação, lideranças e membros das comunidades quilombolas, do campo, pesquisadores(as), dentre outros. Cada uma com maior ou menor grau de autonomia para estabelecer as *regras* no campo, objetivava construir uma narrativa que atendesse às demandas propostas pelas lideranças e membros das comunidades nos fóruns de discussão (MIRANDA, 2012; ARRUTI, 2017).

Esses dados destacam três elementos estruturantes da questão quilombola e que, por meio dos debates entre os *agentes, primordialistas* e *ressemantizadores*, junto aos seus capitais investidos, foram sendo tecidos e traduzidos pelas Diretrizes: *o direito à identidade Étnico-Racial, o direito à terra e à territorialidade* (GONÇALVES, 2013). Nesse sentido, as Diretrizes consideram relevante, na política curricular, a luta das comunidades pela permanência em seus territórios. Quando o texto-referência para as Diretrizes foi disponibilizado para sugestões, no período de junho a dezembro de 2011, foi aberta a possibilidade de contribuição de representantes da sociedade civil organizada. Segundo o Parecer CNE/CEB Nº. 16/2012, que elabora as Diretrizes Curriculares Nacionais para a Educação Escolar Quilombola, alguns estados e municípios realizaram suas próprias audiências.

O tema tensionado no campo foi marcadamente inscrito pelas Diretrizes, as quais dissertam: "As comunidades quilombolas na luta pelos seus direitos à terra, ao território, à memória e aos conhecimentos tradicionais vivem as mais diversas situações de racismo: no cotidiano, na relação com os grandes proprietários de terra e das grandes imobiliárias e nas escolas" (BRASIL, 2012, p. 14).

Assim, essa construção jurídica, política e social possibilita os subsídios que contribuem para a Resolução Nº. 8, de 20 de novembro de 2012 – a qual define as Diretrizes Curriculares Nacionais para a Educação Escolar Quilombola na Educação Básica. Essa possibilidade de interlocução com esses *agentes* colocou em pauta a questão racial estruturada em *Organização Pedagógica; Currículo; Avaliação; e Formação de Professores(as)*, elementos destacados com base na análise do contéudo (BARDIN, 2016). Assim, essa Resolução se coloca como um desdobramento do debate da ERER que têm, dentre as referências jurídicas, a Lei Nº. 10.639/03 apontando a culminância parcial de um debate extenso que trafega pelas dimensões sociais, históricas, políticas e culturais, configurando os direcionamentos educacionais que legitimam uma Educação Escolar Quilombola e, notadamente antirracista.

Considerações Finais

Dessa forma, esses dispositivos legais compreendem avanços e conquistas forjadas pelo movimento negro[42], que trava uma luta histórica[43] para a conquista de suas demandas educacionais, como forma de compensar e corrigir as desigualdades históricas sofridas pela população negra brasileira ante o preconceito e as desigualdades sociais geradas pelo processo de escravização em nosso país. Porém, a despeito das conquistas jurídicas, a legislação, por si só, não promove a ruptura necessária para alterações *estruturais e estruturantes* no campo. Para isso, os agentes permanecem ativos(as), mobilizando-se com seus pares, com vistas a ampliar seus capitais de modo a legitimar sua autonomia, promovendo *estratégias discursivas* por meio de uma agenda política que tensione, comunique e agregue outros agentes, de outros campos, para estruturar um *habitus* que se articule com as demandas dessas populações.

Referências

ALMEIDA, Alfredo Wagner Berno de. Introdução; Quilombos: terra e problema. *In*: **Projeto vida de negro. Jamary dos pretos**: terra de mocambeiros. São Luís: SMDDH/CCN-PVN, 1998, p. 13-28.

APPLE, Michael W. **Ideologia e currículo**. Tradução Carlos Eduardo Ferreira de Carvalho. São Paulo: Brasiliense, 1979.

ARRUTI. José Maurício. Conceitos, normas e números: uma introdução à educação escolar quilombola. **Revista Contemporânea de Educação**, v. 12, n. 23, p. 107-142. 2017. Disponível em: https://revistas.ufrj.br/index.php/rce/article/view/3454. Acesso em: 29 jun. 2021.

BARDIN, Laurence. **Análise de Conteúdo**. Tradução Luiz Antero Reto e Augusto Pinheiro. São Paulo: Edições 70, 2016.

BARROSO, João. O Estado, a educação e a regulação das políticas públicas. **Educação e Sociedade**, Campinas, v. 26, n. 92, p.725-751, out./2005. Disponível em: http://www.scielo.br/pdf/es/v26n92/v26n92a02.pdf. Acesso em: 29 mai. 2022.

---

42 Aqui inserimos reflexões do tópico "O movimento negro brasileiro como ator político: principais características" (GOMES, 2012).

43 Este resgate histórico pautou-se nas formulações sobre a construção das políticas educacionais da população negra no Brasil de Gonçalves e Silva (2000).

BOURDIEU, Pierre. **O poder simbólico**. 6. ed. Tradução Fernando Tomaz. Rio de Janeiro: Bertrand Brasil, 2003.

BOURDIEU, Pierre. **Os usos sociais da ciência**: por uma sociologia clínica do campo científico. Tradução Denise Bárbara Catani. São Paulo: Editora Unesp, 2004.

BRASIL. **Resolução CNE/CEB Nº. 8, de 20 de novembro de 2012**. Define as Diretrizes Curriculares Nacionais para a Educação Escolar Quilombola na Educação Básica. DF, 20 de novembro de 2012b. Disponível em: http://portal.mec.gov.br/index.php?option=com_docman&view=download&alias=11963-rceb008-12-pdf&category_slug=novembro-2012-pdf&Itemid=30192. Acesso em: 10 maio 2021.

CARREIRA. Denise. **Igualdades e diferenças nas políticas educacionais**: a agenda das Diversidades do governo Lula e Dilma. 2015. 508 f. Tese (Doutorado em Educação) - Programa de Pós-Graduação em Educação, Universidade de São Paulo. São Paulo, SP, 2015. Disponível em: https://www.teses.usp.br/teses/disponiveis/48/48134/tde-20042016-101028/pt-br.php. Acesso em: 18 fev. 2022.

DUSSEL, Enrique. **Transmodernidad e interculturalidad** (interpretación desde la filosofia de la libertación. México, D. F.: UAM, 2005.

MOURA, Clovis. **Quilombos**: Resistência ao Escravismo. São Paulo: Expressão Popular, 2020.

COELHO, Wilma de Nazaré Baía; COELHO, Mauro Cezar (Orgs.). **Entre Virtudes e Vícios**: educação, sociabilidades, cor e ensino de História. São Paulo: Editora Livraria da Física, 2014. Coleção Formação de Professores e Relações Étnico-Raciais, v. 1.

COELHO, Wilma de Nazaré Baía; COELHO, Mauro Cezar. A Educação para a Diversidade e a Questão Étnico-Racial: apontamentos para a análise de práticas em curso. *In*: REUNIÃO NACIONAL DA ANPED, 35, 2012. Porto de Galinhas, **Anais**. Rio de Janeiro, 2012. Disponível em: http://35reuniao.anped.org.br/trabalhos/133-gt21. Acesso em: 18 fev. 2022, p. 137-155.

COELHO, Wilma de Nazaré Baía; SOARES, Nicelma Josenila Brito. Formação continuada e a implementação da Lei Nº. 10.639/2003: diálogos entre a universidade e a escola básica. **Revista ABPN**, v. 8, p. 69-96, 2016. Disponível em: https://www.snh2017.anpuh.org/resources/anais/54/1490041860_ARQUIVO_ArtigoANPUHWilmaeNicelma.pdf. Acesso em: 20 mai. 2021.

GOMES, Nilma Lino. **O movimento negro educador**. Saberes construídos na luta por emancipação. Petrópolis, RJ: Vozes, 2017.

GONÇALVES, Luiz Alberto Oliveira Gonçalves; SILVA, Petronilha Beatriz. Movimento negro e educação. **Revista Brasileira de Educação**. São Paulo, v. 15, n.15, p. 134-158, set./dez., 2000. Disponível em: https://www.scielo.br/j/rbedu/a/8rz8S3D xm9ZLBghPZGKtPjv/?format=pdf&lang=pt. Acesso em: 28 jun. 2021.

GIL, Antônio Carlos. **Como elaborar projetos de pesquisa**. 6. ed. São Paulo: Atlas, 2018.

HALL, Stuart. **Da Diáspora**: identidades e mediações culturais. Org. Liv Sovik; Tradução Adelaine La Guardia Resende *et al*. Belo Horizonte: Editora UFMG; Brasília; Representação da UNESCO no Brasil, 2003.

HANCHARD, Michael George. **Orfeu e o poder**: o movimento negro no Rio de Janeiro e São Paulo (1945-1988) Rio de Janeiro: EdUERJ, 2001.

MIRANDA, Shirley Aparecida de. Educação escolar quilombola: entre ausências e emergências. **Revista brasileira de educação**, v. 17, n. 50, maio/ago. 2012. Disponível em: https://www.scielo.br/j/rbedu/a/vtvxW4PdPS4DjskgsjXqxHN/abstract/?lang=pt. Acesso em: 5 mai. 2021.

MIRANDA, Shirley Aparecida de. Quilombos e Educação: identidades em disputa. **Educar em Revista** [*online*]. Curitiba, v. 34, n. 69, p. 193-207, maio/jun., 2018. Disponível em: https://revistas.ufpr.br/educar/issue/view/2435/showToc. Acesso em: 3 jul. 2021.

NASCIMENTO, Abdias. **O Quilombismo**. São Paulo: Editora Perspectiva; Rio de Janeiro: Ipeafro, 2019.

MUNANGA, Kabengele. Uma abordagem conceitual das noções de raça, racismo, identidade e etnia. *In*: **Palestra proferida no 3º Seminário de Relações Raciais e Educação do Programa de Educação sobre o Negro na Sociedade Brasileira (PENESB).** Rio de Janeiro, 2003. Disponível em: http://abre.ai/aKlA. Acesso em: 26. jan. 2022, p. 1-17.

SANTOS, Danilo Moreira; ARAÚJO, Nilton de Almeida. Mobilização, Reconhecimento Identitário e o acesso a Políticas Públicas pela Comunidade Quilombola Alagadiço no Município de Juazeiro-BA. **Revista Raízes**, Campina Grande, v. 40, n. 1, jan./jun. 2020. Disponível em: http://raizes.revistas.ufcg.edu.br/index.php/raizes/article/view/665. Acesso em: 4 mar. 2022.

SANTOS, Teresa Cristina Salles. **Educação Quilombola e Contemporaneidade**: um estudo em diálogo com a Escola Municipal do Quilombo do Campinho. 2017. 81 f. Dissertação (Mestrado em Educação) - Programa de Pós-Graduação em Educação,

Universidade Federal do Rio de Janeiro. Rio de Janeiro, RJ, 2017. Disponível em: https://www.bdtd.uerj.br:8443/handle/1/10776. Acesso em: 4 dez. 2022.

THOMPSON, D. E. P. **Senhores e caçadores**: a origem da lei negra. Tradução Denise Bottmann. Rio de Janeiro: Paz e Terra, 1987.

SABERES TRADICIONAIS DO QUILOMBO DO ITACURUÇÁ (ABAETETUBA/PA): algumas reflexões

Mara Rita Duarte de Oliveira[44]
Laércio Farias da Costa[45]
Ester Gomes da Silva[46]

Introdução

Neste texto, que enfoca a temática da Educação para as Relações Étnico-Raciais e Currículo, encaminhamos um recorte de uma pesquisa de dissertação de mestrado realizada na comunidade quilombola do Itacuruçá (Abaetetuba/PA) e, que visa compreender as formas de organização educacional cultural, política e educacional, na medida em que se relaciona com os saberes tradicionais da comunidade.

A comunidade do Itacuruçá constitui-se ribeirinha e quilombola e, nessa relação os caboclos/ribeirinhos vivem, principalmente, à beira de igarapés, igapós, lagos e várzeas, quando as chuvas enchem os rios e riachos, estes inundam lagos e pântanos, marcando o período das cheias, que por sua vez regula a vida dos caboclos. Enquanto isso os saberes tradicionais se constituem o conjunto de saberes e saber-fazer a respeito do mundo natural, sobrenatural, transmitido oralmente de geração em geração nestas comunidades (DIEGUES, 2001). Dessa forma, quanto aos quilombolas, além de sua identificação étnica, a dimensão racial se relaciona organicamente enquanto um movimento de luta política em prol da Liberdade e cidadania plena cerceada pelo sistema escravista (ALMEIDA, 1998). Neste trajeto, a Educação Escolar

---

44   Doutora em Educação Brasileira pela Universidade Federal do Ceará (UFC). Universidade Federal da Integração Internacional da Lusofonia Afro-Brasileira, Redenção, Brasil. *E-mail*: margarita@unilab.edu.br

45   Doutor em Educação na Amazônia pela Rede Educanorte. *E-mail*: laerciofariasc@gmail.com

46   Graduada em Licenciatura em Pedagogia (UFPA), Universidade Federal do Pará. *E-mail*: estergsilva7@gmail.com

Quilombola se legitima por meio de um trajeto legal que tem como marco a Lei Nº. 10.639/2003 e regulamentado pela Parecer CNE/CEB Nº. 16/2012, o qual prevê as orientações estruturais para a Educação Escolar Quilombola (MIRANDA, 2012; 2018).

A interpretação dos dados que integram este trabalho foi consubstanciada por Almeida (1998) sobre Quilombos; Martins (1999) e Brandão (2009) acerca da sociabilidade das comunidades tradicionais; Diegues (2001), no que se refere aos Saberes Tradicionais; Bourdieu (2003) em *Habitus*, Campo e refração; Freire em Educação formal e não formal; Hall para enfoque à Identidade. A literatura especializada que conforma a Educação das Relações Étnico-Raciais e a Educação Escolar Quilombola ampara-se em Coelho, M.; Coelho, W., 2013; e em Miranda, 2012; 2018.

A abordagem metodológica da pesquisa parte de um viés antropológico, qualitativo e interpretativo do saber acumulado na memória dos colaboradores por meio da história oral, visando destacar, através de observações e entrevistas, as vivências do(as) agentes entrevistados, visto que a memória de um, pode ser a memória de muitos, possibilitando a evidência dos fatos coletivos e, quando posto em análise sob referenciais, podem ser interpretados sinalizando as suas intenções – implícitas e explicitas (THOMPSON, 1992; BOSI, 1994). Sinalizamos que se optou, junto aos(às) colaboradores(as), por não revelar os nomes verdadeiros dos(as) entrevistado(as), os(as) quais criaram nomes fictícios para si mesmos com o intuito de preservar as suas identidades.

Quilombo e os Saberes Tradicionais

A ocupação do território e a garantia de modos de vidas e da valorização dos saberes tradicionais[47] reflete profundamente na forma de organização das populações quilombolas, que tem na terra sua forma de produzir e reproduzir suas relações sociais e econômicas. Logo, entende-se que as comunidades tradicionais e o meio natural, ao desenvolver seus sistemas tradicionais de manejo, pressupõem uma relação de respeito, gratidão, receio e cumplicidade com a natureza, o que se apresenta como causa direta da preservação ambiental

---

47 São conhecimentos tradicionais os elementos intangíveis associados à utilização comercial ou industrial das variedades locais e restante material autóctone desenvolvido por populações locais, em coletividade ou individualmente (Artigo 3º do Decreto 118/2002).

das localidades nas quais as populações tradicionais habitam. O autor Martins (1999, p. 77) assinala a existência da indissociabilidade entre o homem e a natureza, já que o ambiente significa "o meio essencial de sua sobrevivência social, fonte de sua vida e de sua identidade cultural e, por conseguinte, significa a possibilidade de continuarem vivendo na história"; entretanto, na realidade da sociedade moderna, o capitalismo tem colocado em risco essa relação, pois submete essas populações a uma lógica de produção do estado neoliberal[48] e os que lutam no e pelo território, exemplo dos quilombolas que se desdobram para manter a própria sobrevivência, a garantia de seus direitos e permanência na terra.

Dessa maneira, seguiremos refletindo sobre as formas de organização cultural, política e educacional da comunidade quilombola do Itacuruçá, entre os seus desafios e as suas táticas de subversão para a valorização de seus saberes tradicionais e de suas formas societárias de bem viver.

Durante as travessias e participação na construção e realização dos eventos, catalogou-se, nos diálogos com os guardiões e guardiãs da memória, algumas tessituras dos saberes tradicionais da comunidade, em um contexto de necessidade e criatividade que se entrelaçam com suas dimensões econômicas, sociais, políticas, educacionais e culturais. Ao constatar e apreender o ambiente físico e social, nas interações e relações com outros, nessa passagem da natureza à cultura, conseguiu-se compreender a realidade como ela é. De acordo com Brandão (2009), trata-se, portanto, de identificar o aprender-ensinar por meio de saberes diversos, capazes de comportar demandas que, ao mesmo tempo, são práticas, éticas e políticas, como sentidos sociais e individuais em relação à sociedade.

As crianças conversam sentadas nas pontes que unem as casas. Durante o banho no rio, elas conversam, riem e brincam. Em certa medida, pode-se afirmar que "o tempo do rio, o tempo do brincar, o desafio do contato do corpo com a água é que determina o momento de iniciar ou de terminar a brincadeira, o jogo" (POJO, 2017, p. 23).

---

48   A política do estado neoliberal na percepção do "*laissez-faire, laissez-faire*", deixa que o livre mercado regule livremente a dinâmica política, social e cultura da sociedade, por isso desconsidera-se as diversas formas de sociabilidades interferindo na relação igualdade e diferença (WACQUANT, 2011).

Existe certa reprodução das experiências dos mais velhos pelas crianças, talvez reflexo da criação cultural própria, porém mediada pela inserção da televisão e *internet*. Elas acompanham os pais na pesca; no açaizal; na beira do rio durante a lavagem de roupas; na coleta dos frutos nos quintais; no transporte de pessoas pelos barcos "freteiros"; na venda das rasas de açaí nos trapiches das casas; e, ainda, divertem-se nos finais das tardes ouvindo música; assistindo a vídeos; e, acessando a redes sociais nas "cabeceiras" das pontes.

A cultura é "atravessada" pelo tempo do rio, ou seja, nessas comunidades não há como falar de quilombolas sem se defrontar com a condição ribeirinha, pois suas práticas culturais dialogam e se complementam. Os quilombolas compreendem o movimento da maré (enchendo e vazando) como elemento condicionante do desenvolvimento de suas atividades, eventos, vendas e visitas (MARTINS, 1999).

A comunidade possui ainda um vínculo consolidado com a religião, com um histórico diversificado. Essa dimensão social ocupa variáveis designações durante o tempo, na medida em que influencia diretamente nas determinações de valores e comportamento do lugar. Com um total de 12 (doze) igrejas protestantes e uma demanda considerável de participantes, a instituição se coloca como uma importante mediadora de relações, modos e formas de viver na comunidade. As religiões de matrizes africanas consolidaram-se na região em decorrência de seu processo de formação – reduto de negros escravizados que se rebelaram contra o sistema escravista. Acerca disso, o quilombo é acometido por um sincretismo religioso próprio deste processo societário de culturas (FERRETI, 1998). Porém, atualmente há um intenso processo de evangelização envolvendo lideranças da comunidade, fortalecido pelas redes de congregações vinculadas à área urbana do município. As igrejas católicas ainda demarcam os espaços e o pertencimento identitário dos moradores, na medida em que se identificam com a religião. Quanto aos templos de umbanda, "há 3 (três) anos não atuam na localidade, mesmo com a raiz cultural aliada à etnia que deu origem à comunidade" ("Jô", em 15 de março de 2018).

Vale ressaltar que identificamos, durante as andanças pela comunidade no Médio e Alto Itacuruçá, tentativas de manter uma tradição baseada no culto Afro-brasileiro, a partir da reverência à Santos Guerreiros, fazendo alusão à luta, à proteção e à resistência dos quilombolas. Ainda no médio Itacuruçá, ocorre, de forma sutil, o culto à Santa Maria, de forma extemporânea, "alguns moradores adeptos da religião se reúnem para cultuar a Santa que tem uma simbologia de proteção para a comunidade" (Senhor "Memória", em 13 de outubro de 2018).

Ao chegarmos na casa – santuário de Santa Maria – A senhorita "Céu", que nos recepcionou, quando consultada sobre a possibilidade de subir-se para visitar o altar principal, ela pede desculpas por não atender ao pedido, reiterando a não autorização de sua mãe: "Olha, eu não posso dizer que podem subir para ver o altar, porque isso é uma coisa da mamãe e a gente não tem permissão, nem eu, nem o papai, e ela está para Belém (...) Foi aqui que os escravos deixaram a Santa Maria, quando eles estavam fugindo ("Céu", em 13 de outubro de 2018). Na fala de "Céu", observa-se o receio de nossa presença, em certa medida um olhar temeroso, talvez efeito de comportamentos hostis dos moradores da comunidade perante a prática religiosa exercida por sua mãe. Ainda na fala conseguimos analisar como o autor Diegues (2001, p. 22) reforça essa análise ao concordar com a "importância dada à unidade familiar, doméstica ou comunal, e às relações de parentesco ou compadrio para o exercício das atividades econômicas, sociais e culturais". Assim, o senhor Cambirinha, tido como o "esteio"[49] da família, reforçava esses preceitos que, após seu falecimento, foram se perdendo.

Assim, a religião media tanto aspectos materiais como da *identidade* do ser quilombola, não só valorizando as lutas e resistências, como refletindo uma dimensão que transcende o material (HALL, 2003). O autor Diegues (2001, p. 91) contribui nesta análise, ao dizer que "As festas, as lendas, e a simbologia mítica, além da religião, afirmam a coesão social, mas de forma nenhuma fazem desaparecer os conflitos, como parecem fazer crer os que consideram essas sociedades totalmente igualitárias". Dessa forma, crença religiosa e ritual confrontam-se e confirmam-se mutuamente.

A forma de organização Política do Quilombo do Itacuruçá

Identifica-se que, comumente, as lideranças da comunidade compreendem pessoas que nasceram e se constituíram a partir do trabalho da lavoura; e, no serviço com a terra, elas e eles se utilizam de estratégias de pensar e de

---

49 Pessoa que sustenta a família, dá suporte e direciona (Senhor "Memória", em 13 de outubro de 2018).

agir. Ações que colocam em evidência as relações sociais, econômicas e políticas locais; mobilizando e instigando a criação de outros produtores culturais, registrando novas legitimidades e demandas na história quilombola do lugar. Dessa maneira, Diegues (2001, p. 65) concebe que esses povos possuem uma representação simbólica do espaço, com valor de um pertencimento, o que "lhes fornece os meios de subsistência, os meios de trabalho e produção e os meios de produzir os aspectos materiais das relações sociais, isto é, os que compõem a estrutura de uma sociedade".

No que concerne à organização política, os quilombolas do Itacuruçá identificam-se com a representação legal do Sindicato dos Trabalhadores e Trabalhadoras Rurais de Abaetetuba (STTR), a Associação do Remanescentes Quilombolas das ilhas de Abaetetuba (ARQUIA) e a Comissão Pastoral da Terra (CPT) – região Guajarina. Existe, ainda, a organização comunitária da Paróquia das ilhas (igreja católica), bem como a Associação de moradores do Santa Rosa. Essas associações estabelecem uma relação direta com a comunidade, por meio de suas representações e de algumas poucas ações, todas elas vinculadas à execução de programas e de projetos institucionais.

No que se refere à associação quilombola, além dessas ações, atuam encaminhando os moradores para a aposentadoria, casas populares, auxílio maternidade e alguns cursos que fomentem a agricultura. É importante ressaltar que a construção e atuação da associação quilombola é uma exigência para o processo de reconhecimento legal de um território e, na comunidade, a ARQUIA é a associação local, cumprindo o papel de articuladora no processo de organização das demandas e das lutas coletivas.

Além dessas atividades, as associações atuam em defesa do território pertencente à comunidade, ações que visam coibir as vendas das terras. Porém, existem indícios de que representantes do agronegócio mostraram interesse em comprar as áreas do território demarcado e áreas adjacentes com abertura junto aos moradores, ignorando a legalidade da área protegida pelo critério de identificação étnica. Dentro dessa zona de embate político e legal, os *operadores do direito*[50] subsidiados pelos *novos senhores do mundo*[51] adentram esses

---

50 Os operadores do direito são agentes especializados que se situam como mediadores entre os envolvidos em um conflito e suas demandas e produzem uma fala específica na sociedade, marcada pela linguagem jurídica. Esses agentes são os advogados, juízes, promotores e funcionários do poder judiciário (BOURDIEU, 1989).

51 Frigotto (1995) cita os novos senhores do mundo referindo-se aos organismos financeiros internacionais (FMI, BID, BIRD, Banco Mundial).

espaços endossando um projeto neoliberal em curso no país e, que *refrata*[52] (BOURDIEU, 1989) suas diretrizes nas comunidades tradicionais. Por isso, a ARQUIA e a ADQ são associações que atuam desenvolvendo atividades dentro da comunidade, como assembleias e formações que debatem e mediam assuntos de interesse coletivo, como a agricultura, o vestibular específico e a valorização cultural, ressaltando a necessidade de haver um maior engajamento coletivo para que os eventos e seus objetivos sejam alcançados.

Nesta análise, as regras de organização dos espaços se efetivam na medida em que cada membro conhece a respeito do fazer prático e da ética das relações estabelecidas. Em termos de práticas do fazer, relacionam-se aos exercícios de atividades como o fazer roça, rituais de cura, plantar e extrair açaí ou a produção das olarias. Nos procedimentos do gerenciamento entre vínculos familiares, os espaços do trabalho individual ou coletivo funcionam como círculos de convívio social, pois constituem múltiplas formas de negociação que visam a produtividade necessária. Como afirma o senhor "Colombo":

> Aqui é tudo parente, se não é parente, é muito "próximo" (...) Tem os Pinheiros, Ferreiras, Couto, Araújo. A gente convive muito, não é igual na cidade que tu mora (sic) do lado, mas não conhece a pessoa, só dá o bom dia. No interior é totalmente diferente, aqui a gente tem sossego, somos irmãos, divide as coisas, se preocupa com o outro. A gente empresta o retiro, o lugar onde a gente faz farinha, quando nosso amigo não tem ou tá passando necessidade. Eu fui para a cidade porque aqui estava difícil, olaria não estava dando, mas, se fosse hoje, eu não iria para a cidade ("Colombo", em 15 de dezembro de 2018).

Assim, entende-se que, a despeito do avanço de outras formas produção e reprodução da vida, a comunidade estabelece compreensões sociais e culturais, em um tempo histórico e dentro de um modo de produção, por meio do qual o trabalho recebe um valor também ético, que superam critérios meramente econômicos.

---

52   Seria a capacidade do campo retraduzir de forma específica as pressões ou as demandas externas (BOURDIEU, 1989).

A forma de organização Educacional do Quilombo do Itacuruçá

No âmbito da educação, referente à escolarização, registrou-se a escola como uma importante instituição presente na comunidade, pois se coloca como um lugar de propagação do saber formal, com algumas iniciativas que inclinam para a valorização do saber tradicional, porém carregada de zonas de debate e disputa, lutas e informações envolvendo grande parte das demandas sociais que chegam de fora.

Assim, em nossas andanças pelo "chão da escola"[53], pode-se constatar que a cultura local ainda não atravessa organicamente o currículo, de modo que se efetive a consciência política e a compreensão do "ser quilombola", por parte dos moradores da comunidade. A escola segue as normas gerais de qualquer Instituição do sistema oficial e, ainda, não consegue incorporar ao processo educativo o cotidiano quilombola, embora atue como uma das instâncias de articulação e reinvindicações por garantia de direitos na comunidade. Notamos uma ausência do empoderar-se na lógica de outra criação curricular, levando em conta as especificidades do grupo e do lugar, como afirma a senhora "Jô": "eu trabalhei dois anos na escola de Santo André, sabem o conceito que os outros dizem, mas se você perguntar o porquê, eles não sabem responder" ("Girassol", em 13 de outubro de 2018). Neste construto, colocam-se como desafios estruturais para a construção de uma educação antirracista pautada no protagonismo das comunidades culturalmente diferenciadas, a revisão da narrativa curricular eurocentrada, articulada com a formação de professores(as) – inicial e continuada – e os projetos político-pedagógicos das escolas em sintonia com a gestão escolar (COELHO, M.; COELHO, W., 2013).

Dessa forma, condicionar a escola, em uma comunidade tradicional, às regras e preceitos de uma escola urbana é negar a autonomia desses povos, como previsto nas Diretrizes Curriculares Nacionais para a Educação Escolar Quilombola de 2012 (MIRANDA, 2018). Para isso, é necessário que medidas sejam adotadas para garantir aos membros dos povos interessados a possibilidade de adquirirem educação em todos os níveis, pelo menos em condição de igualdade com o restante da comunidade tradicional, de modo a dar-lhes "autonomia de gestão e escolha" ("Jô", em 13 de outubro de 2018).

---

53 "Chão da escola" para Arroyo (2014) refere-se para além do significado espacial, compreendendo as relações culturalmente estabelecidas pelos sujeitos que compõem este espaço codificando sua complexidade.

Porém, identificamos movimentos de resistência às influências externas, buscando promover a valorização cultural do lugar. Educadores e lideranças da localidade, por meio de feiras, oficinas e formações, resistem e constroem coletivamente um movimento contra-hegemônico[54]. Por exemplo, no Alto Itacuruçá, educadores iniciaram um processo de conscientização cultural do lugar e reconhecimento de si, como afirma a educadora "Bela": "a gente trabalha na escola um projeto que se chama 'Consciência Negra e Identidade Quilombola' (...). Eles constroem o panô, que é essa peça feita de retalhos de panos pelos negros escravizados dentre outras atividades para além do 20 de novembro" ("Bela", em 23 de novembro de 2018).

Logo, a educação escolar quilombola encontra entraves para ser implementada por ser coagida a atender as prerrogativas da lógica neoliberal, com vistas a conservar a sociabilidade com predominância de uma cultura hegemônica urbano e eurocêntrica. Nesse sentido, entende-se que, a despeito deste sistema simbólico e coercitivo, as comunidades tradicionais constroem ferramentas de subversão em um processo histórico de resistência, deflagrado no passado e que constrói reação, luta, e que, ao se relacionar com as questões presentes de poder, evoca as memórias ancestrais reivindicando e recontextualizando suas identidades (HALL, 2003; MIRANDA, 2018).

Considerações Finais

O trilhar desta pesquisa nos possibilitou inferir que os povos tradicionais são sujeitos da história, de sua própria história. Como dialoga Freire (1981, p. 45) "Uma história não se constrói no vazio, mas em sociedade, em que homens e mulheres se mostram capazes de "ser mais", mais humanos, e de superar qualquer situação de desumanização". E que a opressão sistêmica que possa vir a estagnar a valorização do saber local, deve ser combatida por meio da consciência e emancipação dos sujeitos.

Enquanto isso, a comunidade quilombola do Itacuruçá coloca-se como detentora de uma gama de saberes tradicionais, expressões culturais próprias, num repertório considerável de mitos, ritos e conhecimentos herdados de ancestrais, ligados às atividades produtivas que, para além dos procedimentos

---

54 Formas alternativas e opositoras que variam historicamente nas circunstâncias reais; práticas humanas que ocorrem "fora" ou em "oposição" ao modo dominante (WILLIAMS, 2003).

técnicos e agronômicos envolvidos, garantem a produção, o consumo e uma maneira específica de se relacionar com a natureza e com o mundo; assumindo, paralelamente, a necessidade de efetivar estratégias que possibilitem a valorização desses saberes, uma vez que atribuem ao avanço da lógica capitalista sob a égide neoliberal de universalização de uma cultura hegemônica, a visível tendência em confrontar os traços culturais próprios da comunidade.

Logo, a pesquisa identifica que a memória dos guardiões e guardiãs da comunidade constitui-se um dispositivo que possibilita, em certa medida, a organicidade de sua cultura e a valorização de seus saberes em suas formas de organização. E, neste caminho, constatou-se a construção de sujeitos conscientes em um processo coletivo de emancipação social. São homens e mulheres que compreendem que a transformação do meio deve acontecer em sociedade, na medida em que o sujeito quilombola participe e tenha a capacidade de transformar e de garantir sua organização política, cultural e educacional para a conquista da igualdade e da democracia, retomando o ambiente público como o espaço da participação "comum de todos os homens" (ARENDT, 2004, p. 38).

Nessa perspectiva, asseveramos que as pesquisas que se debruçam sobre as comunidades tradicionais na Amazônia necessitam corroborar, junto aos movimentos sociais, instituições educacionais e esferas governamentais para a construção de uma modalidade educacional que promova organicamente um discurso próprio dessas populações, de modo a ressignificar as formas de implementação do direito em nossa sociedade, e que, por sua vez, possa enxergar a memória e a vida desses povos dentro de suas complexidades.

Referências

ALMEIDA, Alfredo Wagner Berno de. Introdução; Quilombos: terra e problema. *In*: Centro de Cultura Negra do Maranhão; Sociedade Maranhense de Defesa dos Direitos Humanos; Associação Rural de Morados de Jamary dos Pretos. **Quilombo Jamary dos pretos**: terra de mocambeiros: Coleção Negro Cosme. São Luís: SMDDH/CCN-PVN, 1998, p. 13-28.

ARROYO, Miguel. **Outros sujeitos, outras pedagogias**. 2. ed. Petrópolis: Vozes, 2014.

BOURDIEU, Pierre. **O poder simbólico**. 6. ed. Tradução Fernando Tomaz. Rio de Janeiro: Bertrand Brasil, 2003.

BOSI, Ecléa. **Memória e sociedade:** lembranças de velhos. 3. ed. São Paulo: Companhia das Letras, 1994.

BRANDÃO, Carlos Rodrigues. Tempos e espaços nos mundos rurais do Brasil. **Revista Ruris - CERES - UNICAMP**, Campinas, v. 1, n. 2, p. 37-64, mar. 2009. Disponível em: https://econtents.bc.unicamp.br/inpec/index.php/ruris/article/view/16758. Acesso em: 17 set. 2023.

BRASIL. **Lei Nº. 10.639, de 9 de janeiro de 2003**. Estabelece as Diretrizes e Bases da Educação Nacional, para incluir no currículo oficial da Rede de Ensino a obrigatoriedade da temática "História e Cultura Afro-Brasileira", e dá outras providências. Brasília: Diário Oficial [da] República Federativa do Brasil, Brasília, DF, 10 de janeiro 2003. Disponível em: http://www.planalto.gov.br/ccivil_03/leis/2003/L10.639.htm. Acesso em: 10 maio 2021.

BRASIL. **Parecer CNE/CEB Nº. 16, de 5 de junho de 2012**. Elabora as Diretrizes Curriculares Nacionais para a Educação Escolar Quilombola. Disponível em: http://portal.mec.gov.br/index.php?option=com_docman&view=download&alias=11091-pceb016-12&category_slug=junho-2012-pdf&Itemid=30192. Acesso em: 10 maio 2021.

COELHO, Mauro Cezar; COELHO, Wilma de Nazaré Baía. Os conteúdos étnico-raciais na educação brasileira: práticas em curso. **Educar em Revista**, Curitiba, n. 47, p. 67-84, jan. /mar. 2013. Disponível em: https://revistas.ufpr.br/educar/article/view/31339/20047. Acesso em: 27 jun. 2021.

DIEGUES, Antônio Carlos. **Os saberes tradicionais e a biodiversidade no Brasil**. São Paulo: NUPAUB-USP; PROBIO-MMA; CNPq, 2001.

FERRETTI, Sérgio Figueiredo. Sincretismo afro-brasileiro e resistência cultural. **Horizontes Antropológicos**, v. 4, n. 8, p. 182-198, jun. 1998. Disponível em: https://www.scielo.br/j/ha/a/QWFNFZz6HMycJzMPJ5j8sgC/#. Acesso em: 5 ago. 2023.

HALL, Stuart. **Da diáspora**: identidades e mediações culturais. Tradução Adelaine La Guardia Resende. Belo Horizonte: Editora da UFMG; Brasília: Unesco no Brasil, 2003.

MARTINS, José de Souza. **A sociabilidade do homem simples:** cotidiano e história na modernidade anômala. São Paulo: Editora Hucitec, 1999.

MIRANDA, Shirley Aparecida de. Educação escolar quilombola: entre ausências e emergências. **Revista Brasileira de Educação**, v. 17, n. 50, p. 369-497, maio/ago. 2012. Disponível em: https://www.scielo.br/j/rbedu/a/vtvxW4PdPS4DjskgsjXqxHN/abstract/?lang=pt. Acesso em: 5 mai. 2021.

MIRANDA, Shirley Aparecida de. Quilombos e Educação: identidades em disputa. **Educar em Revista** [*online*]. Curitiba, v. 34, n. 69, p. 193-207, maio/jun., 2018. Disponível em: https://revistas.ufpr.br/educar/issue/view/2435/showToc. Acesso em: 3 jul. 2021.

THOMPSON, Paul. **A voz do passado**: história oral. Tradução Lólio Lourenço de Oliveira. Rio de Janeiro: Paz e Terra, 1992.

WILLIAMS, Raymond. Base e Superestrutura na Teoria Cultural Marxista. **Revista USP**, [S. l.], n. 66, p. 209-224, 2003. Disponível em: http://www.revistas.usp.br/revusp/article/view/13448. Acesso em: 29 out. 2023.

FORMAÇÃO DE PROFESSORES: características de altas habilidades ou superdotação matemática[55]

Célia Miriam da Silva Nogueira[56]

Introdução

A formação de professores(as) apresenta entraves e desafios e esses se intensificam em um contexto de ideologia neoliberal, a reflexão sobre os impactos dessa ideologia na formação docente é fundamental para compreender as consequências do distanciamento da escola de qualidade social. Este texto pretende auxiliar os profissionais que desenvolvem o atendimento aos superdotados matematicamente e aos(às) professores(as) de sala regular comum sobre as principais características dos(as) habilidosos(as) matematicamente que autores(as) contemporâneos(as) têm elencados nas pesquisas.

O texto é um excerto com modificações de uma dissertação que foi desenvolvida por meio de uma pesquisa qualitativa do tipo bibliográfica com consulta de literatura de autores como: Howard Gardner, Robert Stenberg e outros que pesquisam na área da superdotação e nas habilidades matemáticas acima da média e foi amparada na inteligência lógico-matemática segundo estes autores. Os resultados dos estudos bibliográficos mostraram que as características dos(as) alunos(as) acima da média em matemática são muito específicas e exigem do(a) professor(a) um conhecimento prévio dessas características para evitar frustrações e causar problemas sociais dentro do contexto educacional.

---

55 Texto modificado como excerto da dissertação intitulada "A contribuição da demonstração em geometria para o enriquecimento do currículo do estudante com superdotação em matemática." Apresentada à Universidade Estadual do Mato Grosso do Sul Unidade Universitária de Campo Grande, como parte das exigências do Programa de Pós-Graduação *Stricto Sensu* – Mestrado Profissional em Educação (Área de Concentração: Organização do Trabalho Didático). Campo Grande – MS. 2020.

56 Doutoranda do Programa de Pós-Graduação em Educação – Mestrado e Doutorado da Universidade Católica Dom Bosco. *E-mail*: nogueiraceliamiriam@gmail.com

A Formação de Professores em um Cenário de Políticas Públicas Neoliberais

A formação de professores é um tema complexo e relevante, levando em consideração a ideologia neoliberal predominante na política pública de Educação. Essa ideologia tem elementos que focam na privatização, no livre mercado, na desregulamentação, na meritocracia e competição, e na redução da intervenção do Estado na economia e na sociedade, gerando assim a minimização do gasto público (SANFELICE, 2000, p. 11).

Apesar dos avanços históricos das políticas públicas educacionais, as influências neoliberais são fortes e tem enfraquecido a condição dos trabalhadores da educação, por enfatizar a importância da liberdade individual, da responsabilidade pessoal e da busca do interesse próprio. O neoliberalismo sustenta que, ao buscar seus próprios interesses, as pessoas contribuem para o bem comum. Contudo, essa influência desestabilizou o coletivo dos trabalhadores da educação e, consequentemente, os direitos adquiridos passaram a ser ameaçados (OLIVEIRA, 2021, p. 264).

A qualidade da educação pública tem conceitos diversificados e essa qualidade contribui para o bem-estar social, o conceito para qualidade será amparado no conceito da escola de qualidade social de Silva (2009):

> A escola de qualidade social é aquela que atenta para um conjunto de elementos e dimensões socioeconômicas e culturais que circundam o modo de viver e as expectativas das famílias e de estudantes em relação à educação; que busca compreender as políticas governamentais, os projetos sociais e ambientais em seu sentido político, voltados para o bem comum; que luta por financiamento adequado, pelo reconhecimento social e valorização dos trabalhadores em educação; que transforma todos os espaços físicos em lugar de aprendizagens significativas e de vivências efetivamente democráticas (SILVA, 2009, p. 225).

Essas políticas neoliberais têm impactos diretos na formação de professores. As implicações dos elementos dessas políticas muitas vezes resultam em cortes orçamentários na área educacional e na promoção da privatização do ensino, impactando diretamente a qualidade da educação, visto que a formação dos professores é um fator que contribui para a real qualidade e não a qualidade almejada pelas políticas públicas educacionais neoliberais (FERNANDES; SCAFF; OLIVEIRA, 2013, p. 330).

A formação de professores, nesse contexto neoliberal, enfrenta desafios como a saber: a privatização da Educação Superior e com isso a consequência da pressão por programas de formação mais curtos e econômicos, a ênfase na formação prática em detrimento da formação teórica, e a busca por "eficiência" em detrimento da qualidade. A autonomia do professor fica fragilizada com as pressões de avaliações e de um padrão de eficiência e eficácia para satisfazer o mercado (FERNANDES; SCAFF; OLIVEIRA, 2013, p. 331).

Sobre desafios na formação docente, Saviani (2013) reflete que as discussões e os documentos não atingem diretamente o real problema e destaca a formação precária dos professores como sendo um dos principais entraves da educação (FERNANDES; SCAFF; OLIVEIRA, 2013, p. 335).

Considera-se para este texto o conceito de políticas públicas educacionais:

> [...] tudo aquilo que um governo faz ou deixa de fazer em educação. Porém, educação é um conceito muito amplo para se tratar das políticas educacionais. Isso quer dizer que políticas educacionais é um foco mais específico do tratamento da educação, que em geral se aplica às questões escolares. Em outras palavras, pode-se dizer que políticas públicas educacionais dizem respeito à educação escolar (VIEIRA, 2001, p. 4).

Com os desafios expostos, uma consequência fica em evidência em relação à formação de professores, a pressão por programas de formação mais curtos e que favoreçam a prática, resultando em uma compactação de currículo e em muitos cursos a modalidade Educação Especial é discutida superficialmente sem dar ênfase em todos os seus campos, e focalizam nas deficiências. Contudo, os estudos revelam que é crescente a identificação de alunos(as) com Altas Habilidades/Superdotação.

O objetivo deste artigo é apresentar um excerto de uma dissertação para contribuir com a formação de professores sobre as características de pessoas identificadas com Altas Habilidades ou Superdotação matemática.

O texto advém de uma pesquisa qualitativa, do tipo bibliográfica e de campo, com utilização de técnica de aplicação de atividades denominadas

tarefas, essas atividades tratavam de demonstrações geométricas e os partici-
pantes da pesquisa foram alunos(as) identificados(as) com Altas Habilidades/
Superdotação em Matemática matriculados(as) no Atendimento Educacional
Especializado do Centro Estadual de Atendimento Multidisciplinar para
AH/SD. A discussão foi amparada em consulta de literatura de autores como:
Howard Gardner, Robert Stenberg e outros que pesquisam na área da super-
dotação e nas habilidades matemáticas acima da média e foi amparada na inte-
ligência lógico-matemática, segundo estes autores.

Características do Estudante com Altas Habilidades Matemáticas (AHM)

O estudante com AH/SD pode ser atendido por tipos variados de intervenções: sistemas de agrupamentos específicos e sistemas de intervenção na
sala de aula regular. O primeiro pode ser realizado em centros específicos,
em aulas específicas em escolas regulares ou parcial e flexível, e o segundo
por flexibilização/aceleração e enriquecimento curricular e extracurricular
(CUPERTINO; SABATELLA, 2007). Com isso, é fundamental conhecer as
características desse público habilidoso matematicamente.

Para este texto foram consideradas as características dos(as) estudantes
identificados com AH/SD Matemáticas. Foram consultados os tipos de inteligências apresentados por Howard Gardner (1999) e Robert Stenberg (1996),
entre esses tipos foram elencados os predominantes observados nos(as) estudantes durante o acompanhamento no campo da realização da pesquisa de
dissertação. Outros teóricos apresentam diferentes conceitos e nomenclaturas
sobre as características para esse público, como os cinco talentos primordiais
discutidos e expostos na "Teoria do Modelo Diferenciado de Sobredotação
e Talento" de Françoys Gagné (2000) e elencadas as cinco habilidades por
Kazimierz Dabrowski (1950) na "Teoria da Desintegração Positiva" (MATOS,
2018).

Gardner listou, inicialmente, sete inteligências e, posteriormente, adicio-
nou a oitava, as quais são listadas no Quadro 1 a seguir, juntamente com a
teoria de Stenberg. A inteligência pode ser atribuída à hereditariedade e à
influência modelada em ambientes adequados, porém essas, isoladas ou combi-
nadas, não asseguram o desenvolvimento da superdotação. Outra consideração

importante realizada por Renzulli (2014) é que, principalmente, durante os estágios da vida escolar, a inteligência pode sofrer mudanças.

Quadro 1 – Tipos de Inteligências que resultam nas características de AHM.

Teórico	Tipos de Inteligências	Inteligências consideradas para pesquisa	Características Predominantes
Howard Gardner (1999) Teoria de Inteligências Múltiplas	(1) linguística; (2) lógico-matemática; (3) musical; (4) corpo-sinestésica; (5) espacial; (6) interpessoal; (7) intrapessoal; (8) naturalista.	(1) linguística; (2) lógico-matemática; (3) espacial.	(1.1) sensibilidade à língua escrita e falada; (1.2) habilidade de interpretação e compreensão; (1.3) capacidade de usar a linguagem e atingir metas; (2.1) habilidade de analisar problemas; (2.2) detectar padrões lógicos; (2.3) raciocinar dedutivamente; (3.1) habilidade para representar configurações tridimensionais; (3.2) habilidade para manipular configurações tridimensionais.
Robert Stenberg (1986) Teoria Triárquica da Inteligência	(1) analítica; (2) criativa; (3) prática.	(1) analítica; (2) criativa; (3) prática.	(1.1) habilidade em analisar, avaliar e criticar; (2.1) habilidade de descoberta, criação e invenção; (3.1) introduzir e solucionar problemas do cotidiano; (3.2) habilidade de relacionar e aplicar o conhecimento acadêmico em soluções reais do cotidiano.

Fonte: Adaptado de Matos (2018).

Inteligência Lógico-Matemática segundo Howard Gardner

Stadler (2016, p. 82) amparou-se em Gardner (2002) para formular a definição de inteligência e conclui que:

> A competência intelectual humana que deve apresentar um conjunto de habilidades de resolução de problemas. Deve capacitar o indivíduo a resolver problemas ou dificuldades genuínas que ele encontrar, criar produto eficaz e apresentar o potencial para encontrar ou criar problemas, por meio disso avançar na aquisição de conhecimento novo.

Essa definição é importante para compreender as inteligências consideradas para essa discussão. Ainda que a inteligência lógico-matemática seja dominante nas características dos EMH, as inteligências linguística e espacial também foram consideradas. A primeira é justificada porque um superdotado matematicamente demonstra características de domínio da escrita, leitura, interpretação e compreensão. Compreendem e interpretam problemas com maior destreza que os demais nas mesmas condições e faixas etárias. E a segunda porque os habilidosos matematicamente apresentam grande facilidade de transportar modelos para dimensões diferentes, demonstram agilidade em criar mentalmente modelos tridimensionais complexos e vice-versa. Destacam-se por suas habilidades para entender e recordar relações espaciais entre objetos, possuem facilidade para manipular objetos no espaço, capacidade para visualizar e separar partes de um conjunto físico no espaço, manifestam grande capacidade para perceber e transformar imagens (STADLER, 2016; GÓMEZ; RUIZ; PRIETO, 2014).

De acordo com Nogueira *et al.* (2022, p. 92), um estudante identificado com AH/SD em matemática apresenta características da inteligência lógico--matemática citada na Teoria de Inteligências Múltiplas de Gardner (1999).

> A primeira característica a ser apresentada é a de solucionar problemas, sejam eles reais ou abstratos. O problema prático pode ser observado na história da Matemática quando os egípcios resolveram seus conflitos de seção de terras nas margens do rio Nilo, no entanto foram os gregos que iniciaram as construções de uma linguagem Matemática formal, pois utilizavam métodos de demonstrações e provas, axiomas e teoremas para persuadir seus seguidores e demais interessados (MUNIZ, 2014, p. 428).

Considera-se aqui habilidade lógico-matemática cognitiva de agir reflexivamente sobre um dado objeto, que pode ser ostensivo ou não ostensivo. São objetos não ostensivos as ideias, os conceitos; e objetos ostensivos as formas de representação que são perceptíveis aos sentidos.

Estudantes com habilidade lógico-matemática dispõem de recursos de representação superiores e uma aguçada manipulação de informações que se apresentam na modalidade quantitativa e numérica. Possuem um bom raciocínio matemático, desfrutam da magia dos números e suas combinações, conseguem encontrar e estabelecer relações entre objetos que outros de seus pares não conseguem.

Segundo Machado e Stoltz (2013; 2014), um estudante matematicamente superdotado, ao ser comparado com seus pares da mesma idade, manifesta com precocidade e maior rapidez um pensamento criativo ao se expressar na construção de novos conceitos. Tem facilidade para memorizar o que foi aprendido e aplica com maior agilidade tais técnicas e procedimentos, utilizando-se também do pensamento dedutivo para encontrar saídas mais eficazes e sintéticas. Interessa-se por conceitos complexos e abstratos e por isso apresenta um elevado grau de precocidade. O EHM não tem o hábito de desistir das tarefas, é persistente e não gosta de respostas prontas. Ele apresenta necessidade de estar em constantes investimentos desafiadores. De acordo com as autoras, são indivíduos capazes de gerar inúmeras ideias e com ampla variedade de categorias, essas podem ser singulares ou extraordinárias e com atenção aos detalhes. Elaboram, no nível da abstração, soluções para problemas diversos, levando em conta todas as variáveis neles presentes, demonstrando um elevado grau de inteligência quando comparado aos seus pares.

O pensamento lógico-matemático que um superdotado apresenta permite que sejam explorados caminhos inusitados para chegar aos mesmos resultados esperados para determinada tarefa. O sujeito com talento matemático apresenta capacidade de refletir sobre proposições. Nogueira *et al.* (2022, p. 93), amparada em Machado e Stoltz (2014), enfatiza que as operações proposicionais resultam de uma combinatória de ideias, raciocínios e hipóteses criativas. Os autores citados anteriormente debruçaram-se sobre as concepções de Gardner (1999; 2002) para discorrer seus textos.

Considerações Finais

O estudo apresentou, por meio das discussões bibliográficas, que as características dos(as) alunos(as) acima da média em matemática são muito específicos e exigem do(a) professor(a) um conhecimento prévio dessas características para evitar frustrações e causar problemas sociais no contexto educacional. O(a) aluno(a) com AH/SD matemática precisa estar em constante estímulo e sentir que está sendo desafiado, pois isso supre suas necessidades educacionais especiais. A motivação sempre vem acompanhada do conhecimento dos diferentes tipos de aprendizagens e onde o(a) aluno(a) habilidoso(a) matematicamente se insere. Este texto teve como objetivo contribuir para que os(as) professores(as) possam usar as principais características que autores(as) contemporâneos têm apresentado nas pesquisas para identificar o(a) aluno(a) habilidoso(a) matematicamente, com o intuito de minimizar os percalços do processo de identificação e de atendimento educacional especializado.

Referências

CUPERTINO, Christina Menna Barreto. SABATELLA, Maria Lúcia. Práticas Educacionais de Atendimento ao Aluno com Altas Habilidades/Superdotação. **A Construção de Práticas Educacionais para Alunos com Altas Habilidades / Superdotação**. Volume 1: Orientação a Professores. Brasília – DF, 2007. p. 71-73.

FERNANDES, Maria Dilnéia Espíndola; SCAFF, Elisangela Alves da Silva; OLIVEIRA, Regina Tereza Cestari. Direito à educação e compromisso docente: quando o sucesso e o fracasso escolar encontram o culpado. **Revista Brasileira de Política e Administração da Educação**. v. 29, n. 2, p. 327-345, maio/ago. 2013. Disponível em: https://seer.ufrgs.br/index.php/rbpae/article/view/43710/27491. Acesso em: 6 nov. 2023.

GÓMEZ, Marta Sáinz. RUIZ, Maria José. PRIETO, Lola. Perfiles emocionales de superdotados y talentos. **Altas Habilidades/Superdotação (AH/SD) Criatividade e Emoção**. 1. ed. Curitiba: Juruá, 2014, p. 127-148.

MACHADO, Járci Maria. **Habilidades cognitivas e metacognitivas do aluno com Altas Habilidades/Superdotação na resolução de problemas em Matemática**. Tese (Doutorado em Educação). Setor de Educação da UFPR. Curitiba, 2013. Disponível em: <https://acervodigital.ufpr.br/handle/1884/34928>. Acesso em: 4 jul. 2018.

MACHADO, Járci Maria. STOLTZ, Tania O pensamento criativo de aluno superdotado matematicamente talentoso na resolução de problemas de matemática. **Altas Habilidades/Superdotação (AH/SD) Criatividade e Emoção**. 1. ed. Curitiba: Juruá, 2014, p. 245-263.

MACHADO, Járci Maria. STOLTZ, Tania. Aluno com altas habilidades/superdotação matematicamente talentoso: um desafio ao professor. **Anais**. XI Encontro Nacional de Educação Matemática. Curitiba - PR, 2013, p. 9. Disponível em: <http://sbem.iuri0094.hospedagemdesites.ws/anais/XIENEM/pdf/4132_2175_ID.pdf>. Acesso em: 27 abr. 2019.

MATOS, Brenda Cavalcante de. **Modelo Didático Concreto no Ensino de Ciências e Biologia para Alunos com Altas Habilidades/Superdotação**. 2018. Dissertação (Mestrado em Ensino de Ciências - Ensino – Aprendizagem). Universidade Federal de Mato Grosso do Sul. Campo Grande – MS. 2018.

MUNIZ, Cristiano Alberto. O fazer matemática na escola e o desenvolvimento da inteligência: A criatividade revelando capacidades cognitivas. **Altas Habilidades/Superdotação, inteligência e criatividade**. 1. ed. Campinas: Papirus, 2014, p. 427-453.

NOGUEIRA, Célia Mirian da Silva. SALES, Antonio. NERES, Celi Correia. DIAS, Marlene Alves. Proposta de enriquecimento do currículo do estudante com superdotação em matemática. **TANGRAM: Revista de Educação Matemática**. Dourados, v. 5, n. 1, p. 86-109, jan./mar. 2022.

OLIVEIRA, Dalila Andrade. O ataque ao trabalho docente na chamada sociedade do conhecimento. *In*: MAGALHÃES, Jonas *et al.* **Trabalho docente sob fogo cruzado**. Rio de Janeiro. UERJ, LPP, 2021, p. 264-269. Disponível em: https://repositorio.ufmg.br/bitstream/1843/52019/2/oataqueaotrabalhodocente.pdf. Acesso em: 6 nov. 2023.

RENZULLI, Joseph. A concepção de superdotação no modelo dos três anéis: Um modelo de desenvolvimento para a promoção da produtividade criativa. **Altas Habilidades/Superdotação, inteligência e criatividade**. 1. ed. Campinas: Papirus, 2014, p. 219-264.

SANFELICE, José Luís. O compromisso ético e político do educador e construção da autonomia na escola. **Nuances**. Presidente Prudente, v. 6, 2000. Disponível em: https://periodicos.uniso.br/quaestio/article/view/1475. Acesso em: 6 nov. 2023.

SILVA, Maria Abádia da. Qualidade social da educação pública: algumas aproximações. **Cad. Cedes,** Campinas, v. 29, n. 78, p. 216-226, maio/ago. 2009. Disponível em: https://www.cedes.unicamp.br/. Acesso em: 6 nov. 2023.

STADLER, Rosemeri Ruppel. **Investigação do raciocínio – lógico matemático de alunos com Altas Habilidades/Superdotação presentes na sala de recursos multifuncional, Tipo I. Guarapuava, PR,** 2016. Disponível em: <https://sucupira.capes.gov.br/sucupira/public/consultas/coleta/trabalhoConclusao/viewTrabalhoConclusao.jsf?popup=true&id_trabalho=4931829>. Acesso em: 4 jul. 2018.

VIEIRA, Evaldo. A política e as bases do direito educacional. **Caderno Cedes,** n. 55. Políticas Públicas e Educação. 1. ed. Campinas: Cedes, 2001. Disponível em: <https://www.scielo.br/j/ccedes/a/sW79rDZ6L4pZK96YKwK8yfR/?format=pdf> Acesso em: 24 maio 2023.

Eixo Temático II
A Diversidade e o Ensino de História

CURRÍCULOS ESTADUAIS/REGIÃO NORTE: a regionalidade no Ensino de História e a BNCC

Andressa da Silva Gonçalves[57]
Wilma de Nazaré Baía Coelho[58]

Neste trabalho realizamos a análise da regionalidade no ensino de História dos sete currículos estaduais da Região Norte, quais sejam: Acre, Amapá, Amazonas, Pará, Rondônia, Roraima e Tocantins. Com o auxílio do conceito de currículo de Michael Apple (2008), Ivor Goodson (1997) e Gimeno Sacristán (2000) e o conceito de análise de conteúdo de Laurence Bardin (2016), procuramos analisar se esses documentos incorporam a história regional, como ocorre essa inserção, se há diálogo entre a história regional, a brasileira e a mundial, e como as singularidades regionais são organizadas através dos Anos Finais do Ensino Fundamental.

A importância da história regional e a recusa ao eurocentrismo estão na introdução do componente curricular História do currículo do Acre. Apesar de algumas discrepâncias, percebemos que o currículo contempla a inclusão da história regional em sua agenda. Ao analisarmos o quadro curricular de História do Ensino Fundamental Anos Finais, verificamos que é constituído pelos "direitos de aprendizagem", pelos "conteúdos", "propostas de atividades" e "formas de avaliação".

---

57 Doutora em Educação na Amazônia (UFPA) e Mestre em História Social (UFPA). Professora da Rede Municipal de Altamira-PA. *E-mail*: Andressa_g.m@hotmail.com

58 Doutora em Educação pela Universidade Federal do Rio Grande do Norte (UFRN), Professora Titular da Universidade Federal do Pará (UFPA), Bolsista Produtividade 1D do CNPq. *E-mail*: wilmacoelho@yahoo.com.br

Tabela 1 – A história regional no currículo acreano.

	6º ANO		7º ANO		8º ANO		9º ANO	
	História Regional	Total	História regional	Total	História regional	Total	História regional	Total
Objetivos	0	11	0	11	0	8	1	9
Conteúdos	6	130	6	139	0	100	8	106
Propostas de Atividades	3	77	2	81	1	57	2	58
Formas de Avaliação	2	90	0	77	0	58	2	65

Fonte: Currículo de Referência Única do Acre. / **Elaboração:** (Gonçalves; Coelho, 2023).

A partir dos dados detalhados, em primeiro lugar, verificamos que a relação entre a história regional e geral é extremamente desproporcional. Mesmo nos anos em que se fazem mais referências à história regional, o número de abordagens sobre a temática é ínfimo se comparado com a história brasileira ou mundial. Acreditamos que a tendência se volta ao cosmopolitismo propagado pela BNCC e é seguida pelos currículos estaduais, que visam adequar os sujeitos a um cenário homogêneo de *sociabilidade neoliberal* (MELLO; MAROCHI, 2019), assentados no eurocentrismo e *sudestecentrismo*[59].

Ao nos voltarmos para o currículo do Amapá, ainda na introdução da disciplina História, observamos que a história regional do estado não é tratada especificamente. Ao invés disso são feitas 2 menções genéricas a uma possível história regional, mas que não são referidas com essa nomenclatura. Os redatores salientam que as crianças devem, nos primeiros anos do Ensino Fundamental I, "ampliar a compreensão de sua própria história" (AMAPÁ, 2018, p. 218) e nos parágrafos seguintes demarcam que o sexto e sétimo anos devem abarcar "movimentos históricos de caráter local, nacional e global em diversos tempos e espaços" (AMAPÁ, 2018, p. 219). Com base nas inserções anteriores, evidenciamos que a história regional e local não se encontram suficientemente demarcadas no currículo.

Seguindo para quadro curricular da disciplina, observamos que esse espaço inclui as "unidades temáticas", "objetos do conhecimento" e "habilidades". Percebe-se também que a categoria de "habilidades" é a única em que as

---

59   A noção de Sudestecentrimo é utilizada para demarcar a subordinação social, histórica, econômica, cultural e simbólica imposta à Amazônia por um colonialismo interno advindo do Sudeste.

particularidades regionais do Amapá são inseridas na disciplina de História, salvo um item na categoria de "objeto do conhecimento", que realiza uma referência genérica à história regional no 9º ano, no entanto, o item em questão foi, em sua totalidade, copiado da BNCC.

Tabela 2 – A história regional no currículo amapaense.

	6º ANO		7º ANO		8º ANO		9º ANO	
	História Regional	Total	História regional	Total	História regional	Total	História regional	Total
Unidades Temáticas	0	4	0	4	0	5	0	4
Objetos de Conhecimento	0	16	0	15	0	22	1	40
Habilidades	2	21	2	17	4	27	9	39

Fonte: Referencial Curricular Amapaense. / **Elaboração**: (Gonçalves; Coelho, 2023).

Por meio dos dados percebe-se que, embora haja uma incidência maior da temática regional no 9º ano, os conteúdos em geral aumentam no referido percurso e praticamente duplicam se comparados aos anos anteriores. Logo, embora os conteúdos relacionados à regionalidade aumentem, isso não necessariamente é um indicativo de que a temática é mais valorizada no 9º ano. Acreditamos que um dos motivos da homogeneização temática voltada ao eurocentrismo e sudestecentrismo dos currículos analisados é a tendência advinda da Base em unificar a temática dos currículos visando as *avaliações de larga escala*, principal motivação dos currículos nacionais (APLLE, 2008; BARRETO, 2016; SILVA; FERNANDES, 2019).

Por outro lado, ao analisarmos a parte do Referencial Curricular do Amazonas, que delineia a proposta para a disciplina História, percebemos que a primeira menção à história regional é inserida nas temáticas anunciadas para cada ano do Ensino Fundamental II. Nos quatro anos do Ensino Fundamental, a história regional apresenta-se como uma complementação de conteúdos gerais, ou seja, anuncia-se que o currículo trabalhará com determinadas temáticas, relacionando estas à história regional. Verifica-se que a história regional se apresenta mais como um apêndice genérico, visto que o texto não especifica exatamente qual o foco da temática regional. Essa estrutura se repetirá na descrição das temáticas no 7º ano. Já no 8º ano, o documento ressalta os processos de independência e seus reflexos no Brasil e na Amazônia.

Por fim, no 9º ano, aborda-se a história republicana e processos europeus, africanos, asiáticos e latino-americanos, com o acréscimo ao reconhecimento das especificidades regionais.

Após essa delimitação, são dedicados dois parágrafos para o debate da história regional dentre as oito páginas nas quais o componente História é discutido. Nesse sentido, a história regional é apresentada como fundamental no estudo da disciplina para aproximar e valorizar o processo de ensino e aprendizagem à realidade do(a) aluno(a), tornando-o(a) protagonista, assim como seu grupo social, da história ensinada. Além disso, o texto ressalta a importância do currículo pautar na história regional os povos indígenas, os quilombolas e as comunidades ribeirinhas do estado do Amazonas. Salienta-se ainda no texto a importância de que os temas regionais sejam pautados pelas pesquisas acadêmicas desenvolvidas no contexto estadual amazonense.

Em relação ao quadro curricular, percebemos que este se organiza em 5 categorias, que são: "unidade temática", "competências", "habilidades", "objetos de conhecimento" e "detalhamento dos objetos de conhecimento". Ao analisarmos a presença da história regional nessa parte do currículo, percebemos o número diminuto de aparições da temática:

Tabela 3 – A história regional no currículo amazonense.

	6º ANO		7º ANO		8º ANO		9º ANO	
	História regional	Total	História regional	Total	História regional	Total	História regional	Total
Unidade Temática	0	4	0	5	0	6	0	4
Competências	0	19	3	28	0	35	7	48
Habilidades	0	18	0	17	0	17	4	36
Objetos de Conhecimento	0	17	0	14	0	25	1	39
Detalhamento dos Objetos de Conhecimento	10	58	10	75	9	85	15	129

Fonte: Referencial Curricular Amazonense. / **Elaboração**: (Gonçalves; Coelho, 2023).

Conforme apresentado nos dados, o Referencial Curricular do Amazonas reserva um espaço diminuto para a temática regional quando comparamos com a quantidade de conteúdos relacionados à história geral e do Brasil, contrariando a intenção do currículo de subverter essa condição, mencionada em parágrafo anterior. É perceptível também que a maior incidência da temática aconteça na categoria intitulada de "detalhamento dos objetos de conhecimento", tornando a temática apêndice dos conteúdos referentes à história do Brasil e do mundo. O documento amazonense segue os currículos anteriores em abordar predominantemente no 9º ano a temática regional, seguindo a estrutura da BNCC, o que demonstra a subordinação a um *modelo padronizado* ao invés da inovação dos agentes internos das escolas (SACRISTÁN, 2000; ALMEIDA, 2020).

No currículo do Pará, as considerações sobre a temática regional no componente História começam ainda na seção dedicada a Ciências Humanas, quando demarcam que a concepção adotada para as disciplinas História, Geografia e Estudos Amazônicos privilegiarão o espaço amazônico e paraense, de modo que as discussões sempre partam da Amazônia para suas conexões com o mundo. A parte do texto que se volta somente ao componente História pouco aborda as singularidades regionais, salvo por 2 menções, a primeira menciona de modo genérico que o passado é marcado por "processos locais, regionais, globais [...]" (PARÁ, 2018, p. 431) e a segunda sinaliza a importância de conectar a dimensão regional e global.

Ao adentrarmos no quadro curricular, percebemos que, além do eixo e subeixo, este é dividido em duas seções: "objetivos de aprendizagem" e "habilidades". Na versão de 2018, o quadro referente à História possui apenas 3 tópicos relacionados à temática regional, incluídos na categoria de "objetivos de aprendizagem". No ciclo 3 (6º e 7º ano), 2 tópicos foram incluídos em "habilidades" e no ciclo 4 (8º e 9º), estes foram transpostos da BNCC. Já na versão de 2019, esses tópicos desaparecem da disciplina História e um deles foi realocado em estudos amazônicos, que agrupa História e Geografia em uma nova disciplina que prioriza as temáticas paraenses. Por conta disso, analisaremos também os tópicos que se relacionam à história na disciplina Estudos Amazônicos:

Tabela 4 – A história regional no currículo paraense.

	CICLO DO 6º E 7º ANO (Estudos Amazônicos - 2018)		CICLO DO 8º E 9º ANO (Estudos Amazônicos - 2018)		CICLO DO 6º E 7º ANO (Estudos Amazônicos - 2019)		CICLO DO 8º E 9º ANO (Estudos Amazônicos - 2019)	
	História Regional	Total	História Regional	Total	História Regional	Total	História Regional	Total
Objetivos de Aprendizagem	12	33	7	31	11	32	7	31
Habilidades	0	35	0	42	0	34	3	39

Fonte: Documento Curricular do Estado do Pará (2018; 2019). / Elaboração: (Gonçalves; Coelho, 2023).

No quadro que se refere aos estudos amazônicos, as "habilidades" cunhadas para História na BNCC são associadas a "objetivos de aprendizagem" que contemplam a temática regional. Na versão de 2018, no ciclo que engloba o 6º e 7º anos, 12 dos 33 "objetivos de aprendizagem" se voltam à história regional, já as 35 "habilidades" presentes, todas oriundas da Base, não se referem à temática. No ciclo do 8º e 9º anos, apresentam-se 7 "objetivos de aprendizagem" que mencionam as singularidades paraenses entre a totalidade de 31 e 42 "habilidades". Já na versão de 2019, como já mencionado, toda a temática histórica regional se concentra em estudos amazônicos. O quadro curricular do ciclo do 6º e 7º anos abarca 11 "objetivos de aprendizagem" que se relacionam às singularidades regionais entre os seus 32 itens, e 34 habilidades. Dos 31 "objetos de aprendizagem" do ciclo do 8º e 9º anos, estão dispostos 7 tópicos que se conectam à história regional. Entre as 39 "habilidades", 3 se relacionam à regionalidade. A categoria de "habilidades", diferente da versão de 2018, também inclui 6 "habilidades" criadas especificamente para a esfera regional, no entanto, apenas uma se relaciona à História.

Nesse sentido, a temática regional está praticamente ausente no currículo de História do Pará na versão de 2018 e desaparece na versão de 2019. A história regional é alocada em estudos amazônicos que concentram toda a especificidade paraense, tanto em História como em Geografia. Contudo, embora seja estupendo que uma disciplina tenha a citada função, é preocupante que o componente História seja esvaziado dessa especificidade regional contendo apenas a esfera nacional e mundial. Em tempo, o objetivo anunciado de integração entre o regional e o global na seção de Ciências Humanas não é cumprido na disciplina História. A *estrutura padronizada* do currículo de História atende a um projeto maior dos currículos nacionais, isto é, extirpar as especificidades, a criticidade e a impressibilidade da Educação em favor do gerencialismo neoliberal (MACEDO, 2016).

Por outro lado, o Referencial Curricular de Rondônia pouco faz referência às singularidades regionais no componente de História. Contudo, ainda na introdução do documento, define-se como indispensável considerar a "realidade local, social e individual da escola e do aluno" (RONDÔNIA, 2019, p. 9). Essa premissa não se confirma no currículo de História que menciona a inserção da história regional apenas durante o 3º e 4º anos, ainda na introdução do texto da disciplina. Nesse sentido, o currículo cita as duas séries em questão como etapas para o trato da realidade e da história regional. Salienta-se que essa relação não será estabelecida com os outros anos do Ensino Fundamental, sendo a citação anterior a única referência às singularidades regionais na introdução do componente História. Ao nos determos sobre o quadro curricular correspondente aos anos finais do Ensino Fundamental, percebemos que a história regional está ausente dos dois primeiros anos da etapa, quais sejam, o 6º e 7º anos. Veremos que a temática timidamente aparecerá no 8º e 9º anos. As categorias presentes no quadro curricular são: "unidades temáticas", "objetos de conhecimento" e "habilidades":

Tabela 5 – A história regional no currículo rondoniense.

	6º ANO		7º ANO		8º ANO		9º ANO	
	História Regional	Total	História Regional	Total	História Regional	Total	História Regional	Total
Unidades Temáticas	0	4	0	4	0	4	0	3
Objetos de Conhecimento	0	134	0	94	18	121	6	166
Habilidades	0	19	0	17	0	27	3	36

Fonte: Documento Curricular de Rondônia (2018). / **Elaboração:** (Gonçalves; Coelho, 2023).

Conforme detalhado, percebemos que a história regional é colocada em segundo plano no currículo de Rondônia, visto que está ausente nos dois primeiros anos da segunda etapa do Ensino Fundamental e é alocada timidamente nos dois últimos. Essa estrutura se coaduna com os outros currículos analisados que priorizam o eurocentrismo e *sudestecentrismo*, seguindo os desígnios da BNCC, que visa a homogeneização da Educação. Afinal, se houvesse espaço para as especificidades dos estados, como aplicar a padronização das avaliações de larga escala? Ao optar pela padronização propagada pela BNCC, os currículos estaduais se subordinam a um projeto que se assenta pelo *neoliberalismo, neoconservadorismo e quantificação da Educação.* (APPLE, 2008; MELLO; MAROCHI, 2019; MACEDO, 2017; BARRETO, 2016; SILVA; FERNANDES; 2019).

Ao avançarmos para o currículo de Roraima, apontamos que, na introdução do componente História, as perspectivas pretendidas relacionadas às singularidades regionais já se encontram bem demarcadas. Já nas primeiras linhas do referido texto, aponta-se que as "especificidades loco-regional, [são] uma perspectiva fundamental para se distanciar do conceito da história nacional como um todo homogêneo" (RORAIMA, 2018, p. 464). Desse modo, apresenta-se um compromisso com a história regional na formulação do componente História. Além disso, ressalta-se também a necessidade da relação dos objetos de estudo não só com a dimensão global, mas também na esfera local.

Ainda salienta-se a produção de saberes pelos indivíduos motivada pelo seu espaço e pelas suas vivências, caracterizadas pela construção da história loco-regional. Também demarca-se a importância da adoção de diversas percepções sobre objetos e fontes históricas que remetem à história e à cultura roraimense. Os redatores destacam que o estudo de outras dimensões da história têm como base a história de Roraima, especialmente a que envolve os indígenas e migrantes que fazem parte da população roraimense, movimento que se volta para a compreensão dos(as) alunos(as) das alteridades presentes na sociedade brasileira e roraimense. Logo, se percebe uma preocupação em abordar a história regional, especificamente de Roraima, ainda na introdução da disciplina.

Em relação ao quadro curricular referente ao Ensino Fundamental II, é necessário salientar como acontece a inserção das singularidades regionais, que em sua grande maioria incide como um complemento de uma habilidade formulada para a Base. O currículo de Roraima realiza a inserção da história regional através das adições em habilidades advindas da BNCC. O que causa estranhamento é que não haja qualquer sinalização dessas modificações nas habilidades, que, à primeira vista, parecem ser formuladas exclusivamente pela

BNCC, visto que em outros currículos analisados essa sinalização é evidente já na classificação da habilidade.

Nos quadros curriculares estão dispostas as categorias de "unidades temáticas", "objetos de conhecimento", "habilidade" e "orientações didáticas/metodológicas". Dentre essas classificações, apenas as duas últimas realizam a inserção da temática regional, exceto em uma ocorrência em "objetos de conhecimento", as duas primeiras categorias são copiadas *ipsis litteris* da Base Nacional Comum Curricular.

Tabela 6 – A história regional no currículo roraimense.

	6º ANO		7º ANO		8º ANO		9º ANO	
	História Regional	Total	História Regional	Total	História Regional	Total	História Regional	Total
Unidades Temáticas	0	4	0	4	0	4	0	3
Objetos de Conhecimento	0	16	0	16	1	21	1	27
Habilidades	7	20	8	17	10	27	16	23
Orientações Didáticas/ Metodológicas	2	15	0	7	5	11	11	15

Fonte: Documento Curricular de Roraima (2018). / **Elaboração**: (Gonçalves; Coelho, 2023).

Conforme se vê na Tabela 6, o currículo roraimense seguiu o mesmo formato dos anteriores, ou seja, destinou pouco espaço para a história regional. Da mesma forma, reservou o maior espaço para a temática nos dois últimos anos do Ensino Fundamental e, por isso, segue a *lógica homogeneizadora* da BNCC com os conhecimentos que podem ser medidos e gerenciados ao invés do investimento em saberes que sejam consonantes com sua história, diversidade e *experiência compartilhada* (MACEDO, 2016; THOMPSON, 1981).

Por fim, no Documento Curricular de Tocantins, ainda na introdução do componente História, a temática regional aparece algumas vezes ao longo do texto. Ao mencionar o 7º ano, assinala-se a oportunidade de estudar as sociedades afro-americanas e indígenas regionais, enriquecendo a compreensão da formação do povo brasileiro. Para o 9º ano, menciona-se a necessidade de inserir no currículo o declínio da mineração e o surgimento do comércio fluvial em Tocantins. Além disso, em relação à escravidão, indica-se a possibilidade de analisar autores tocantinenses que escreveram sobre o assunto.

Além da menção ao trabalho com autores da região, o texto ainda cita autoras que podem contribuir para a reflexão sobre a escravidão no Norte goiano (Tocantins, atualmente). Em seguida, também alude-se ao papel da mulher ao longo da história do Brasil e de Tocantins, com a menção a tocantinenses ilustres. Por fim, os povos indígenas do estado também são listados como temática regional, com referência a um livro sobre o tema. A abordagem de citar autores locais para estudar as temáticas regionais também foi disposta no currículo de Roraima.

É importante demarcar que as habilidades específicas do estado estão classificadas e sinalizadas de acordo, por exemplo, a habilidade "(EF06HI02aTO)" apresenta os indicativos de que pertence ao Ensino Fundamental (EF), ao 6º ano (06), à disciplina de História (HI), e é exclusiva do estado de Tocantins (TO), assim como, de que resulta da segunda habilidade de História do 6º ano da BNCC (02a). Além disso, nem todas as "habilidades" cunhadas para o estado de Tocantins fazem referência ao estado, em vários casos abordam-se assuntos alheios à especificidade tocantinense. Por fim, entre as habilidades apresentadas, uma se caracteriza de forma distinta. Essa habilidade tem uma formação híbrida, ou seja, a sua maior parte foi formulada pela BNCC, mas a sua parte final, que aborda o espaço em que a temática é situada, é de autoria do currículo do estado. Essa configuração acontece apenas uma vez no currículo, mas já foi amplamente utilizada no currículo de Roraima.

Ao nos voltarmos para o quadro curricular da disciplina, verificamos que este é composto pelas seguintes categorias: "unidades temáticas", "habilidades", "objetos de conhecimento e "sugestões pedagógicas":

Tabela 7 – A história regional no currículo tocantinense.

	6º ANO		7º ANO		8º ANO		9º ANO	
	História Regional	Total	História Regional	Total	História Regional	Total	História Regional	Total
Unidades Temáticas	0	6	0	4	0	8	0	7
Habilidades	3	26	1	26	3	36	8	45
Objetos de Conhecimento	4	27	4	30	3	33	6	62
Sugestões Pedagógicas	2	16	0	18	1	28	6	41

Fonte: Documento Curricular do Tocantins (2018). / **Elaboração:** (Gonçalves; Coelho, 2023).

Conforme a Tabela 7, o Documento Curricular do Tocantins corrobora nossas inferências dos documentos anteriormente analisados, ou seja, é guiado pela lógica homogeneizadora que passa por uma *estrutura homogeneizadora e quantificadora*, que não objetiva atender às especificidades, identidades e demandas da Educação brasileira e, sim, aplicar o gerencialismo liberal a essa dimensão, subordinando as esferas regionais ao eurocentrismo e *sudestecentrismo* (APPLE, 2008; MELLO; MAROCHI, 2019; BARRETO, 2016; SILVA; FERNANDES; 2019; MACEDO, 2016).

Considerações Finais

Por meio da análise dos sete currículos pertencentes à Região Norte, verificamos alguns pontos consonantes, como a excessiva desproporcionalidade entre a história regional e a história geral e brasileira, a tendência em concentrar a maior quantidade de conteúdos ligados às singularidades regionais no 9º ano, a propensão em situar a temática regional através de termos genéricos como história local e regional, sem especificar o estado em si. Além disso, a maioria dos currículos, com exceção do Amapá, estabeleceram em suas introduções do componente a centralidade da história regional no estudo da disciplina, no entanto, a materialização dessa premissa não se concretizou na construção do currículo.

Através das inferências delineadas, afirmamos que os currículos se subordinam à lógica disseminada pela BNCC, que se atrela ao neoliberalismo, neoconservadorismo e quantificação da Educação. Tais fundamentos vão de encontro a uma Educação que preze pelas especificidades identitárias e regionais, a justiça social e a imprevisibilidade na dimensão educacional que se tornam periféricas e superficiais em uma estrutura que quantifica o conhecimento por meio da *performatividade e gerencialismo neoliberal* (APLLE, 2011; MELLO; MAROCHI, 2019; MACEDO, 2016).

Essa conjuntura nos leva a refletir sobre a função de um currículo estadual, que, em teoria, deveria colocar a história da Região e dos(as) alunos(as) como protagonistas dos processos históricos delineados. Ao contrário disso, o que se observou foi o atrelamento desses currículos em diversas medidas com a lógica delineada pela BNCC. Diante dessas constatações, afirmamos que a dimensão regional nos currículos, além de diminuta, também não possui o protagonismo que se alardeia na maioria dos currículos, se configurando, mesmo nos currículos dos estados, em uma dimensão periférica que se subordina à história do Brasil e mundial. Dessa forma, longe de subverter a lógica homogeneizadora e genérica da BNCC, esses currículos se convertem a ela e respaldam a sua violência simbólica (BOURDIEU, 2012).

FONTES

SECRETARIA DE ESTADO DE EDUCAÇÃO DO ACRE. *Currículo de Referência Único do Acre*. 2018.

SECRETARIA DE ESTADO DA EDUCAÇÃO DO AMAPÁ. *Referencial Curricular Amapaense*. 2018.

SECRETARIA DE ESTADO DE EDUCAÇÃO DO AMAZONAS. *Referencial curricular Amazonense*. 2019.

SECRETARIA DE ESTADO DE EDUCAÇÃO DO PARÁ. *Documento curricular para educação infantil e ensino fundamental do estado do Pará*. 2018.

SECRETARIA DE ESTADO DE EDUCAÇÃO DO PARÁ. *Documento curricular para educação infantil e ensino fundamental do estado do Pará*. 2019.

SECRETARIA DE ESTADO DE EDUCAÇÃO DE RONDÔNIA. *Documento Curricular de Rondônia*. 2018.

SECRETARIA DE ESTADO DE EDUCAÇÃO DE RORAIMA. *Documento curricular Roraima*. 2019

SECRETARIA DE ESTADO DE EDUCAÇÃO DO TOCANTINS. *Documento Curricular Tocantins*. 2019.

REFERÊNCIAS

APPLE, Michael. **Ideologia e Currículo**. Tradução Vinícius Figueira. 3. ed. Porto Alegre: Artmed, 2008.

ALMEIDA, Antonio Simplicio de. Projetar sobre projetos: currículo e ensino de História. **Educar em Revista**, v. 36, p. 1-22. 2020. Disponível em: <https://doi.org/10.1590/0104-4060.64392 >. Acesso em: 1 mar. 2023.

BARDIN, Laurence. **Análise de conteúdo**. Edição revista e ampliada. Tradução Luiz Antero Reto e Augusto Pinheiro. São Paulo: Edições 70, 2016.

BARRETO, Raquel Goulart. Entre a Base Nacional Comum Curricular e a avaliação: a substituição tecnológica no ensino fundamental. **Educação & Sociedade** [online], v. 37, n. 136, p. 775-791, 2016. Disponível em: <https://doi.org/10.1590/ES0101-73302016159933>. Acesso em: 1 mar. 2023.

BOURDIEU, Pierre. **O poder simbólico**. Tradução Fernando Tomaz. 16. ed. Rio de Janeiro: Bertrand, 2012.

GOODSON, Ivor. **A construção social do currículo**. Lisboa: Educa, 1997.

MACEDO, Elizabeth. Base Nacional Curricular Comum: a falsa oposição entre conhecimento para fazer algo e conhecimento em si. **Educação em Revista** [online], v. 32, n. 2, p. 45-68, 2016. Disponível em: <https://doi.org/10.1590/0102-4698153052>. Acesso em: 1 mar. 2023.

MELO, Alessandro de; MAROCHI, Ana Claudia. Cosmopolitismo e performatividade: categorias para uma análise das competências na Base Nacional Comum Curricular. **Educação em Revista** [online], v. 35, p. 1-23, 2019. Disponível em: <https://doi.org/10.1590/0102-4698203727>. Acesso em: 1 mar. 2023.

THOMPSON, Edward. **A miséria da teoria**: ou um planetário de erros. Tradução Waltensir Dutra. Rio de Janeiro: Zahar, 1981.

SACRISTÁN, José. **O Currículo**: Uma Reflexão sobre a Prática. Tradução Ernani F. da F. Rosa. 3. ed. Porto alegre: ArtMed, 2000.

SILVA, Fabiany de Cássia Tavares; FERNANDES, Christiane Caetano Martins. M. Estudo de documentos curriculares prescritos: (de)compondo uma metodologia de investigação. **Educar em Revista** [online]. v. 35, n. 78, p. 225-241, 2019. Disponível em: <https://doi.org/10.1590/0104-4060.69522>. Acesso em: 1 mar. 2023.

O ESPAÇO DO ENSINO DE HISTÓRIA E DA ERER NA PRODUÇÃO DOCENTE – o caso das Universidades públicas do Nordeste (2002-2019)

Vitor Jacques Vital[60]
Mauro Cezar Coelho[61]

Nos últimos vinte e cinco anos, um traço comum nas diretrizes nacionais direcionadas para a formação docente é a presunção de que parte das debilidades existentes no sistema educacional decorrem da ação docente. A Resolução CNE/CP Nº. 1/2002 foi a primeira que vinculou as querelas escolares às práticas docentes. Nela estão situadas as Diretrizes para a Formações de Professores para a Educação Básica e contém um espaço destinado às discussões sobre as questões que afetam o Ensino e a Escola.

Ao passo que a Resolução do Conselho Nacional de Educação responsabiliza os professores da Educação Básica pelas querelas existentes em sala de aula. Uma das formas de se contornar esses problemas é através dos cursos de formação de professores. A Resolução indica, como uma das propostas para sanar essa querela, que as pesquisas nos cursos de licenciatura devem ser voltadas para os processos de ensino e aprendizagem.

Diante disso, este trabalho pretende dimensionar o espaço destinado ao Ensino de História e às Relações Étnico-Raciais nos artigos publicados pelos(as) docentes que lecionam em curso de licenciatura em história em universidades públicas do Nordeste brasileiro. Sendo assim, pretende-se verificar de que forma essas produções interagem com a Educação Básica, campo de atuação futuro de seus discentes, vinculando as diretrizes da Resolução com os resultados da pesquisa.

---

60 Graduando em Licenciatura em História – UFPA. *E-mail:* vitor.jacques12@gmail.com

61 Doutor em História. Docente da Universidade Federal do Pará. *E-mail:* mauroccoelho@yahoo.com.br

Para alcançar os objetivos da pesquisa, foi necessário investigar os currículos Lattes dos professores e das professoras de Licenciatura em História com objetivo de encontrar a produção bibliográfica dos docentes, possibilitando assim a verificação do conteúdo dessas pesquisas. Essa verificação de conteúdo se daria através da análise das palavras-chave e resumos dos artigos encontrados.

Os procedimentos metodológicos fundamentaram-se na análise de conteúdo, tal como propõe Laurence Bardin (2002). Para a autora, a operação de classificação se dá a partir da categorização dos elementos. Essa categorização acontece primeiro por meio de noções que os diferenciam e, posteriormente, por reagrupamento a partir das categorias criadas. Após a operação de classificação, é possível identificar e organizar os elementos obtidos para fazer uma análise ou inferência.

Foram criadas treze categorias para classificar as palavras-chave, quais sejam: Diversidade: palavras-chave relacionadas a manifestações culturais e/ou ações de grupos de pessoas; Conflito: palavras-chave que identificam tensões envolvendo personagens ou ideias; Instituição: palavras-chave que situam entidade pública ou agremiação; Ensino de História: palavras-chave relacionadas com as questões do ensino de história e com as questões curriculares no campo da educação; Espaço/Tempo: palavras-chave que circunscrevem a localização espacial e o recorte temporal; Étnico-Racial: palavras-chave que se referem às relações étnico-raciais; Evento histórico: palavras-chave que nomeiam um determinado acontecimento/evento; Fontes: palavras-chave que indicam os vestígios do passado utilizados na investigação; Ideologia: palavras-chave que representam um conjunto de ideias, valores, crenças ou filosofias; Memória: palavras-chave que fazem referência à história pública, como representações de eventos históricos na sociedade, memória e imaginário; Socioeconômico: palavras-chave relacionadas a questões econômicas, ao mundo do trabalho e a querelas de cunho social, como epidemias e desastres naturais; Sujeitos: palavras-chave relacionadas a grupos de pessoas ou indivíduos; Teoria: palavras-chave referentes a aportes teóricos e/ou procedimentos metodológicos que embasam os artigos.

Além de verificar o espaço destinado ao Ensino de História e para as Relações Étnico-Raciais na produção de artigos, dos professores de licenciatura, examinaremos de que forma essas obras interagem com o currículo da

Educação Básica. Para tal fim, utiliza-se na pesquisa o conceito de currículo desenvolvido por Ivor Goodson (1995), esse conceito indica que a construção do currículo sofre diversas tensões de grupos sociais distintos interessados em seu conteúdo. Essa perspectiva compreende a construção do currículo a partir de uma concepção histórica e social, pois as tensões feitas por certos grupos acompanham não somente a sua elaboração, mas a sua concretização. Dessa forma, podemos considerar que os docentes da Educação Básica e dos cursos de formação de professores fazem parte desses grupos e interagem direta ou indiretamente com a discussão curricular.

Ademais, a literatura especializada sobre a temática da formação docente em história aponta que há pouco espaço para as discussões sobre o currículo nos cursos de formação inicial. Marieta Ferreira e Renato Franco (2012) apontam que a grade curricular de vários cursos de licenciatura é constituída por um mínimo de disciplinas pedagógicas somadas a um grande volume disciplinas de caráter historiográfico. Nesse sentido, Crislane Azevedo (2015) sugere que as licenciaturas em história precisam assumir identidade própria, de modo que as disciplinas de caráter historiográfico se articulem com aquelas que se voltam às questões do Ensino de História.

Sobre a temática Étnico-Racial nos cursos de licenciatura, Nilma Gomes (2012) escreve que, com o crescimento do direito à educação no Brasil, mais sujeitos, que antes eram invisíveis, alcançam os espaços escolares, e esses sujeitos surgem com valores, histórias e demandas próprias, questionando os currículos colonizados. À vista disso, Mauro Coelho e Wilma Coelho (2018), ao abordarem as questões sobre as disciplinas nos cursos de Licenciatura em História, apontam que, após a implementação da Educação para as Relações Étnico-Raciais, houve a implementação de disciplinas no currículo que debatem essas questões. Entretanto, é indicado que a inclusão de tais disciplinas só satisfaz formalmente o que a legislação determina, pois não altera a estrutura dos currículos dos cursos de História.

Para verificar de que forma a produção de artigos dos docentes participam dos debates sobre o currículo, é necessário entender que discurso as palavras-chave dos artigos em periódicos nos fornecem. Diante disso, empregamos as formulações sobre a análise do discurso de Valentin Volóchinov (2021). O signo é um produto ideológico que, quando expresso por meio de um diálogo, interage dialeticamente na sociedade. O que ocorre é que cada indivíduo possui significados distintos para os signos, o que resulta em uma interação dialética entre seus significados durante um diálogo. Nesse sentido, cada palavra-chave contida nos artigos produzidos pelos(as) docentes representa um signo que possui significação a partir de um processo dialético entre o autor e o leitor. Esse conjunto de palavras, de acordo com as perspectivas de Volóchinov, conforma uma expressão, isto é, um enunciado. Dessa forma, pode-se examinar o conteúdo que essas palavras-chave manifestam.

Introduzindo os dados da pesquisa, analisamos os currículos dos(as) professores(as) de licenciatura em história de nove instituições diferentes. A tabela a seguir informa a quantidade de professores(as) que tiveram seus currículos investigados por Universidade.

Tabela I – Professores por Instituição.

Instituição	Professores
Universidade Federal do Ceará	19
Universidade Estadual do Maranhão	18
Universidade Federal do Pernambuco	24
Universidade Federal de Alagoas	19
Universidade Federal do Maranhão	18
Universidade Estadual do Ceará	16
Universidade Federal da Bahia	26
Universidade Federal do Piauí	20
Universidade Federal do Rio Grande do Norte	22
Total de Professores	182

1 **Fonte**: Elaborado pelos autores a partir dos dados disponíveis nos Currículos Lattes.

Coletamos os percursos de formação desses(as) professores(as), reunimos os dados referentes à sua formação inicial e pós-graduações. Dessa forma, o cenário em relação a graduação dos(as) professores(as) se conformou da seguinte forma: 155 dos professores(as) se formaram em História, 6 em Ciências Sociais, quatro em Direito, 3 em Filosofia, 2 em Sociologia, 1 em Ciências Humanas, 1 em Pedagogia, 1 em Biblioteconomia, 1 em letras, 1 em Comunicação Social e 1 em Sagrada Teologia. Em relação a seis professores(as), não foi possível identificar a formação inicial.

Em 2002, o Conselho Nacional de Educação elabora a Resolução Nº. 1/2002, referente aos cursos de Licenciatura. Especifica-se no tópico três do Artigo 3º que a pesquisa nos cursos de Licenciatura deve ter foco em processos de ensino e aprendizagem. Utilizando essa Resolução como demarcador temporal para os anos de conclusão das graduações e pós-graduações, temos os seguintes dados na tabela a seguir.

Tabela II – Ano em que as graduações e pós-graduações foram concluídas.

Ano	Quant. Graduações	%	Quant. Mestrados	%	Quant. Doutorados	%
1971 - 2001	141	80%	108	64%	38	22%
2002 - 2010	35	20%	62	36%	131	78%
Total	176	100%	170	100%	169	100%

2 **Fonte**: Elaborado pelos autores a partir dos dados disponíveis nos Currículos Lattes.

Dessa forma, é possível perceber que grande parte dos(as) professores(as) de Licenciatura em história tiveram sua trajetória acadêmica percorrida antes de 2002, ou seja, antes da Resolução do Conselho Nacional da Educação. A alta porcentagem das conclusões antes de 2002, principalmente em relação aos cursos de graduação, demonstra isso. Esse quadro só irá mudar no fim do percurso acadêmico que corresponde aos doutoramentos.

Em relação aos artigos coletados, reunimos 1958 artigos, sendo 1109 válidos e 849 inválidos (resenhas, entrevistas e/ou artigos sem resumos ou sem palavras-chave). No gráfico abaixo, é possível perceber que entre 2002 e 2006 tivemos um número de artigos inválidos anualmente maior. Nos 1109 artigos válidos, foram encontradas 4195 palavras-chave, analisadas de duas formas. A primeira, baseando-se na reincidência de cada palavra-chave, e a segunda, a partir da classificação, utilizando as treze categorias já mencionadas.

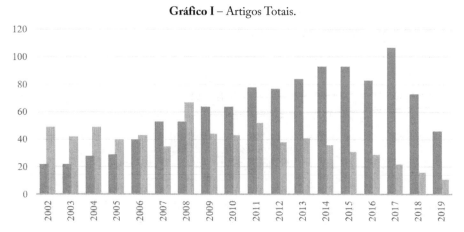

Gráfico I – Artigos Totais.

3 **Fonte**: Elaborado pelos autores a partir dos dados disponíveis nos Currículos Lattes.

Buscou-se quantificar a frequência com que as palavras-chave se repetiram, para verificar quais palavras tiveram mais reincidência. Foram selecionadas as primeiras vinte e uma palavras-chave que mais se repetiram, as quais teceremos comentários. As três primeiras palavras se conectam de forma direta com o campo histórico (História, Memória e Historiografia). Temos três palavras-chave geralmente associadas a fontes (Literatura, Imprensa e cinema). Pode-se observar também três palavras-chave relacionadas a cultura (Cultura, Cultura Material e Carnaval).

Tabela III – Palavras que mais se repetiram.

História	101	Maranhão	24	Poder	17
Memória	82	Brasil	23	Religiosidade	17
Historiografia	37	Gênero	22	Educação	16
Literatura	36	Cultura	20	Escravidão	16
Política	30	Cultura Material	20	Carnaval	15
Ensino de História	29	Identidade	19	Cinema	15
Cidade	28	Imprensa	19	Mulheres	15

5 **Fonte**: Elaborado pelos autores a partir dos dados disponíveis nos artigos dos docentes.

Além das palavras-chave que já explicitamos, também terá a ocorrência de três palavras-chave ligadas a Espaço/Tempo (Brasil, Maranhão e Cidade), duas ligadas à política (Política e Poder). Também é possível observar duas palavras-chave relacionadas a Gênero (Gênero e Mulheres). As palavras-chave "Escravidão" e "Religiosidade" aparecem e suspeita-se que sejam dois objetos recorrentes na produção acadêmica dos(as) professores(as) de Licenciatura. Ademais, há duas palavras-chave que se referem a Ensino (Ensino de História e Educação). É necessário informar que a Tabela III ajuda a entender a reincidência de certos termos, entretanto, não é correto afirmar que todas as palavras-chave que aparecem conformam uma tendência de pesquisa.

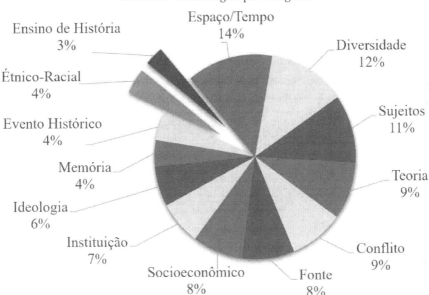

Gráfico II – Porcentagem por Categoria.

4 **Fonte**: Elaborado pelos autores a partir dos dados disponíveis nos artigos dos docentes.

Com base na quantificação por categorias, elaboramos o Gráfico II. Verifica-se que os(as) professores(as) historiadores(as) têm um cuidado em explicitar o Espaço/Tempo do objeto pesquisado em suas palavras-chave. Além disso, a categoria Diversidade, que engloba palavras-chave referentes à cultura, também obteve uma elevada porcentagem. No outro extremo da tabela temos a categoria Étnico-Racial com 4% das palavras-chave relacionadas a ela e Ensino de História com 3% das palavras-chave fazendo referência a essa categoria. Dessa forma, os dois objetos da pesquisa são os que obtiveram as menores porcentagens.

Mesmo "Ensino de História" e "Educação" sendo uma das vinte e uma palavras-chave que mais se repetiram, conforme já havíamos apontado, essa reincidência não faz com que essa temática tenha se tornado uma tendência de pesquisa. Com base no Gráfico II, podemos perceber que a categoria Ensino de História é a que contém menor porcentagem, evidenciando que a suspeita que tínhamos sobre o número de repetições não condiz com uma tendência de pesquisa.

Após a demonstração dos dados gerais, decidiu-se fazer outra abordagem mais específica para o tema que estamos tratando, pois cabe evidenciar os dados que correspondem ao nosso objetivo central relacionado ao espaço destinado para as Relações Étnico-Raciais e Ensino de História. Desse modo, foi elaborado um gráfico que quantifica anualmente as palavras-chave referentes às categorias Ensino de História e Étnico-Racial. Acreditamos que é pertinente verificar a distribuição anual de palavras-chave relacionadas a essas temáticas, possibilitando a verificação de tendências de crescimento e decréscimo ao longo dos anos.

Gráfico III – Quantidade de Palavras-Chave por ano: Étnico-Racial e Ensino de História.

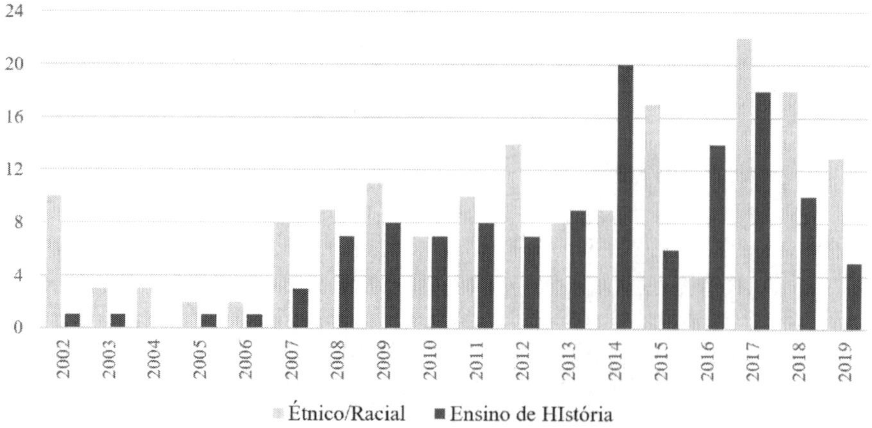

Étnico/Racial ■ Ensino de HIstória

6 Fonte: Elaborado pelos autores a partir dos dados disponíveis nos artigos dos docentes.

No Gráfico III é possível perceber que, no ano de 2002, palavras-chave referentes à categoria Étnico-Racial tiveram um índice bem superior em relação a Ensino de História e também em relação aos anos de 2003, 2004, 2005 e 2006. A partir de 2007 temos um crescimento constante nas duas categorias, esse crescimento talvez tenha sido ocasionado pela elevação do número de artigos válidos encontrados que coincide com esse mesmo período. A partir de 2014 temos um pequeno aumento no número de palavras-chave e suspeita-se que aqui seja um momento em que as duas categorias avançaram no espaço ocupado nas pesquisas dos docentes, visto que de 2007 até 2013 a média de espaço preenchido por esses temas é de 4% para Relações Étnico-Raciais e 3% para o Ensino de História, de 2014 até 2019 essa média sobe 1% nas duas categorias. Dessa forma, conseguimos indicar um aumento nas pesquisas, entretanto, ainda é um aumento ínfimo.

Além disso, foram elaboradas subcategorias para classificar as palavras-chave referentes à Étnico-Racial, de modo a compreender de forma mais específica o conteúdo contido nessa categoria. Três subcategorias são uma expressão literal das palavras-chave encontradas: Africanos e Afro-Brasileiros, Mestiço/Caboclo e Raça/Etnia. Outras quatro subcategorias foram criadas com base nos princípios de Bardin sobre diferenciação e agrupamento, como: Indígenas, Legislação, Conflitos e Outros.

O Gráfico IV é referente às subcategorias relacionadas às palavras-chave classificadas como Étnico-Racial, que expõem os seguintes dados a apresentar: Das 170 palavras, 41% (69) das palavras-chave foram categorizadas como Africanos e Afro-Brasileiros; 26% (44) como Indígenas; 12% (20) como Raça/Etnia; 8% (14) como Legislação; 6% (10) como Conflito; 5% (9) como Mestiço/Caboclo; e 2% (4) foram classificadas como Outros.

Gráfico IV – Subcategorias para Étnico-Racial.

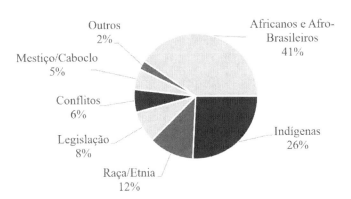

7 Fonte: Elaborado pelos autores a partir dos dados disponíveis nos artigos dos docentes.

Conforme o Gráfico IV expõe, as subcategorias Africanos/Afro-Brasileiras e Indígenas ocupam um grande espaço, o que indica abundância de pesquisas sobre esses temas dentro da temática sobre as Relações Étnico-Raciais. Ademais, sobre a subcategoria Legislação, uma parte é referente às leis sobre a liberdade de pessoas escravizadas no século XIX e a outra parte está relacionada à legislação educacional, como a Lei Nº. 10.639/03 e a Lei Nº. 11.645/08.

O resultado obtido a partir dos dados expressos no decorrer do texto é que há um espaço muito pequeno, tanto para as Relações Étnico-Raciais quanto para o Ensino de História nos artigos dos(as) docentes de Licenciatura em História das Universidades Púbicas do Nordeste brasileiro. Suspeita-se que a pouca ênfase nas pesquisas relacionadas ao Ensino de História esteja relacionada com o percurso formativo desses(as) professores(as), pois 80% dos(as) docentes concluíram sua graduação antes da Resolução do Conselho Nacional de Educação que indicava que nas licenciaturas deveria se ter uma ênfase na pesquisa relacionada ao ensino e aprendizagem.

Acreditamos que seja cabível pensar que a causa da pouca ênfase nas pesquisas voltadas para as Relações Étnico-Raciais seja semelhante ao processo ocorrido com o Ensino de História. Nesse sentido, nota-se que as Leis Nº. 10.639/03 e Nº. 11.645/08, que estabeleceram a obrigatoriedade do estudo da história indígena e afro-brasileira nos currículos escolares, são implementadas quando a maioria desses professores e professoras já haviam concluído parte majoritária de seu percurso formativo. O cenário que temos aqui é que tanto a Resolução do CNE quanto a legislação que trata das Relações Étnico-Raciais surgem em um momento em que os(as) docentes já concluíram seu percurso inicial de formação, o que acreditamos que possa ter influenciado nas concepções de objeto e teoria de pesquisa.

Constata-se que, entre 2014 e 2019, houve um aumento das pesquisas nas duas áreas, entretanto, se compará-las com as outras categorias é possível perceber que ainda é um espaço muito diminuto. Essa expressão impacta os currículos da Educação Básica, atualizando os debates historiográficos, entretanto, pouco se discute sobre processos de ensino-aprendizagem desses eventos históricos, um cenário bem semelhante ao apontado por Marieta Ferreira e Renato Franco. O espaço reduzido para esses campos de pesquisa resulta na falta de horizontes para a resolução dos problemas relacionados à atuação docente envolvendo a disciplina no Nível Básico de Ensino.

Referências

AZEVEDO, Crislane. A formação do docente em história como profissional do magistério da educação básica. **História & Ensino**, [S. l.], v. 21, n. 2, p. 55-82, 2015. DOI: 10.5433/2238-3018.2015v21n2p55. Disponível em: <https://ojs.uel.br/revistas/uel/index.php/histensino/article/view/23851>. Acesso em: 21 mar. 2023.

BARDIN, Laurence. **Análise de Conteúdo**. Tradução Luiz Antero Reto e Augusto Pinheiro. Lisboa: Edições 70, LDA. 2002.

BRASIL. **Lei Nº. 10.639, de 9 de janeiro de 2003**. Altera a lei Nº. 9.394, de 20 de dezembro de 1996, que estabelece as diretrizes e bases da educação nacional, para incluir no currículo oficial da rede de ensino a obrigatoriedade da temática "História e Cultura Afro-brasileira", e dá outras providências. Disponível em: <https://www.planalto.gov.br/ccivil_03/leis/2003/l10.639.htm.> Acesso em: 7 nov. 2023.

BRASIL. **Lei Nº. 11.645, de 10 de março de 2008**. Altera a Lei Nº. 9.394, de 20 de dezembro de 1996, modificada pela Lei Nº. 10.639, de 9 de janeiro de 2003, que estabelece as diretrizes e bases da educação nacional, para incluir no currículo oficial da rede de ensino a obrigatoriedade da temática "História e Cultura Afro-Brasileira e Indígena". Disponível em: <https://www.planalto.gov.br/ccivil_03/_ato2007-2010/2008/lei/l11645.htm.> Acesso em: 7 nov. 2023.

BRASIL. Conselho Nacional de Educação. **Resolução CNE/CP Nº. 1/2002**. Diretrizes Curriculares Nacionais para a Formação de Professores da Educação Básica, em nível superior, curso de licenciatura, de graduação plena. CNE. Diário Oficial da União, Brasília, 9 de abril de 2002. Seção 1. p. 31. Disponível em: <http://portal.mec.gov.br/index.php?option=com_docman&view=download&alias=159261-rcp001-02&category_slug=outubro-2020-pdf&Itemid=30192>. Acesso em: 26 ago. 2023.

COELHO, Mauro Cezar; COELHO, Wilma de Nazaré Baía. As licenciaturas em história e a lei 10.639/03 - percursos de formação para o trato com a diferença? **Educação em Revista**, Belo Horizonte, v. 34, e192224, 2018. Disponível em <https://doi.org/10.1590/0102-4698192224>. Acesso em: 23 set. 2023.

FERREIRA, Marieta de Moraes; FRANCO, Renato. Desafios do ensino de história. **Estudos Históricos**, Rio de Janeiro, v. 21, n. 41, pp. 79-94, jan./jun. 2008. Disponível em: <https://doi.org/10.1590/S0103-21862008000100005>. Acesso em: 17 mar. 2023.

GOMES, Nilma Lino. Relações étnico-raciais, educação e descolonização dos currículos. **Currículo sem Fronteiras**, [S. l.], v. 12, n. 1, p. 98-109, jan-abr. 2012. <https://www.curriculosemfronteiras.org/vol12iss1articles/gomes.htm>. Acesso em: 22 set. 2023.

GOODSON, Ivor F. **Currículo**: Teoria e história. 1. ed. Petrópolis: Vozes, 1995.

VOLÓCHINOV, Valentin. **Marxismo e Filosofia da Linguagem**: Problemas fundamentais do método sociológico na ciência da linguagem. 3. ed. São Paulo. Editora 34, 2021.

A AMAZÔNIA DA ESCOLA E DA EDUCAÇÃO BÁSICA:
como os estudantes do Ensino Fundamental representam a História e a Amazônia?

Carlos Augusto Guedes Souza[62]
Erinaldo Vicente Cavalcanti[63]
Rebeka Katellen Santos do Nascimento[64]

As reflexões que seguem estão situadas no campo do Ensino de História. Nesse sentido, nos aproximamos dos estudos que focalizam a escola como lugar de produção de saber, o professor como intelectual que produz (e não que transmite ou reproduz) e os(as) estudantes como sujeitos/autores que pensam e interpretam suas experiências de tempo. Em outras palavras, nos avizinhamos das reflexões que problematizam a sala de aula como espaço de construção de saber e apreendem a formação docente como lugar político e epistemológico para refletir, compreender e problematizar a Educação Básica. Desse lugar de reflexão, compreendemos a escola como instituição produtora de saberes diversos que apreende os(as) alunos(as) como sujeitos(as)que igualmente produzem saberes. Assim, o presente trabalho possui como objetivo geral analisar como os(as) estudantes matriculados(as) nos Anos Finais do Ensino Fundamental (9º ano) da Educação Básica, de uma escola pública de Belém, atribuem sentidos e significados à história e à Amazônia.

Problema

De acordo com o historiador Agustín Escolano Benito (2017), a escola é uma instituição dotada/produtora de historicidade, materialidade e cultura,

---

62   Licenciado em História da UFPA. Bolsista PIBIC/PRODOUTOR/UFPA. *E-mail*: carlosaugustoguedes70@gmail.com

63   Docente da Faculdade de História do Instituto de Filosofia e Ciências Humanas da Universidade Federal do Pará. *E-mail*: erinaldocavalcanti@ufpa.br

64   Licenciada em História da Universidade Federal do Pará. Bolsista PIBIC/UFPA. *E-mail*: rebkat2905@gmail.com

aspectos esses que, quando compreendidos, auxiliam nas práticas dos(as) docentes e nas aprendizagens dos(as) educandos(as). Contudo, conforme explicita o historiador Dominique Julia (2001), existe um silenciamento da escola como objeto de pesquisa pela ciência histórica que pode ser indicativo da percepção que os(as) historiadores(as) têm acerca do espaço escolar como um local que não produz e apenas reproduz conhecimento e, logo, passível de ser pesquisado.

Essa hierarquização entre os saberes e lugares "validados" ou não pela academia e seus(as) historiadores(as) reflete diretamente no local de atuação e inserção das produções relacionadas ao Ensino de História e a História Ensinada. As pesquisas de Mauro Coelho e Taíssa Bichara (2019) mostram como a produção sobre Ensino de História encontra-se, majoritariamente, vinculada à área da Educação. Em suas próprias palavras: "Os dados sugerem que as questões relativas à História Ensinada têm maior espaço na área de Educação do que na de História" (COELHO; BICHARA, 2019, p. 72).

As pesquisas do professor Erinaldo Cavalcanti (2021a) mostram como o Ensino de História continua ocupando um lugar periférico nas disciplinas obrigatórias de Teoria da História das universidades federais. As disciplinas de Teoria da História analisadas sinalizam um silenciado acerca da discussão sobre Ensino de História, mostrando que na formação inicial dos cursos de licenciatura, as reflexões sobre o Ensino de História não são tema de interesse da teoria da História. Em outros trabalhos, aquele autor (2021b, 2022a, 2022b) problematizou os lugares (ou não-lugares) ocupados pelas discussões referentes ao Ensino de História nos documentos oficiais (Projetos Políticos Pedagógicos e Ementas de componentes curriculares) formulados pelos cursos de formação de professores(as) de História das universidades federais do Brasil. Os resultados das pesquisas sinalizam que o ensino continua isolado em algumas disciplinas e vinculado às disciplinas de Práticas como Componentes Curriculares. É importante destacar que essas disciplinas atendem às normativas definidas pelo Conselho Nacional de Educação, que determina a obrigatoriedade de 400 horas para aquele núcleo de discussão.

Em síntese, Cavalcanti demonstra, por meio dos dados coletados, que os cursos de formação de professores(as) analisados continuam minimizando as discussões sobre o ensino, sobre a aprendizagem histórica, sobre os livros didáticos e a escola em suas disciplinas obrigatórias. Ou seja, em alguns casos, os diálogos são silenciados por completo, e, em outros, recebem uma atenção ou um espaço muito inferior comparado aos demais saberes histórico historiográficos necessários ao exercício da profissão docente.

Os professores Mauro Coelho e Wilma Coelho (2018) analisaram o espaço ocupado pelas discussões sobre a diversidade e as relações para a Educação Étnico-Racial na formação inicial dos(as) professores(as) de História após a promulgação da Lei Nº. 10.639/2003. Em suas palavras:

> Formar professores de História tem implicado, via de regra, na oferta de uma discussão arraigada na tradição disciplinar, pautada na divisão quadripartite, infensa à crítica, à preponderância da perspectiva eurocêntrica e que assume a prática docente como uma instrumentalização do saber de referência para fins didáticos (COELHO; COELHO, 2018, p. 25).

Tal consideração relacionada à perspectiva que lê a atuação do(a) professor(a) de História como um papel "instrumentalizador" ou como sinônimo de "didatização dos saberes historiográficos", é um ponto capilar da argumentação formulada pela professora Flávia Caimi (2015). Essa pesquisadora tem defendido a necessária articulação entre os diferentes saberes requeridos para o exercício da docência. Em suas palavras: "para ensinar História a João é preciso entender de ensinar, de História e de João" (CAIMI, 2015, p. 111).

Considerando as discussões situadas no campo do Ensino de História sobre a formação inicial do(a) professor(a), é fundamental analisar em que consiste aprender História. Temos que refletir como se configura a aprendizagem em História para ampliar o entendimento sobre os saberes necessários ao exercício da profissão docente. Por conseguinte, é igualmente importante analisar como os(as) estudantes aprendem História na sala de aula, temática que tampouco tem despertado o interesse de historiadores(as), mesmo entre aqueles(as) que atuam no campo do Ensino de História. Sabemos muito pouco sobre como os(as) estudantes da Educação Básica se apropriam do saber histórico escolar e constroem suas aprendizagens. Assim, nos interessa ampliar as reflexões acerca da História ensinada na sala de aula da Educação Básica, focalizando como os(as) estudantes concluintes do Ensino Fundamental atribuem sentidos e significados à Amazônia.

Aporte Teórico

Tendo em vista que o propósito maior da pesquisa era compreender como os(as) alunos(as) se relacionam com a História ensinada na Educação Básica e com os territórios amazônicos, os textos com os quais dialogamos estabelecem um diálogo que apreende os(as) estudantes como autores(as) de seus relatos acerca da interpretação do seu tempo. Apesar do avanço e consolidação do campo do Ensino de História, ainda temos poucos trabalhos que efetivamente se debruçam sobre os registros dos(as) estudantes e os apreendem como sujeitos que pensam, analisam e interpretam suas relações temporais.

Dentre os trabalhos que se propõem a pensar os(as) estudantes por esse viés, ressaltamos as contribuições de Fernando Penna (2015). Nesse trabalho, ele se debruçou sobre os sentidos de tempo tecidos pelos(as) alunos(as), suas perspectivas de "futuro" e de quais formas eles(as) se relacionam com o passado e interligam diferentes temporalidades ou não. Essa ideia de como os(as) estudantes estabelecem relações com a noção de tempo, também pode ser percebida no trabalho do historiador Aaron Reis (2019), em específico, em relação aos conteúdos que mais são rememorados pelos(as) estudantes e quais tempos históricos são mais identificados.

Além deles, evidenciamos também o trabalho do historiador Mauro Coelho (2021), no qual o autor argumenta a favor da leitura de que os(as) estudantes que estão inseridos nos processos formativos da Educação Básica não são personagens inertes ou passivos que estão presentes na escola para somente receber o conhecimento "transmitido" pelo(a) professor(a). Segundo seus argumentos, eles(elas) agem construindo, desconstruindo e alterando os instrumentos cotidianos de convivência e de poder, não são neutros(as) em relação ao que é demandado ou solicitado pela História enquanto disciplina escolar, pelos(as) membros(as) do corpo pedagógico/administrativo ou frente aos discursos presentes nos materiais que recebem, ou seja, são sujeitos protagonistas. Sendo assim, sobretudo, possuem seus próprios meios para interpretar o mundo, os outros e representar suas experiências de distintas maneiras.

Da mesma forma, destacamos os trabalhos do professor Erinaldo Cavalcanti (2021c; 2021d; 2023), visto que ele desenvolve uma reflexão em torno das diferentes leituras tecidas pelos(as) estudantes e como eles(as) interpretam seu cotidiano. Em suas reflexões, o autor esclarece que os(as) estudantes da Educação Básica, como sujeitos pensantes, devem ser entendidos(as) como autores(as) de registros que apresentam potenciais considerações em relação às diferentes práticas de apropriação do saber histórico escolar construído na escola. Assim, seus registros podem apresentar valiosas interpretações acerca da história ensinada e aprendida pelos(as) estudantes. Nas diversas contribuições apresentadas pelo autor, podemos perceber como os(as) discentes realizam (ou não) determinadas operações e como eles(as) se relacionam com o espaço, com quem convivem e o que consideram importante para orientar sua vida prática, ou seja, quais suas demandas no dia a dia de suas experiências.

O diálogo com essa literatura foi fundamental no percurso de construção e desenvolvimento da pesquisa e da escrita. À medida que avançamos na produção e coleta dos dados, na análise qualitativa das fontes, íamos percebendo algumas semelhanças entre os dados por nós produzidos e aqueles resultantes das pesquisas dos referidos autores, no que diz respeito aos sentidos construídos pelos(as) estudantes acerca da história ensinada. Entre os pontos de aproximação foi possível perceber a concepção de História apresentada pelos(as) estudantes, vinculada, de forma predominante, a um tempo passado e sem relação com o presente e com o futuro.

Metodologia

Em relação aos pressupostos metodológicos acionados ao decorrer da pesquisa, podemos caracterizá-los como procedimentos quanti-qualitativos, nos quais insere-se a pesquisa de tipo etnográfica aplicada ao ambiente escolar, conforme defende Marli André (1995). Da mesma maneira, também consideramos os encaminhamentos e as ressalvas propostas por Erinaldo Cavalcanti (2021, 2021b, 2023), pois analisa os diferentes procedimentos metodológicos adotados no processo de "fabricação" das fontes documentais no âmbito da sala de aula, quando são produzidas pelos(as) próprios(as) pesquisadores(as). De maneira específica, aquele autor problematiza algumas singularidades acerca da construção dos documentos de pesquisa, sobretudo, quando envolvem os(as) estudantes da Educação Básica e o próprio pesquisador no ato de construção das referidas fontes.

Tendo em vista isso como ponto de partida, foram realizadas leituras sobre os temas centrais do estudo no decorrer dos 12 meses de pesquisa, objetivando-se, por meio delas, embasar cientificamente as observações e, posteriormente, desenvolver uma análise sobre o cotidiano escolar e os documentos nele construídos, cuja complexidade e diversidade são evidentes aos olhos.

Simultaneamente ao levantamento bibliográfico, houve um momento para que fosse pensado e elaborado um questionário para ser aplicado com os(as) alunos(as). O documento, ao final de sua elaboração, continha 19 perguntas (cinco delas sobre a identificação da idade, gênero, cor/etnia, religião e série/turma em que estavam matriculados; sete questões eram "semiabertas" – respondidas com sim ou não. Para as respostas "sim", havia um espaço para se desenvolver uma consideração. As outras sete eram "abertas" e tinham como objetivos, produzir registros sobre variados temas como quais matérias eles(as) mais gostavam, quais conteúdos se lembravam de estudar na matéria história, o que eles mais gostavam na escola, o que mais marcou sua vida durante a pandemia, o que vinha a suas cabeças quando pensavam na Amazônia, entre outras questões.

Outro procedimento foi a observação das 4 turmas do 9º ano e 4 turmas do 6º ano (ao longo do mês de dezembro de 2022) da Escola de Aplicação da Universidade Federal do Pará (EAUFPA), cujo cotidiano escolar foi registrado com o objetivo de evitar interpretações apressadas, contribuir com as reflexões e enriquecer o estudo ao cruzarmos os dados coletados nos questionários aplicados com os registros produzidos pelas nossas observações. Para tal, construiu-se um "caderno de campo" onde foram armazenados nossos registros acerca das diversas relações construídas pelos(as) alunos(as) sobre o dia a dia da sala de aula. Essas atividades de observação permitiram construir múltiplos registros sobre as diferentes interações construídas, os distintos diálogos produzidos entre professor-aluno e aluno-aluno sobre variados temas, bem como também foi possível registrar diferentes conexões que os(as) estudantes estabeleceram com a história ensinada.

Ao fim da execução de tais procedimentos e da aplicação dos questionários, os dados passaram por um tratamento no qual foram digitalizados, transcritos e analisados. Tais processos foram feitos por meio dos *softwares Google Drive* e *Microsoft Excel*, plataformas onde os registros foram armazenados em uma pasta digital e sistematizados em uma planilha. Finalizado o tratamento dos registros, construímos um perfil discente e nos debruçamos na análise dos relatos.

Discussões dos dados

As discussões que serão apresentadas a seguir são referentes a duas questões que compunham o instrumento de pesquisa supracitado, contudo, serão apresentados somente os dados produzidos junto aos(às) alunos(as) dos 9º anos (89 estudantes). Em relação ao perfil dos(as) participantes, cabe dizer que eles(as) possuíam idades que variavam entre 14 e 17 anos, sendo que, majoritariamente, os(as) discentes tinham 15 anos de idade (57,3%).

Em relação ao sexo autodeclarado, os registros praticamente se equivalem, uma vez que 49,4% indicou se identificar com o gênero feminino e 48,3% com o gênero masculino e 2,2% não respondeu. Ademais, no que diz respeito ao fator cor autodeclarada, a maioria dos(as) estudantes se autoidentificou como pardo(a) (42%), sendo o segundo maior percentual aqueles(as) que se consideram brancos(as) (24%). Em relação à religião, os registros apontam para uma predominância de alunos(as) católicos(as) ou evangélicos(as) (75,3%).

Esclarecido o perfil dos(as) participantes, tratemos da primeira questão, cujo objetivo era compreender qual a finalidade de estudar História na percepção dos(as) alunos(as). Sendo assim, tínhamos a pergunta: "Para você, para que serve estudar História?", essa questão foi elaborada com o intuito de suscitar que os(as) alunos(as) demonstrassem quais sentidos eles(as) atribuíam ao campo disciplinar da História e quais significados projetavam sobre suas participações, vivências e aprendizagens.

Ao todo recebemos 89 respostas, as quais foram classificadas e sistematizadas por grupos, sendo eles: Tempo, Conhecimento, Mundo, Humanidade e Sem Resposta. Essa estratégia foi adotada para conseguirmos dimensionar a linha de raciocínio apresentada pelos(as) estudantes. Após sistematizar e analisar os dados, percebemos uma predominância dos sentidos que relacionavam o saber histórico escolar a temporalidades diversas (55,1%), mas, principalmente, com o passado.

Ou seja, para os(as) estudantes dos 9º Anos do Ensino Fundamental II que responderam a questão mencionada, o propósito de se estudar História está ligado à apropriação de conteúdos, saberes e conhecimentos produzidos sobre o passado. Tal constatação corrobora os resultados da pesquisa desenvolvida pelo professor Erinaldo Cavalcanti (2021b), que apontam que a história ensinada (na perspectiva dos(as) estudantes que participaram da pesquisa) encontra-se apartada do presente e diretamente ligada ao passado.

Por último, a segunda questão tinha como interesse capilar entender como esses(as) estudantes se relacionam e representam os diversos sentidos possíveis acerca da "Amazônia". Para isso, formulou-se a seguinte questão: "Quando você pensa ou escuta a palavra Amazônia, o que vem à sua cabeça?". Nas respostas produzidas encontramos diferentes registros com variados significados acerca dos sentidos que eles apresentaram sobre a Amazônia. É oportuno destacar que as interpretações elaboradas nas respostas são analisadas tomando os(as) estudantes como autores(as). Assim, ocupando o lugar de autoria – como defende Cavalcanti (2023) – eles acionaram ferramentas gramaticais, cognitivas e sociais no momento de produzir suas respostas, na escolha de cada palavra, sinalizando o universo, a semântica interpretativa mobilizada pelos(as) estudantes.

Em relação aos dados específicos da última questão mencionada, mobilizar-se-á uma estratégia diferente das demais. Para entender a variedade semântica acionada pelos(as) estudantes, catalogamos e contabilizamos as palavras que foram acionadas e o que elas representam percentualmente. Tendo em vista os relatos dos(as) 89 alunos(as), vejamos quais palavras apareceram de forma mais recorrente acerca de como eles(as) interpretaram a questão sobre a Amazônia. Do maior número para o menor, temos: "floresta" (48 vezes ou 53,3%); "Árvore" (13 vezes ou 14,4%); "Animais" (13 vezes ou 14,4%); "Mato" (4 vezes ou 4,4%); "Natureza" (4 vezes ou 4,4%); "Bicho" (4 vezes ou 4,4%) e "Rio" (4 vezes ou 4,4%).

Esse levantamento inicial já nos fornece elementos para problematizar muitas questões, entre elas, o fato de que a Amazônia é percebida pelos(as) discentes como um espaço "inabitado" por gente, ou seja, sem presença humana. Quando contabilizamos o número de alunos(as) em relação aos termos mais acionados, percebemos que, dos(as) 89 alunos(as), 77, em alguma dimensão, associam a Amazônia a um espaço sem a presença de homens e mulheres. Em termos percentuais (86,5%).

Também é importante, a nosso ver, destinarmos atenção (mesmo que de forma breve) para respostas específicas e que se diferenciam dos dados apresentados até aqui, justamente para sinalizar a diversidade de sentidos construída pelos(as) estudantes. A estudante "E13. 9004[65]", assim respondeu a pergunta: "O Preconceito originado do pensamento que a Amazônia é resumida a indígenas e a floresta". Sua resposta nos apresenta elementos importantes para nossas reflexões. Ela inicia colocando um sentido que comumente é atribuído a Amazônia, limitando-a aos povos indígenas e à floresta. A maneira como a resposta é apresentada problematiza uma dada concepção ao questionar quais representações têm sido elaboradas sobre a Amazônia que, na concepção do(a) estudante, trata-se de um preconceito.

Com isso, o(a) estudante, ao se contrapor ao "preconceito" que reduz o leque de possibilidades, somente aos povos indígenas e a um espaço de floresta, demonstra que, na sua percepção, existem outras faces que podem ser mobilizadas. Mesmo não dizendo o que vai além da "redução" e do preconceito, o conteúdo e o raciocínio do(a) estudante nos demonstra importantes variáveis. Mesmo os dados representando uma Amazônia desprovida das experiências multiculturais, pluriétnicas e de agências humanas, não podemos acreditar que todos(as) os(as) estudantes compartilham de tais leituras. Outro caso que pode ser usado como para ponderarmos a potencialidade das interpretações construídas pelos(as) alunos(as) é o registro produzido pela estudante "E17. 9002". Sua resposta para a pergunta foi: "História". Ao escolher essa palavra para demonstrar o que vem à cabeça quando pensa ou escuta a palavra Amazônia, a aluna nos permite formular algumas hipóteses.

Teria ela relacionado o campo disciplinar e o território amazônico? Ou seria essa somente uma ação ocasionada pela aplicação do questionário durante uma aula de História? Qual o sentido da escrita de tal palavra? Não nos é possível "enxergar" o sentido por trás da escolha do(a) estudante para responder o questionamento, mas seu relato pode encaminhar uma dimensão a mais para refletirmos, visto que, entre os(as) 89 participantes, ela foi a única que sinalizou, explicitamente, uma relação com a História.

Dessa forma, por meio dos relatos até aqui apresentados, sistematizados e analisados, demonstramos como existem locais amplos para serem explorados com pesquisas em relação aos(às) educandos(as) e suas vivências diversas. Tais reflexões podem encaminhar novos objetos de pesquisa que expandam os

---

65   E = Estudante; 13 = número que inserimos para fins de análise e 9004 = número de identificação da turma na qual o(a) estudante está matriculado(a).

limites conhecidos da História Ensinada e dos modos de produção de conhecimento histórico em espaço escolar.

Considerações finais

Por fim, a pesquisa apresentada permite avançar e refletir acerca do que vem sendo desenvolvido em relação ao Ensino de História, ao potencial dos(as) estudantes como produtores(as) de saberes, aos laços que eles(as) constroem com os espaços escolares, assim como contribui para a compreensão de tais ambientes como "laboratórios" que, diariamente, constroem aprendizagens e, socialmente, produzem conhecimentos históricos.

Portanto, o que foi resumido nestas páginas demonstra como ainda existem "ramos" pouco explorados pelos(as) historiadores(as), sendo um deles o campo dos sentidos e saberes construídos no espaço escolar como objeto de pesquisa em História, sobretudo, focalizando os registros dos(as) estudantes como interesse central para as reflexões. Se ainda há muito pouco conhecimento, as interpretações dos(as) estudantes sobre suas experiências de tempo, conhecemos menos ainda como eles(as) interpretam e representam a Amazônia, o que aumenta ainda mais a necessidade do desenvolvimento de pesquisas com essa chave de interpretação.

No caso, "Amazônia", na percepção adotada aqui, faz referência aos diferentes territórios (reais ou simbólicos) e aos espectros identitários/culturais que podem ser percebidos em seus diversos fenômenos cotidianos. Mas, pensar o que significa "Amazônia", de igual maneira, é falar sobre o "não lugar", o silenciamento, o apagamento, e o caráter não temporal imposto a ela, ou seja, um local estático e não pertencente ao presente vivenciado pelos(as) estudantes e seus(suas) contemporâneos(as).

Referências

ANDRÉ, Marli Eliza Dalmazo Afonso de. **Etnografia da prática escolar**. 1. ed. Campinas: Papirus, 1995.

BENITO, Agostín Escolano. **A Escola como Cultura:** experiência, memória e arqueologia. 1. ed. Campinas: Alínea, 2017.

CAIMI, Flávia Eloísa. O que precisa saber um professor de história? **História & Ensino**, *[S. l.]*, v. 21, n. 2, p. 105-124, 2015. DOI: 10.5433/2238-3018.2015v21 n2p105. Disponível em: https://ojs.uel.br/revistas/uel/index.php/histensino/article/view/23853. Acesso em: 21 out. 2023.

COELHO, Mauro Cezar; BICHARA, Taíssa. Ensino de história: uma incursão pelo campo. *In*: MONTEIRO, Ana Maria Monteiro; RALEJO, Adriana (eds.), **Cartografias da pesquisa em Ensino de História**. Rio de Janeiro: Mauad X, 2019, pp. 63-83.

COELHO, Mauro Cezar. Um tema lacunar na pesquisa histórica – o conhecimento sobre estudantes da Educação Básica: ensaio de reconhecimento de estudantes de escolas públicas de Belém e o ensino de História. *In*: CAVALCANTI, Erinaldo Vicente *et al.* (orgs.). **História: memória, narrativa e ensino na Amazônia brasileira**. São Luís: EdUFMA, 2021. p. 17-34. Disponível em: https://itemnpo.unifesspa.edu.br/download/136-lan%C3%A7amento-livrohist%C3%B3ria-mem%C3%B3ria,-narrativas-e-ensino-na-amaz%C3%B4niabrasileira.html. Acesso em: 21 out. 2023.

COELHO, Mauro Cezar; COELHO, Wilma de Nazaré Baía. As licenciaturas em História e a Lei 10.639/03 – percursos de formação para o trato com a diferença? **Educação em Revista**, Belo Horizonte, v. 34, p. 1-39, 2018. Disponível em: https://www.scielo.br/j/edur/a/hvnLnRX7NpxPqJ9YqrBBQHG/?format=pdf&lang=pt. Acesso em: 21 out. 2023.

CAVALCANTI, Erinaldo Vicente. **A "História Encastelada" e o "Ensino Encurralado"**: escritos sobre História, ensino e formação docente. 1. ed. Curitiba: Editora CRV, 2021a.

CAVALCANTI, Erinaldo Vicente. Onde está o ensino nas disciplinas de Teoria da História ensinadas no Brasil? Reflexões sobre a formação docente dos professores de História. **Revista História da Historiografia,** v. 14, p. 133-166, 2021b. Disponível em: https://www.historiadahistoriografia.com.br/revista/article/view/1659. Acesso em: 21 out. 2023.

CAVALCANTI, Erinaldo Vicente. O lugar da aprendizagem histórica nos percursos de formação inicial do professor de história no Brasil. **Revista Antíteses**, v. 15, p. 127-154, 2022a. Disponível em: https://ojs.uel.br/revistas/uel/index.php/antiteses/article/view/45213. 21 out. 2023.

CAVALCANTI, Erinaldo Vicente. O lugar do ensino de História nas licenciaturas em História no Brasil: saberes, reflexões e desafios. **Revista História Hoje**, v. 11, p. 247-272, 2022b. Disponível em: https://rhhj.anpuh.org/RHHJ/article/view/779. Acesso em: 21 out. 2023.

CAVALCANTI, Erinaldo Vicente. A história sem presente e o ensino sem futuro: representação do tempo no ensino de História pelos alunos da Educação Básica. **Tempo e Argumento**, Florianópolis, v. 13, n. 33, e0109, maio/ago. 2021b. Disponível em: https://revistas.udesc.br/index.php/tempo/article/view/2175180313332021e0109. Acesso em: 21 out. 2023.

CAVALCANTI, Erinaldo Vicente. Entre práticas e representações: o livro didático de História na percepção dos estudantes da Educação Básica a partir do Projeto Pibid. **Interfaces da Educação**, Paranaíba, v. 12, n. 34, p. 360-385, 2021c. Disponível em: https://periodicosonline.uems.br/index.php/interfaces/article/view/4855. Acesso em: 21 out. 2023.

CAVALCANTI, Erinaldo Vicente. O lugar da Amazônia nos livros didáticos de História no Brasil: sobre história, narrativa e ensino. **Revista de Estudios Brasileños**, [*s./*], v. 8, n. 16, p. 187-202, 2021d. Disponível em: https://www.revistas.usp.br/reb/article/view/189847. Acesso em: 21 out. 2023.

CAVALCANTI, Erinaldo Vicente. Por dentro da aula de História: relatos, leituras e interpretações da história ensinada. **Revista Territórios & Fronteiras**, Cuiabá, v. 16, n. 1, p. 229-248, jan./jul., 2023. Disponível em: https://periodicoscientificos.ufmt.br/territoriosefronteiras/index.php/v03n02/article/view/1207. Acesso em: 21 out. 2023.

JULIA, Dominique. A cultura escolar como objeto histórico. **Revista Brasileira de História da Educação**, [*s./*], n. 1, p. 9-43, jan./jun. 2001. Disponível em: https://repositorio.unifesp.br/bitstream/handle/11600/39195/Dominique%20Julia.pdf?sequence=1. Acesso em: 21 out. 2023.

PENNA, Fernando. A total dúvida sobre o amanhã e o desafio de ensinar história: concepções de tempo na produção textual de alunos. **História e Perspectivas**, Uberlândia, v. 28, n. 53, p. 71-97, jan./jun. 2015. Disponível em: https://seer.ufu.br/index.php/historiaperspectivas/article/view/32767/17710. Acesso em: 21 out. 2023.

REIS, Aaron Sena Cerqueira. As concepções de jovens estudantes sobre assuntos históricos. **Revista História Hoje**, São Paulo, v. 8, n. 16, p. 70-89, dez. 2019. Disponível em: https://rhhj.anpuh.org/RHHJ/article/view/539/316. Acesso em: 21 out. 2023.

O QUE A HISTÓRIA DEVE ENSINAR? Reflexões a partir do que estudantes da Educação Básica consideram importante aprender

Rebeka Katellen Santos do Nascimento[66]
Erinaldo Vicente Cavalcanti[67]
Carlos Augusto Guedes Souza[68]

Introdução

O texto que segue situa-se no campo do Ensino de História, relacionando-se com alguns temas recorrentes desse espaço de estudos, como a formação de professores(as). Mais especialmente, o presente trabalho focaliza a temática da História Ensinada em sala de aula, focalizando as relações que os(as) estudantes da Educação Básica estabelecem com os conteúdos históricos selecionados como objetos de ensino-aprendizagem nesse nível de formação. Portanto, trata-se de reflexões que se debruçam sobre o espaço escolar, com especial atenção aos(às) discentes.

Problema

Ana Maria Monteiro (2011) situa o fazer do(a) professor(a) enquanto um saber específico, tendo em vista que é feito a partir da apropriação realizada pelo(a) docente, o saber ensinado, que apresenta íntima relação com o saber escolar, composto pelos saberes disciplinares, pela cultura escolar e pelos conhecimentos prévios tanto de alunos(as) quanto de professores(as).

---

66 Graduada do curso de Licenciatura em História da Universidade Federal do Pará. Bolsista PIBIC/UFPA. *E-mail*: rebkat2905@gmail.com

67 Docente da Faculdade de História do Instituto de Filosofia e Ciências Humanas da UFPA. *E-mail*: erinaldocavalcanti@ufpa.br

68 Graduado do curso de Licenciatura em História da UFPA. Bolsista PIBIC/PRODOUTOR/UFPA. *E-mail*: carlosaugustoguedes70@gmail.com

Contribuindo com as reflexões referentes aos saberes docentes necessários ao exercício dessa profissão, Flávia Caimi (2013) também aponta os saberes que os(as) docentes devem dominar para exercer a profissão de forma competente.

A autora supracitada enfatiza que os conhecimentos docentes não devem se restringir apenas ao saber disciplinar, ou seja, ao domínio do saber historiográfico, mas devem envolver outros conhecimentos, como os "saberes para ensinar", que seriam aqueles referentes ao currículo, às práticas docentes, ao dito "pedagógico", assim como os "saberes sobre o(a) aluno(a)", nesse caso, os saberes que possibilitam entender quem é o(a) aluno(a), como ele(a) aprende, seu contexto histórico, ou seja, entender o(a) aluno(a) como sujeito que também faz parte do processo de aprendizagem e não é apenas um ser passivo desse processo.

Saber o(a) aluno(a) (ou de João, como aponta Caimi), necessariamente indica que deve-se também considerar o(a) discente como um sujeito que produz conhecimento e, como tal, é um(a) autor(a) que também interpreta seu tempo. Nesse sentido, o foco do presente texto é exatamente esse: saber que o(a) estudante produz ao interpretar seu cotidiano, suas relações temporais no dia a dia na sala de aula. De forma específica, nos interessa compreender os registros produzidos pelos(as) estudantes acerca do que eles(as) consideram importante aprender na disciplina escolar de História.

Contraditoriamente, apesar de diversos(as) pesquisadores(as) indicarem ser necessário aos(as) professores(as) que irão atuar na Educação Básica uma série de conhecimentos, que versem sobre a ciência de referência, sobre os processos de ensino-aprendizagem, assim como sobre os(as) discentes – nosso objeto de interesse no presente estudo – diferentes pesquisas também apontam que a formação de professores(as) de História ofertada em diversas Instituições de Ensino Superior (IES) brasileiras não têm considerado essas dimensões nos percursos formativos ofertados.

Chegando a esse ponto, cabe mencionar o trabalho produzido por Erinaldo Cavalcanti (2018), que defende que a História como ciência, no que diz respeito à formação inicial oferecida aos(as) futuros(as) professores(as), estaria "encastelada" dentro das Universidades, restrita aos departamentos de História e, consequentemente, o ensino estaria "encurralado", tendo em vista suas possibilidades restritas e seu apequenamento por parte da academia, assim como sua desvalorização social. Ademais, em outro estudo de Cavalcanti

(2021a), que visou perceber se as discussões referentes ao ensino de História se faziam presentes nas disciplinas de Teoria da História, o pesquisador ressalta que as discussões sobre o ensino são ausentes nesse componente, situando que os saberes que se referem à docência, ao ambiente escolar e aos(às) estudantes não aparecem como tema de estudo nas disciplinas de teoria, nem naquelas de conhecimento histórico-historiográfico. As discussões aparecem em disciplinas isoladas sobre o ensino de história, muitas vezes atendendo as resoluções do Conselho Nacional de Educação (CNE) que determina, por exemplo, a obrigatoriedade de 400 horas para as chamadas práticas como componentes curriculares.

Para além disso, Cavalcanti (2022a) empreendeu outro estudo com diversas IES brasileiras, enfocando a presença de discussões sobre a aprendizagem histórica nos Projetos Político Pedagógicos dos cursos de formação inicial de professores(as) de História. Uma das constatações do autor foi o silenciamento diante dessa questão, sendo inexistentes disciplinas obrigatórias que possuem a proposta de discutir a aprendizagem histórica. Ademais, Cavalcanti (2022b), refletindo sobre o espaço ocupado pelo ensino de História nas disciplinas obrigatórias dos cursos de formação inicial de professores(as) de História, aponta que, com frequência, as discussões sobre o ensino de História estão articuladas com os assuntos teórico-metodológicos, como se o ensino dessa disciplina fosse apenas uma questão de método. Ou seja, o fazer docente em História se resumiria ao domínio dos saberes historiográficos e à aplicação de alguns métodos de ensino.

Pelas discussões apontadas, pode-se observar que diversos estudos já pontuaram a problemática da dicotomia entre a formação do(a) pesquisador(a) e a formação para a docência nos cursos de formação inicial de professores(as) de História, ressaltando que não apenas existe uma dissociação entre as duas atividades – pesquisa e ensino – como se atribui menor valoração à prática de ensinar. Nesse viés, podemos mencionar também os estudos produzidos por Helenice Ciampi (2013), Ana Maria Monteiro (2013), Maria Schimidt (2015), José Libâneo (2015), Wilma Coelho e Mauro Coelho (2018, 2019), entre outros(as) autores(as) e estudos que indicam que os cursos de formação inicial de professores(as) de História são caracterizados pela diminuição, quando não pela total ausência, de discussões sobre o ambiente escolar e os sujeitos que o integram.

Portanto, podemos sugerir que os cursos de formação inicial de professores(as), especificamente os de História, que são os que aqui interessam, estão formando levas seguidas de docentes sem oferecer as discussões sobre os saberes necessários para atuar na Educação Básica. A partir dos estudos mencionados, nota-se a ausência ou insuficiência das discussões que versam sobre o espaço escolar e os seus sujeitos. Nesse sentido, retomando as três dimensões apontadas por Caimi sobre os saberes docentes – saberes de História, de ensino e sobre o(a) aluno(a) – o presente estudo busca contribuir com a construção do conhecimento sobre essa última dimensão. É uma pesquisa que se debruça sobre os(as) estudantes da Educação Básica.

Aporte Teórico

A pesquisa foi desenvolvida no diálogo com a literatura especializada que analisa como os(as) estudantes da Educação Básica se relacionam com o ensino de História. De maneira específica, devemos mencionar o estudo conduzido por Roberto Kusnick e Fernando Cerri (2014) no Ensino Fundamental e no Ensino Médio, que indicou que tanto alunos(as) deste último nível da Educação Básica quanto estudantes do 8º ano apresentam ideias pessimistas/fatalistas sobre o futuro humano.

Essa constatação dos pesquisadores posteriormente foi reiterada por um trabalho desenvolvido por Fernando Penna (2015) que investigou as concepções de tempo de alunos(as) da Educação Básica do 8º ano através de seus registros escritos, indicando que os(as) alunos(as), majoritariamente, apresentaram perspectivas fatalistas sobre a História. Já Márcia Elisa Ramos e Ronaldo Cardoso Alves (2016) desenvolveram pesquisa na qual o principal objetivo foi estudar as representações históricas elaboradas por estudantes do Ensino Médio e graduandos(as) de Licenciatura em História. Os autores constataram que, para uma boa parte dos(as) estudantes secundaristas, a História tem por função apenas a compreensão do passado.

Aaron Reis (2019) objetivou compreender as concepções de alunos(as) sobre assuntos históricos, questionando-os(as) sobre qual o assunto mais importante para se aprender em História e o motivo. Na análise dos registros, o pesquisador buscou perceber a recorrência dos temas e a importância atribuída pelos(as) jovens aos conteúdos históricos. Os resultados obtidos por Reis apontaram três classes de conteúdos históricos: História do Tempo Presente, História Geral e História do Brasil. Os conteúdos relacionados à História do Brasil e à História Geral foram predominantes e os(as) estudantes, por meio de suas respostas, sugeriram a presença de perspectivas tradicionalistas sobre a história brasileira, assim como uma percepção do tempo presente limitada aos eventos mais recentes e/ou imediatos.

Erinaldo Cavalcanti (2021b) corroborou as considerações de Reis (2019) ao afirmar que compreender o que pensam os(as) alunos(as) nos ajuda a refletir sobre como melhor preparar os(as) futuros(as) professores(as) em trabalho no qual o pesquisador analisou as concepções de tempo de alunos(as) do 9° ano de uma escola pública situada no Pará. O autor observou que os(as) estudantes relacionaram a História Ensinada majoritariamente ao passado, sendo a única função da disciplina aprender e conhecer o passado. Apenas uma minoria de estudantes relacionou a História Ensinada a outras temporalidades, como presente ou futuro. Tais resultados reiteram também a pesquisa conduzida por Márcia Ramos e Ronaldo Alves, mencionada anteriormente. Tal relação estabelecida pelos(as) discentes é preocupante, tendo em vista que a associação da História apenas ao passado nos parece preocupante, pois, um saber escolar desconectado dos problemas e questões do presente perde seu propósito, fica sem sentido e reduz sua relevância.

Ademais, em outra reflexão referente à relação que os(as) alunos(as) estabelecem com o livro didático e as representações que constroem a partir dele, Cavalcanti (2021c) destaca que as respostas dos(as) alunos(as) apontam a necessidade de repensar as propostas curriculares, levando em consideração que os conteúdos trabalhados pelo livro didático não apresentam vínculos com a vida diária dos(as) discentes, sendo distantes e estranhos para eles(as), o que reforça ainda mais a desconexão da História com o presente.

Nesse sentido, Mauro Coelho (2021) reiterou as reflexões de Cavalcanti ao pontuar que os(as) alunos(as) não compreendem o sentido da História Ensinada na escola, já que os conteúdos ensinados pela disciplina, pouco ou nada se conectam à realidade vivenciada cotidianamente, porque não são pensados para os(as) alunos(as) que ocupam os bancos das escolas periféricas hoje. Essa constatação é proveniente de pesquisa realizada visando conhecer o perfil dos(as) alunos(as) de escolas públicas situadas na periferia da cidade de Belém. Cabe destacar também que tais estudos comprovam a persistência da desconexão da História com a vida prática dos(as) estudantes, problemática já apontada por Fernando Penna.

O contato com os referidos trabalhos possibilitou-nos perceber a importância da pesquisa que estamos conduzindo, tendo em vista que são poucos os trabalhos que, efetivamente, se propõem a estudar/analisar como os(as) estudantes pensam e os que fazem isso apontam para resultados semelhantes, indicando a persistência de problemáticas antigas em diferentes regiões do país. Portanto, considerar como os(as) discentes têm experienciado o espaço escolar e as relações que estabelecem com os conteúdos ensinados é conhecimento fundamental para aprimoramento dos processos formativos na Educação Básica, assim como para refletir sobre novas propostas curriculares direcionadas a esse nível de ensino e para repensar a formação de professores(as) no Ensino Superior.

Metodologia

O primeiro passo metodológico foi a pesquisa bibliográfica, seguida pela etapa das observações que foram realizadas em dezembro de 2022 na Escola de Aplicação da UFPA – *lócus* do estudo – com a construção de um Diário de Campo. Após esses passos iniciais, elaboramos o questionário e, em seguida, procedemos com a aplicação. O questionário foi elaborado com 19 perguntas, sendo as primeiras acerca da identificação por idade, gênero, cor/etnia, religião e série/turma em que estavam matriculados. Na sequência, construímos perguntas "semiabertas" – respondidas com sim ou não. Para as respostas "sim", havia um espaço para se desenvolver uma consideração. As perguntas versavam sobre variados temas como o que eles mais gostavam na escola, a matéria preferida, para que servia estudar História, se eles(as) lembravam de conteúdo de História estudado no ano anterior, se tinham dificuldades em aprender História, o que mais marcou sua vida durante a pandemia, e qual o conteúdo da matéria História mais gostou de estudar e por quê. Observamos e coletamos registros de quatro turmas do 9º ano e outras quatro turmas do 6º ano. Nessa oportunidade, selecionamos para apresentação e discussão apenas os dados referentes a turmas de 9º ano, totalizando um corpus de 89 registros.

Em relação aos pressupostos teóricos que orientaram nossa presença em campo, nos respaldamos nas contribuições de Marli André (2012) sobre a etnografia aplicada ao espaço escolar, e consideramos também os apontamentos de Agustín Benito (2017) para problematizar a escola como cultura e espaço produtor de saber, assim como os de Erinaldo Cavalcanti (2023) para compreender os(as) estudantes da Educação Básica como sujeitos/autores(as) que pensam e interpretam suas experiências de tempo.

Com os questionários respondidos, realizamos o processo de digitalização e fizemos a transcrição das respostas obtidas. Feito isso, empreendemos uma análise inicial buscando traçar o perfil dos(as) estudantes a partir das seguintes variáveis: idade, sexo, cor e religião e, posteriormente, nos debruçamos sobre as repostas, ora quantificando aquelas que apresentavam conteúdos semelhantes, ora analisando a especificidade de cada registro. Portanto, nossas análises podem ser caracterizadas como quali-quantitativas.

Para além disso, cabe pontuar que, entre as diversas variáveis que afetaram as respostas produzidas está a condição de autoria dos(as) estudantes, no sentido de que, tal como é indicado por Erinaldo Cavalcanti (2021c, 2021d, 2023), os registros coletados através dos questionários refletem diversos aspectos do lugar e do tempo em que foram escritos, possibilitando compreender, parcialmente, como os(as) estudantes perceberam e apreenderam a experiência escolar em um dado momento. Outra dimensão que precisa ser levada em consideração se refere à natureza das fontes utilizadas na pesquisa, tendo em vista que foram produzidas por nós e que, portanto, refletem nossos interesses e perspectivas profissionais/pessoais.

Analisando os dados

Para o presente estudo, contamos com a participação de 89 discentes da Educação Básica e as considerações a serem apresentadas focalizam as respostas à pergunta: "Qual o conteúdo da matéria História você acha mais importante estudar? Por quê?" Em um viés quantitativo, observamos a frequência com que os assuntos foram mencionados, resultando na menção de 41 conteúdos históricos, sendo o conteúdo mais mencionado o da Segunda Guerra Mundial, seguido pela Ditadura Militar e a Guerra Fria.

Apesar da frequência ser um indicativo importante para mapear os conteúdos mais importantes para se estudar durante as aulas de História na perspectiva dos(as) estudantes, apenas esse dado não é suficiente para compreender e analisar as respostas construídas pelos(as) discentes. Nesse ponto, a análise qualitativa dos registros mostrou-se essencial. Ao entrar em contato com os registros produzidos pelos(as) estudantes, buscamos problematizar os significados e sentidos que eles(as), como autores de seus escritos, atribuíram àquela questão.

Cabe situar também que, apesar da Segunda Guerra Mundial ser o conteúdo nominalmente mais mencionado, também tivemos discentes que registraram apenas o termo "Guerras". Sendo assim, ao visualizar o conjunto das respostas, emergiu uma categoria geral: Guerras. Diferentes conflitos bélicos foram mencionados, sendo as Guerras Mundiais as mais frequentes. Apresentando alguns dos registros coletados, em nossas análises deparamo--nos com a resposta da estudante 25 (E25) da turma 9004[69], que, quando questionada sobre o conteúdo mais importante para se estudar em História, respondeu: "As guerras que aconteceram no mundo. Esse tema é muito importante para o nosso aprendizado". Por que a discente considerou tais conteúdos muito importantes para se aprender?

Seguindo essa linha de análise, a E7 da turma 9003 respondeu: "Sobre as guerras mundiais, pois muitos fatos que vemos hoje em dia são consequência desse passado". Outro registro semelhante encontramos no registro do E14 da turma 9002. Para ele, o conteúdo mais importante a ser estudado era: "Sobre guerra mundial, porque é bom nós sabemos se virar se houver uma terceira guerra mundial". Ou seja, a partir das respostas desses(as) estudantes, podemos inferir que as guerras se situam no passado, entretanto, seus efeitos negativos ainda hoje podem ser percebidos e por isso é importante aprender sobre esses conflitos. Além disso, seria possível, a partir do estudo de conflitos globais do passado, evitar guerras futuras, como uma Terceira Guerra Mundial.

Da turma 9901, a E1, quando questionada sobre o conteúdo mais importante para se estudar em História, respondeu: "Guerra, as pessoas devem saber cada mínimo detalhe, para que coisas assim não se repitam". Já o E20 da turma 9003, em perspectiva semelhante, indicou: "A guerra, já que pode ser estudada para impedir outras guerras". O que chama a atenção nessas duas respostas

---

69 Para mencionar as respostas dos(as) estudantes e não identificar sua autoria pessoal, após o questionário ser preenchido, atribuímos um número de identificação, antecedido da letra E. Assim, E25 25 (Estudante 25) da turma 9004, número usado pela escola para identificar as turmas do 9º Ano.

é que o discente e a discente indicaram que as guerras devem ser detalhadamente conhecidas para evitar que condições semelhantes sejam "recriadas" e se repitam, ressaltando que estudar guerras passadas auxilia na prevenção de novos conflitos. Desse modo, podemos perceber como ambos se apropriaram dos temas trabalhados em sala, sendo possível observar que estabeleceram relação direta entre o conhecimento do passado e a possibilidade de intervenção no futuro a partir do estudo dos conteúdos históricos no presente.

Nesse ponto, podemos mobilizar o conceito de consciência histórica de Jorn Rüsen (2011), que se fundamenta na capacidade inerente ao ser humano de estabelecer nexos entre as três dimensões temporais: o passado, o presente e o futuro. Tal como indicado por Luis Cerri (2011), ao abordar esse conceito a partir do referido historiador alemão, a consciência histórica funciona como uma perspectiva que orienta a ação no presente a partir da interpretação do passado – construída no presente – e relacionando-se também a uma projeção de futuro. Nesse viés, enquanto interpretação, não é possível afirmar que existe uma leitura "correta" ou "incorreta" da realidade, mas que existem diferentes formas de se orientar no tempo. Ademais, para Rüsen, a consciência histórica também se relaciona com a aprendizagem histórica, tendo em vista que viabiliza a ampliação das possibilidades interpretativas, auxiliando na orientação/vivência da vida prática.

Sendo assim, a partir das respostas dos(as) discentes, é possível compreender parcialmente como eles(elas) estabeleceram relações entre o passado, o presente e o futuro, a partir dos conteúdos trabalhados em sala de aula. As respostas dos(as) estudantes em alguma medida sugerem de que forma a história ensinada articula os conteúdos trabalhados e as diferentes consciências históricas apontadas pelos registros dos(as) estudantes, sinalizando também a construção de aprendizagens em História. Nessa perspectiva, é possível considerar os conteúdos mobilizados como recursos para a interpretação da realidade e do mundo em que vivem, contribuindo para o direcionamento de suas ações no dia a dia, visando um projeto de futuro específico.

Outro ponto é que foi possível perceber a concepção da disciplina História enquanto "Mestra da Vida", ou seja, o passado apareceu nas respostas dos(as) estudantes como fornecedor de exemplos, os quais, a depender de suas consequências, deveriam ou não ser seguidos. Logo, a partir da observação e estudo minucioso de conflitos passados (os exemplos), seria possível antever o futuro e trabalhar no presente para que a história não se repita. Tal perspectiva também pode estar relacionada a uma percepção cíclica do tempo.

Conclusão

O conjunto das respostas, das quais mobilizamos algumas para fins de análise no presente capítulo, mostra que os registros construídos pelos(as) estudantes se constituem como fonte documental potente para as pesquisas situadas no campo do Ensino de História. Essas fontes apresentam diferentes registros sobre as variadas maneiras pelas quais os(as) estudantes se apropriam da História ensinada. Igualmente, elas também sinalizam uma dada representação que seus autores mobilizam na ação cotidiana de leitura e interpretação de suas experiências temporais, incluindo aquelas sobre os temas considerados mais importantes para serem estudados nas aulas de História.

Cabe destacar como os temas relacionados à(s) guerra(s) e/ou conflitos aparecem com frequência nos registros produzidos. Esses temas são considerados importantes de serem estudados por eles(as) porque trata-se de um saber específico que pode ser usado para evitar que situações semelhantes ocorram. Essa interpretação pode ter sido construída por muitas variáveis e uma delas pode estar relacionada com a forma como o professor teceu a narrativa histórica em sala. Outra variável também pode residir na narrativa veiculada pelo livro didático ou mesmo no consumo de outras narrativas produzidas em abundância pelas mídias digitais. Ou seja, as respostas apontam que tais conteúdos são importantes de serem estudados para evitar a repetição das consequências negativas que são causadas por guerras de dimensões globais.

Outro ponto é que, o que os(as) estudantes julgam como importante de ser estudado em História é o saber do passado que apresenta uma finalidade para o futuro. No caso de conteúdos sobre guerras, o propósito do estudo seria identificar os antecedentes dos conflitos passados com o intuito de evitar a ocorrência de novos conflitos no futuro, como mencionado anteriormente. Entretanto, não apenas esses, os conteúdos importantes para se estudar em História são também aqueles que, em algum nível, afetam os(as) discentes.

Gostaríamos de finalizar a breve reflexão retomando o questionamento presente no título. Evidentemente, o(a) professor(a) é o profissional habilitado para propor as atividades de ensino-aprendizagem aos(às) discentes, tendo em vista que, tal como é apontado por Fernando Seffner (2013), apesar dos(as) estudantes considerarem alguns conteúdos como os mais importantes, o(a) docente têm a responsabilidade de apresentar outras questões que também são relevantes para os(as) alunos(as), mas que eles(as) desconhecem. Entretanto, considerar as perspectivas dos(as) discentes contribui para o trabalho docente, tendo em vista que fornecem novos elementos para a delimitação de percursos formativos que considerem as expectativas/demandas dos(as) estudantes, potencializando o processo de ensinar e aprender.

Referências

ANDRÉ, Marli Eliza Dalmazo Afonso de. **Etnografia da prática escolar**. 1. ed. Campinas: Papirus, 1995. 114p.

BENITO, Agostín Escolano. **A Escola como Cultura:** experiência, memória e arqueologia. 1. ed. Campinas: Alínea, 2017.

CAIMI, Flávia Eloísa. O que precisa saber um professor de história? **História & Ensino**, *[S. l.]*, v. 21, n. 2, p. 105–124, 2015. DOI: 10.5433/2238-3018.2015v21 n2p105. Disponível em: https://ojs.uel.br/revistas/uel/index.php/histensino/article/view/23853. Acesso em: 16 out. 2023.

CAVALCANTI, Erinaldo Vicente. Por dentro da aula de História: relatos, leituras e interpretações da história ensinada. **Revista Territórios & Fronteiras**, Cuiabá, v. 16, n. 1, p. 229-248, jan./jul., 2023. Disponível em: https://periodicoscientificos.ufmt.br/territoriosefronteiras/index.php/v03n02/article/view/1207. Acesso em: 5 set. 2023.

CAVALCANTI, Erinaldo Vicente. O lugar da aprendizagem histórica nos percursos de formação inicial do professor de história no Brasil. **Antíteses**, *[S. l.]*, v. 15, n. 29, p. 127-154, 2022a. DOI: 10.5433/1984-3356.2022v15n29p127-154. Disponível em: https://ojs.uel.br/revistas/uel/index.php/antiteses/article/view/45213. Acesso em: 25 out. 2023.

CAVALCANTI, Erinaldo Vicente. O lugar do ensino de História nas licenciaturas em História no Brasil: saberes, reflexões e desafios. **Revista História Hoje**, *[S. l.]*, v. 11, n. 22, p. 247-272, 2022b. Disponível em: https://rhhj.emnuvens.com.br/RHHJ/article/view/779. Acesso em: 26 out. 2023.

CAVALCANTI, Erinaldo Vicente. Onde está o ensino nas disciplinas de Teoria da História ensinadas no Brasil? Reflexões sobre a formação docente dos professores de História. **Revista História da Historiografia**, v. 14, n. 36, p. 133-166, 2021a. Disponível em: https://www.historiadahistoriografia.com.br/revista/article/view/1659. Acesso em: 26 out. 2023.

CAVALCANTI, Erinaldo Vicente. A história sem presente e o ensino sem futuro: representação do tempo no ensino de História pelos alunos da Educação Básica. **Tempo e Argumento**, v. 13, n. 33, p. 1-28, 2021b. Disponível em: https://revistas.udesc.br/index.php/tempo/article/view/2175180313332021e0109 Acesso em: 06 set. 2022.

CAVALCANTI, Erinaldo Vicente. Entre práticas e representações: o livro didático de História na percepção dos estudantes da Educação Básica a partir do Projeto Pibid. **Interfaces da Educação**, v. 12, p. 360-385, 2021c. Disponível em: https://periodicosonline.uems.br/index.php/interfaces/article/view/4855 Acesso em: 8 set. 2022.

CAVALCANTI, Erinaldo Vicente. A história encastelada e o ensino encurralado: reflexões sobre a formação docente dos professores de história. **Educar em Revista**, v. 34, n. 72, p. 249-267, nov. 2018. Disponível em: https://www.scielo.br/j/er/a/BHyffbbDR6gj5xFMQGsG8pK/#. Acesso em: 1 nov. 2023.

CERRI, Luís Fernando. O que é a consciência histórica. *In*: CERRI, Luís Fernando. **Ensino de história e consciência histórica**. Rio de Janeiro: Editora FGV, 2011. p. 19-55.

CIAMPI, Helenice. Os dilemas da formação do professor de História no mundo contemporâneo. **Revista História Hoje**, *[S. l.]*, v. 2, n. 3, p. 109-130, 2013. Disponível em: https://rhhj.anpuh.org/RHHJ/article/view/74. Acesso em: 1 nov. 2023.

COELHO, Mauro Cezar. Um tema lacunar na pesquisa histórica – o conhecimento sobre estudantes da Educação Básica: ensaio de reconhecimento de estudantes de escolas públicas de Belém e o ensino de História. *In*: CAVALCANTI, Erinaldo Vicente *et al.* (orgs.). **História**: memoria, narrativa e ensino na Amazônia brasileira. São Luís: EdUFMA, 2021. p. 17-34. Disponível em: https://itemnpo.unifesspa.edu.br/download/136-lan%C3%A7amento-livrohist%C3%B3ria-mem%C3%B3ria,-narrativas-e-ensino-na-amaz%C3%B4niabrasileira.html. Acesso em: 5 set. 2022.

COELHO, Mauro Cezar; COELHO, Wilma de Nazaré Baía. Notas sobre a formação docente o saber histórico escolar nos cursos de formação de professores de história. **Nova Revista Amazônica**, Belém, v. 7, n. 1, p. 51-74, abr. 2019. Disponível em:https://periodicos.ufpa.br/index.php/nra/article/view/6976/5464 . Acesso em: 23 set. 2022.

COELHO, Mauro Cezar; COELHO, Wilma de Nazaré Baía. As licenciaturas em História e a Lei 10.639/03 – percursos de formação para o trato com a diferença? **Educação em Revista**, Belo Horizonte, v. 34, e192224, p. 1-39, 2018. Disponível em:

https://www.scielo.br/j/edur/a/hvnLnRX7NpxPqJ9YqrBBQHG/?format=pdf&lang=pt Acesso em: 2 nov. 2023.

KUSNICK, Marcos Roberto; CERRI, Luís Fernando. Ideias de estudantes sobre a história - um estudo de caso a partir das representações sociais. **Revista Cultura histórica & Patrimônio**, Alfenas, v. 2, n. 2, p. 30-54, 2014. Disponível em: https://publicacoes.unifal-mg.edu.br/revistas/index.php/cultura_historica_patrimonio/article/view/02_art_v2n2_kusnick-cerri. Acesso em: 16 set. 2022.

LIBÂNEO, José Carlos. Formação de professores e didática para desenvolvimento humano. **Educação & Realidade**. Porto Alegre, v. 40, n. 2. 629-650. abr./jun.2015. Disponível em: https://www.scielo.br/j/edreal/a/GB5XHxPcm79MNV5vvLqcwfm/?format=pdf&lang=pt Acesso em: 2 jul. 2022.

MONTEIRO, Ana Maria. Formação de professores: entre demandas e projetos. **Revista História Hoje**, *[S. l.]*, v. 2, n. 3, p. 19-42, 2013. DOI: 10.20949/rhhj.v2i3.63. Disponível em: https://rhhj.anpuh.org/RHHJ/article/view/63. Acesso em: 3 nov. 2023.

MONTEIRO, Ana Maria Ferreira da Costa. O ensino de História: entre história e memória. **Pesquisa Prática Educacional**, UFRRJ, 2011. Disponível em: http://ufrrj.br/graduacao/prodocencia/publicacoes/pesquisa-pratica-educacional/artigos/artigo1.pdf. Acesso em: 26 out. 2023.

PENNA, Fernando. A total dúvida sobre o amanhã e o desafio de ensinar história: concepções de tempo na produção textual de alunos. **História e Perspectivas**, Uberlândia, v. 28, n. 53, p. 71-97, jan./jun. 2015. Disponível em: https://seer.ufu.br/index.php/historiaperspectivas/article/view/32767/17710. Acesso em: 9 set. 2022.

RAMOS, Márcia Elisa Teté; ALVES, Ronaldo Cardoso. Representações de história em jovens da escola básica e da universidade: um estudo sobre pensamento histórico e identidade. **Antíteses**, Londrina, v. 9, n. 18, p. 118-152, jul./dez. 2016. Disponível em: https://www.redalyc.org/articulo.oa?id=193349764007. Acesso em: 13 out. 2022.

REIS, Aaron Sena Cerqueira. As concepções de jovens estudantes sobre assuntos históricos. **Revista História Hoje**, São Paulo, v. 8, n. 16, p. 70-89, dez. 2019. Disponível em: https://rhhj.anpuh.org/RHHJ/article/view/539/316. Acesso em: 5 set. 2022.

RÜSEN, Jorn. O desenvolvimento da competência narrativa na aprendizagem histórica: uma hipótese ontogenética relativa à consciência moral. *In*: SCHMIDT, Maria Auxiliadora; BARCA, Isabel; MARTINS, Estevão de Rezende (orgs.). **Jorn Rüssen e o Ensino de História**. Curitiba: Editora UFPR, 2011. p. 51-77.

SCHMIDT, Maria Auxiliadora. Formação do professor de história no Brasil: embates e dilaceramentos em tempos de desassossego. **Educação**, Santa Maria, v. 40, n. 3, p. 517-528, set./dez. 2015. Disponível em: https://periodicos.ufsm.br/reveducacao/article/view/18206/pdf Acesso em: 30 nov. 2021.

SEFFNER, Fernando. Aprendizagens significativas em História: critérios de construção para atividades em sala de aula. *In*: GIACOMONI, Marcello Paniz; PEREIRA, Nilton Mullet (orgs.) **Jogos e ensino de História.** Porto Alegre: Evangraf, 2013, p. 47-62.

ALÉM DAS CORRENTES E GRILHÕES: o Museu do Negro de São Luís/MA como proposta para o Ensino de História

Leonardo Ryon Alves dos Santos[70]

A relevância do Ensino da História e da Cultura Afro-Brasileira na Educação Básica tem sido um tema central de discussão, especialmente no contexto da superação de estereótipos e preconceitos historicamente enraizados contra a população negra do Brasil. Apesar dos avanços proporcionados por legislações como a Lei Nº. 10.639/2003 e a Lei Nº. 11.645/2008, que estabelecem a obrigatoriedade do ensino da História e Cultura Afro-Brasileira, Africana e Indígena nas escolas, Fontenele e Cavalcante (2021) destacam que a mera imposição legal desses conteúdos, muitas vezes, não se traduz em uma aplicação eficaz e significativa. Isso decorre, em parte, conforme as autoras, de lacunas na formação inicial dos(as) docentes.

Diante desse cenário, é crucial que os(as) professores(as) de História incorporem em suas abordagens de ensino a preservação e a valorização da História e Cultura dos diversos grupos étnicos que compõem a sociedade brasileira. Munanga (2014) enfatiza que as identidades resistentes das matrizes culturais que moldaram o Brasil persistem e exercem influência indiscriminada na vida cotidiana de todos(as) os(as) brasileiros(as). Ao mesmo tempo, os preconceitos culturais, como evidenciado pela intolerância religiosa e pelos preconceitos raciais, continuam a subsistir. Diante dessa realidade, surge o questionamento sobre como abordar o Ensino da História desses povos que, na historiografia oficial, foram negligenciados e substituídos por uma narrativa monocultural, silenciando a rica diversidade cultural em prol de um suposto sincretismo cultural ou miscigenação. Mesmo com avanços legislativos, o que é ensinado ainda permanece predominantemente centrado na História e cultura europeia (MUNANGA, 2014).

---

70   Graduando em História – UFPA. Bolsista PIBIC. *E-mail:* leonardoryon88@gmail.com

O objetivo deste trabalho é construir considerações iniciais que promovam a valorização e a preservação da Cultura e História Afro-Brasileira no ensino, utilizando as potencialidades oferecidas pelo Museu do Negro de São Luís do Maranhão, também conhecido como "Cafua das Mercês", reconhecendo seu caráter de Lugar de Memória (NORA, 1993). Ao adotar a compreensão de Meneses (1993) sobre os museus como espaços repletos de intencionalidades, pretende-se, mesmo diante de eventuais limitações, explorá-los como ferramentas de reflexão no Ensino de História. Busca-se, assim, gerar problematizações que contribuam para uma abordagem mais crítica e integrada da realidade cotidiana brasileira, especialmente no que diz respeito às populações afro-brasileiras e suas representações em espaços museológicos.

Nesse contexto, a proposta é dimensionar a História Afro-Brasileira na Educação Básica para além da escravidão, reconhecendo o significado e o impacto devastador desse período, sobretudo, para a população afrodescendente. A intenção é transcender as narrativas convencionais e explorar a riqueza cultural e histórica dessas comunidades, frequentemente desconhecidas pela sociedade brasileira. Mesmo diante das limitações identificadas na história do Museu do Negro, pretende-se utilizá-las como ferramentas para instigar questionamentos sobre a conformação de uma realidade permeada por estereótipos e explicações minimalistas acerca das populações negras no Brasil. Com isso, almeja-se fortalecer a cidadania, a democracia e promover o empoderamento dos historicamente excluídos (CANDAU, 2008).

Aporte Teórico

Segundo Cazelli e Valente (2019), os museus possuem, de modo geral, a capacidade de ampliar as oportunidades de aprendizagem, tornando-se espaços propícios para abordagens de ensino que busquem explorar essa potencialidade. Nesse contexto, um exemplo emblemático é o Cafua das Mercês, também conhecido como Museu do Negro, localizado no centro histórico de São Luís do Maranhão. Esse museu destaca-se ao enfrentar os desafios de evidenciar e valorizar a história e a cultura afro-brasileira por meio de suas exposições, programações educacionais e atividades de difusão cultural. Essa abordagem encontra paralelos em outros museus que também se dedicam a retratar o percurso do negro (PINHEIRO, 2019). Entretanto, conforme

Bittencourt (2004), os museus não são entidades estáticas nem ultrapassadas, ao contrário, fazem parte do cotidiano humano, narrando histórias permeadas por intencionalidades. Compreender a narrativa desses espaços e suas intencionalidades é fundamental para utilizar esses ambientes de forma eficaz no ensino.

Adicionalmente, de acordo com Hooper-Greenhill (1995), nos museus, a geração de significados envolve tanto as conexões analíticas quanto emocionais dos sujeitos com os artefatos, muitas vezes demandando a transposição de fronteiras. Os museus têm a capacidade de facilitar essas interações, criando novos pontos de interseção entre identidades e acervos, indivíduos e objetos, bem como entre significados e manifestações simbólicas. Nesse contexto, os museus mostram sua potencialidade de uso na Educação, especialmente no Ensino de História Africana e Afro-brasileira, ao permitirem a compreensão de que a História e Cultura dessas populações vão muito além de simplificações generalistas.

Assim, a criação de significados nos museus, ao transcender a dimensão analítica e alcançar a dimensão emocional dos sujeitos, possibilita uma apreciação mais rica desses espaços. Isso ocorre porque grupos historicamente excluídos passam por um processo de empoderamento, tendo acesso a elementos que compõem suas Histórias e Culturas, que vão além do contexto da escravidão (MUNANGA, 2014). Portanto, lugares de memória como o Cafua das Mercês, um casarão do século XVIII que serviu como mercado de escravizados africanos, estão sendo ressignificados na contemporaneidade. Agora, busca-se construir um significado que vai além do passado escravista, considerando a riqueza material e imaterial das populações negras. Propostas como essa visam desativar o processo de subalternização de grupos como negros e indígenas na História do Brasil, conforme apontado por Mauro Coelho e Wilma Coelho (2018). Em conformidade com a Lei Nº. 10.639/2003, que estabelece a obrigatoriedade do ensino da História e Cultura Afro-Brasileira, esse Museu busca ampliar a compreensão e consciência sobre a contribuição dessas culturas para a formação nacional e de São Luís, promovendo também a igualdade racial.

Contudo, Pinheiro (2019) identificou limitações no Museu, destacando que, apesar de seu objetivo principal ser destacar elementos que simbolizam e celebram a luta e a resistência do povo negro, muitas vezes acaba por enfocar excessivamente a escravidão em detrimento de outras dimensões. Apoiando-se nos apontamentos de Cavalcanti (2019), é possível utilizar reflexões sobre os significados da memória do patrimônio para ampliar as discussões sobre seus usos na História e seu ensino. Lugares de Memória que mantêm uma leitura de um passado "endurecido" precisam passar por uma desconstrução desses significados cristalizados, possibilitando uma melhor compreensão das construções históricas e expandindo as possibilidades de pesquisa e ensino. As limitações do patrimônio do museu podem ser utilizadas como uma oportunidade para criticar a narrativa tradicional, compreendendo suas intencionalidades e problemas, e assim construir uma nova realidade na qual o espaço contribui efetivamente para superar estereótipos e preconceitos enraizados na sociedade brasileira.

Para atingir seus objetivos, o Cafuá, segundo Pinheiro (2019), empenha-se em oferecer informações e contextos históricos que fomentem uma compreensão mais crítica e empática da história negra no Brasil e no Maranhão. A autora indica que o espaço promoveria a exploração de diversas linguagens artísticas e cria oportunidades para diálogo e reflexão. Através de atividades como oficinas, *workshops* e vivências, os visitantes são convidados a interagir com a cultura afro-brasileira. Essa abordagem, alinhada à proposta de Moutinho (2008) de proporcionar uma experiência participativa, busca estimular uma compreensão mais profunda, promover o engajamento crítico e despertar o interesse pela rica diversidade cultural afro-brasileira, conforme as orientações de Forchesatto (2012).

Metodologia

No presente trabalho, adotou-se a abordagem problematizadora proposta por Gomes (2019), a qual destaca que o Ensino de História pode se beneficiar do uso do Patrimônio e de práticas educacionais decoloniais para promover a formação dos educandos. Entre as práticas essenciais, incluem-se aquelas capazes de gerar novas possibilidades, como a ressignificação de espaços. Isso se dá por meio da reflexão sobre o propósito da construção de um Museu destinado a evidenciar a Cultura e a História africana e afro-brasileira, levantando questionamentos sobre as razões que dificultaram o Museu do Negro de São Luís a atingir integralmente esse objetivo, conforme constatado por

Pinheiro (2019). O museu parte de uma perspectiva local que integra o contexto nacional.

Durante três visitas realizadas ao espaço em julho de 2023, sendo a primeira guiada e as demais autoguiadas para uma análise mais aprofundada do acervo e das exposições, observou-se uma significativa mudança em relação ao contexto descrito por Pinheiro (2019). Essa transformação foi, principalmente, resultado de uma ampla reestruturação promovida pelo Governo do Estado do Maranhão em 2020, após a reforma no primeiro pavilhão do antigo mercado de escravos do século XVIII. O foco imediato passou a ser peças relacionadas a práticas cerimoniais de diversos povos africanos, como os Iorubá, Baulê e Dogon. O acervo inclui vasos cerimoniais, estatuetas religiosas, bastões, cetros, máscaras, tamboretes, figuras femininas e masculinas. No mesmo pavilhão, destaca-se uma galeria de personalidades negras importantes para a sociedade maranhense, como o filólogo Hemetério José dos Santos, a médica Maria José Camargo Aragão e o contista Astolfo Marques. Segundo os monitores da visita guiada, essa galeria serve como uma forma de desmentir os falsos discursos de inferioridade intelectual dos(as) negros(as) frequentemente disseminados pelos(as) darwinistas sociais.

No térreo do museu encontra-se um pelourinho, símbolo do poder real português na colônia e local de tortura de muitos(as) escravizados(as). Nesse mesmo ambiente existem as pedras de suplícios, onde escravizados(as) eram acorrentados(as) e flagelados(as), geralmente como forma de punição por algum ato. No segundo pavilhão, o foco recai sobre aspectos culturais e religiosos do Maranhão, com ênfase no tambor de Mina. O ambiente preserva correntes usadas contra os(as) escravizados(as). O acervo da exposição contempla peças de roupas de culto usadas em cerimônias religiosas, um painel de santos católicos sincretizados com simbolismos da Umbanda, cachimbos, instrumentos musicais como a Cabaça, Guias de contas e um altar com diversas estatuetas de santos católicos e outras representações típicas do Tambor de mina. Dessa forma, pode-se afirmar que um museu alinhado à proposta de empoderamento do povo e da cultura afro deve direcionar seu acervo e exposições para a história milenar dos povos africanos e para a diáspora.

A Base Nacional Comum Curricular (BNCC) de 2018, no que diz respeito ao Ensino de História, destaca a valorização da História da África e das Culturas Afro-Brasileiras, indicando a necessidade de considerar outros aspectos além da escravidão. O documento ressalta a importância de levar em conta os saberes produzidos por essas populações ao longo de sua história. Há unidades temáticas, como a prevista para o 7º ano do Ensino Fundamental – anos finais, que abordam o "mundo moderno e a conexão entre sociedades africanas, americanas e europeias", com o objetivo de identificar aspectos e processos específicos dessas sociedades antes da chegada dos europeus, incluindo formas de organização social, saberes e técnicas (BRASIL, 2017).

No Brasil, mesmo sob o regime da escravidão, a diversidade e complexidade das culturas não se perdem; ao contrário, transformam-se. Dimensões como a religiosa, por exemplo, continuam sendo evidenciadas no cotidiano brasileiro em diversas relações sociais (SOUZA; SILVA, 2023). Nesse contexto, é possível explorar e analisar essas dimensões por meio de instrumentos como os museus, que têm o potencial de proporcionar resultados ricos e proveitosos (GOMES, 2019). Isso está em consonância com dispositivos como as Diretrizes Curriculares Nacionais para a Educação das Relações Étnico-Raciais e para o Ensino de História e Cultura Afro-Brasileira e Africana (2004), que enfatizam a importância de provocar transformações nas mentalidades e nos comportamentos das pessoas, promovendo uma articulação entre passado, presente e futuro. Com esse propósito, essas diretrizes estipulam:

> [...] o ensino de História e Cultura Afro-Brasileira e Africana, evitando-se distorções, envolverá articulação entre o passado, presente e futuro no âmbito de experiências, construções e pensamentos produzidos em diferentes circunstâncias e realidades do povo negro. É um meio privilegiado para a educação das relações étnico-raciais e tem por objetivos o reconhecimento e valorização da identidade, história e cultura dos afro-brasileiros, garantia de direitos de cidadãos, reconhecimento e igual valorização das raízes africanas da nação brasileira, ao lado das indígenas, europeias, asiáticas (BRASIL, 2004, p. 20).

Conforme preconizado pelas Diretrizes Nacionais, uma estratégia eficaz para aproximar o Ensino de História na Educação Básica da realidade cotidiana dos(as) alunos(as) é adotar abordagens ancoradas no contexto local. Essas práticas têm o potencial de ser atrativas, possibilitando que os alunos se identifiquem mais facilmente com o patrimônio ao seu redor. Dessa forma, a valorização da mediação cultural e da arte/educação não-formal surge como uma ferramenta poderosa para desconstruir estereótipos, promover a inclusão e instigar o respeito pela diversidade cultural. Ao criar uma atmosfera sensível e inclusiva, essas abordagens buscam fomentar o diálogo, a troca de conhecimentos e a construção de uma consciência crítica, elementos fundamentais para forjar uma sociedade mais inclusiva e igualitária. Além disso, ao envolver os(as) alunos(as) em diferentes linguagens artísticas, especialmente aquelas relacionadas à cultura local, busca-se criar um senso de pertencimento identitário.

A necessidade de uma educação multicultural, que destaque a vasta diversidade presente no Brasil em suas diversas instâncias, é crucial para a formação cidadã, incorporando as histórias e culturas das raízes que contribuíram para a formação do país. Nesse contexto, as leis Nº. 10.639/03 e Nº. 11.645/08 desempenham um papel reparador e corretivo, tornando obrigatório o ensino da História do continente africano, das populações negras e dos povos indígenas brasileiros. A abordagem adotada na Educação Básica, portanto, deve vincular essas histórias aos contextos locais, cumprindo os dispositivos legais de maneira significativa e eficaz.

Conforme ressaltado por Cazelli e Valente (2019), os museus, como espaços educacionais, desempenham um papel fundamental no desenvolvimento de processos educacionais e na aprendizagem política dos direitos dos cidadãos. Além de contribuírem para a resolução de problemas historicamente construídos, esses espaços podem abranger os conteúdos da escolarização. Os museus, portanto, oferecem um ambiente propício para aprendizagens relevantes à formação cidadã dos(as) alunos(as), promovendo o respeito e a celebração da diversidade. Quanto ao Museu do Negro de São Luís, é pertinente destacar a significativa transformação em sua organização e exposições após a reestruturação em 2020. Anteriormente, conforme apontado por Pinheiro (2019), o museu concentrava-se majoritariamente em temas relacionados à escravidão e à tortura. No entanto, é possível problematizar essa abordagem anterior, pois ela atendia a interesses que limitavam a representação do passado dos negros apenas ao período escravista. Os limites desses Espaços de Memória, como o Museu do Negro, devem ser explorados, como sugere Cavalcanti (2019), para questionar e desafiar representações simplistas.

É relevante considerar que o acervo do museu oferece uma perspectiva pouco explorada em sala de aula sobre a História da África e dos Afro-Brasileiros. A riqueza cultural desses povos, evidenciada no acervo, é uma fonte valiosa que merece ser incorporada ao ensino de História. Apesar de o museu ter, em grande parte de sua trajetória, enfocado o percurso do negro predominantemente pela lente da escravidão, é possível instigar os(as) alunos(as) a questionar por que a História e Cultura Afro-Brasileira foram representadas principalmente através da ótica da escravidão passiva. Explorar essas questões é uma forma de subverter a "Memória do Estigma", utilizando espaços como os museus para promover uma visão mais abrangente e precisa da História e Cultura Afro-Brasileira, que conforme Pinheiro:

> Memórias do estigma que alimentam preconceitos, discriminação e racismo e razões pelas quais faz sentido à existência de espaços que auxiliem a implementação da Lei Federal N°. 10.639/2003. Isto torna-se imperativo, pois locais e práticas dessa natureza são mais que oportunos para que se desconstrua no imaginário da população brasileira o estereótipo do(a) negro(a) passivo. As instituições escolares, comumente, têm presenciado e orquestrado vários momentos nos quais a população negra tem sua história, sua memória e sua cultura silenciada e escamoteada, além de comungarem visões que reforçam estigmas acerca deste segmento populacional na sociedade brasileira (PINHEIRO, 2019, p. 53).

A proposta não é negligenciar o passado sobre a escravidão, mas sim incorporar novas dinâmicas que explorem outros aspectos dessa História como os ricos da religiosidade, os objetos de culto habilmente confeccionados por meio de saberes milenares, a influência significativa na musicalidade brasileira contemporânea, as danças como o lundum e a contribuição para a riqueza vocabular brasileira com numerosas palavras de origem africana. Essa abordagem visa romper com o silenciamento histórico que, segundo Macedo (2018), se estabeleceu na narrativa convencional.

Conforme apontado por Farias (1998), embora vivessem sob o jugo da escravidão, esses indivíduos eram mais do que simples objetos passivos. Eles possuíam uma identidade construída e, diante das circunstâncias adversas, utilizavam uma variedade de artifícios para transformar essa realidade. Os grupos afetados pelo processo de escravização não aceitavam a escravidão como destino, demonstrando uma resistência ativa que transcende o papel de marionetes dos brancos. Esses são os contornos essenciais que o ensino e os museus devem considerar em suas práticas. O objetivo não é minimizar os horrores da escravidão, mas compreender seus matizes, a herança cultural autônoma e as instituições transplantadas pela população negra. Mesmo nas relações entre senhores e escravizados, existia um universo para além das correntes e dos chicotes. Havia um contexto que ultrapassava a violência, incorporando aspectos complexos que desafiavam o paternalismo historicamente empregado pela historiografia. Os(as) escravizados(as) eram, e sempre foram, protagonistas da História. A compreensão dessas dimensões é crucial para uma sociedade mais justa, diversificada e democrática. O desafio reside não na falta de aspectos a serem explorados, mas sim na necessidade de ações efetivas que promovam a reeducação sobre a Cultura e a História dos Africanos e Afro-Brasileiros. Espaços como o Cafua das Mercês, com seu acervo e História, oferecem oportunidades valiosas para enriquecer o ensino nesse sentido.

Considerações Finais

Considerando o exposto, as propostas que podem emergir do Cafua das Mercês apresentam um considerável potencial para o ensino de História, especialmente em conformidade com dispositivos legais como as Leis Nº. 10.639/2002, Nº. 11.645/2008 e a BNCC de 2018, que preconizam a valorização da História e Cultura Africana e Afro-Brasileira. No entanto, tais propostas devem ser elaboradas com cautela para evitar a perpetuação das "Memórias do Estigma" sobre a população negra no Brasil (ARAÚJO, 2004). Nesse contexto, este trabalho busca desenvolver algumas considerações iniciais para o ensino, explorando as potencialidades e limitações do Museu do Negro de São Luís do Maranhão, considerando a instituição como objeto para o ensino de História.

As análises sobre o acervo, que abordam a materialidade da cultura africana e afro-brasileira em seus aspectos culturais, religiosos, artísticos etc., antes e depois da diáspora, podem ser extremamente benéficas para o ensino. A crítica dessas exposições, bem como do próprio prédio, possibilita a compreensão da complexidade e diversidade desses povos em períodos anteriores e posteriores à escravidão. Percebe-se que esta última não é capaz de dar conta da realidade; pelo contrário, reduz a uma compreensão minimalista e simplista dos processos históricos. É crucial compreender, como apontado por Bittencourt, que os museus não são espaços do passado, mas sim passam por constantes processos de ressignificação, como é o caso do Museu do Negro de São Luís.

Observou-se que o museu passou por uma mudança significativa em 2020, direcionando seu enfoque para destacar a diversidade religiosa, cultural e social dessas populações, em contraposição ao foco anterior nas características relacionadas em sua maioria à escravidão. Essa transformação pode ser explorada para uma análise mais profunda. As limitações na organização anterior do museu oferecem uma oportunidade para questionar a narrativa tradicional, analisando suas intenções e identificando as questões que a caracterizam como uma construção humana. Mediante esse entendimento crítico, é possível estabelecer uma nova perspectiva na qual o museu verdadeiramente enfrenta o desafio de superar estereótipos e preconceitos profundamente enraizados na sociedade brasileira. Mesmo diante do processo de escravização, as populações negras permaneceram inequivocamente como sujeitos históricos e construtores de sua realidade. De acordo com Sheilla de Castro Farias (1998), essas populações foram e continuam sendo protagonistas de sua própria história e construtoras da realidade cotidiana. É crucial transcender a "clássica" narrativa da coisificação do escravizado, compreendendo que esses sujeitos não se viam dessa maneira, nem mesmo aqueles ao seu redor. Essas dimensões devem ser integradas ao ensino de História, visando à valorização e ao reconhecimento da importância e das diversas formas de agência que esses grupos assumiram diante das novas realidades impostas, com o propósito de empoderar os historicamente excluídos.

Referências

ARAÚJO, E. Negras memórias, o imaginário luso-afro-brasileiro e a herança da escravidão. **Estudos Avançados**, [S. l.], v. 18, n. 50, p. 242-250, 2004.

BRASIL. **Lei Nº. 10.639, de 9 de janeiro de 2003**. Altera a Lei Nº. 9.394, de 20 de dezembro de 1996, que estabelece as diretrizes e bases da educação nacional, para incluir no currículo oficial da rede de ensino a obrigatoriedade da temática "História e Cultura Afro-Brasileira". Diário Oficial [da] República Federativa do Brasil, Brasília, DF, 10 jan. 2003. Seção 1, p. 1.

BRASIL. Ministério da Educação. **Diretrizes curriculares nacionais para a educação das relações étnico-raciais e para o ensino de história e cultura afro-brasileira e africana**. Brasília: MEC/SECAD, 2004.

BRASIL. Ministério da Educação. **Base Nacional Comum Curricular**. Brasília: MEC, 2018.

CANDAU, Vera Maria Ferrão. "Educação em direitos humanos: questões pedagógicas". *In*: BITTAR, Eduardo (Org.). **Educação e metodologia para os direitos humanos**. São Paulo: Quartier Latin, 2008. pp. 285-298.

CAVALCANTI, Erinaldo Vicente. Para destruir a memória e demolir o patrimônio: algumas questões sobre a história e seu ensino. **Revista Brasileira de História da Educação**, v. 19, p. e074, 19 set. 2019.

CAVALCANTI, Erinaldo Vicente. A história sem presente e o ensino sem futuro: representação do tempo no ensino de História pelos alunos da Educação Básica. **Tempo e Argumento**, v. 13, p. 1-28, 2021.

CAZELLI, Sibele; VALENTE, Maria Esther. Incursões sobre os termos e conceitos da educação museal. **Revista Docência e Cibercultura**, [S. l.], v. 3, n. 2, p. 18-40, 2019.

COELHO, Mauro Cezar; COELHO, Wilma de Nazaré Baía. As Licenciaturas em História e a Lei 10.639/03 - Percursos de Formação para o trato com a diferença? **Educação em Revista**, Belo Horizonte, v. 34, e192224, 2018.

FARIAS, Sheila de Castro. "Viver escravo – diversidade". *In*: **A Colônia em movimento**: fortuna e família no cotidiano colonial. Rio de Janeiro: Nova Fronteira, 1998, pp. 289-354.

FONTENELE, Zilfran Varela; CAVALCANTE, Maria da Paz. Práticas docentes no ensino de História e Cultura Afro-Brasileira e Indígena. **Educação e Pesquisa**, [S. l.], v. 46, p. e204249, 2021.

FOCHESATTO, Cyanna Missaglia de. A imagem do museu: educação patrimonial na educação básica. **Revista Aedos**, [S. l.], v. 4, n. 11, 2012.

GOMES, Arilson dos Santos. Ensino de História, Patrimônio e Práticas Educativas Decoloniais no Museu de Percurso do Negro de Porto Alegre. Fronteiras: **Revista de História**, Dourados, MS, v. 21, n. 38, p. 71-89, Jul-Dez. 2019.

HOOPER-GREENHILL, Eilean. **Museum, media, message**. London: Routledge, 1995.

MACEDO, José Rivair. **Pré-história Africana**. A História do continente berço de grandes civilizações. São Paulo: Contexto, 2018.

MENESES, U. T. B. de. A problemática da identidade cultural nos museus: de objetivo (de ação) a objeto (de conhecimento). **Anais do Museu Paulista** [Nova Série], São Paulo, n.1, p.207-222, 1993.

MOUTINHO, Mário. Os Museus Como Instituições Prestadoras de Serviços. **Revista Lusófona de Humanidades e Tecnologias.** Lisboa, n. 12, 2008.

MUNANGA, Kabengele. Por que ensinar a história da África e do negro no Brasil de hoje?. **Revista do Instituto de Estudos Brasileiros**, p. 20-31, 2015.

NORA, Pierre. Entre memória e história: a problemática dos lugares. **Projeto História**, São Paulo, v.10, p.7-28, 1993.

PINHEIRO, Cleonice. **Museu afro e a Lei N° 10.639/2003**: reflexões acerca dos desafios e das possibilidades do Museu Cafuá das Mercês (Museu do Negro) para o ensino da história e cultura africana e afro-brasileira. Monografia (Graduação em Licenciatura Interdisciplinas em Estudos Africanos e Afro-brasileiros). Universidade Federal do Maranhão, São Luís, 2019.

REIS. João José; SILVA, Eduardo. **Fugas, revoltas e quilombos**: os limites da negociação. In: Negociação e Conflito: A resistência Negra do Brasil escravista. Rio de Janeiro: Cia das Letras, pp. 62-78, 2015.

SANTOS, Laedna Nunes; MENDONÇA, Elizabete; BOMFIM, Wellington. A lei federal 10.639/03 e o museu afro-brasileiro de Sergipe (MASBS). **Revista Musear**, 2012

DE MIRANDA SOUZA, J.; DA SILVA, T. G. S. "Os 'trabalhos de amor' nos terreiros afrobrasileiros de Belém: da moralidade aos critérios de sua realização". In: NEVES, Fernado Arthur de Freitas, CAMPOS, Ipojucan Dias. (Ed.). **Religiões e religiosidades na Panamazônia**. [s.l.] Cabana, 2023. p. 107–121.

O COMPLEXO DO VER-O-PESO COMO FERRAMENTA DE ENSINO-APRENDIZAGEM PARA ALUNOS DOS ANOS INICIAIS

Suzane Cunha da Luz[71]
Vitória Fernandes Borges[72]

Introdução

O processo de ensino-aprendizagem é constantemente desafiado a se renovar, buscando abordagens inovadoras e significativas que promovam o envolvimento dos(as) alunos(as) e a conexão com o mundo ao seu redor. Nesse contexto, a utilização de ambientes culturais e históricos como recursos educacionais ganham destaque, promovendo uma educação mais contextualizada e enriquecedora. Assim, este trabalho se dedica a explorar uma abordagem inovadora, focando na utilização do Complexo do Ver-o-Peso, como ferramenta de ensino-aprendizagem para alunos(as) dos Anos Iniciais do Ensino Fundamental.

O Complexo do Ver-o-Peso, situado na cidade de Belém, no estado do Pará, transcende sua natureza de espaço comercial para representar um verdadeiro patrimônio cultural, histórico e econômico da região amazônica. Com séculos de história, o mercado se configura como um espaço de encontro de culturas, onde produtos típicos, saberes ancestrais e tradições se entrelaçam (MAUÉS, 2014, p. 20). A riqueza desse ambiente oferece uma oportunidade única para enriquecer a experiência educacional dos(as) alunos(as) e incentivá-los(as) a explorar e saber mais sobre suas raízes locais.

---

71 Graduanda do Curso de Licenciatura em Pedagogia, da Universidade Federal Rural da Amazônia – UFRA, Instituto CIBERESPACIAL – ICIBE, Belém – PA. *E-mail:* souza.cunha57@gmail.com

72 Graduanda do Curso de Licenciatura em Pedagogia, da Universidade Federal Rural da Amazônia – UFRA, Instituto CIBERESPACIAL - ICIBE, Belém – PA. *E-mail:* 0307vitoriafernandes@gmail.com

Dessa forma, a relevância de explorar o Complexo do Ver-o-Peso como ferramenta de ensino-aprendizagem reside na capacidade que essa abordagem tem para estimular uma aprendizagem mais significativa e engajadora. Ao fornecer aos(às) alunos(as) um contato direto com elementos culturais e históricos vivos, o Complexo do Ver-o-Peso não apenas facilita a compreensão de conteúdos escolares, mas também estimula o desenvolvimento de habilidades cognitivas, socioemocionais e culturais essenciais.

Com base nisso, buscaremos analisar os benefícios potenciais dessa abordagem e as estratégias pedagógicas que podem maximizar o impacto dessa experiência. Ao compreender a intersecção entre educação e patrimônio cultural, este estudo, que se origina de análises e vivências em um curso de formação de professores, também visa contribuir para a formação integral dos(as) alunos(as), promovendo uma abordagem educacional mais alinhada com as demandas da sociedade contemporânea. A investigação sobre o uso do Complexo do Ver-o-Peso como recurso de ensino-aprendizagem apresenta uma oportunidade única de ampliar as fronteiras do ambiente escolar e fomentar a conexão dos(as) estudantes com sua história, cultura e comunidade.

História e Importância do Complexo do Ver-o-Peso

O contexto histórico de um patrimônio cultural material ou imaterial é de suma importância para a compreensão da identidade de um povo, pois apresenta fatos que explicam seu atual estado, conectando o presente com o passado, fornecendo informações sobre sua origem, suas mudanças ao longo do tempo, sua importância para determinada sociedade e suas riquezas históricas (HORTA *et al*, 1999, p. 4). Nesse sentido, ao compreendermos o contexto histórico de um patrimônio, somos capazes de apreciar sua importância cultural, social, política e econômica.

Um exemplo marcante disso é o Ver-o-Peso, um dos principais símbolos da história e cultura do Pará. O complexo "é conhecido como o maior mercado e feira ao ar livre da América Latina" (BARBOSA, 2009, p. 1), e representa um valioso patrimônio histórico e cultural da região. Para entendermos sua origem, é preciso retornarmos ao período da colonização, a partir do século XVI, época em que a região amazônica despertou o interesse dos colonizadores europeus devido às riquezas naturais da floresta, tais como o pau-brasil, a borracha e a castanha-do-pará, que foram os principais responsáveis pela permanência dos europeus na região e, consequentemente, pela sua exploração.

Devido à desenfreada movimentação de exploradores europeus na Amazônia, e o aumento da economia local, um grande número de migrantes foi atraído para essa região. No contexto dessa exploração, a organização do comércio na Amazônia era precária e pouco regulamentada. Os produtos eram vendidos de forma desordenada e sem uma infraestrutura adequada para comercialização das mercadorias provenientes da floresta. Diante disso, o mercado Ver-o-Peso surgiu para suprir essa demanda por um local de compra e venda de produtos (BARBOSA, 2009, p. 1).

O nome "Ver-o-Peso" se deve à antiga prática de pesar as mercadorias, visando garantir a qualidade e a justiça na comercialização dessas mercadorias. Ao longo de sua história, o Complexo passou por várias transformações e reformas para atender às necessidades e constante evolução de Belém, bem como para preservar seu valor histórico e cultural. De acordo com Barbosa (2009, p. 1),

> foi no século XX que a área onde está construído o Mercado Ver o Peso – Centro Histórico de Belém – denominada Complexo do Ver-o-Peso, tomou o formato atual com seus mercados e praça. Essa área possui mais de 26 mil metros quadrados e é formada pelo Mercado de Ferro ou de Peixe, o Mercado Municipal de Carne, a Praça do Pescador, a Praça do Relógio, a Praça dos Velames, pelo Palacete de Bolonha, além de duas mil barracas e casa comerciais populares (BARBOSA, 2009, p. 1).

Além dos fatos mencionados, é importante destacar que o Ver-o-Peso também se tornou um importante local de manifestação de cultura e socialização, refletindo a diversidade cultural da região amazônica. No espaço, é possível encontrar não apenas alimentos e produtos da floresta, como ervas medicinais e frutas típicas, mas também artesanatos e manifestações culturais, como danças, música e culinária local.

Outrossim, a importância do Ver-o-Peso não se restringe apenas ao aspecto cultural, mas também possui um impacto significativo na economia local e na vida da população paraense. O mercado movimenta uma vasta cadeia de produção e comercialização, gerando empregos e renda para muitas pessoas.

Além disso, atrai turistas de diversas partes do Brasil e do mundo, que contribuem para o desenvolvimento do turismo no Pará e para a geração de recursos para a região.

O Complexo do Ver-o-Peso foi reconhecido, em 1977, como patrimônio cultural brasileiro e tombado pelo Instituto do Patrimônio Histórico e Artístico Nacional (IPHAN). Essa medida visa preservar a história e a cultura do local.

Metodologia

A pesquisa baseou-se numa abordagem qualitativa, utilizando a pesquisa bibliográfica como método de coleta e análise de dados, para identificar estudos, artigos científicos e materiais educativos relevantes que abordam o uso do Complexo Ver-o-Peso como ferramenta de ensino-aprendizagem. A coleta de dados se deu por via de estudos bibliográficos realizados em bibliotecas digitais, como o *Scielo* e *Google Acadêmico* e em *sites* como o IPHAN. Segundo Marconi e Lakatos (2003), a finalidade desse tipo de pesquisa é:

> colocar o pesquisador em contato direto com tudo o que foi escrito, dito ou filmado sobre determinado assunto, inclusive conferências seguidas de debates que tenham sido transcritos por alguma forma, quer publicadas, quer gravadas[...] A pesquisa bibliográfica propicia o exame de um tema sob novo enfoque ou abordagem, chegando a conclusões inovadoras (MARCONI; LAKATOS, 2003, p. 183).

Assim, é por meio dessa abordagem metodológica que buscamos acessar informações relevantes sobre a temática aqui apresentada, com a compreensão de que a pesquisa bibliográfica é um pilar fundamental no processo de construção do conhecimento, permitindo ao pesquisador aprofundar-se nas contribuições teóricas existentes para embasar sua investigação é essencial no trabalho docente.

A busca foi realizada em bases de dados acadêmicos, bibliotecas digitais e *sites* institucionais, buscando obter uma ampla gama de perspectivas sobre o tema, na perspectiva de aprofundar a compreensão sobre o uso do Complexo do Ver-o-Peso como ferramenta de ensino-aprendizagem, para a modalidade de ensino pretendida.

Educação Patrimonial

A educação patrimonial é de suma importância para qualquer sociedade, seu principal objetivo é valorizar e preservar o patrimônio cultural, seja ele material ou imaterial, bem como promover a compreensão e o respeito pela diversidade cultural. Nesse sentido, ao desenvolver atividades relacionadas a patrimônios históricos culturais no contexto educacional, possibilita-se ao educando conhecer e valorizar a história de sua região. De acordo com Horta *et al.* (1999), compreende-se a educação patrimonial como:

> um processo permanente e sistemático de trabalho educacional centrado no Patrimônio Cultural como fonte primária de conhecimento e enriquecimento individual e coletivo. A partir da experiência e do contato direto com as evidências e manifestações da cultura, em todos os seus múltiplos aspectos, sentidos e significados, o trabalho da Educação Patrimonial busca levar as crianças e adultos a um processo ativo de conhecimento, apropriação e valorização de sua herança cultural, capacitando-os para um melhor usufruto destes bens, e propiciando a geração e a produção de novos conhecimentos, num processo contínuo de criação cultural (HORTA *et al.*, 1999, p. 4).

Seguindo a linha de pensamento da autora, a educação patrimonial é um trabalho educacional contínuo e organizado que tem como foco o patrimônio cultural, considerado uma fonte de conhecimento e enriquecimento individual e coletivo. Por meio da experiência concreta com as diversas manifestações culturais, a educação patrimonial busca envolver os indivíduos em um processo ativo de aprendizagem, valorização e apropriação de sua herança cultural, uma vez que "o patrimônio e o meio-ambiente histórico em que está inserido oferecem oportunidades de provocar nos alunos sentimentos de surpresa e curiosidade, levando-os a querer conhecer mais sobre eles" (HORTA *et al.*, 1999, p. 6).

Nesse sentido, "a educação se faz necessária enquanto instrumento de alfabetização cultural, que capacita o indivíduo à leitura e compreensão da sociedade e cultura que está inserido" (CASTRO, 2006, p. 3). Assim, trabalhar os patrimônios históricos culturais no contexto da educação implica conscientizar os sujeitos sobre a importância de conhecer e preservar o patrimônio que os cerca, bem como possibilitá-los a entender o valor que esses bens culturais possuem para a sua identidade.

Além disso, para a construção de uma sociedade mais inclusiva e consciente de sua história, é essencial o desenvolvimento do senso de pertencimento e responsabilidade social em relação ao patrimônio, pois este "é um instrumento de afirmação da cidadania e destruí-lo, implica na destruição de uma memória coletiva" (CASTRO, 2006, p. 2). Assim, a educação patrimonial contribui para a construção de uma sociedade consciente de sua história e riqueza cultural.

Ensino de história a partir do patrimônio regional como instrumento de aprendizagem

O ensino de História a partir do patrimônio regional é uma abordagem pedagógica que utiliza os elementos culturais, históricos e arquitetônicos presentes em uma determinada região como instrumento de aprendizagem. Essa abordagem tem o potencial de tornar o ensino da História mais envolvente e significativo, pois permite que os(as) alunos(as) se conectem com o passado de sua comunidade e compreendam como os eventos históricos moldaram o local onde vivem. Ao fazer o uso dessa metodologia, "pode-se garantir trazer o ensino da História para o cotidiano dos alunos, garantindo-lhe uma nova importância e um uso eficaz, tornando-o, portanto, significativo" (OLIVEIRA, 2022, p. 32).

Marques (2021) ressalta que

> apreender a historicidade do lugar onde se vive, permite ao educando perceber-se como sujeito da História, e não um mero espectador, devendo esta ser escrita a partir das fontes referentes à comunidade estudada, numa abordagem que incentive a reflexão crítica sobre a própria realidade social vivida, podendo constituir-se em referência para o processo de construção de uma identificação e de pertença (MARQUES, 2021, p. 8).

Nesse sentido, o Complexo do Ver-o-Peso, configura-se como uma interessante ferramenta para o ensino de História, pois ele carrega consigo uma bagagem histórica e cultural, importante não só para os paraenses como para o Brasil todo. Assim, ao utilizá-lo no contexto educacional paraense, é possível promover um processo de ensino-aprendizagem contextualizado, bem como proporcionar que o estudante seja um sujeito ativo de sua própria aprendizagem e conhecimento.

Nessa perspectiva, o construtivismo apresenta-se como uma abordagem pedagógica que enfatiza a importância dessa construção pelo(a) aluno(a). Jean Piaget, um dos teóricos mais influentes dessa teoria, argumentava que o aprendizado ocorre quando os indivíduos interagem com o ambiente e assimilam novas informações às suas estruturas cognitivas existentes. Isso é particularmente relevante quando se considera o ensino de História a partir do patrimônio regional. Segundo Sanchis e Mahfoud (2007), Piaget

> [...] discutia as relações entre a possibilidade de conhecimento e o sujeito conhecedor. Um sujeito epistêmico, nas suas palavras, abstrato e universal, presente em todos os sujeitos reais, que se constitui na sua relação com o mundo. Essa relação não é uma relação qualquer, mas uma interação com o(s) objeto(s) do conhecimento mediada pela ação do próprio sujeito, que dessa forma assimila – não o objeto puro, mas o resultado da interação – e acomoda-se, construindo, assim, novas estruturas de compreensão da realidade. Através de um processo dialético, as estruturas são reconstruídas, assim como também as estruturas do mundo na medida em que este adquire significado para o sujeito (SANCHIS; MAHFOUD, 2007, p. 173).

Assim, entende-se que a relação do sujeito com o objeto de aprendizado é essencial na construção do conhecimento, pois essa relação entre os dois permite maior experiência e assimilação do saber a ser adquirido. Nesse sentido, torna-se fundamental a promoção de espaços e situações que possibilitem maior contato e experiências aos educandos, a fim de possibilitar a eles um processo de ensino-aprendizagem significativo. Ainda à luz da teoria piagetiana, é de extrema importância que os(as) alunos(as) tenham conhecimento sobre o patrimônio histórico-cultural de sua região, pois através desse conhecimento eles serão capazes de interpretar criticamente e refletir sobre a sociedade em que estão inseridos. Sanchis e Mahfoud (2007) salientam que,

> Piaget se aproxima do sujeito ao pensar na possibilidade de conhecimento, dada pela interação constituinte entre o sujeito e o mundo (significado já por outros sujeitos); e pelo reconhecimento de uma relação permanente entre o presente (do qual o passado faz parte) e o futuro, entre estrutura e gênese, que é o lugar, de fato, da construção (SANCHIS; MAHFOUD, 2007, p. 175).

O autor ressalta a importância da interação entre o sujeito e o mundo para a construção do conhecimento. Alinhado a esse pensamento, ao se conectar com o patrimônio histórico-cultural, o aprendiz tem acesso a significados já atribuídos por outros sujeitos, o que contribui para uma compreensão mais ampla da realidade presente. Ademais, Piaget destaca a relação permanente entre o presente e o passado, mostrando que o conhecimento do patrimônio histórico-cultural é fundamental para compreensão da sociedade ao longo do tempo.

Ao explorar o patrimônio cultural de sua própria comunidade, os(as) alunos(as) não apenas recebem informações históricas prontas, mas também têm a oportunidade de construir ativamente seu próprio entendimento da história. Eles estão envolvidos na pesquisa, na análise e na interpretação de elementos históricos locais, criando conexões significativas com o passado. Esse processo de construção do conhecimento é altamente motivador, uma vez que os(as) alunos(as) percebem que estão contribuindo para a formação de seu próprio entendimento da história.

O patrimônio regional fornece uma riqueza de recursos tangíveis para essa construção do conhecimento. Além disso, a abordagem construtivista enfatiza a importância do aprendizado ativo. Os(as) alunos(as) não são apenas receptores passivos de informações, mas sim participantes ativos na construção de seu próprio entendimento histórico. Ao se envolver em projetos de preservação de patrimônio, por exemplo, eles se tornam agentes ativos do processo de aprendizado. Mas, para que isso ocorra, é necessário que o docente considere os aspectos históricos do local da escola para motivar os(as) alunos(as) a se envolverem em ações de preservação do patrimônio histórico e cultura local, colaborando com a comunidade ao seu redor (MARQUES, 2021, p. 8).

Isso não só os ajuda a internalizar o conhecimento, mas também desenvolve habilidades práticas e criativas, promovendo uma conexão significativa entre os(as) alunos(as) e o conteúdo do ensino, "numa perspectiva que valorize o papel do aluno na interpretação da História e da própria realidade onde vive, além de contribuir para a formação de um sujeito crítico e mais habilitado a exercer o papel de cidadão" (MARQUES, 2021, p. 9). Além disso, essa abordagem pedagógica corrobora para o desenvolvimento do senso de pertencimento e orgulho em relação à sua cultura, tempo e espaço.

Outro aspecto essencial do construtivismo é a noção de que o conhecimento é construído socialmente. Lev Vygotsky, outro teórico do construtivismo, enfatizou a importância da interação social no processo de aprendizado. Respaldadas por sua teoria, as autoras Thofehrn e Leopardi (2006) citam que "é partilhando das relações de trabalho, participando ativamente na coletividade, que o indivíduo se apropria da linguagem, dos instrumentos físicos produzidos historicamente, do conhecimento acumulado pelas gerações precedentes e culturalmente disponíveis" (THOFEHRN; LEOPARDI, 2006, p. 696).

Dessa forma, ao ensinar História a partir do patrimônio regional, os(as) alunos(as) têm a oportunidade de trabalhar juntos, compartilhar descobertas, entrevistar moradores mais antigos e colaborar em projetos de pesquisa. Isso promove a aprendizagem colaborativa e a construção de conhecimento através da interação social com os outros.

Portanto, essa abordagem de ensino não apenas enriquece a experiência educacional dos(as) alunos(as), mas também promove um maior apreço pela história local, incentiva o respeito pelo patrimônio cultural e estimula o senso de identidade e pertencimento à comunidade. Além disso, ajuda a tornar o ensino da História mais significativo, tornando os eventos históricos mais tangíveis e próximos da vida dos(as) alunos(as).

Considerações Finais

Considera-se importante utilizar o Complexo do Ver-o-Peso como ferramenta de ensino-aprendizagem para alunos(as) do Ensino Fundamental – Anos Iniciais, pois este patrimônio traz uma série de contribuições significativas para a educação, possibilitando uma profunda contextualização cultural e histórica. Os(as) alunos(as) têm a oportunidade de estabelecer uma conexão direta com sua herança histórica, permitindo-lhes compreender e apreciar suas raízes culturais e identidade regional. Isso não apenas enriquece sua compreensão do mundo, mas também fortalece sua identidade cultural. Além disso, a aprendizagem no Complexo do Ver-o-Peso se torna mais significativa, uma vez que vincula o conteúdo escolar às experiências do mundo real. Os conceitos se tornam tangíveis e relevantes para os(as) alunos(as), o que estimula sua curiosidade natural e os incentiva a fazer perguntas, explorar o ambiente e desenvolver pensamento crítico.

Essa abordagem pedagógica também promove o desenvolvimento de habilidades socioemocionais essenciais, uma vez que pode possibilitar a interação dos(as) alunos(as) com os comerciantes e a comunidade local, o que estimula a empatia, o respeito à diversidade e o trabalho em equipe. Eles aprendem não apenas com livros, mas com pessoas reais e situações do cotidiano.

Outra contribuição importante é a integração curricular. A experiência no Complexo do Ver-o-Peso permite que várias disciplinas sejam abordadas de forma interdisciplinar, tornando a aprendizagem mais abrangente. Os tópicos relacionados à história, geografia, matemática, ciências e outras disciplinas podem ser facilmente incorporados. Além disso, os(as) alunos(as) têm a oportunidade de desenvolver habilidades práticas, como observação, coleta de dados, entrevistas e resolução de problemas. Isso provoca uma compreensão mais profunda de como aplicar o que aprendem na escola na resolução de desafios do mundo real.

A experiência no Complexo do Ver-o-Peso também promove a conscientização ambiental e a valorização da sustentabilidade, especialmente na região amazônica. Os(as) alunos(as) aprendem sobre a importância da preservação do meio ambiente e as questões relacionadas aos recursos naturais e à economia local. Além disso, essa abordagem pedagógica fortalece o engajamento comunitário ao estabelecer conexões valiosas entre a escola e a comunidade local. Os(as) alunos(as) se sentem parte integrante de sua comunidade e têm a oportunidade de contribuir positivamente para ela.

Essa abordagem também valoriza o patrimônio cultural, contribuindo para sua preservação e destaque. Isso fortalece o senso de identidade e pertencimento dos(as) alunos(as) à sua comunidade, tornando-os(as) defensores ativos(as) de sua cultura.

Por fim, a utilização do Complexo do Ver-o-Peso como ferramenta de ensino-aprendizagem também pode preparar os(as) alunos(as) para a cidadania ativa. Eles(as) desenvolvem uma compreensão mais profunda das questões sociais e culturais e se tornam cidadãos(ãs) conscientes e culturalmente conectados(as) em um mundo diversificado.

Referências

BARBOSA, Virgínia. **Mercado Ver-o-Peso**. Pesquisa Escolar *Online*, Fundação Joaquim Nabuco, Recife. Disponível em: http://basilio.fundaj.gov.br/pesquisaescolar/index.php?option=com_content&view=article&id=768. Acesso em: 13 set. 2023.

CASTRO, Claudiana Y. A importância da educação patrimonial para o desenvolvimento do turismo cultural. **Partes,** São Paulo, v. 30, 2006. Disponível em: https://fundacao.ucs.br/site/midia/arquivos/gt5-a-importancia.pdf. Acesso em: 21 out. 2023.

HORTA, Maria de Lourdes Parreiras; GRUNBERG, Evelina; MONTEIRO, Adriane Queiroz. **Guia básico de educação patrimonial**. Brasília: Iphan, 1999. Disponível em: http://portal.iphan.gov.br/uploads/temp/guia_educacao_patrimonial.pdf.pdf. Acesso em: 21 out. 2023.

MARCONI, Marina de Andrade; LAKATOS, Eva Maria. **Fundamentos de metodologia científica**. 5. ed., São Paulo: Editora Atlas, 2003. Disponível em: https://ria.ufrn.br/123456789/1239. Acesso em: 16 ago. 2023.

MAUÉS, Paola Haber. **O valor que o Ver-o-Peso tem**. 2014. Dissertação (Mestrado em Museologia e Patrimônio). Unirio, Rio de Janeiro, 2014. Disponível em: http://www.repositorio-bc.unirio.br:8080/xmlui/bitstream/handle/unirio/12032/paola_haber_maues.pdf?sequence=1. Acesso em: 25 out. 2023.

MARQUES, Janote Pires. Educação patrimonial e ensino da história local na educação básica. **Ensino em Perspectivas,** [S.l.], v. 2, n. 4, p. 1-11, 2021. Disponível em: https://revistas.uece.br/index.php/ensinoemperspectivas/article/view/6208. Acesso em: 1 nov. 2023.

OLIVEIRA, Almir Félix Batista de. O aprendizado da História por meio do patrimônio cultural. **Interações**, Campo Grande, v. 23, p. 19-33, 2022. Disponível em: https://www.scielo.br/j/inter/a/5fTCg7vdhKtwKqBJscX8BHh/. Acesso em: 4 nov. 2023.

SANCHIS, Isabelle de Paiva; MAHFOUD, Miguel. Interação e construção: o sujeito e o conhecimento no construtivismo de Piaget. **Ciênc. cogn.**, Rio de Janeiro, v. 12, p. 165-177, nov. 2007. Disponível em: http://pepsic.bvsalud.org/scielo.

php?script=sci_arttext&pid=S1806-58212007000300016&lng=pt&nrm=iso. Acesso em: 21 out. 2023.

VER-O-PESO (PA). **IPHAN**. Disponível em: http://portal.iphan.gov.br/página/detalhes/828. Acesso em: 4 nov. 2023.

THOFEHRN, Maira Buss; LEOPARDI, Maria Tereza. Construtivismo sócio-histórico de Vygostky e a enfermagem. **Revista Brasileira de Enfermagem**, v. 59, p. 694-698, 2006. Disponível em: https://www.scielo.br/j/reben/a/xMkFMPNJZSK7L hj4h94R4pH/?format=pdf&lang=pt. Acesso em: 4 nov. 2023.

O PASSADO NO PRESENTE:
o anacronismo no Ensino de História

Alexandre Faro Chermont[73]
Mauro Cezar Coelho[74]

Introdução

Ao refletir sobre anacronismo, nos vemos expostos a algumas definições e concepções preestabelecidas acerca do tema. Primeiramente, vamos ao sentido propriamente dito da palavra, no dicionário *Oxford*, disponibilizado pelo *site* de buscas *Google*: "anacronismo é um erro de cronologia ou uma relação entre dois tempos". Tal erro, como pensa um dos fundadores da Escola dos Annales, Lucian Febvre, em sua obra "O Problema da Incredulidade do Século XVI", é definido como "pecado dos pecados, o pecado entre todos irremissível" (FEBVRE, 2009). Nesse sentido, o anacronismo representa um objeto que deve a todo custo ser evitado pelo(a) historiador/historiadora, pois ele impõe a temporalidades diferentes sentidos e práticas que não condizem entre si.

Por outro lado, a historiadora Nicole Lautier, que aborda as questões de passado e presente no fazer historiográfico, defendendo a compreensão do "presente pelo passado e o passado pelo presente" como uma forma de estudar história. (LAUTIER, 2011, p. 45-46) Com isso, é evidente a necessidade da correlação entre temporalidades diferentes na prática do(da) historiador(a). Entretanto, tal ação se faz ainda mais necessária quando se observa a atuação do professor de história na Educação Básica, a qual tem objetivos e especificidades diferentes da história que é trabalhada no meio acadêmico.

---

73 Graduando em História – Universidade Federal do Pará. *E-mail:* alexfaro2013@gmail.com

74 Doutor em História. Docente da Universidade Federal do Pará. *E-mail:* mauroccoelho@yahoo.com.br

Partindo da premissa postulada, o objetivo do presente trabalho é produzir um Estado da Arte acerca da produção bibliográfica de autores que se debruçam sobre a relação entre as temporalidades no Ensino de História, realizando uma análise de como o tema vem sendo debatido pela literatura especializada, além dimensionar os objetivos da História, tanto na escola, quanto na academia.

Para isso, é de suma importância evidenciar o papel da História na Educação Básica. Nesse sentido, a professora Circe Bittencourt, em seu livro "Ensino de História: fundamentos e métodos" retrata as especificidades da História como disciplina escolar. Para a autora, as disciplinas devem ser analisadas sob o prisma da *cultura escolar*, isto é:

> Ao defender a disciplina escolar como entidade epistemológica relativamente autônoma, esse pesquisador considera as relações de poder intrínsecas à escola. É preciso deslocar o acento das decisões, das influências e de legitimações exteriores à escola, inserindo o conhecimento por ela produzido no interior de uma cultura escolar. As disciplinas escolares formam-se no interior dessa cultura, tendo objetivos próprios e muitas vezes irredutíveis aos das "ciências de referência", termo que Chervel emprega em lugar de conhecimento científico (BITTENCOURT, 2005, p. 38).

Desse modo, a disciplina escolar, inserida numa ótica dessa cultura, passa a desempenhar um reflexo das demandas da sociedade para o Ensino Básico. Sendo assim, a História está na escola para atender determinados objetivos, que variam desde o período de formação da História como disciplina escolar até os dias atuais. Sendo assim, para entender quais são os objetivos da História na escola, hodiernamente, se faz necessário uma análise dos currículos que a compõem.

Os Parâmetros Curriculares Nacionais (PCNs) evidenciam claramente as funções da História quando se trata de Educação Básica: "contribuir para a formação plena de um cidadão reflexivo e conhecedor dos seus direitos". Sob tal ótica, percebe-se que, para ensinar História, o passado é apenas um meio para atingir tais objetivos. Dessa maneira, pensando nesses objetivos que a História possui na escola (formar para a cidadania), utilizar o anacronismo continua sendo o pior pecado que o profissional que trabalha com História pode cometer? Nesse resumo, como dito anteriormente, apresentarei um estado da arte acerca das reflexões sobre o anacronismo na Educação Básica, evidenciando a trajetória de alguns autores/autoras e como o tema foi trabalhado pelos por eles no decorrer do tempo.

Para tanto, a metodologia utilizada no primeiro momento foi realizar uma busca na plataforma *Google* Acadêmico, a partir dos termos "anacronismo", "anacronismo no ensino de História" e "analogias no ensino de História". Então, foi feito um levantamento bibliográfico com os artigos resultantes da busca, que se desenrolou a partir da consulta às referências bibliográficas contidas em cada obra. Dessa forma, organizamos primeiramente os textos que retratam a as analogias, pois as produções sobre o anacronismo são mais recentes e organizamos em ordem cronológica. Assim, buscamos entender como vem sendo debatido as temporalidades no ensino de História.

O aporte teórico utilizado vem a partir de noções de temporalidades que são utilizadas por autores que se dedicaram a estudar essa temática. Para isso, a obra "O Problema da Incredulidade do Século XVI", de Lucian Febvre e "Os Saberes Históricos em Situação Escolar: circulação, transformação e adaptação", da autora Nicole Lautier, foram fundamentais para pensar o anacronismo. Além disso, o artigo "Entre o Estranho e o Familiar: o uso de analogias no Ensino de História" (2005), da pesquisadora Ana Maria Monteiro, foi de verdadeira importância para abordar o papel das analogias quando se ensina História. Evidenciando, assim, o papel da temporalidade.

Desenvolvimento

O anacronismo é um objeto de debate entre os historiadores que proporciona tensões significativas. Primeiramente, é importante retomar o conceito de anacronismo que François Dosse estabeleceu ao voltar a obra de Febvre. Para Dosse, o anacronismo deve ser evitado, pois não é apenas um erro cronológico, mas uma transposição de categorias. Concomitantemente, Peter Burke (1992) acredita que o fazer historiográfico se dá a partir da mediação entre dois tempos, duas culturas e dois sistemas de conceitos, e essa relação é sempre tensionada. Ricoeur (1968) evidencia a dificuldade do fazer historiográfico por conta do valor atribuído à linguagem, e à polissemia de sentidos adotados ao decorrer do tempo. Chartier (1989) retrata a necessidade do(da) historiador/

historiadora encontrar as especificidades das representações sem alterá-las aos padrões do tempo presente. Koselleck (2006) entende o anacronismo não como uma confusão entre datas, mas sim uma confusão entre épocas.

A síntese do pensamento desses historiadores explicita os motivos pelos quais a prática do anacronismo deve ser evitada. Porém, como aborda Jacques Rancière (2011) "Mas essa ruptura mesma só é possível pela possibilidade de conectar essa linha de temporalidade com outras, pela multiplicidade de linhas de temporalidade presente em um tempo". Dessa forma, o entendimento da relação entre passado e presente é essencial no fazer historiográfico.

Quando a abordagem vem para a História na Educação Básica, evidentemente, a relação entre as temporalidades se mostra mais enfática. A Constituição Federal de 1988, em seu artigo 205 afirma: "A educação, direito de todos e dever do Estado e da família, será promovida e incentivada com a colaboração da sociedade, visando ao pleno desenvolvimento da pessoa, seu preparo para o exercício da cidadania e sua qualificação para o trabalho". Assim sendo, a formação em História concedida pela escola deve dar conta, não apenas do passado e do presente, mas também do futuro. Com isso, será abordada a questão das temporalidades por historiadores/historiadoras que se dedicam a estudar com mais ênfase as especificidades da Educação Básica.

Começamos a discussão com o texto da historiadora Ana Maria Monteiro: "Entre o estranho e o familiar: o uso de analogias no ensino de história" (2005). Nesse artigo, a autora analisa uma aula de História no estado Rio de Janeiro e relata as analogias feitas em sala de aula pelo docente, utilizando alguns autores que se dedicaram a estudar as "originalidades" do saber escolar. Inicialmente, o docente, o qual teve sua aula gravada e transcrita, aborda as questões relativas a migrações europeias no final do período imperial brasileiro. Para aproximar o conteúdo do(a) aluno(a), o professor relembra um assunto estudado por eles(as) no primeiro ano do Ensino Médio, que foi a ideia de "servidão por contrato", ministrado quando se aborda colônias inglesas na América. Com isso, Monteiro advoga acerca da assertividade desse professor fazendo essa analogia, como forma de tornar mais palpável para o(a) aluno(a) o assunto e proporcionar uma aprendizagem efetiva do conteúdo. Todavia, a autora condena o anacronismo, defendendo que isso proporciona a perda da noção de tempo histórico, simplificando o que está sendo visto em sala de aula.

Contemporâneo a esse trabalho, a professora Kátia Abud, em seu texto "Processos de construção do saber histórico escolar", o qual retrata as questões do saber escolar, evidenciando as formas como os(as) alunos(as) absorvem os domínios cognitivos, de modo a não serem apenas cognitivos, mas sociocognitivos. Para a autora: "Os alunos tendem a elaborar conceitos de acordo com sua experiência vivida e não formalizam o conhecimento histórico, se não tiverem a possibilidade de vivenciar movimentos e conceitos históricos, colocados em questão na sala de aula" (ABUD, 2005, p. 26). Dessa forma, a autora reforça a ideia que se aprende História a partir da proximidade de situações com a vida prática dos(as) alunos(as), de modo que as relações entre temporalidades diferentes se fazem fundamentais nesse processo.

Com isso, percebe-se, por parte das duas autoras, uma consonância entre ideias, as quais compreendem nas analogias caminhos para o processo de ensino-aprendizagem, e condenam veementemente o anacronismo. Nessa perspectiva, há um certo receio em definir os limites entre a analogia e o anacronismo. Bruno Gonçalves aborda o tabu existente na profissão historiador com o anacronismo. Para o autor: "É como interdição sacralizada que ele regula as relações dos historiadores e do saber histórico com o que lhes é externo" (GONÇALVES, 2022, p. 296). Sendo assim, principalmente quando se trata de Educação Básica, essa comparação entre dois tempos será estabelecida e notoriamente utilizada como um importante recurso didático. Contudo, como aponta Leonardo Castro Novo:

> Nas últimas décadas do século XX, no Brasil, a elaboração e publicação de livros didáticos passaram a ser mediadas pelo Estado através do Programa Nacional de Livro Didático (PNLD), criado em 1985. Segundo Holien Bezerra, o processo para a avaliação sistemática de livros didáticos assumida pelo PNLD iniciou-se em 1995, sendo que os livros de História para o Ensino Fundamental passaram a ser avaliados a partir de 1997. Na área de História, as avaliações do PNLD apontariam para o combate e a supressão de erros de informação e conceituais, de desatualizações, de anacronismos e a veiculação de estereótipos e preconceitos de gênero, condição social ou etnia (NOVO, 2020, p. 192).

Ou seja, as políticas que regulam e corrigem os livros didáticos têm a preocupação de não suprimir as especificidades de cada época analisada. Com isso, o anacronismo assume um papel a ser combatido e corrigido. Entretanto, é imprescindível a constante relação entre as temporalidades, é importante ressaltar que não se fala apenas do passado para o presente, mas sim do passado para o presente e para o futuro. Visto que, a formação na Educação Básica, como prevista na constituição de 1988, prevê uma formação para o mercado de trabalho. Sendo assim, quando se aborda a História, na Educação Básica, refere-se a três temporalidades diferentes que são analisadas.

A historiadora Sandra Oliveira trata o anacronismo como uma ferramenta possibilitadora "da criatividade, ficção, que potencializa o processo de aprendizagem" (OLIVEIRA, 2019, p. 20). Segundo a autora, os avanços nas pesquisas no campo do Ensino de História proporcionaram a concepção que o(a) aluno(a) não é mais um elemento estático, mero receptor que apenas recebe o conhecimento, mas sim um indivíduo que estuda o passado com anseios de entender o tempo presente.

Dois interessantes exemplos que Oliveira usa são as noções de casamento e uma proposta de atividade. São, respectivamente, a ideia de absurdo para alguém do século XXI em saber que os noivos que estão prestes a se casar não se conhecem. Contudo, como retratam os(as) historiadores(as), o casamento no século XVII era apenas um negócio, além disso, pensar que nesse período a noiva casava de branco. Ou seja, estabelecer essa relação entre dois tempos, de modo que se faça presente as continuidades (a noiva ainda se casar de branco) e as rupturas (o casamento não ser mais um negócio), é um dos meios pelos quais se aprende História. O segundo exemplo é uma proposta de atividade a qual se pede estimativas para o(a) aluno(a) de como seria uma troca de correspondências entre Cristóvão Colombo e Niel Armstrong, trazendo à tona a ideia de dois personagens históricos que estariam, teoricamente, conhecendo um novo mundo. Dessa maneira, se explora a criatividade do(a) estudante a partir das noções de semelhanças e diferenças.

Referente ao uso do anacronismo como um recurso didático, Edgar Cruz advoga que o anacronismo deve ser utilizado como um instrumento facilitador do processo de ensino-aprendizagem. Contudo, o autor defende uma prática controlada desse artifício. O local que Cruz realizou a pesquisa que deu base para sua dissertação foi na escola E.E.E.F.M. Edgar Pinheiro Porto, localizada no município de Belém, no bairro da Condor.

> "possui uma vizinhança majoritariamente residencial, contando com comércios nas proximidades, entre açougues, farmácias, padarias, supermercados e mercadinhos, bares, pontos de venda de açaí, restaurantes, laboratórios de análises clínicas, consultórios médicos, entre outros. Muitos desses estabelecimentos servem também como locais de trabalho para uma parcela importante da comunidade escolar, sobretudo para boa parte do corpo discente" (CRUZ, 2019, p. 46).

Isso posto, o autor relata uma situação que aconteceu ao ministrar uma aula sobre talassocracia. Para isso, o professor utilizou objetos do cotidiano de vários(as) alunos(as), que são de origem quilombola e ribeirinha, para um melhor entendimento dos(as) alunos(as). Contudo, é evidente que os fenícios não utilizaram as mesmas práticas que os familiares dos(as) alunos(as), porém, essa transferência de temporalidades foi capaz de fomentar a atenção dos(as) estudantes para a aula de História. Assim, o professor foi anacrônico para ensinar seu conteúdo, evidenciando, ao decorrer da aula, que estava cometendo esse "erro" para facilitar o entendimento.

Por fim, é fundamental pautar o debate sobre anacronismo pensando a escola como um ambiente de combate ao racismo. Nesse sentido, como já mencionado aqui, os campos de saberes, a partir dos quais a História é trabalhada, possuem objetivos diferentes. Dessa forma, a Educação para as Relações Étnico-Raciais precisa atender os requisitos da escola (formar para a cidadania). Nesse ínterim, os pesquisadores Mauro Coelho e Wilma Coelho, no texto "O improviso em sala de aula: a prática docente em perspectiva", acompanham um professor da Educação Básica, o qual possuía pouco interesse pela historiografia propriamente dita, sua atenção maior era voltada pelo desenvolvimento moral do(a) aluno(a), baseada no juízo de valor do próprio professor. Dessa forma, é possível que o anacronismo se faça presente nas aulas desse professor, que consegue atingir seus objetivos, tanto pessoais quanto da História na Educação Básica. Afinal, nesse local não está se formando um historiador-mirim, e sim uma pessoa que deve entender o que é cidadania e que, principalmente, não seja racista.

Considerações finais

Percebe-se que existe um tabu que vem sendo quebrado quando se aborda a questão do anacronismo – a discrepância que iniciou como o pior pecado que o(a) historiador(a) pode cometer ao uso controlado dessa relação entre tempos distintos. Por esse motivo, é de suma importância distanciar os saberes acadêmicos e os saberes escolares. Visto que, na academia é necessário, mesmo com as demandas do tempo presente, manter o rigor científico e atribuir os valores de determinada época condizentes com aqueles agentes históricos. Entretanto, a formação para o tempo presente e para o futuro está estreitamente ligada à criação dos valores estabelecidos hodiernamente. Todavia, a pesquisa ainda está em desenvolvimento, e conclusões reais ainda não podem ser estabelecidas.

Referências

ABUD, Katia Maria. Processos de construção do saber histórico escolar. **História & Ensino**, v. 11, p. 25-34, 2005.

BITTENCOURT, Circe Maria Fernandes. **Ensino de História**: fundamentos e métodos. 5. ed. São Paulo: Cortez, 2018.

BITTENCOURT, Circe. **Ensino de história: fundamentos e métodos**. São Paulo. Cortez, 2004.

BRASIL, Secretaria de Educação Fundamental. **Parâmetros Curriculares Nacionais**. Brasília/DF: MEC,1998.

BRASIL. **Constituição da República Federativa do Brasil**. Disponível em: https://www.planalto.gov.br/ccivil_03/constituicao/constituicao.htm. Acesso em: 2023.

BURKE, Peter, **A escrita da história**. São Paulo: Editora Unesp, 1992.

CHARTIER, Roger. **A História Cultural entre práticas e representações**. Lisboa: Difel, 1989.

COELHO, Wilma de Nazaré Baía; COELHO, Mauro Cezar. O improviso em sala de aula: a prática docente em perspectiva. **Raça, cor e diferença: a escola e a diversidade**. Belo Horizonte: Mazza, p. 104-123, 2008.

CRUZ, Edgar Cabral Viegas Borges da. **Temporalidades, anacronismo e ensino de História**. 2020. 179 f. Dissertação (Mestrado Profissional em Ensino de História)

Campus Universitário de Ananindeua, Universidade Federal do Pará, Ananindeua, 2019. Disponível em: http://repositorio.ufpa.br:8080/jspui/handle/2011/12450. Acesso em: 2023.

DOSSE, François. **A história à prova do tempo**: da história em migalhas ao resgate do sentido. São Paulo: Editora Unesp, 1999.

FEBVRE, Lucien. **O problema da incredulidade no século XVI**: a religião de Rabelais. São Paulo: Companhia das Letras, 2009.

GONÇALVES, Bruno Galeano de Oliveira. Os sentidos do anacronismo. História da Historiografia. **International Journal of Theory and History of Historiography**, v. 15, n. 38, p. 285-314, 2022.

KOSELECK, Reinhart. **Futuro passado**: contribuição à semântica dos tempos históricos. Tradução Wilma Patrícia Maas, Carlos Almeida Pereira; revisão da tradução César Benjamin. – Rio de Janeiro: Contraponto: Editora PUCRio, 2006, p. 133.

LAUTIER, Nicole. "Os Saberes Históricos em Situação Escolar: circulação, transformação e adaptação". **Educação e Realidade**, Porto Alegre, v. 36, n. 1, p. 39-58, jan./abr., 2011.

MONTEIRO, Ana Maria F. C. Entre o estranho e o familiar: o uso de analogias no ensino de história. **Cadernos Cedes**, v. 25, 2005, p. 333-347.

MONTEIRO, Ana Maria. Tempo presente no ensino de história: o anacronismo em questão. *In*: ALMEIDA, Marcia de Almeida Gonçalves. *et al.* (Orgs.). **Qual o valor da história hoje**, Rio de Janeiro: Editora FGV, 2012, p. 191-214.

OLIVEIRA, Sandra Regina Ferreira de. **Dicionário de Ensino de História**. Rio de Janeiro: FGV, 2019, p. 19-23.

PAUL, Ricoeur. **História e Verdade**. Rio de Janeiro: Forense, 1968.

RANCIÈRE, Jacques. O conceito de anacronismo e a verdade do historiador. *In*: SALOMON, Marlon (org.). **História, verdade e tempo**. Chapecó – SC: Argos, 2011.

FLORESTAS VIZINHAS, REPÚBLICAS LIMÍTROFES: uma história do (não) lugar que a Pan-Amazônia ocupa nos cursos de graduação em História da Amazônia Brasileira (2002-2019)

Italo Luis Souza de Souza[75]
Andrei Lucas Reis Vasconcelos[76]
Mauro Cezar Coelho[77]

Introdução

Em *"O País das Amazônias"* (1889), Barão de Santa-Anna Nery busca compreender as especificidades históricas, geográficas, sociais e econômicas da Amazônia. Na perspectiva de Ana Carolina Coelho (2007), este trabalho é precursor na constituição de um ideário acerca do espaço amazônico na virada do século XIX para o século XX. Na obra em questão, que utilizamos como epígrafe deste texto, o autor usualmente aponta para as *"Repúblicas limítrofes"* e as *"florestas vizinhas"*, isto é, a forma como Nery identifica as áreas vizinhas à Amazônia Brasileira, que segundo a perspectiva desse autor, dialogam em diversos sentidos: questões geográficas, econômicas e indígenas. Nesse sentido, nos é possível propor que Nery imagina uma meta-amazônia, uma região ligada a questões socioambientais que possuem uma proximidade para além da soberania dos Estados formados.

A historiografia brasileira se ocupou, em diversos trabalhos, na busca de um conceito para "região". Aplicado aos estudos de História Colonial, o

---

75 Graduado em História pela UFPA. Mestrando do Programa de Pós-graduação em História Social da Amazônia/UFPA. Integrante do Núcleo GERA/UFPA.
E-mail: souzaitalosouza@hotmail.com

76 Graduado em História pela UFPA. Integrante do Núcleo GERA/UFPA. *E-mail*: andreivascs@gmail.com

77 Doutor em História. Professor da Faculdade de História da UFPA. Integrante do Núcleo GERA/UFPA. *E-mail*: mauroccoelho@yahoo.com.br

historiador Ilmar Mattos (1994) argumenta que uma região só ganha significação quando percebida à luz de um sistema de relações sociais que articula tanto os elementos que lhe são internos quanto aqueles externos (MATTOS, 1994, p. 23-24). Cláudia Viscardi (1997), considera a região como um espaço possuidor de um contexto próprio, socialmente construído e compartilhado. Delimitar uma região deve seguir aspectos políticos, econômicos, sociais ou culturais, e não somente limites jurídicos e administrativos. A autora disserta que o espaço regional é socialmente construído através das diferentes experiências históricas vividas por seus autores; seus limites, antes de serem geográficos, são sociais (VISCARDI, 1997, p. 87).

Diante desse panorama, é preciso refletir sobre a conceituação de Pan-Amazônia, que segundo o trabalho de Paulo Henrique Nunes (2018), representa um bloco de países latino-americanos que compartilham a Floresta Tropical em diversos sentidos: geográficos, biológicos, geológicos, sociais, políticos e econômicos. Assim, essa região encontra-se distribuída nos territórios da Colômbia, Peru, Venezuela, Equador, Bolívia, Guianas, Suriname e Brasil. Para o Instituto de Pesquisa Ambiental da Amazônia (IPAM), a região pan-amazônica atravessa nove países, é lar de mais de 400 povos indígenas, abriga a maior rede hidrográfica mundial, contém os maiores estoques de carbono e coexiste com uma das maiores concentrações de biodiversidade do planeta (IPAM, 2021)[78]. Essa região, de acordo com as reflexões de Iranildo Silva e Nohra Rodríguez (2021), perpassa os países interligados pela drenagem da bacia amazônica, ocupando 60% do continente latino-americano (SILVA; RODRÍGUEZ, 2021, p. 20).

Caminhando nessa perspectiva, buscamos mapear, neste texto, o espaço e o sentido que a Pan-Amazônia ocupa nos cursos de graduação em História da Amazônia Brasileira, objetivando reconhecer sua incorporação aos processos historiográficos de formação inicial. Desse modo, no tópico seguinte, apresentamos as fontes escolhidas para a realização deste estudo, bem como os

---

78 O Instituto de Pesquisa Ambiental da Amazônia (IPAM), criado em 1995, é uma entidade científica que se ocupa na produção acadêmica acerca da região, objetivando a superação de dilemas sociais, políticos e econômicos. Para tanto, ver: INSTITUTO DE PESQUISA AMBIENTAL DA AMAZÔNIA. **O desenvolvimento da Pan-Amazônia** não pode ser pautado só na economia. 2021. Disponível em: https://ipam.org.br/a-conservacao-e-o-desenvolvimento-da-pan-amazonia-nao-podem-ser-pautados-apenas-no-crescimento-economico/. Acesso em: 3 out. 2023.

procedimentos de investigação acionados e a base teórico-conceitual escolhida para estruturar a investigação aqui realizada. Portanto, vamos a ele.

Problema

Segundo Paulo Henrique Nunes (2018), a busca pela conceituação, em diretrizes do Direito e Relações Internacionais, à região pan-amazônica retoma às últimas décadas do século XX. O autor destaca dois tratados importantes envolvendo os países componentes da região: Tratado de Cooperação Amazônica (1978) e a Organização do Tratado de Cooperação Amazônica (1998). Em ambos buscou-se promover uma integração político-econômica dos países pan-amazônicos.

No que se refere à produção acadêmica sobre a Pan-Amazônia, trabalhos científicos caminham na reflexão sobre temáticas de Integração, Desenvolvimento e Fronteiras (RIBEIRO, 2005; CASTRO, 2012; CARVALHO, 2012; NUNES, 2018; SILVA; RODRÍGUEZ, 2021), Sociabilidades e Vida de Povos Tradicionais (SIMONIAN, 2010) e Migração na Pan-Amazônia (ARAGÓN, 2009). Para além, Nunes (2018) aponta que a produção acadêmica está se voltando, recentemente, aos temas relativos aos direitos dos povos indígenas; tráfico de drogas; extração ilegal e exportação de minérios e pedras preciosas; tráfico ilícito de armas e munições (NUNES, 2018, p. 20).

José D'Assunção Barros (2022) aponta que a inserção do estudo do espaço no campo historiográfico, ocorrido após os processos de mudança na investigação histórica do século XX, é um fator fundamental para a expansão dos domínios historiográficos[79]. Dessa forma, investigar as múltiplas questões históricas que entrelaçam os países componentes da Pan-Amazônia surge como ponto-chave na compreensão de uma realidade multifacetada, para além de uma interpretação que isola a Amazônia ao Brasil. Nesse cenário, os cursos de formação em História apresentam papel importante. Isso porque são responsáveis pela constituição da base teórica e historiográfica de futuros historiadores.

---

79 Para o autor, a publicação de *O Mediterrâneo* (1966), de Fernand Braudel, é exemplo salutar e pioneiro na relação entre o espaço e a análise historiográfica.

Aporte Teórico

Por conseguinte, em relação à seleção conceitual da pesquisa, dois conceitos são acionados: o conceito de *Currículo* pensado por Ivor Goodson (1995) e o conceito de *Discurso* formulado por Mikhail Bakhtin (1979). Em relação ao primeiro, é precípuo entender que o currículo, segundo Goodson, é produzido de forma interessada. Dessa forma, o currículo deixa de ser um documento neutro e de ordem exclusivamente administrativa e passa a ser um espaço de tensão e disputas em relação à intencionalidade educativa, além do que deve ser ensinado. Para o autor, o currículo age na construção do conhecimento e não se consolida como algo fixo e permanente, destacando que sua produção e organização não ocorrem de forma desinteressada. Portanto, a análise dos Projetos Políticos Pedagógicos parte de entendê-los como produções dentro dessa linha de tensão, nos quais estão inseridos os componentes curriculares relativos à Pan-Amazônia.

Em seguida, o conceito de Discurso, proposto por Mikhail Bakhtin (1979) é acionado, segundo o qual, a natureza do discurso é dialógica. Portanto, para que seja entendido, é preciso sopesar sua relação com outros discursos, os quais dialogam direta ou indiretamente. Assim, segundo a concepção dialógica e polifônica do discurso, como expõe Bakhtin, o enunciado é orientado e dialoga com outro enunciado. Dessa forma, a pesquisa, ao incorporar o presente conceito, entende os currículos levantados como discursos que dialogam, direta ou indiretamente, com outros discursos acadêmicos, políticos ou regulatórios.

Metodologia

Para suprir as demandas que elegemos no objetivo deste texto, ocupamo-nos em investigar a estrutura curricular de 8 cursos de graduação em História ofertados pelo ensino público. Estes estão organizados entre os estados que compõem a Amazônia Legal, que, segundo o Instituto Brasileiro de Geografia e Estatística – IBGE, é equivalente a 58,93% do território brasileiro (IBGE, 2021)[80]. Entre os estados presentes nesta pesquisa, apenas o Acre

---

80 Valemo-nos, neste texto, da delimitação de Amazônia Legal organizada pelo Instituto Brasileiro de Geografia e Estatística, entendido como o principal provedor de dados do País. Para o IBGE, a delimitação da região compreendida como Amazônia Legal está relacionada com a área de atuação da Superintendência de Desenvolvimento da Amazônia. Para tanto, ver: https://www.

não é representado, isso porque as instituições públicas que ofertam cursos de História nesse estado não disponibilizam seus documentos organizacionais na Rede Mundial de Computadores. Assim, o demonstrativo do recorte espacial acionado nesta pesquisa é mais bem visualizado no quadro que segue:

Tabela 1 – Distribuição de cursos investigados por Unidades Federativas.

DISTRIBUIÇÃO DE CURSOS INVESTIGADOS POR UNIDADES FEDERATIVAS	
CURSO OFERTADO POR INSTITUIÇÃO	**UNIDADE FEDERATIVA**
Universidade Federal do Amapá – *Campus* Macapá	Amapá
Universidade Federal do Amazonas – *Campus* Manaus	Amazonas
Universidade Federal do Maranhão – *Campus* São Luís	Maranhão
Universidade Federal de Mato Grosso – *Campus* Cuiabá	Mato Grosso
Universidade Federal do Pará – *Campus* Belém	Pará
Fundação Universidade Federal de Rondônia – *Campus* Boa Vista	Rondônia
Universidade Estadual de Roraima – *Campus* Boa Vista	Roraima
Universidade Federal do Tocantins – *Campus* Porto Nacional	Tocantins

TOTAL: 8 CURSOS INVESTIGADOS

Fonte: Elaborado pelos autores, a partir dos bancos de dados da pesquisa, outubro de 2023.

A tabela anterior aponta o rol de Instituições de Ensino Superior investigadas neste estudo. Esse grupo foi escolhido seguindo o critério de ser um curso de licenciatura em História ofertado de forma presencial por uma instituição pública na Amazônia Brasileira e por apresentarem todos os aspectos importantes aqui investigados: estrutura curricular, objetivos de curso, ementários de disciplinas e bibliografia básica dos componentes curriculares.

Para tanto, objetivando dimensionar o espaço que as reflexões historiográficas sobre a Pan-Amazônia ocupam em cursos de História da Amazônia Brasileira, elegemos como fontes principais de investigação os Projetos

---

ibge.gov.br/geociencias/cartas-e-mapas/mapas-regionais/15819-amazonia-legal.html?=&t=o-que-e. No entanto, extenso debate historiográfico busca definir a região amazônica, tendo por base uma multiplicidade de fatores. Sobre isso, ver: Becker (1992) e Maués (1999).

Político-Pedagógicos dos oito cursos aqui analisados[81]. Estes documentos foram eleitos como fontes fundamentais, pois expressam as diretrizes formativas, desde o sentido da formação oferecida, aspectos curriculares, regulatórios e políticos dos cursos de graduação aos quais estão relacionados, conforme as contribuições de Ilma Passos Veiga (1999). Dentre os dados obtidos com a leitura das fontes, destacamos o trabalho com a identificação e classificação de 317 componentes curriculares, 115 perfis do egresso[82] e 42 objetivos de curso, distribuídos na amostragem de fontes.

Em seguida, iniciou-se a organização de todas as informações presentes em cada um dos documentos. Essa etapa contou com os procedimentos de análise de dados apresentados por Laurence Bardin (2000). Dessa forma, ano de criação, cargas horárias, organização dos semestres ou períodos, objetivos de curso, bibliografia, perfil do egresso e componentes curriculares foram dados observados. Para tanto, foram criados Bancos de Dados que congregam todas as informações citadas no espaço amostral dos 8 cursos aqui investigados. Com os Bancos de Dados em mãos, reunindo informações estruturais dos Projetos Pedagógicos de Curso, foi possível iniciar a classificação dos componentes curriculares, escopo dos objetivos de curso e perfis do egresso, além das bibliografias relacionando os procedimentos com o objetivo deste estudo: reconhecer o espaço que a Pan-Amazônia ocupa nos percursos curriculares de cursos de História na Amazônia Brasileira.

Considerações finais

Como destaca Nunes (2018, p. 8), o Brasil é o único país da Pan-Amazônia o qual, a partir da década de 1950, planejou e traçou estratégias de integração, circulação de bens e monitoramento da floresta. Para alcançar o

---

81 Fundação Universidade Federal do Tocantins – *Campus* Porto Nacional. **Projeto Pedagógico do Curso de História**. 2011; Universidade Estadual de Roraima. **Projeto Pedagógico do Curso de História**. 2018; Universidade Federal de Mato Grosso – *Campus* Cuiabá. **Projeto Pedagógico do Curso de História**. 2009; Universidade Federal do Amazonas. **Projeto Pedagógico do Curso de História**. 2006. Universidade Federal do Maranhão – *Campus* São Luís. **Projeto Pedagógico do Curso de História**. 2014; Fundação Universidade Federal de Rondônia – *Campus* Boa Vista. **Projeto Pedagógico do Curso de Licenciatura em História**. 2013; Universidade Federal do Pará – *Campus* Belém. **Projeto Pedagógico do Curso de História.** 2012; Universidade Federal do Amapá – *Campus* Macapá. **Projeto Pedagógico de Curso (PPC)**. 2017.

82 Como "Perfil do Egresso" entende-se o perfil do profissional que o curso almeja formar.

objetivo deste texto, destacamos, *a priori*, o espaço que a Amazônia ocupa no cerne das ementas dos componentes curriculares. O gráfico a seguir demonstra uma considerável preocupação expressa nos percursos curriculares:

Gráfico 1 – Distribuição da Carga Horária dos Currículos em História da Amazônia Brasileira.

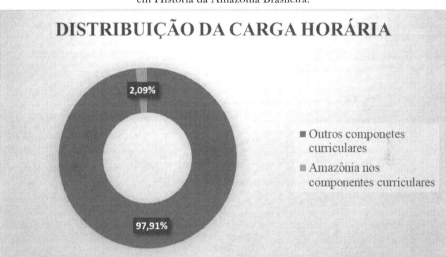

Fonte: Elaborado pelos autores, a partir dos bancos de dados da pesquisa, outubro de 2023.

A leitura do gráfico anterior nos permite compreender que a Amazônia é refletida nas disciplinas do saber de referência (conteúdos historiográficos), as quais ocupam a maior parte do currículo, segundo estudo de Mauro Coelho e Wilma Coelho (2018). Dentre os 356 componentes curriculares dos cursos em questão, 14 disciplinas têm escopo voltado para a Amazônia. Esse número está distribuído em cinco instituições estudadas: Universidade Federal do Amapá – *Campus* Macapá; Universidade Federal do Amazonas – *Campus* Manaus; Universidade Federal do Pará – *Campus* Belém; Fundação Universidade Federal de Rondônia – *Campus* Boa Vista; Universidade Estadual de Roraima – *Campus* Boa Vista. Por outro lado, três cursos de História não possuem disciplinas específicas com escopo relacionado à Amazônia, são estes: Universidade Federal de Mato Grosso – *Campus* Cuiabá; Universidade Federal do Maranhão – *Campus* São Luís; Universidade Federal do Tocantins – *Campus* Porto Nacional.

No entanto, a média encontrada, de 2,09%, está relacionada à Amazônia como um todo, isto é, abarcando a Amazônia Brasileira e a Pan-Amazônia. Para atender ao objetivo deste estudo, faz-se mister destacar o espaço que as reflexões historiográficas sobre a Pan-Amazônia ocupam nessas disciplinas. Isso é mais bem visualizado no gráfico que segue:

Gráfico 2 – O espaço curricular que a Pan-Amazônia ocupa nos currículos investigados.

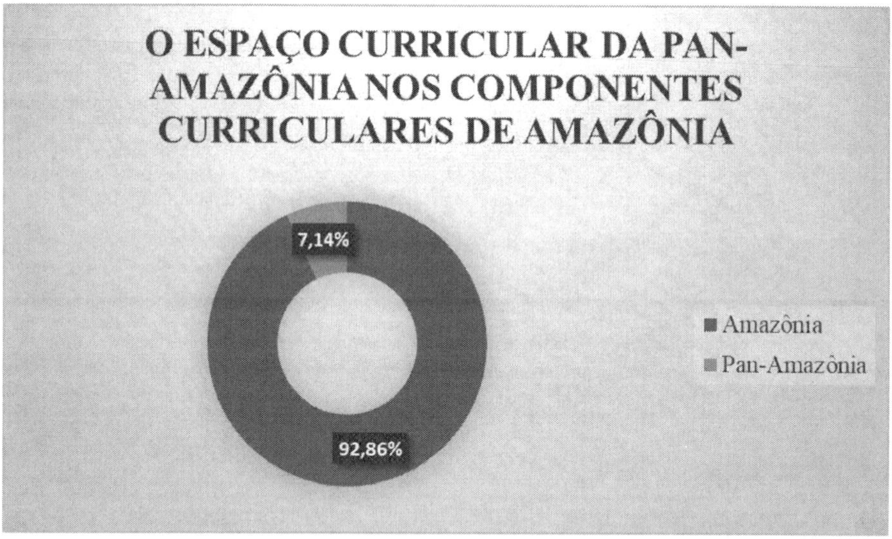

Fonte: Elaborado pelos autores, a partir dos bancos de dados da pesquisa, outubro de 2023.

A leitura do gráfico aponta que, entre as 14 disciplinas voltadas à Amazônia, apenas 7% estão voltadas para o debate pan-amazônico. Isso significa dizer que a Pan-Amazônia só possui destaque em um único curso de Licenciatura em História, o da Universidade Federal do Pará – *Campus* Belém, entre todos os 8 investigados. O resultado aponta, portanto, que a Pan-Amazônia ocupa espaço ínfimo nos cursos de graduação em História da Amazônia Brasileira.

Nesse cenário, no qual apenas um curso de História busca refletir as complexidades que a Pan-Amazônia está interligada, a questão que nos é possível compreender é a de que os cursos de História da Amazônia Brasileira possuem menos da metade de seus currículos destinados à reflexão sobre o espaço Amazônico (2,09%), e essa reflexão é voltada, sumariamente, para as questões da Amazônia Brasileira.

Retirando para análise o ementário da única disciplina, que é de caráter obrigatório no curso de História ofertado pela Universidade Federal do Pará – *Campus* Belém, é possível identificar que os temas levantados no documento são recorrentes na historiografia da Pan-Amazônia, como apresentado na introdução do texto. Assim, o documento aponta como estrutura basilar da disciplina os seguintes temas:

> Fronteiras, Territorialidades e Migrações. Nacionalismos, ditaduras e populismos. Conflitos fundiários, neoliberalismo e grandes Projetos. Identidades e indigenismo em perspectiva comparada: diversidades culturais e linguísticas. Ecologia e desenvolvimento humano na Pan-Amazônia (UNIVERSIDADE FEDERAL DO PARÁ, 2012, p. 12).

Quanto aos perfis de egresso e objetivos de curso, nenhum dos dados apresenta menções à Pan-Amazônia. Apenas a Amazônia Brasileira é citada, em somente um objetivo de curso da Universidade Federal do Pará: "Ofertar a formação em História tendo a experiência amazônica e brasileira como suportes estruturantes dos percursos curriculares" (UNIVERSIDADE FEDERAL DO PARÁ, 2012, p. 6). Esse fato nos permite compreender que a Pan-Amazônia não é foco nas disciplinas, como também não é foco nos objetivos de curso. De certo, apenas uma instituição, entre as 8 investigadas, não se abstém em formar historiadores capazes de refletir sobre demandas historiográficas acerca da região onde estão inseridos.

A Pan-Amazônia ocupa lugar estratégico nos Estados que a compõem. Não por outro motivo, atravessa dilemas complexos. Essa região representa toda uma perspectiva estratégica, política e econômica que interessa diretamente aos países condôminos (PENNA FILHO, 2013, p. 109). Diante desse cenário, o parco espaço que a Pan-Amazônia ocupa nos processos formativos de Historiadores na Amazônia Brasileira acaba por limitar as reflexões acerca dos múltiplos dilemas pan-amazônicos. O índice encontrado, onde somente uma instituição entre as oito estudadas dispõe de disciplina que toma a Pan-Amazônia como objeto de análise, indica que a preocupação em formar profissionais capazes de refletir, historicamente, acerca dessas temáticas, é precária. Dessa maneira, poucas reflexões historiográficas preocupar-se-ão com os dilemas e desafios enfrentados pela região aqui estudada. Percebe-se, portanto, que a estrutura formativa de futuros historiadores compreende a Amazônia e suas complexidades apenas no âmbito Nacional, isolando-a dos múltiplos aspectos compartilhados com os demais países que compõem a Pan-Amazônia. Como lê-se nos resultados desta pesquisa, das 14 disciplinas sobre a Amazônia, somente uma compreende a Amazônia e seus aspectos internacionais. Há, ainda, instituições que não refletem a Amazônia Brasileira ou a Pan-Amazônia, mesmo estando inseridas nestes espaços.

Para Pio Penna Filho (2013), o Brasil possui, entre outras dificuldades, um dilema com a região pan-amazônica: a não integralização deste espaço ao restante do País. Uma perspectiva possível, nesse sentido, é a de que isso pode ser observado, também, quando da ausência de um debate pan-amazônico nos cursos de História de oito estados que abarcam a Amazônia Brasileira. Mesmo que situados nas confluências da região pan-amazônica, apenas um curso de História, o da Universidade Federal do Pará, reconhece e destina uma componente curricular específica sobre a região.

Nesse sentido, Edna Castro (2012) aponta para a necessidade de refletir as multiplicidades pan-amazônicas, ocupando-se em evidenciar e eleger a Pan-Amazônia como espaço de discussão no processo de formação em História, procedimento que é exceção nos cursos de História aqui estudados, e promover a reflexão acerca de espaços tradicionalmente subalternizados na produção historiográfica brasileira. Mauro Cezar Coelho (2005) aponta para o debate de que, estruturalmente, o Centro-Sul do país foi eleito, desde a consolidação da História como disciplina com a insurgência do IHGB, epicentro da História do Brasil. Dessa forma, buscar o debate historiográfico acerca dos dilemas pan-amazônicos significa um procedimento de renovação importante que as Universidades, que nela estão situadas, possuem responsabilidade em promover. Todavia, de acordo com o que identificamos, não o fazem.

Refletir o espaço pan-amazônico propicia reconhecer não somente os diálogos, disputas e cooperações entre países componentes deste bloco, mas também, investigar e reconhecer suas múltiplas especificidades, consolidando uma diversidade cultural, étnica, política e econômica na região. Não obstante, possibilita a reafirmação e promoção da identidade pan-amazônica (PRADO, 2001; PAIVA, 2005). Portanto, os cursos de graduação em História, da Amazônia Brasileira, precisam reconhecer suas responsabilidades em promover um debate científico que busque problematizar a internacionalização do espaço, investindo na reafirmação e necessidade de cooperação dos estados condôminos em defender e desenvolver, de maneira autônoma, a Pan-Amazônia.

Referências

ARAGÓN, Luis E. **Migração internacional na Pan-Amazônia.** Belém: NAEA/UFPA, 2009.

BAKHTIN, Mikhail. **Marxismo e filosofia da linguagem.** Tradução Michel Lahud e Yara Frateschi Vieira. São Paulo: Hucitec, 1979.

BARDIN, Laurence. **Análise de conteúdo.** Tradução Luis Antero Reto e Augusto Pinheiro. Lisboa: Capa Edições 70, 2000.

BARROS, José D'Assunção. História local e história regional – a historiografia do pequeno espaço. **Revista Tamoios,** v. 18, n. 2, jul. 2022. Disponível em: https://www.e-publicacoes.uerj.br/tamoios/article/view/57694/42731. Acesso em: 10 out. 2023.

CARVALHO, Guilherme. Grandes projetos de infraestrutura, conflitos e violação de direitos na Pan-Amazônia. **Revista Latinoamericana de Derecho y Políticas Ambientales.** v. 2, n. 2, 2012.

CASTRO, Edna. Amazônia: sociedade, fronteiras e políticas. **Caderno CRH,** v. 25, n. 64, 2012. Disponível em: https://www.scielo.br/j/ccrh/a/TSJzVMqnGPN9kWFnRm bcNfG/?lang=pt. Acesso em: 10 out. 2022.

COELHO, Ana Carolina de Abreu. **Santa-Anna Nery: um propagandista "voluntário" da Amazônia (1883-1901).** 2007. 104 f. Dissertação (Mestrado em História Social da Amazônia). Universidade Federal do Pará, Belém, 2007.

COELHO, Mauro Cezar. **Do sertão para o mar - um estudo sobre a experiência portuguesa na América, a partir da colônia:** o caso do diretório dos índios (1751-1798). 2005. Tese (Doutorado em História Social). Universidade de São Paulo, São Paulo, 2006.

COELHO, Mauro Cezar; COELHO, Wilma de Nazaré Baía. As licenciaturas em História e a Lei 10.639/03 – Percursos de formação para o trato coma diferença? **Educar em Revista,** v. 34, 2018.

GOODSON, Ivor F. **Currículo:** teoria e história. Petrópolis: Vozes, 1995.

MATTOS, Ilmar Rohloff de. **O Tempo Saquarema.** Rio de Janeiro: Access, 1994.

NERY, F. J. de S, Barão de Santa-Anna (1848-1901). **O país das Amazonas.** Tradução Ana Mazur Spira. 3. ed. Brasília: Senado Federal, Conselho Editorial, 2018.

NUNES, P. H. F. **A institucionalização da Pan-Amazônia.** Curitiba: Prismas, 2018.

PAIVA, Carlos Henrique Assunção. América Latina: Desafios e dilemas em uma historiografia em transformação. **Revista Espaço Acadêmico,** n. 52, 2005. Disponível: http://www.espacoacademico.com.br/052/52paiva.htm. Acesso em: 5 out. 2023.

PENNA FILHO, Pio. Reflexões sobre o Brasil e os desafios Pan-Amazônicos. **Revista Brasileira de Política Internacional,** Brasília, v. 56, n. 2, 2013. Disponível em: https://www.scielo.br/j/rbpi/a/Sn48BCnQ93KzGgbFsPnp5fn/?format=pdf&lang=pt. Acesso em: 8 out. 2023.

PRADO, Maria Ligia Coelho. O Brasil e a distante América do Sul. **Revista de História,** n. 145, 2001. Disponível em: https://www.revistas.usp.br/revhistoria/article/view/18921. Acesso em: 5 out. 2022.

RIBEIRO, Nelson de Figueiredo. **A questão geopolítica da Amazônia**: da soberania difusa à soberania restrita. Brasília: Senado Federal, 2005.

SILVA, Irenildo Costa da; RODRÍGUEZ, Nohra León. Formação territorial, economia e projetos de Integração regional na Pan-Amazônia. **Revista tempo do mundo,** n. 27, 2021. Disponível em: https://ipea.gov.br/revistas/index.php/rtm/article/view/341. Acesso em: 10 out. 2023.

SIMONIAN, Ligia T. L. Palafitas, estivas e sua imagética na contemporaneidade urbanorrural a Pan-Amazônia. **Papers do NAEA,** n. 267, 2010. Disponível em: www.naea.ufpa.br/naea/novosite/index.php?action=Publicacao.arquivo&id=329. Acesso em: 5 dez. 2022.

VEIGA, Ilma Passos Alencastro. Projeto político-pedagógico da escola: uma construção coletiva. *In*: VEIGA, Ilma Passos Alencastro. (Org.). **Projeto político-pedagógico da escola**: uma construção possível. Campinas: Papirus, 1999.

VISCARDI, Cláudia Maria Ribeiro. História, Região e Poder: a busca de interfaces metodológicas. **LOCUS: revista de história.** Juiz de Fora, v. 3, n. 1, 1997.

Eixo Temático III
A Lei Nº. 10.639/2003 e a Escola Básica:
epistemologias e panoramas da sociedade brasileira

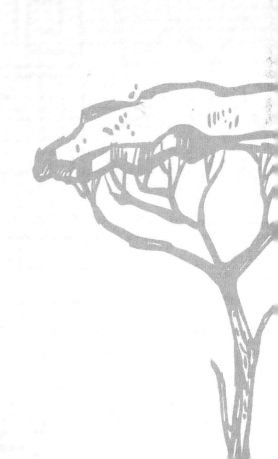

CURRÍCULO DO ENSINO FUNDAMENTAL/PA:
notas iniciais sobre a ERER

Larissa Estumano Soares[83]
Wilma de Nazaré Baía Coelho[84]

Neste texto[85], apresentaremos uma discussão acerca do Documento Curricular do Estado do Pará, de 8 de novembro de 2018, elaborado a partir da homologação da última versão da Base Nacional Comum Curricular (BNCC), onde estão definidas as aprendizagens essenciais que todos(as) os(as) estudantes devem desenvolver ao longo da Educação Básica, de forma progressiva e por áreas de conhecimento. Para tanto, o Ministério da Educação convocou os estados para realizarem a implementação da referida Base, uma vez que ela passa a ser a referência nacional e obrigatória para a (re)formulação dos currículos.

Nossa proposta consiste em averiguarmos os significados atribuídos à *diversidade* e à *diferença* nas três versões da Base Nacional Comum Curricular (BNCC) e no Documento Curricular do Estado do Pará para o Ensino Fundamental (DCEPA-EF), este que possui quatro eixos estruturantes, são eles: *Espaço/tempo e suas transformações; Linguagens e suas formas comunicativas; Valores à vida social e Cultura e identidade.* Partindo desses eixos, a escola e o currículo, na prática pedagógica cotidiana, segundo o documento, devem priorizar conceitos que traduzam sentido/significado para os(as) estudantes

---

83 Licenciada em História pela Universidade Federal do Pará (UFPA). Mestranda na linha de Currículo do Programa de Pós-Graduação em Currículo e Gestão da Escola Básica (PPEB/UFPA). *E-mail:* larissaestumano22@gmail.com

84 Doutora em Educação pela Universidade Federal do Rio Grande do Norte (UFRN), Professora Titular da Universidade Federal do Pará (UFPA), Bolsista Produtividade 1D do CNPq. *E-mail:* wilmacoelho@yahoo.com.br

85 Este texto é oriundo de parte dos resultados obtidos, até o momento, do projeto de pesquisa intitulado "A Educação para as Relações Étnico-Raciais no Currículo Brasileiro: uma análise a partir da Base Nacional Comum Curricular e dos Currículos Estaduais", sob a coordenação da Professora Doutora Wilma de Nazaré Baía Coelho, com fomento do Conselho Nacional de Desenvolvimento Científico e Tecnológico (CNPq).

e que os(as) desafie à reflexão e à ressignificação de sua aprendizagem. Para tanto, lança mão das *Competências* e *Habilidades* gerais e específicas prescritas na BNCC, mesmo este documento atribuindo autonomia para as redes de ensino construir suas propostas curriculares que atentem à realidade regional, estadual e local (BNCC, 2018, p. 12), em conformidade ao estabelecido no Plano Nacional de Educação[86].

Para subsidiar nossas inferências, recorremos a Ivor Goodson (2018), no que tange as escolhas do que deve ser ensinado e o que não fará parte da proposta curricular. Paralelamente a isso, utilizamos a compreensão de currículo, que perpassa pelo entendimento dos discursos que têm como objetivo garantir a efetividade da *dominação simbólica*, centrada na raça e etnia, de Tomaz Tadeu da Silva (2021). E os interesses pessoais dos(as) elaboradores(as), e no que versa sobre a sua perpetuação no *campo*, em posição de poder, segundo os ensinamentos de Pierre Bourdieu (2004). O caminho metodológico fora trilhado seguindo a dimensão do método de organização da Análise de Conteúdo, de Laurence Bardin (2016), que consiste, especificamente, na pré-análise, exploração do material e tratamento dos resultados obtidos, e por conseguinte, a interpretação, para categorizá-los e por fim, inferi-los.

Para alcance do nosso objetivo, concentramos nossa análise em dois documentos curriculares: *Base Nacional Comum Curricular – Etapa para o Ensino Fundamental, anos finais; Documento Curricular do Estado do Pará b– Etapa para o Ensino Fundamental, anos finais*. O primeiro documento apresenta um conjunto de orientações para a elaboração dos currículos das instituições de ensino estaduais e municipais. E o segundo consiste na proposta curricular para a Educação Infantil e Ensino Fundamental para os estabelecimentos de Ensino do Estado do Pará, onde centramos a análise nos Anos Finais do Ensino Fundamental.

Na pré-análise desses documentos, realizamos a leitura flutuante para estabelecermos o contato inicial, com intuito de observarmos a organização e estrutura de cada uma das fontes. Nesses documentos, buscamos excertos sobre

---

86 Em 2014, a Lei Nº. 13.005/2014 promulgou o Plano Nacional de Educação (PNE), que reitera a necessidade de estabelecer e implantar, mediante pactuação interfederativa [União, Estados, Distrito Federal e Municípios], diretrizes pedagógicas para a educação básica e a base nacional comum dos currículos, com direitos e objetivos de aprendizagem e desenvolvimento dos(as) alunos(as) para cada ano do Ensino Fundamental e Ensino Médio, respeitadas as diversidades regional, estadual e local.

a ERER e o Ensino Fundamental e menções sobre a *diversidade* e *diferença*, com intuito de codificar e estabelecer as unidades de registo e unidades de contexto, que nos auxiliaram para concretizar nosso objetivo. Feito isso, passamos a inferência dos dados coletados, a reflexão e análise de nossa empiria, que nos levaram aos dados que serão apresentados adiante. Para tanto, utilizamos a frequência das ocorrências de algumas informações e a ausência de outras, como propõe Bardin (2016), sempre relacionando com o nosso aporte teórico.

Antes de passarmos aos resultados, é necessário apontarmos preceitos legais que já mencionavam a necessidade da elaboração de uma Base Nacional Comum. Comecemos então, com grifos nossos, pela Carta Constitucional, no seu artigo 210, na qual reconhece-se a necessidade de que sejam "fixados conteúdos mínimos para o Ensino Fundamental, de maneira a assegurar formação **básica comum** e respeito aos valores culturais e artísticos, nacionais e regionais" (BRASIL, 1988). Com base nesse marco constitucional, a Lei de Diretrizes e Bases da Educação Nacional, de 1996, no inciso IV de seu artigo 9º, afirma que cabe à "União estabelecer, em colaboração com os Estados, o Distrito Federal e os Municípios, competências e diretrizes para a Educação Infantil, o Ensino Fundamental e o Ensino Médio, que nortearão os currículos e seus conteúdos mínimos, de modo a assegurar formação **básica comum**".

No ano de 2014, a Lei Nº. 13.005 de 2014, instituiu o Plano Nacional de Educação (PNE) com vigência de 10 anos, em que foram apresentadas 20 metas que objetivam melhorar a Educação Básica no Brasil (BRASIL, 2014), onde há menção de elaboração e implementação da Base Nacional Comum dos currículos (Meta 7). Mais adiante, em 2015, foi iniciada a elaboração da Base Nacional Comum Curricular (BNCC). Em outubro do mesmo ano, iniciou-se a consulta pública para a construção da primeira versão da BNCC, tendo contribuições da sociedade civil, de organizações e entidades científicas. Em 2016, a primeira versão do documento é finalizada. E, em junho do mesmo ano, foram realizados debates sobre a segunda versão da BNCC. Em agosto de 2016 começou a ser redigida a terceira versão, que tem como base a segunda. Em 2017, o Ministério da Educação (MEC) entregou a versão final BNCC ao Conselho Nacional de Educação (CNE), que foi aprovada em dezembro de 2017.

Podemos perceber que a base comum está prevista na Carta Magna e na lei maior da educação brasileira (LDB/96). Por isso, neste momento, para entendermos o processo de elaboração e efetivação das legislações e a construção e implementação dos currículos do Ensino Fundamental, acionamos Edward Thompson (1987), em seu estudo sobre o processo de criação e efetivação de uma lei, o qual afirma que tais legislações são elaboradas pelos grupos dominantes, que usam o poder como forma de garantia dos seus direitos, pautados em seus discursos ideológicos, apoiados pelas instituições. Esse grupo hegemônico amealha o apoio de grande parte da população e garante a sua aprovação, com o discurso a partir da prerrogativa de igualdade social, pois sem essa "máscara", nas palavras do autor, ela não é efetivada. Assim, é concretizada a finalidade de fazer aparentar os interesses daquele grupo com o interesse coletivo, construindo uma hegemonia da classe a qual aquele grupo pertence.

Para Thompson (1987), como vimos anteriormente, a Lei está imbricada nas relações sociais, reforçando essas relações, mediando-as, ante a sua utilização como parâmetro entre todos os grupos, de diferentes extratos sociais. Mas, é o grupo hegemônico que tem os benefícios de uma legislação, pela razão de ser um instrumento de imposição de novas definições, que se "modificam" a cada época e espaço, possibilitando condições para a produção de determinadas verdades impostas. Com base nessas questões teóricas, a BNCC apresenta-se como um documento produzido e produtor de *verdades* que reatualizam discursos que circulavam em documentos anteriores, como a Constituição Federal, LDB/96, PCNs e DCNs.

Nesse aspecto, entendemos o currículo como um documento composto por conteúdos, conhecimentos, que em princípio são definidos pelo resultado de "uma seleção de um universo mais amplo de conhecimentos e saberes, onde seleciona-se aquela parte que constitui, precisamente, o currículo. Paralelamente a isso, a compreensão do currículo perpassa pelo entendimento dos discursos que têm, na acepção de Tadeu Silva (2021), o objetivo de garantir a efetividade da *dominação simbólica*, a qual está centrada na raça e etnia.

A partir de nossos aportes, identificamos que, na primeira versão da BNCC (2015), o trato com a ERER ocorre em três áreas do conhecimento: Linguagens, Ciências da Natureza e Ciências Humanas, com exceção da área de Matemática. Por outro lado, na segunda versão da BNCC (2016), constatamos que houve uma redução na abordagem de *diversidade* e trato com as *diferenças* e nos objetivos de aprendizagem que encaminhavam a ERER. Nesse sentido, Wilma Coelho (2016) emitiu parecer afirmando a necessidade de o documento incorporar personagens indígenas e negros como agentes decisivos da trajetória histórica brasileira, em todos os componentes curriculares. Sendo essencial que literatos, cientistas, políticos, lideranças populares, artistas e outros agentes constituam o currículo nacional, de modo a evidenciar a participação efetiva dessas imensas parcelas da população nacional na conformação do Brasil.

Após três versões, a Base Nacional Comum Curricular (BNCC) entra em vigor em 2018, como um documento de caráter normativo que define o conjunto de competências e habilidades para aprendizagens essenciais que todos(as) os(as) estudantes devem desenvolver ao longo da Educação Básica, em conformidade com o que preceitua o Plano Nacional de Educação (PNE). Este documento normativo aplica-se exclusivamente à educação escolar, tal como define o § 1º, do artigo 1º, da Lei de Diretrizes e Bases da Educação Nacional (LDB, Lei Nº. 9.394/1996), e está orientado pelos princípios éticos, políticos e estéticos que visam à formação humana integral e à construção de uma sociedade justa, democrática e inclusiva, como fundamentado nas Diretrizes Curriculares Nacionais da Educação Básica (DCN).

A versão final da BNCC argumenta que a elaboração de currículos referenciados em competências tem sido uma tendência também em outros países desde as décadas finais do século XX e do início do século XXI, sendo esse o enfoque que é dado nas avaliações internacionais, como o Programa Internacional de Avaliação de Alunos[87]. De acordo com a BNCC, a LDB já fazia menção de forma explícita a competências, as quais deveriam nortear os currículos nas instituições de ensino. Entretanto, elas reaparecem, de forma mais explícita e detalhada nos PCNs, onde são apontadas as competências e habilidades a serem adquiridas pelos(as) estudantes em todas as áreas do conhecimento.

Por isso, destacamos a relevância deste texto ao problematizar como a temática da Educação das Relações Étnico-Raciais (ERER) está sendo tratada na BNCC e no currículo educacional do Estado do Pará, contribuindo, portanto, para os estudos sobre o tema, uma vez que o documento das Diretrizes Curriculares Nacionais para a Educação das Relações Étnico-Raciais e para

---

87 *Programme for International Student Assessment* – Sigla em inglês, traduzida como: Programa Internacional de Avaliação de Estudantes, da Organização para a Cooperação e Desenvolvimento Econômico (OCDE).

o Ensino de História e Cultura Afro-Brasileira e Africana orienta que sejam desenvolvidas "pesquisas sobre processos educativos orientados por valores, visões de mundo, conhecimentos afro-brasileiros e indígenas, com o objetivo de ampliação e fortalecimento de bases teóricas para a educação brasileira". (MEC, 2004, p. 24).

Assim, passamos a expor como podemos constatar a *diversidade* e a *diferença* nas três versões. Na primeira versão (BNCC, 2015, p. 16), estabelecem-se os **temas integradores** (grifo nosso), os quais dizem respeito a questões que atravessam as experiências dos sujeitos em seus contextos de vida e atuação e que, portanto, intervêm em seus processos de construção de identidade e no modo como interagem com outros sujeitos, posicionando-se ética e criticamente sobre o mundo nessas interações. Contemplam, portanto, para além da dimensão cognitiva, as dimensões política, ética e estética da formação dos(as) estudantes. Os temas integradores perpassam objetivos de aprendizagem de diversos componentes curriculares, nas diferentes etapas da Educação Básica. A BNCC os elenca, são eles: Consumo e educação financeira; ética, direitos humanos e cidadania; sustentabilidade; tecnologias digitais e **culturas africanas e indígenas** (grifo nosso).

Além disso, no decorrer dos componentes curriculares, podemos perceber como os objetivos de aprendizagem orientam os(as) professores(as) e a Coordenação Pedagógica a trabalharem a temática da ERER nas escolas. Podemos citar:

> • Valorizar diferentes identidades sociais, lendo e apreciando a literatura das culturas tradicional, popular e afro-brasileira, africana, indígena e de outros povos e culturas (BNCC, 2015, p. 41).

> • Conhecer princípios éticos, políticos, culturais, sociais e afetivos, sob a égide da solidariedade, atentando para a diversidade, a exclusão, avaliando e assumindo ações possíveis para o cuidado de si mesmo, da vida em sociedade, do meio ambiente e das próximas gerações (BNCC, 2015, p. 238).

> • Enfatizar a História do Brasil como o alicerce a partir do qual os conhecimentos serão construídos ao longo da Educação Básica. É importante ressaltar, que não significa exclusividade na abordagem da história brasileira nem tampouco a exclusão dos nexos e

articulações com as histórias africanas, americanas, asiáticas e europeias (BNCC, 2015, p. 242).

• Aos anos finais do Ensino Fundamental, cabe o desenvolvimento de conhecimentos necessários ao enfrentamento de processos históricos, enfatizando-se o estudo da História do Brasil e de indivíduos e coletividades que demarcaram mudanças e permanências nas conformações sociais, econômicas, culturais e políticas da trajetória histórica brasileira, o que envolve, como sinalizado anteriormente, o estabelecimento de nexos com processos ocorridos em outras partes do mundo, marcadamente nas Áfricas, nas Américas e nos mundos europeus (BNCC, 2015, p. 243).

Por outro lado, a segunda versão (BNCC, 2016) faz menção a ERER da seguinte forma:

> Educação para as Relações Étnico-Raciais, prevista no art. 26A da Lei Nº. 9.394/1996 (LDB), objetiva a ampliação de conhecimentos acerca da educação para as relações étnico-raciais e, consequentemente, para a eliminação do racismo e do etnocentrismo no ambiente escolar e na sociedade brasileira. O estudo de História e Cultura Afro-Brasileira e Indígena (Leis Nº. 10.639/2003 e Nº. 11.645/2008) é ministrado no âmbito de todo o currículo escolar, em especial nas áreas de educação artística e de literatura e história brasileiras, em todas as etapas da Educação Básica, compreendendo a história e a cultura que caracterizam a formação da população brasileira (BNCC, 2016, p. 37).

Apesar da segunda versão prever que a ERER seria ministrada em todo o currículo escolar, constatamos que houve uma redução na remissão às categorias *diversidade* nos objetivos de aprendizagem que encaminhavam para tal temática. Já na terceira versão, com a implementação das competências e habilidades, podemos constatar a *diversidade* e a *diferença* nas competências gerais previstas na BNCC para a Educação Básica:

> **Valorizar** a **diversidade** de saberes e vivências culturais e apropriar-se de conhecimentos e experiências que lhe possibilitem entender as relações próprias do mundo do trabalho e fazer escolhas alinhadas ao exercício da cidadania e ao seu projeto de vida, com liberdade,

> autonomia, consciência crítica e responsabilidade (BNCC, 2018, p. 9, grifo nosso).

> Conhecer-se, apreciar-se e cuidar de sua saúde física e emocional, *compreendendo-se* na *diversidade* humana e reconhecendo suas emoções e as dos outros, com autocrítica e capacidade para lidar com elas (BNCC, 2018, p. 10, grifo nosso).

> Exercitar a empatia, o diálogo, a resolução de conflitos e a cooperação, fazendo-se respeitar e promovendo o respeito ao outro e aos direitos humanos, com acolhimento e *valorização* da *diversidade* de indivíduos e de grupos sociais, seus saberes, identidades, culturas e potencialidades, sem preconceitos de qualquer natureza (BNCC, 2018, p. 10, grifo nosso).

Esses excertos evidenciam como a *diversidade* e a *diferença* são apresentados na BNCC. A partir dessas orientações que são feitas no documento, espera-se que os(as) professores(as) da Educação Básica desenvolvam competências e habilidades em relação aos(às) estudantes, objetivando, dentre outros, o reconhecimento, a compreensão, a valorização e o respeito da diversidade e das diferenças. Além disso, utilizando a ferramenta de busca (*Crtl+F*) no texto, podemos identificar a palavra diversidade 188 (cento e oitenta e oito) vezes, ligada as diversidades: de povos, cultural, ambiental, linguística, biodiversidade, ecossistemas, religiosa.

Agora, com relação a ERER, constatamos que no documento de 600 páginas que estabelece a base comum para todos os níveis da Educação Básica, tendo em vista as Leis Nº. 10.639/2003 e Nº. 11.645/2008 – que tornaram obrigatória a inserção da História e Cultura africana, afro-brasileira e indígenas nos currículos educacionais – menciona as duas leis, no corpo de seu texto, apenas duas vezes. Uma delas, delegando competência aos sistemas e redes de ensino, assim como às escolas, em suas respectivas esferas de autonomia e competência, para incorporar aos currículos e às propostas pedagógicas a abordagem de temas contemporâneos que afetam a vida humana em escala local, regional e global, preferencialmente de forma transversal e integradora, incluindo as legislações em comento (BNCC, 2018).

Em outro momento, as unidades temáticas, objetos de conhecimento e habilidades para a disciplina História, nos Anos Finais do Ensino Fundamental, estabelecem a valorização da história da África e das culturas afro-brasileira e indígena, com realce não apenas em razão do tema da escravidão, mas, especialmente, por se levar em conta a história e os saberes produzidos por essas populações ao longo de sua duração. Ao mesmo tempo, são objetos de conhecimento os processos de inclusão/exclusão dessas populações nas recém-formadas nações do Brasil e da América ao longo dos séculos XIX e XX (BNCC, 2018). Quanto às outras áreas do conhecimento, a base comum é silente no que concerne a aplicação das referidas legislações, delegando, como dito anteriormente, competência às escolas no que tange à implementação.

Averiguamos que a ERER se apresenta nesse documento nas competências e habilidades. No entanto, a discussão em torno da História e Cultura desses povos ainda está fortemente atrelada a uma perspectiva eurocêntrica, com destaque ao protagonismo dos europeus no processo histórico da formação da sociedade brasileira, e as ações dos africanos, afro-brasileiros e indígenas são desdobramentos, coadjuvantes da sua própria história.

Na mesma perspectiva, temos Nilma Gomes (2021), apontando para os apagamentos históricos e epistemológicos presentes nos currículos, nas propostas e nas práticas educacionais, tanto na Educação Básica quanto no Ensino Superior, que só serão superados se o campo educacional e a produção científica compreenderem-se como espaços que precisam descolonizar-se[88]. Assim, em busca de romper com essa visão eurocêntrica, é necessário, de acordo com estudos de Mauro Coelho e Helenice Rocha (2018), que "europeus, indígenas, africanos e afrodescendentes, bem como imigrantes, assumam os protagonismos possíveis em uma história de colonização e descolonização até o presente em quem vivemos" (COELHO; ROCHA, 2018, p. 483). Assim, compreendemos que a efetivação da BNCC nas escolas, amparada nas leis que instituem a educação no Brasil desde 1988, produz discursos no que tange ao currículo escolar e, consequentemente, produz modos de conceber e compreender o mundo.

No que tange ao Documento Curricular do Estado do Pará – Etapas Ensino Infantil e Ensino Fundamental é composto por 620 páginas, nas quais averiguamos os significados atribuídos a *diversidade* e *diferença*, identificamos que a diversidade étnico-racial aparece no componente curricular

---

88 "Descolonizar a naturalização da violência implica compreender como ela opera de forma mais pesada e cruel sobre os sujeitos negros, ou seja, aquelas e aqueles que mais necessitam de proteção do Estado, em especial, as crianças, os adolescentes e jovens negros" (GOMES, 2021, p. 440).

Estudos Amazônicos, ofertado exclusivamente aos Anos Finais do Ensino Fundamental, e estabelece que as características regionais e locais da sociedade, da cultura, da história, do meio ambiente, da economia e dos(as) estudantes precisam estar presentes no currículo.

Podemos perceber que nesse documento há uma ênfase no "respeito às diversas culturas amazônicas e suas inter-relações no espaço e no tempo" (DCEPA-EF, 2018, p. 478), com intuito de valorizar a história e cultura local[89], em um currículo que busca homogeneizar os conteúdos que devem ser objeto de ensino aos(às) estudantes. Sendo possível constatar um esforço feito no Currículo do Estado do Pará para o trato com a *diversidade* e a *diferença*, inserindo a discussão sobre as especificidades locais. No entanto, isso está longe de ser de forma sistêmica, uma vez que o documento reproduz as competências e habilidades gerais e específicas da BNCC, e estas, por certo, não são centradas nos *povos amazônicos*. Além do mais, o currículo proposto restringe à área de Ciências Humanas, com as disciplinas de História, Geografia e Estudos Amazônicos, a discussão sobre a cultura local.

O currículo deve ser objeto de questionamentos (SILVA, 2021), por isso, seguindo orientações, fizemos a seguinte indagação: "quem participou do processo de elaboração do Currículo do Estado do Pará?"[90]. A pergunta nos direciona a compreender o porquê de não se ter ênfase na população negra, indígena, quilombola, ribeirinha, os ditos *povos amazônicos*, que estão presentes nos centros urbanos, uma vez que essas populações não estão inseridas apenas no contexto da Educação Quilombola, como trata o currículo em questão[91].

Tomaz Silva (2021) estabelece o currículo como uma construção social, resultante das disputas e conflitos sociais para a consolidação de determinados

---

89   Stuart Hall (2020), leciona que, no processo de globalização, o global não é substituído pelo local, este passa a ser valorizado, mas não em suas velhas identidades, mas sim, a partir de uma nova articulação com o global. Uma vez que são produzidas novas identidades "locais", pois isso não algo estático, recebe influências do tempo e espaço.

90   A construção desse documento teve a participação dos agentes escolares, sendo eles docentes, discentes, a comunidade, funcionários das escolas, conforme informado no Currículo do Estado do Pará (2018, p. 6).

91   Esse questionamento é necessário, pois a ausência de participação do Movimento Negro na elaboração do currículo do Estado do Pará, pode ser consequência do quase silenciamento das Leis Nº. 10.639/03 e Nº. 11.645/08 no currículo prescrito. Para Nilma Gomes, o Movimento Negro é "uma coletividade onde se elaboram identidades e se organizam práticas através das quais se defendem interesses [...]"(2017, p. 47). Por isso a presença desse movimento poderia viabilizar a aplicabilidade da legislação sobre a ERER no currículo.

conhecimentos. Para que isso seja efetivado, os grupos hegemônicos traçam suas estratégias com o objetivo de convencer os demais grupos sociais para se garantirem no poder e transformar as suas concepções em hegemonia cultural. Pierre Bourdieu (2015) afirma que esse *campo* integra os agentes e as instituições que produzem, reproduzem e divulgam o *capital cultural*. Alinhado a isso, Roger Chartier (2005), ao refletir sobre *Representação*, defende que, no interior desses *Campos*, há competições e concorrências que visam a garantia de interesses, os quais não são neutros, eles visam a garantia de poder e legitimação dos instrumentos de dominação, e, dessa forma, tornar as suas concepções como senso comum e se garantir na dominação ideológica, econômica e social, que é baseada na "raça, na etnia, no gênero e na sexualidade" (SILVA, 2021, p. 149).

Por isso, faz-se necessário refletir e repensar o currículo escolar, com vistas ao enfrentamento e superação de um currículo eurocêntrico, que expressa e legitima a cultura dominante, subalternizando os demais. Discutir sobre o processo de construção de um currículo educacional é necessário. Assim como considerar a História e Cultura da população negra e povos indígenas, na construção da sociedade brasileira ao longo da história, ante as demandas sociais e com objetivo de elaborar um documento que ressalte a *diversidade* e a *diferença*. O currículo étnico-racial faz suas críticas à estrutura quanto às desigualdades relacionadas à raça, sendo os grupos étnicos objetos da discussão do favorecimento de uma determinada *raça* sobre as etnias consideradas minoritárias, mas que igualmente fazem parte do contexto escolar e social (SANTOS; BRANDÃO, 2018).

Referências

BARDIN, Laurence. **Análise de conteúdo**. Tradução Luís Antônio Reto e Augusto Pinheiro. São Paulo: Edições 70, 2016.

BOURDIEU, Pierre. A escola conservadora: as desigualdades frente à escola e à cultura. Tradução Aparecida Joly Garcia. *In*: NOGUEIRA, Maria A.; CATANI, Afrânio (Org.). **Escritos de Educação**. 16. ed. Petrópolis: Vozes, 2015.

BOURDIEU, Pierre. **Os usos sociais da ciência:** por uma sociologia clínica do campo científico. Tradução Denice Barbara Catani. São Paulo: Editora UNESP, 2004.

BRASIL. **Constituição da República Federativa do Brasil de 1988**. Disponível em: https://bit.ly/3scIg7V. Acesso em: 11 nov. 2023.

BRASIL. **Lei Nº. 10.639, de 9 de janeiro de 2003**. Altera a Lei Nº. 9.394, de 20 de dezembro de 1996, que estabelece as diretrizes e bases da educação nacional, para incluir no currículo oficial da Rede de Ensino a obrigatoriedade da temática "História e Cultura Afro-Brasileira", e dá outras providências. Disponível em: https://bit.ly/3Aws5Gb. Acesso em: 11 nov. 2023.

BRASIL. **Lei Nº. 11.645, de 10 março de 2008**. Altera a Lei Nº. 9.394, de 20 de dezembro de 1996, modificada pela Lei Nº. 10.639, de 9 de janeiro de 2003, que estabelece as diretrizes e bases da educação nacional, para incluir no currículo oficial da rede de ensino a obrigatoriedade da temática "História e Cultura Afro-Brasileira e Indígena". Disponível em: https://bit.ly/3G3Kmvz. Acesso em: 11 nov. 2023.

BRASIL. **Lei Nº. 9.394, de 20 de dezembro de 1996**. Estabelece as diretrizes e bases da educação nacional. Disponível em: https://bit.ly/3AuBZrO. Acesso em: 11 nov. 2023.

BRASIL. **Plano Nacional de Educação – PNE 2014-2024:** linha de base. Aprova o Plano Nacional de Educação – PNE e dá outras providências. Brasília: MEC, 2015. Disponível em: https://bit.ly/3g2Ag3E. Acesso em: 11 nov. 2023.

CHARTIER, Roger. **A História Cultural:** entre práticas e representações. Tradução Maria Manuela Gallardo. Lisboa: Difel, 2005.

COELHO, Mauro Cezar; ROCHA, Helenice A. B. Paradoxos do protagonismo indígena na escrita escolar da História do Brasil. **Tempo e Argumento**, Florianópolis, v. 10, n. 25, p. 464-488, jul./set. 2018. Disponível em: https://bit.ly/3rJBwOs. Acesso em: 11 nov. 2023.

COELHO, Wilma de Nazaré Baía. **Parecer sobre a Base Nacional Comum.** Belém: UFPA, 2016, p. 1-2. Disponível em: http://basenacionalcomum.mec.gov.br/images/relatorios-analiticos/Wilma_de_Nazare_Baia_Coelho_SECADI.pdf. Acesso em: 11 nov. 2023.

GOMES, Nilma Lino. O combate ao racismo e a descolonização das práticas educativas e acadêmicas. **Aurora,** Curitiba, v. 33, n. 59, p. 435-454, maio/ago. 2021. Disponível: https://bit.ly/3u5Fhkd. Acesso: 11 nov. 2023.

GOMES, Nilma Lino. **O movimento negro educador:** saberes construídos nas lutas por emancipação. Petrópolis: Vozes, 2017.

GOODSON, Ivor F. **Currículo:** teoria e história. Tradução Attílio Brunetta. 15. ed. Petrópolis, RJ: Vozes, 2018.

MINISTÉRIO DA EDUCAÇÃO. **Base Nacional Comum Curricular**. Brasília: MEC, 2015. Disponível em: https://bit.ly/3qdqzoj. Acesso em: 11 nov. 2023.

MINISTÉRIO DA EDUCAÇÃO. **Base Nacional Comum Curricular:** 2ª versão revista. Brasília: MEC, 2016. Disponível em: https://bit.ly/3wbsxt3. Acesso em: 11 nov. 2023.

MINISTÉRIO DA EDUCAÇÃO. **Base Nacional Comum Curricular:** educação é a base. Brasília: MEC, 2018. Disponível em: http://basenacionalcomum.mec.gov.br/. Acesso em: 11 nov. 2023.

MINISTÉRIO DA EDUCAÇÃO. **Diretrizes Curriculares Nacionais para a Educação das Relações Étnico-Raciais e para o Ensino de História e Cultura Afro-Brasileira e Africana**. Brasília: MEC, 2004. Disponível em: https://bit.ly/3r5TwDI. Acesso em: 11 nov. 2023.

SANTOS, Marcio A. R. dos; BRANDÃO, Pedro P. S. Base Nacional Comum Curricular e currículo da Educação Física: qual o lugar da diversidade cultural?. **Horizontes,** v. 36, n. 1, p. 105-118, jan./abr., 2018. Disponível em: https://revistahorizontes.usf.edu.br/horizontes/article/view/593. Acesso: 11 nov. 2023.

SECRETARIA DE ESTADO DE EDUCAÇÃO DO PARÁ. **Documento Curricular do Estado do Pará:** Educação Infantil e Ensino Fundamental. Belém: SEDUC, 2018. Disponível em: http://www.cee.pa.gov.br/?q=node/779. Acesso em: 11 nov. 2023.

SILVA, Tomaz T. **Documentos de Identidade:** uma introdução às teorias do currículo. 3. ed. Belo Horizonte: Autêntica, 2021.

THOMPSON, Edward P. **Senhores e Caçadores:** a origem da lei da negra. Tradução Denise Bottman. Rio de Janeiro: Paz e Terra, 1987.

IDENTIDADE E EXPERIÊNCIAS COM ESTUDANTES DE UMA ESCOLA PÚBLICA DE BELÉM/PA

Caroline das Graças dos Santos Ribeiro[92]
Maria Vitória Morato Lopes Macedo[93]
Nicelma Josenila Costa de Brito[94]

Introdução

Este texto versa sobre a temática da identidade negra de estudantes de uma escola pertencente à rede pública de ensino na cidade de Belém – PA, cujo objetivo consiste em situar os desafios e enfrentamentos de estudantes negros(as) no processo de afirmação identitária. O interesse por esse debate foi suscitado por ocasião de um levantamento de dados realizado em uma escola de Ensino Médio, em ações desenvolvidas no âmbito do Acordo de Cooperação Técnica formalizado entre a Universidade Federal Rural da Amazônia (UFRA) e o Tribunal de Justiça do Estado do Pará (TJPA), no Projeto Porto Seguro, promovido pela Coordenadoria Estadual da Infância e Juventude (CEIJ).

O Projeto materializa-se mediante a proposta dos Círculos de Diálogos, os quais objetivam fomentar o bem-estar emocional de crianças e adolescentes, seus cuidadores/responsáveis e profissionais, através da realização de práticas restaurativas, instaurando a necessidade de investigação sobre como as práticas

---

92 Graduanda do curso de Licenciatura em Pedagogia da Universidade Federal Rural da Amazônia (UFRA). Bolsista do Projeto Porto Seguro – TJPA/UFRA. *E-mail*: caroline.san.rib.20@gmail.com

93 Graduanda do curso de Licenciatura em Pedagogia da Universidade Federal Rural da Amazônia (UFRA). Bolsista do Projeto Porto Seguro – TJPA/UFRA. *E-mail*: moratovitoria02@gmail.com

94 Doutora em Educação pela Universidade Federal do Pará. Docente da Universidade Federal Rural da Amazônia (UFRA). Pesquisadora do Núcleo de Estudos e Pesquisas sobre Formação de Professores e Relações Étnico-Raciais (GERA). Representante UFRA no Projeto Porto Seguro TJPA/UFRA. *E-mail*: nicelma.brito@ufra.edu.br

dos diálogos encaminhadas nos Círculos impactam as experiências dos(as) sujeitos que se constituem seu público-alvo.

A investigação, desenvolvida em etapas, encontra-se em processo de levantamento do perfil socioeconômico e cultural dos(as) partícipes do Projeto. No curso desses levantamentos, o texto ora apresentado constitui-se um recorte, mediante apresentação de dados de uma das escolas integrantes do Projeto, a qual, por questões éticas, terá sua identidade preservada. Neste processo, a dificuldade para a autoidentificação racial por parte dos(as) discentes, chamou-nos a atenção, mobilizando-nos para reflexões no que tange aos desafios e enfrentamentos envoltos nessa autoidentificação por estudantes negros(as).

Dentre esses processos, a compreensão histórica e sociológica sobre a raça e as identidades étnico-raciais depende da consideração da racialização de pessoas pretas e pardas (JARDIM, 2013). Estudo de Silveira e Fuch (2018) reflete acerca das ausências de "referenciais relativos às especificidades dos grupos étnico-raciais" como um aspecto sobre o qual deve incidir a ação da escola, com vistas a promover a autoidentificação racial. A recomendação das autoras sinaliza para a relevância da construção de uma identidade positiva por estudantes negros(as), a partir de ações pedagógicas encaminhadas na escola. A reflexão sobre essa construção já era identificada por Souza (1983) como um processo, onde *ser negro* implica, acima de tudo, *tornar-se negro*. É um *vir a ser* para além de uma condição dada *a priori*.

Na sociedade brasileira, são usualmente mobilizadas, nos processos institucionalizados, a heteroidentificação e a autoidentificação raciais. A heteroidentificação pode ser compreendida como um método de identificação que utiliza a avaliação de um terceiro para a identificação étnico-racial de uma pessoa. Este terceiro pode se valer de diversos critérios para identificar alguém sob a perspectiva racial, tais como elementos biológicos, como o fenótipo e a cor da pele; ancestralidade, e/ou a própria construção de identidade (PANIZZI, 2018). A autodeclaração étnico-racial pode ser considerada como uma abordagem de identificação racial que tem como pressuposto a ideia de que cabe somente à própria pessoa atribuir a sua identificação (PANIZZI, 2018).

Por outro lado, a autodeclaração, assenta-se na posição de reconhecimento do caráter social das identidades étnico-raciais; luta por direitos assegurados, cultura e individualidade dessas pessoas (JARDIM, 2013). Sob a perspectiva do ordenamento jurídico brasileiro, a partir do Estatuto da Igualdade Racial, a autodeclaração constitui-se como requisito de reconhecimento de pertencimento a um grupo, seja da raça, seja nas discussões sobre etnia, bem como é acionada com o objetivo de "garantir à população negra a efetivação da igualdade de oportunidades, a defesa dos direitos étnicos individuais, coletivos e difusos e o combate à discriminação e às demais formas de intolerância étnica" (BRASIL, 2010).

Ao se trazer pelo Estatuto, a definição de quem é a população negra, ou seja, a população de pardos e pretos, este marco legal adota a autodeclaração como um processo primordial para a identificação do pertencimento étnico-racial (BRASIL, 2010). Para efeito deste Estatuto, a população negra, se trata do conjunto de pessoas que se autodeclaram pretas e pardas, conforme o quesito cor ou raça usado pelo Instituto Brasileiro de Geografia e Estatística (IBGE).

No que concerne ao contexto educacional, referente às questões de afirmação sobre a heteroidentificação e autodeclaração, o presente trabalho buscou, a partir de um relato de experiência, apontar os desafios e enfrentamentos no processo de e autodeclaração de estudantes, de uma escola pública estadual de Ensino Médio do município de Belém-PA.

O Brasil é um país onde *a cor pouco aparece*, e para Wilma Coelho (2009) faz o papel de *corpo presente*, em que a questão existe, porém se constitui um debate invisibilizado. Segundo a autora, em que pese a ausência de enfrentamento desta discussão, a promulgação da Lei Nº. 10.639/03, que inclui no currículo oficial da rede de ensino a obrigatoriedade da temática "história e cultura afro-brasileira", ocorreu após longo período de luta da sociedade civil organizada, sinalizando para a concretude das tensões relacionadas com a questão da cor no Brasil, ou seja, ela existe, e se presentifica nas experiências cotidianas de negros(as) brasileiros(as), nos indicadores desfavoráveis, nos estereótipos que permeiam o imaginário social; nas desigualdades de toda a ordem enfrentadas por este segmento populacional.

A visibilidade para a questão racial se impõe na realidade brasileira. É o que reflete Cavalleiro (2000), ao identificar que a criança enfrenta o processo do preconceito étnico-racial através da criação de uma visão negativa de si mesma, principalmente em casos realizados ou incentivados por professores(as) no interior da sala de aula. Tal visão representa um entrave para a construção de uma identidade positiva, concorrendo para resistências em relação a aceitação do pertencimento racial, quando se trata de crianças negras. Dito de outro modo, as experiências de constituição identitária enfrentam formulações que não oferecem contribuição para a positivação desta identidade que se busca constituir. Difundidas e naturalizadas, tais formulações concorrem para que se formem induções problemáticas acerca do *ser negro*; para negação de pertencimento racial e para invisibilizar, mais ainda, essa população.

Para Wilma Coelho (2007), a questão racial não deve ser tratada como um problema interligado somente ao contexto moral, mas sim como elemento a ser enfrentado no processo de formação dos professores(as). A autora reflete que um(a) professor(a) formado(a) devidamente saberá lidar pedagogicamente com o preconceito étnico-racial e, por conseguinte, não reiterá-lo. O papel do(a) professor(a) consiste em compreender o contexto da sociedade racista e enfrentá-lo na sala de aula.

Segundo Piza (2000) e Telles (2003), no contexto norte-americano, uma gota de sangue negro torna o indivíduo negro, enquanto no Brasil a cor é definida pela quantidade de sangue branco no indivíduo e, por conta disso, alimenta-se o anseio de se aproximar do branco e se distanciar do negro. Este anseio concretiza-se na adoção dos "eufemismos" (CARVALHO; SILVA, 2019) acionados em processos de negação, onde o pertencimento racial se faz presente.

Neste cenário, o extenso gradiente de cores que permeia a experiência brasileira, conferindo uma multiplicidade de denominações no que tange à cor (SCHWARCZ 2001), sinaliza para a necessidade de se ter uma aproximação do branco com o termo "pardo", por exemplo. Neste panorama, Skidmore (1992) e Guimarães (2000) já afirmavam que as variadas denominações de cores não estão relacionadas ao processo de valorização fenotípica ou étnica, mas sim à tentativa de integrar o indivíduo ao ideal de branqueamento construído no final do século XIX.

Esta reflexão é reiterada por Wilma Coelho (2007), na remissão ao reconhecimento da cor com algo que a ameniza, como se a cor fosse um mal que necessitasse ser purgado. A exemplo de falas como "é negro, mas é bonito", "é negro, mas é trabalhador", "é negro, mas é honesto". Apesar de o Brasil ser o país com a maior população negra fora do continente africano, a autora reflete que não há uma visibilidade positiva em relação a cultura africana dentro do nosso país e, por conta disso, o negro é discriminado, minorizado, mesmo com uma numerosa população.

Este panorama pode contribuir para que a aceitação de pertencimento racial por parte de estudantes negros(as) se constitua um processo desafiador, posto que enfrentamentos de toda a ordem permeiam a experiência deste grupo na sociedade brasileira. A reflexão de Nilma Gomes oferece indicativos da concretude desses enfrentamentos ao discorrer sobre a destituição de valores estéticos que atravessa os corpos negros, ao pontuar que "cabelo crespo é um dos argumentos usados para retirar o negro do lugar da beleza" (GOMES, 2003, p. 80). A autora discorre acerca da tarefa de instituir um tratamento ao preconceito nas escolas, por parte do(a) professor(a), como tarefa pedagógica, necessária a compreensão do contexto do país como um local racista e a necessidade de um posicionamento contra essa realidade, pois a falta de reflexão contribui para o recrudescimento das formas de discriminação.

As reflexões de Coelho (2007, p. 53) nos são muito claras ao apontarem que "a discriminação é uma negação da presença. Quando se discrimina, o que se faz, no final das contas, é negar à pessoa discriminada o direito de estar presente". Essa negação da presença tem sido introjetada nas representações que estudantes negros(as) assumem em relação a si mesmos(as), convocando-nos a intervenções pedagógicas com vistas à subversões neste cenário.

O estudo ora apresentado, caracteriza-se como de cunho qualitativo. Ele foi realizado durante a aplicação de um questionário estruturado, com vistas à obtenção de perfil socioeconômico e cultural de estudantes participantes do Projeto Porto Futuro. Tal aplicação fora precedida de contato com a escola para apresentação dos procedimentos de aplicação, os quais incidiam sobre a adoção de formulários disponíveis na Plataforma *Google Docs*, os quais seriam disponibilizados a partir de nossos dispositivos móveis, e dos(as) próprios(as) estudantes, quando dispusessem de acesso à *internet* em seus dispositivos pessoais. Tais instrumentos eram compostos com perguntas de múltipla escolha e caixa de seleção direcionada aos(às) estudantes com vistas a obtermos a conformação daquele público a partir do perfil socioeconômico e cultural, permitindo, de maneira simplificada, o relato de informações. Após a apresentação dos procedimentos, procedemos definições de cronogramas de aplicação junto à gestão da escola.

Encaminhadas as aplicações, os dados foram sistematizados e procedida articulação com a literatura especializada, advinda de levantamento bibliográfico, entendida por Severino (2007), a partir do registro disponível, decorrente de pesquisas anteriores, em documentos impressos, como livros, artigos, teses etc. Neste levantamento, subsidiadas pelas recomendações do autor, foram utilizados dados de categorias teóricas já trabalhadas por outros(as) pesquisadores(as) e devidamente registrados.

Como dito anteriormente, o *locus* do levantamento foi desenvolvido em uma escola pública estadual de Ensino Médio localizada no Município de Belém, no Estado do Pará. A instituição está situada em uma área de zona urbanizada, concentrada na área central da cidade e atende turmas do Ensino Médio, nos períodos matutino e vespertino, com 10 (dez) turmas de 1º ano; 8 (oito) de 2º e 6 (seis) de 3º.

Os sujeitos que constituem as reflexões deste trabalho são 170 estudantes, dos quais, 53,8% são alunas, e 43,3% são alunos, com idades distribuídas entre 11 a 15 anos (60,2%) e 16 a 18 anos (39,2%), estes(as) estudantes se autodentificaram como pardos (41,5%), brancos (41,5%) e pretos (11,7%). Neste texto, adotamos a composição racial a partir dos mesmos indicadores acionados pelo Instituto Brasileiro de Geografia e Estatística (IBGE) e a composição do grupo de estudantes negros(as) a partir da correlação entre pretos(as) e pardos(as). Assim, os sujeitos sobre os quais este texto incide são, em sua maioria, estudantes negros(as) (53,2%), motivo pelo qual foram conferidas as ênfases dos estudos sobre identidade negra nas discussões teóricas anteriormente tecidas.

Considerações Finais

Na experiência de aplicação dos instrumentos, por ocasião do levantamento do perfil dos(as) participantes do Projeto Porto Futuro, na escola que integra o recorte ora apresentado, chamou-nos a atenção o movimento dos(as) estudantes na ocasião em que eram instados(as) a autoidenficarem-se em termos de pertencimento racial. A atividade de identificação do pertencimento racial por parte daqueles(as) discentes se mostrou como um processo envolto em tensões (ANDRADE, 2006), que em algumas situações fez com que os(as) estudantes recorressem a nós ou aos seus pares para que estes os(as) identificassem, e em outros gerou a negação de pertencimento ao grupo com o qual a reflexão aqui se centrou.

O pequeno tumulto que se instalava quando os(as) estudantes se deparavam com a necessidade de se autoclassificar evidenciava os rebatimentos da participação do outro no processo de construção da identidade (ERIKSON, 1987), bem como conferiam concretude às "negações", objeto da reflexão de Coelho (2007). As tensões geradas por ocasião da autoidentificação, vivenciadas quando da aplicação dos instrumentos para composição do perfil, se constituem movimentos que demarcam a urgência de enfrentamento pedagógico dentro das escolas, no que tange à Educação das Relações Étnico-Raciais, para que as premissas das DCNERER (BRASIL, 2004) sejam concretizadas, favorecendo que a ação escolarizada vislumbre a formação de atitudes, posturas e valores que eduquem cidadãos(ãs) orgulhosos(as) de seu pertencimento étnico-racial para interagirem na construção de uma nação em que todos(as), igualmente, tenham seus direitos garantidos e sua identidade valorizada.

Referências

ANDRADE, Paulo Sérgio de. **Pertencimento Étnico-Racial e ensino de História**. 2006. 167f. Dissertação (Mestrado em Educação) – Centro de Educação e Ciências Humanas, Universidade Federal de São Carlos, São Carlos, 2006.

BRASIL. Constituição (1988). **Constituição da República Federativa do Brasil**. Brasília, DF, Senado, 1988.

BRASIL, Ministério da Educação. **Diretrizes Curriculares Nacionais para a Educação das Relações Étnico-Raciais e para o Ensino de História e Cultura Afro-Brasileira e Africana**. Outubro, 2004.

BRASIL. **Lei Nº. 12.288 de 20 de julho de 2010.** Institui o Estatuto da Igualdade Racial; altera as Leis Nº. 7.716, de 5 de janeiro de 1989, Nº. 9.029, de 13 de abril de 1995, Nº. 7.347, de 24 de julho de 1985, e Nº. 10.778, de 24 de novembro de 2003. Brasília, 2010. Disponível em: https://www.planalto.gov.br/ccivil_03/_ato2007-2010/2010/lei/l12288.htm. Acesso em: 16 nov. 2023.

CARVALHO, Leonardo Dallacqua de; SILVA, Letícia Fernanda da. **Nos eufemismos do racismo**: novo século, antigos preconceitos. Curitiba: Appris Editora, 2019.

CAVALLEIRO, Eliane. **Do Silêncio do Lar ao Silêncio Escolar**: Racismo, Preconceito e Discriminação na Educação Infantil. São Paulo: Contexto, 2000.

COELHO, Wilma de Nazaré Baía. Só de corpo presente: o silêncio tácito sobre cor e relações raciais na formação de professoras no estado do Pará. **Revista Brasileira de Educação**, v. 12, n. 34, p. 39-56. Disponível em: https://www.scielo.br/j/rbedu/a/WGRkJKRqRqHfkTv4D7Z75hF/?lang=pt#. Acesso em: 16 nov. 2023.

COELHO, Wilma de Nazaré Baía. **A cor ausente**: um estudo sobre a presença do negro na formação de professores. 2. ed. Belo Horizonte: Mazza, 2009.

ERIKSON, Erik H. **Identidade, juventude e crise**. Rio de Janeiro, Editora Guanabara, 1987.

GOMES, Nilma Lino. Cultura Negra e Educação. **Revista Brasileira de Educação.** São Paulo. n. 23, maio/jun./jul./ago., 2003. Disponível em: https://www.scielo.br/j/rbedu/a/XknwKJnzZVFpFWG6MTDJbxc/abstract/?lang=pt. Acesso em: 16 nov. 2023.

JARDIM, I. R. **Identidades e Narrativas**. s.d. Disponível em https://www.maxwell.vrac.puc-rio.br/4360/4360_6. Acesso em: 10 nov. 2023.

PANIZZI, Carolina Santos. **Identidade racial e teoria jurídica da raça eletiva no contexto brasileiro.** 2017.Dissertação (Mestrado em Direito). Programa de Pós-Graduação Stricto Sensu do Centro Universitário Ritter dos Reis – UniRitter, Porto Alegre, 2017.

PIZA, Edith. Brancos no Brasil? Ninguém sabe, ninguém viu. *In*: GUIMARÃES, Antonio Sérgio Alfredo; HUNTLEY, Lynn. **Tirando a máscara**: ensaios sobre o racismo no Brasil. São Paulo: Paz e Terra, 2000, p. 97-126.

SCHWARCZ, Lilia Moritz. **Racismo no Brasil**. São Paulo: Publifolha, 2001.

SEVERINO, Antônio Joaquim. **Metodologia do Trabalho Científico**. 23. ed. São Paulo: Cortez, 2007.

SILVEIRA, Jhennifer Cristine da; FUCH, Andréa Márcia Santiago Lohmeyer. A Questão Étnico-Racial na Educação Básica: a escola no processo de "autoidentificação racial" das crianças e adolescentes. *In:* ENCONTRO NACIONAL DE PESQUISADORES EM SERVIÇO SOCIAL, 16, 2018, Vitória. **Anais** [...] Vitória: UFES, 2018. Disponível em: https://periodicos.ufes.br/abepss/article/view/22406. Acesso em: 16 nov. 2023.

SOUZA, Neusa Santos. **Tornar-se negro:** as vicissitudes da identidade do negro em ascensão social. Rio de Janeiro: Graal, 1983.

TELLES, Edward. **Racismo à brasileira:** uma nova perspectiva sociológica. Rio de Janeiro: Relume Dumará/Fundação Ford, 2003.

A CRIANÇA NEGRA NO DISCURSO:
somos todos iguais

Raylanne Costa Arouche[95]
Érica Andressa Rocha[96]
Grace Kelly Silva Sobral Souza[97]

Introdução

Este texto, que inspeciona os impactos psicológicos derivados do racismo para a construção da autoimagem de crianças negras no contexto escolar, tem como questão norteadora: como o racismo impacta a construção da autoimagem de crianças negras de 6 a 8 anos em uma escola de Ensino Fundamental Anos Iniciais? Com base nessa premissa, foi possível identificar a existência (ou inexistência) de práticas pedagógicas adotadas pela escola, que possibilitam o trato com as questões étnico-raciais.

O presente texto é fruto do Trabalho de Conclusão de Curso do Curso de Psicologia, do Centro Universitário Estácio São Luís, defendido no ano de 2023, cujo objetivo consiste em compreender as implicações do racismo em crianças quando inseridas na escola e seu impacto no psiquismo. Nos dias de hoje, a partir do momento em que uma criança negra nasce, é imposto a ela um padrão que não condiz com a realidade de quem ela é, acarretando assim em um sofrimento psíquico que se perpetua por toda a sua vida e sendo passado de geração em geração, sem se ter um *insight* dessa reprodução. A violência racial tira do sujeito a possibilidade de explorar e extrair do pensamento todas

---

95 Estudante do Curso de Psicologia do Centro Universitário Estácio São Luís. *E-mail*: raylannecosta1@gmail.com

96 Psicóloga. Mestra em Psicologia pela Universidade Federal do Maranhão. Coordenadora do Núcleo de Apoio e Atendimento Psicopedagógico do Centro Universitário Estácio São Luís. *E-mail*: ericaandressarocha@gmail.com

97 Pedagoga e Turismóloga. Mestra em Políticas Públicas pela Universidade Federal do Maranhão. Doutoranda pelo Programa de Pós-Graduação em Educação na Amazônia – Polo Belém. *E-mail*: grace.kellysouza@yahoo.com.br

as suas infinitas potencialidades de criatividade, beleza e prazer que ele é capaz de produzir.

O pensamento do sujeito negro é um pensamento que se autorrestringe (SOUZA, 1983). Vale ressaltar que, desde cedo, quando inseridas na escola, nesse primeiro contato de integração social, as crianças percebem suas diferenças. Enquanto a criança branca se vê em todos os desenhos como protagonista de sua história, a criança negra não se vê em lugar algum. Uma criança negra em uma escola, que não fala das questões raciais da maneira correta, apreende desde cedo que seu jeito de ser no mundo é incomum. A escola precisa ter um olhar racial, sobretudo, no que diz respeito ao processo de socialização dos sujeitos que fazem parte do ambiente escolar. "[...] A educação infantil não pode esquivar-se do dever de preparar o indivíduo para a existência das diferenças étnicas, já que ela, inevitavelmente, permeará a sua relação com os demais cidadãos" (CAVALLEIRO, 2012, p. 26).

Aporte teórico

Ao longo da história da Psicologia, pode-se notar que ela foi e ainda é exclusivamente branca, tanto que nos cursos de graduação não se ouve falar de teóricos negros ou teóricos não negros que discutam as questões raciais, sendo o Brasil composto por 56,1% (IBGE, 2021) de pessoas autodeclaradas pretas e pardas e que precisam de atendimento psicológico racializado.

Sobre a abordagem da Psicologia nas escolas do Brasil, a existência do profissional ainda é uma exceção, não condizendo com a realidade da maioria das escolas brasileiras, mesmo sendo necessário nesses espaços. O psicólogo no âmbito escolar atua como um intermédio entre alunos(as) e alunos(as), alunos(as) e profissionais e também com a família.

São inúmeras as intervenções que este(a) profissional pode promover, sendo a psicoeducação acerca do racismo uma delas. Fiabani, A.; Fiabani, T. (2020) apontam que, mesmo que os estudos das questões raciais na Psicologia tenham aumentado, ainda há um descaso da temática, principalmente nas faculdades e universidades. Entretanto, é importante questionar como este profissional lidará com o racismo sem ter letramento sobre essa questão que afeta parte significativa da população.

Sendo esse um assunto complexo que permeia a sociedade por mais de anos, Santos (2019) avisa que é importante reconhecer o racismo como um adoecimento físico e psicológico porque ele existe, é real e a falta de abordagem e intervenções faz com que a Psicologia brasileira se torne omissa, e ela, enquanto ciência, precisa voltar-se para essa questão social.

O racismo se manifesta de modo extremamente negativo no campo intrapsíquico, comprometendo o "*eu*" e, consequentemente, comprometendo a construção da identidade. Essa intercorrência se deve às repetidas experiências de desvalorização da autoimagem, difundidas tanto pelas instituições como pelas relações interpessoais, e à interiorização do "*eu*" ideal europeu branco. O autoconceito – maneira pela qual a pessoa organiza as percepções sobre si mesma, é um processo que começa no nascimento, desenvolve-se ao longo da vida, de acordo com as experiências vivenciadas no dia a dia. O conjunto das autopercepções, algumas temporárias, outras permanentes, forma o autoconceito e influencia o comportamento dos indivíduos, associa-se à autovalorização positiva ou negativa e é a referência através da qual a pessoa vê o mundo que a rodeia, numa dinâmica complexa que envolve a organização das ideias e a crença em si mesma (SILVA, 2004, *apud* SANTOS, 2018, p. 156).

Existe a Lei Nº. 13.935/19, que obriga a contratação de psicólogos e assistentes sociais nas redes de ensino de Educação Básica, porém, com o advento da crise sanitária provocada pela Covid-19, houve um adiamento e, ao que tudo indica, a inserção do processo é letárgico.

O racismo não se limita apenas a palavras ofensivas, pois é um sistema estrutural que envolve todas as classes sociais, faixas etárias, como as pessoas pensam e veem. O racismo é uma ideologia muito abrangente, complexa, sistêmica e violenta, que se faz presente em todos os meios culturais, políticos, econômicos, éticos, social, subjetivo, vincular e institucional da vida das pessoas. É uma estratégia de dominação que está enraizada na presunção de que existem raças superiores e inferiores (Relações Raciais: Referências Técnicas para atuação de Psicólogas(os), 2017, p. 10).

A ideologia do branqueamento presente no Brasil nos séculos IX e XX reverbera nos dias atuais. De acordo com Corrêa e Santos (2020, p. 10 *apud* SKIDMORE, 1976), o branqueamento se fundamenta na concepção de que existe uma raça superior e uma inferior e o objetivo era que a população negra diminuísse em comparação com a branca, pela redução da taxa de natalidade, pelo aumento de doenças, pela desorganização social e pela imigração europeia.

Na perspectiva infantil e escolar se faz necessária uma Psicologia com um olhar também voltado para a Educação das Relações Étnico-Raciais. Partindo também de uma possível psicoeducação não só dos profissionais da escola e com a família, mas também com o público, que é a sociedade onde a criança está inserida, uma vez que a construção da autoimagem entre crianças negras e brancas são distintas.

Pouco se fala sobre o sofrimento psíquico que as pessoas negras passam diariamente e, quando o psicólogo não tem leitura sobre a temática, é difícil dizer quais serão as intervenções realizadas por ele. Essas mesmas práticas intervencionistas encontram na história da Psicologia o seu pedestal. Segundo Relações Raciais: Referências Técnicas para atuação de Psicólogas(os) (2017 p. 75), a história da psicologia é embranquecida, historicamente cúmplice do racismo, buscando conhecimentos científicos que legitimassem e validassem o racismo por meios de teorias discriminatórias e também por buscar um padrão de fora que não se encaixava na realidade brasileira.

Metodologia

O presente artigo objetivou compreender as implicações do racismo em crianças quando inseridas na escola, mais precisamente no Ensino Fundamental – Anos Iniciais, e os seus impactos no psiquismo delas. Para alcance desse objetivo geral, caminhamos com a identificação desse sofrimento e as principais causas para o seu surgimento. Caminhamos também com os estudos sobre formação de professores(as) a fim de identificar o preparo (ou possíveis despreparo) diante dessa temática que é tão presente.

O artigo apresenta uma abordagem exploratório-descritiva em que, de início, parte de um estudo bibliográfico acerca do racismo e também de uma revisão bibliográfica da Psicologia Social e de teóricos que fundamentam os estudos sobre Educação das Relações Étnico-Raciais. A empiria foi realizada na escola "Jardim de Girassóis" localizada em São Luís do Maranhão, Ensino Fundamental – Anos Iniciais, mais precisamente com crianças de, aproximadamente, 6 a 8 anos do 2º e 3º ano. Partimos de uma pesquisa de observação participante com as crianças no primeiro momento e, logo em seguida, por uma entrevista semiestruturada com cinco sujeitos, sendo duas professoras das turmas observadas, duas gestoras da escola e uma coordenadora pedagógica. Os nomes das crianças e das pessoas entrevistadas são todos fictícios, assim como o nome da escola, justificado por questões éticas e de preservação da identidade dos envolvidos na pesquisa.

Por fim, se propôs ao final da observação uma ação psicoeducativa de forma lúdica em formato de roda de conversa com auxílio de livros infanto--juvenis "*Adjokè* e as palavras que atravessam o mar", de Patrícia Matos e "O cabelo de Lelê", de Valéria Belém, e imagens com reis e rainhas africanos para as crianças. As fontes bibliográficas que nortearam o trabalho partiram do levantamento de artigos científicos publicados em repositórios da área da Educação e da Psicologia da Educação, a citar: *Scielo* (*Scientific Eletronic Library Online*), *Pepsic* (Periódicos Eletrônicos em Psicologia), *Google Acadêmico*, TEDE (Sistema de Publicação Eletrônica de Teses e Dissertações da UFMA), ABPN (Associação Brasileira de Pesquisadores(as) Negros(as)), Periódico *CAPES* e de alguns livros como *Psicologia Social do Racismo*, de Iray Carone e Maria Aparecida, *Tornar-se Negro*, de Neusa Santos Souza, *Relações Raciais: Referências Técnicas para a Atuação de Psicólogas(os)*, do Conselho Regional de Psicologia e dentre outros, citados ao longo do artigo.

Resultados e Discussões

Os resultados e discussões que delineiam as análises deste artigo estão dividido em três tópicos: a) os encontros; b) a entrevista, e; c) a intervenção. No primeiro contato com a escola foi apresentada a proposta do artigo e da roda de conversa com as crianças. As responsáveis pela escola eram duas mulheres: uma negra chamada Andrea e uma branca chamada Rita, ambas autodeclaradas. A apresentação do local se iniciou com Andrea dizendo "*Adorei a temática, essa semana mesmo uma criança desse tamanhinho disse que não ia sentar perto do coleguinha por conta da cor dele e eu tirei logo o racismo dela e chamei os pais, tirei logo o racismo dela.*" As crianças citadas por Andrea tinham por volta dos 3-4 anos de idade, o que nos lembra de que, segundo a educadora Eliane Cavalleiro (2012), ao observar diariamente crianças de quatro a seis anos, identificou que as crianças negras já mostram uma identidade negativa. Em contrapartida, as crianças brancas manifestam um sentimento de superioridade, assumindo atitudes preconceituosas, discriminatórias, xingando e ofendendo as crianças negras, atribuindo apelidos negativos à cor da pele. Iniciada a observação na sala do 3º ano, no primeiro encontro, a professora da sala era a Emilli.

Pensou-se que, de início, seria difícil ter algum acontecimento explícito ou implícito de cunho racial na sala por ser uma escola em bairro periférico, onde a maioria das crianças presentes na escola são pretas e pardas. Mas, enquanto a professora dava a aula de português, o livro estava em uma página que tinha a figura de um macaco e duas alunas, Flávia (aluna parda) e Rebeca (aluna branca), começaram a se desentender. Flávia levanta da cadeira indignada com algo que Rebeca falou para ela e exclama *"Olha a minha cor! Olhar a minha cor pra ser macaca"* apontava para seu braço, vira o rosto para Sara (aluna preta) que estava concentrada na aula, e Flávia aponta para Sara, deixando subentendido que a macaca não era ela, enquanto Rebeca olhava para ela e dava de ombros. Flávia continuava *"Então tu que é macaca, macaca albina"*. A professora pareceu não perceber o acontecimento, ou mesmo fingir não perceber.

O primeiro tópico das análises e discussões apresentam relatos observados durante os encontros na escola, relatos estes que se entrecruzam com o campo psicológico e educacional das relações étnico-raciais. Durante as entrevistas, aquilo que outrora fora observado, agora são anunciados com mais ênfase.

A primeira entrevistada foi a professora Emilli, que tem 56 anos e está há 22 anos na Escola. Ela se autodescreve como uma pessoa *"morena, de cabelo ondulado castanho"*. Emilli disse que o racismo é uma coisa muito feia *"Eu tenho vergonha de falar esse nome, nós somos todos iguais"*. Emilli contou que já presenciou seus(suas) alunos(as) se chamando de macaco *"Tenho duas crianças mais escuras na sala"*, e relatou que uma criança do infantil não quis segurar a mão da outra porque a outra criança era negra (um acontecimento que foi mencionado mais duas vezes pelas outras entrevistadas). Emilli disse que conversa com as crianças quando casos de racismo acontecem diante dela e que comunica à coordenação. Disse que os livros didáticos são bons, mas que poderiam incluir mais coisas acerca da Cultura e História Africana. Nessa fala de Emilli sobre os livros didáticos, é importante ressaltar o que Fazzi (2006) fala, em que o livro didático acaba sendo um destruidor da identidade do negro, em contrapartida, reafirma a superioridade branca, o que acaba causando no negro um desejo de embranquecimento, como por exemplo, alisar o cabelo ou casar-se com uma pessoa de pele mais clara.

Uma outra entrevistada foi a professora Andrea, uma das gestoras da escola. Ela tem 62 anos e está há 32 anos na escola. Descreve-se como uma mulher negra de cabelos "secos". O racismo para Andrea é, no geral, uma falta de respeito *"Não existe sangue azul, somos iguais, ninguém é melhor que ninguém."* Disse que racismo é uma palavra muito forte para o que ocorre na escola, que nunca presenciou uma cena, mas que fica sabendo das *"picuinhas"*.

Andrea deixa claro que os acontecimentos de cunho racial explícitos que acontecem na escola não são racismo e se mostrou ofendida por essa palavra ser utilizada para descrever as ocorrências na escola. Para ela, as crianças ainda não podem ser racistas. Cavalleiro (2015) fala sobre esse comportamento de que os professores percebem o preconceito racial, mas quando se traz para a escola e os efeitos prejudiciais que ele pode causar há uma negação.

A terceira entrevistada foi a diretora da escola, que tem 38 anos e está há 20 anos na instituição. Ela se descreve com a pele parda e diz que o cabelo natural é crespo sem a chapinha. A diretora foi a única das entrevistadas que verbalizou *"Eu sei que o racismo não é só falar mal da cor de pele, ele é muito mais que isso".* Contou que nunca presenciou uma cena, mas que escuta os relatos dos(as) alunos(as). Quando chega até ela, diz que costuma conversar com as crianças para saber o aconteceu. *"É assim, as crianças são papéis em branco, os pais é que são preconceituosos".* O que acaba acontecendo é que a escola atribui à família toda a responsabilidade pelo comportamento das crianças. Rita conta que nunca chegou a suspender os(as) alunos(as) por isso.

A terceira entrevistada é a Pietra, de 40 anos de idade. Ela é a professora do 2º ano e está há 17 anos na instituição. Disse que em seu registro consta que ela é parda, *"mas eu sou é negra".* Sobre seu cabelo alisado, ela descreve: *"Meu cabelo é artificial* (gargalhada)". Pietra acha que o racismo é quando a pessoa não tem aceitação pela sua própria cor e etnia, ou seja, para ela, o racismo acontece quando o próprio negro não gosta de si. Disse que já presenciou muitos casos de racismo entre as crianças na escola, que sua reação é reprimir imediatamente, que usa a conversa *"Todos somos iguais, todos devem ter respeito".*

Pietra não acredita que os materiais didáticos possuem conteúdos racistas, pelo contrário, *"eles falam sobre igualdade racial, igualdade de todos, trabalham a transversalidade".* Em uma das aulas de matemática de Pietra, o livro trazia um trecho falando sobre miçangas em uma dança de origem africana e, a partir disso, a professora contextualiza com uma dança africana que as crianças apresentaram no início do ano, abrindo espaço para as crianças falarem. Nas aulas da professora Pietra, as crianças tinham mais liberdade para falar e expressar suas opiniões sobre os assuntos das aulas e ela ouvia atentamente ao que elas falavam e ainda dava um *feedback* e as crianças se demonstravam empolgadas em participar.

Na nona pergunta da entrevista, Pietra fala que devia se falar mais sobre a África, *"A África passa por sérios problemas sociais piores que o Brasil, vivo falando pros meus alunos que as crianças de lá vivem passando fome e necessidades"*. Nessa fala se percebe que a professora tem uma visão reduzida e estereotipada de todo o continente africano, deixando claro essa visão para seus(suas) alunos(as). Porém, é importante ressaltar que o continente africano não deveria ser conhecido apenas por esse lado, pois como diz Adichie (2019), a história única de um lugar cria estereótipos e eles são incompletos, acabam se tornando a história única. A África tem seus problemas, assim como tem suas belezas, riquezas, virtudes e conhecimentos construídos.

A última entrevistada foi a coordenadora pedagógica voluntária da escola. Benta tem 72 anos e trabalha no mesmo cargo há 19 anos. Se descreve com os cabelos grisalhos, não mencionou sua cor e quando perguntada respondeu *"Parda... Na verdade eu acho que eu sou preta porque meu pai era branco, mas minha mãe era preta. Sou a mais escura dos meus irmãos..."*. Acerca do racismo, falou que *"Do meu ponto de vista nem existia, nós somos seres humanos que deveríamos ser responsáveis, somos todos iguais. Esse racismo está dentro de nós. Sou contra o movimento do racismo, é como se nós estivéssemos nos discriminando. O racismo está na cabeça de cada um"*.

Sobre os casos de racismo na escola, fala que as crianças trazem de casa e que elas são continuidade da família. Conta que já presenciou uma agressão verbal racista de duas meninas, uma branca e uma negra, *"Tu é preta, teu pai é preto, ele é pobre. Meu pai é rico e branco"*. Contou que reagiu conversando com as duas crianças *"No final elas se abraçaram e são amigas até hoje"*. Esse foi o caso que ocorreu no quinto encontro com a turma do 3º ano. Sua ação para lidar com o racismo é utilizar imagens visuais com as crianças, de duas pessoas iguais e a única diferença é a cor de pele, e ela perguntar às crianças o que há de diferente e as crianças responderem *"Nada tia"* e disse que *"Assim eles entendem que não há diferença nenhuma e saem satisfeitos"*.

O último tópico de que trata o artigo traz as etapas de intervenção, construída em formato de roda de conversa. A primeira turma foi a do 2º ano em que a professora Pietra se mostrou tão participativa e atenta quanto seus(suas) alunos(as). Foi feita a leitura de um livro infanto-juvenil chamado "Adjokè e as palavras que atravessaram o mar" de Patrícia Matos. E ao final da leitura foi trazida a questão racial pelas próprias crianças que relatavam: "*Tia, antes eu odiava meu cabelo, pedia pra Deus pra ele nascer liso*" (falas da aluna Diana de 6 anos).

Muitas crianças, ao indicarem os padrões de beleza hegemônicos em nossa sociedade, expressaram falas e atitudes de negação de seus pertencimentos étnico-raciais, especialmente as crianças negras. Contudo, esse processo de "captura" não ocorre de forma total, posto que as crianças reagem ao "privilégio simbólico da brancura" (BENTO, 2009 *apud* SANTANA *et al.*, 2019, p. 367).

As crianças traziam seus próprios relatos de racismo que sofreram ou de algum conhecido delas que havia passado. Era perceptível também que algumas crianças negras ficavam caladas e com o olhar triste, atentas à discussão, mas sem querer relatar o ocorrido. Na turma do 3º ano, a história lida foi "O cabelo de Lelê", de Valéria Belém, pois justamente nessa turma ocorriam ofensas acerca do cabelo crespo das crianças. Ao repararem nas ilustrações da história, a maioria das crianças gargalhava por conta do cabelo da personagem ser tão grande e crespo enquanto as crianças negras ficavam caladas. Daí se percebe que a maioria das crianças tem uma visão totalmente negativa com relação ao cabelo crespo.

Conforme Silva (2009), as crianças, de forma geral, atribuem ao preto/negro um valor negativo, uma vez que ser negro significa ser feio, ter um cabelo espetado e duro, morar em local ruim, na favela e em barraco. "Há uma negatividade atribuída à categoria preto/negro que coloca as crianças nela classificadas em situações de inferiorização, assim como são objeto de gozações e xingamentos" (SILVA, 2009, p. 118 *apud* SANTANA; MENEZES; PEREIRA, 2019, p. 372).

Ao final das histórias, foi explicado às crianças sobre a importância de se falar do racismo e em como ele pode machucar e traumatizar as pessoas, deixando-as com baixa autoestima ou até mesmo com ansiedade, depressão e ocasionando evasão escolar. Foi apresentado os conhecimentos que são apreendidos acerca do continente africano, que não devia ser conhecido apenas pelos seus problemas socioeconômicos, uma vez que estereótipos dessa natureza reduzem a visão sobre a África e não levam em consideração as riquezas arquitetônicas, culturais e paisagísticas dos seus países, sem contar o desprezo sobre a produção de conhecimento em diferentes áreas dos saberes, de quem somos frutos.

Foram apresentados às crianças reis e rainhas negros(as) do continente africano, pois elas nunca tinham visto um rei ou uma rainha negros, somente brancos e, a partir daí, entrou-se na temática que não havia muitos personagens negros na literatura infanto-juvenil e em como isso pode impactar na autoestima dessa criança quando ela não se vê, não somente nesses locais, mas em nenhum outro, principalmente nos de ascensão social. Tudo foi falado em uma linguagem próxima para que elas pudessem entender e também perguntar sobre ou contribuir, caso desejassem. De acordo com Almeida (2013), é importante que se entenda que a criança negra seja associada a valores positivos, para substituir as representações negativas que ela já tem sobreposto em si, o que contribui para percepções de resistência ao convívio social racista.

Quijano (2000) *apud* Santos (2019) aborda a violência como de ordem social e que aparece em locais específicos, como a escola, ou seja, não é só um problema específico daquele lugar, mas também é macro e que o fato de tudo ter começado com colonização ainda repercute no "ser", "saber" e "poder" da sociedade nos dias atuais.

A frase "somos todos iguais" foi bastante citada pelas entrevistadas e reforçada em sala de aula para com as crianças, mas ela não condiz com a realidade dessas crianças. Elas percebem que há uma diferença, mesmo com os profissionais da escola querendo ao máximo que a frase se concretize, em prática, não há essa igualdade. A Lei Nº. 10.639/03, que deveria ser introduzida no currículo escolar, não é praticada, o que anuncia a ausência de práticas pedagógicas para Educação das Relações Étnico-Raciais. Como Viana, Melo e Scaduto (2020, *apud* BECINI, 2004) tratam que trabalhar a identidade negra é muito importante e que se deve começar pela história e cultura desse povo através da Lei Nº. 10.639/03. Mas isso não ocorre, e para acabar com as desigualdades no Brasil, o primeiro espaço deve ser a escola.

O despreparo também é visto pelos(as) profissionais da Psicologia, tanto que na escola em que o artigo se sustenta, há uma psicóloga, mas as questões raciais, mesmo sendo cotidianamente presentes, não são trabalhadas. É de suma relevância que o profissional saiba como intervir nessas situações. Se deve problematizar e desnaturalizar o racismo e proporcionar uma identidade negra positiva, o que acarreta promoção e prevenção em saúde para esse público. Não se tem um modelo de cuidado específico, nem se deve generalizar que o racismo trata doenças, mas o sujeito deve ser acolhido pelos(as) profissionais de saúde (SANTOS; RICCI, 2020).

Os adoecimentos psíquicos na criança, provocados pela exposição ao racismo, são diversos, sendo alguns: baixa autoestima, evasão escolar, ansiedade, depressão, dentre outras. Trabalhar com a erradicação do racismo é trabalhar com a prevenção de outros problemas que ele pode ocasionar. Primo e França (2020, p. 27 *apud* CHAGAS; FRANÇA, 2010) relatam que é um caminho de tortura o que as crianças negras perpassam na escola, marcado pelo racismo, o que ocasiona descrédito em si, incapacidade, desvalorização, sendo um percurso escolar definido por vivências mais dolorosas do que a de uma criança branca.

A família é de suma importância e deve ser orientada também a respeito das questões étnico-raciais e a escola não pode fugir ou se esquivar do seu compromisso de educação para com as crianças e deve ser inserida na luta antirracista e não somente responsabilizar os pais pelo comportamento das crianças porque ela também tem um papel significativo e memorável na vida delas, contribuindo de forma assertiva. Consideramos que estudos acerca da temática devem continuar, pois é preciso falar, debater e pesquisar sobre as questões raciais como um fator de adoecimento físico e mental na infância de crianças negras brasileiras.

Considerações Finais

A partir de uma abordagem exploratório-descritivo em uma escola pública de São Luís do Maranhão, o presente artigo discute a realidade escolar da infância de crianças negras na escola, com base nos atravessamentos do racismo. Apontou o despreparo de profissionais da escola que não sabiam como lidar com a temática racial e que, por vezes, não acreditam que os ocorridos na escola sejam, de fato, racismo. Tais negações são gatilhos para o surgimento de problemas psicológicos nas crianças, pois quando ocorrem casos de racismo, um pedido de desculpas e uma conversa rasa já são vistos como a solução do problema, mas não é assim que ocorre, a criança negra continuará passando por diferentes situações no ambiente escolar, levando-as ao sofrimento psíquico manifestado pela negação de si, ou seja, da sua negritude. Quijano (2000) *apud* Santos (2019) aborda a violência como de ordem social e que aparece em locais específicos, como a escola. Ou seja, não é só um problema específico daquele lugar, é macro e que o fato de tudo ter começado com colonização ainda repercute no ser, no saber e no poder da sociedade nos dias atuais.

Referências

ADICHIE, Chimamanda Ngozi. **O perigo de uma história única**. 1. ed. São Paulo: Companhia de Letras, 2019.

ALMEIDA, Cleuma Maria de Chaves de. **Racismo na escola**: um estudo da linguagem racista de suas implicações no contexto escolar da UEB. Gonçalves Dias de Açailandia-MA. Dissertação (Mestrado), UFMA, Programa de Pós-Graduação em Educação. 2013. Disponível em: https://tedebc.ufma.br/jspui/handle/tede/260. Acesso em: 19 set. 2023.

BRASIL, **Lei Nº. 10.639/03**. Brasília, DF, 2003. Disponível em: L10639 (planalto. gov.br). Acesso em: 20 out. 2023.

CARONE, Iray; BENTO, Maria Aparecida Silva. **Psicologia social do racismo:** estudos sobre branquitude e branqueamento no Brasil. 6. ed. Petrópolis: Vozes, 2002.

CAVALLEIRO, Eliane dos Santos. **Do silêncio do lar ao silêncio escolar**: racismo, preconceito e discriminação na educação infantil. 6. ed., 2ª reimpressão. São Paulo: Contexto, 2015.

CONSELHO FEDERAL DE PSICOLOGIA. **Relações Raciais**: Técnicas para atuação de psicólogas(os). Brasília: CFP, 2017.

CORRÊA, Antonio Matheus do Rosário; SANTOS, Raquel Amorim dos. As representações sociais de crianças negras sobre a cor em contexto escolar. **Linhas Críticas**, Brasília, DF, v.26, p. 1-23. 2020. Disponível em: 193567257054.pdf (redalyc. org). Acesso em: 14 set. 2023.

FAZZI, Rita de Cássia. **O drama racial de crianças brasileiras:** socialização entre pares e preconceito. Belo Horizonte: Autêntica, 2006.

FIABANI, Aldemir; FIABANI, Tainá. Dor de Inocente: Implicações do Racismo para a Criança Negra. **Revista Diversidade e Educação**, v. 8, n. 2, p. 628-647, Jul/

Dez, 2020. Disponível em: https://periodicos.furg.br/divedu/article/view/11816. Acesso em: 25 set. 2023.

MARTINS, Paulo Dias. A Ideologia do Branqueamento na Educação e Implicações para a população negra na sociedade brasileira. **RevistAleph,** 2014. Disponível em: https://doi.org/10.22409/revistaleph.v0i22.39094. Acesso em: 18 set. 2023.

NUNES, Míghian Danae Ferreira. Cadê as crianças negras que estão aqui?: o racismo (não) comeu. **Latitude**, v. 10, n. 2, pp. 383-423, 2016. Disponível em: https://www.mendeley.com/catalogue/f9c1a358-7df6-368e-8316-a0c3007a3aa9/. Acesso em: 10 set. 2023.

PRIMO, Ueliton Santos Moreira; FRANÇA, Dalila Xavier de. Experiências de Racismo em Crianças: O que acontece no Cotidiano Escolar? **Revista UNIABEU**, v. 13, n. 33, jan-jun, 2020. Disponível em: https://www.researchgate.net/publication/342593800_EXPERIENCIAS_DE_RACISMO_EM_CRIANCAS_O_QUE_ACONTECE_NO_COTIDIANO_ESCOLAR. Acesso em: 1 out. 2023.

SANTOS, Gabriella da Cruz; RICCI, Éllen Cristina. Saúde mental da população negra: relato de uma relação terapêutica entre sujeitos marcados pelo racismo. **Rev. Psicol. UNESP**. v. 19, p. 220-238, Dezembro. 2020. Disponível em: v19nspea12.pdf (bvsalud.org). Acesso em: 17 set. 2023.

SANTOS, Juciara Alves dos. O sofrimento psíquico gerado pelas atrocidades do racismo. **Revista da ABPN**. v. 10, n. 24. nov. 2017-fev. 2018, p. 148-165. Disponível em: https://abpnrevista.org.br/site/issue/view/26. Acesso em: 15 set. 2023.

SANTOS, Pamela Cristina. Discussões sobre violências e racismo a partir de uma proposta de educação libertadora com crianças e adolescentes na escola. **Cadernos de Pós-Graduação**, São Paulo, v. 18, n. 1, p. 148-163, jan./jun. 2019. Disponível em: https://doi.ong/10.5585/cpg.v18n1.8843. Acesso em: 2 set. 2023.

SANTANA, José Valdir Jesus de; MENEZES, Rainan Sena Santos; PEREIRA, Reginaldo Santos. Relações Étnico-raciais na Educação Infantil em Itapetinga-BA: o que dizem as crianças? **Revista Exitus**, Santarém/PA, v. 9, n. 1, p. 367-396, jan./mar. 2019. Disponível em: http://educa.fcc.org.br/pdf/exitus/v9n1/2237-9460-exitus-9-1-367.pdf. Acesso em: 20 set. 2023.

SCHUCMAN, Lia Vainer; MARTINS, Hildeberto Vieira. Psicologia e o Discurso Racial sobre o Negro: do "Objeto da Ciência" ao Sujeito Político. **Psicologia: Ciência e Profissão,** 2017 v. 37, p. 172-185. Disponível em: https://doi.org/10.1590/1982-3703130002017. Acesso em: 7 set. 2023.

SILVA, Petronilha Beatriz Gonçalves e. Educação das Relações Étnico-Raciais nas instituições escolares. **Educar em Revista**, Curitiba, Brasil, v. 34, n. 69, p. 123-150, maio/jun. 2018. Disponível em: https://www.scielo.br/j/er/a/xggQmhckhC9mPwSYPJWFbND/#. Acesso em: 20 set. 2023.

SOUSA, Neusa. **Tornar-se Negro:** as vicissitudes da identidade do negro brasileiro em ascensão social. 1. ed, 5º reimpressão. Rio de Janeiro: Edições Graal, 1983.

VIANA, Arthur Gabriel de Menezes; VIANA, Ruane Dias Gonçalves de; SCADUTO, Raquel Naomi Tanaka. **O Papel da Educação na Desconstrução do Racismo**. Editora Realize, Maceió, 2020. Disponível em: TRABALHO_EV140_MD1_SA6_ID6284_31082020224714.pdf(editorarealize.com.br. Acesso em: 5 set. 2023.

Livros paradidáticos

BELÉM, Valéria. **O cabelo de Lelê**. São Paulo: Companhia Editora Nacional, 2007. 32p.

MATOS, Patrícia. *Adjokè* **e as palavras que atravessaram o mar**. Belo Horizonte: Nandyala, 2015. 24p.

A EDUCAÇÃO INTERCULTURAL, CURRÍCULO, PRÁTICAS PEDAGÓGICAS E DIVERSIDADE NA ESCOLA

Antonilda da Silva Santos[98]

Introdução

O que se pretende com este estudo é fazer uma análise a partir das narrativas dos(as) professores(as) da Escola Municipal Criança Esperança acerca de como se materializam no currículo oficial as práticas pedagógicas para o reconhecimento da diversidade cultural, considerando que, na escola – *lócus* da pesquisa –, a diversidade se faz presente. Nesse sentido, muitas questões desafiam o campo da educação como: a retomada de uma visão pragmática da educação, a BNCC que traz uma padronização da educação, desconsiderando a diversidade presente na escola, os métodos avaliativos aplicados em sala de aula, métodos que não consideram as diferenças em sala de aula, ou seja, os múltiplos sujeitos presentes na escola, a concepção de currículo e, sobretudo, como este se materializa no processo ensino-aprendizagem.

Partindo da perspectiva intercultural como materialidade do currículo e das práticas pedagógicas para o reconhecimento da diversidade cultural, escutando e refletindo acerca dos relatos dos(as) professores(as) da escola pesquisada, muitas questões interpelam o problema da pesquisa aqui inferido, sendo que, as de especial relevância tem a ver com as relacionadas às diferenças culturais que fazem parte do cotidiano da escola, com suas faces e interfaces. A educação e sua cultura apresentam-se de forma variada nos ambientes escolares, uma vez que temos diferentes sujeitos, linguagens, costumes, práticas, saberes,

---

98   Graduada em Pedagogia pela Universidade Federal do Pará – UFPA, especialista em Educação para as relações étnico raciais pelo Instituto Federal do Pará – IFPA, mestra em Educação e Cultura pela Universidade Federal do Pará. Professora da Educação Básica da rede municipal do município de Abaetetuba. Membro do Grupo de Estudos e Pesquisa: Memória, Formação Docente e Tecnologia (GEPEMe/UFPA). *E-mail*: antonilda833@gmail.com

pensamentos, aprendizagens, elementos estes que se fazem presentes no dia a dia da escola.

Nesse sentido, o reconhecimento das diferenças neste espaço é de fundamental importância e de urgência no que tange as possibilidades de práticas pedagógicas que possam contribuir de forma significativa.

Mediante o cenário de luta por uma educação que valorize a diversidade em sala de aula, na escola, parte do seguinte questionamento: como a educação intercultural pode se concretizar e potencializar o currículo, a didática e a prática pedagógica no cotidiano da sala de aula? E a partir da questão-problema considera-se algumas hipóteses relevantes como: através de um projeto intercultural, ou seja, uma proposta pedagógica que busque desenvolver relações que possam cooperar com a construção de novos conhecimentos e o reconhecimento de que a escola é um espaço heterogêneo no seu mais amplo sentido, no qual os sujeitos que a ocupam, que transitam todos os dias neste espaço, são diferentes em vários aspectos, os quais são refletidos no interior deste espaço.

Essa realidade exige que compreendamos que as diferenças culturais devem ser entendidas nas suas diversas dimensões, entre elas: a dimensão política, social e cultural, o que nos leva a pensar nas relações entre as culturas, hoje definida pelo termo interculturalidade. E, como objetivos a serem atingidos na pesquisa, elegemos: analisar o sentido cultural de se educar a partir do trabalho pedagógico pautado numa educação intercultural; dimensionar quais os desdobramentos que as práticas pedagógicas pautadas numa educação intercultural provocam enquanto elementos potencializadores para a promoção do respeito à diversidade; identificar em que medida os professores da escola – *lócus* da pesquisa – conseguem trabalhar na perspectiva de uma educação intercultural, dialogando com o currículo oficial da escola correlacionando a didática e a prática pedagógica.

Dessa forma, a motivação para a realização dessa pesquisa, o que culminará na produção deste capítulo, tem a ver com a minha própria experiência como docente na escola – *lócus* da pesquisa – e observações, inquietações acerca de como os professores da escola trabalham e se organizam quanto ao currículo oficial na sala de aula, considerando a diversidade cultural existente no cotidiano escolar e por acreditar que uma proposta pedagógica que vise o diálogo e o reconhecimento entre as culturas que permeiam a escola só irão contribuir para uma educação justa e democrática.

Caminho metodológico

A metodologia que propusemos é de caráter qualitativo, de acordo com Minayo (1994). Os critérios utilizados foram: professores que atuam na escola em turnos diferentes, com a intenção de apreendermos significados de aprendizagens, as semelhanças e as diferenças de cada narração. Optamos pela história oral, fundamentado em Josso (2010). O procedimento de coleta de dados se deu por meio de entrevistas compostas de um roteiro de perguntas "abertas" (CERVO, 2007). Os recursos metodológicos usados foram: levantamento bibliográfico, entrevistas com roteiro de perguntas abertas, sistematização e análise dos dados coletados.

O caminho metodológico trilhado durante a pesquisa e produção do resumo expandido aqui apresentado se dispõe da seguinte forma: o critério de seleção dos(as) participantes foi ser professoras da escola e a coordenadora pedagógica. As transcrições das narrativas dos(as) participantes foram realizadas buscando-se fidelidade aos relatos de cada entrevistado(a). As respostas foram agrupadas em unidades temáticas, para assim categorizá-las, considerando os contextos similares (JACOB, 2004; MORAES, 1999).

No que se refere aos dados coletados, estes estão sendo analisados a partir do diálogo com autores que tratam da educação na perspectiva intercultural. Para a análise dos dados foi utilizado o método de análise de conteúdo baseado em Bardin (2011, p. 125), o qual apresenta as diferentes fases de análise:

A pré-análise, diz respeito a organização e a exploração do material a ser analisado e a interpretação do conteúdo coletado, neste caso as entrevistas. Esta fase acontece em consonância com o referencial teórico, o que requer a escolha do material a ser investigado e a realização de leituras que dialoguem com o objeto investigado. Em continuidade a esta análise e com o objetivo de construção do *corpus* da investigação recortamos as respostas específicas das entrevistas, codificando assim o texto, bem como a constituição das categorias, em seguida foram selecionados trechos das falas dos(as) entrevistados(as) agrupando-se em categorias.

É nessa perspectiva que a presente pesquisa se apresenta como a possibilidade de reconfiguração de uma prática pedagógica, privilegiando questões como: as diferenças culturais, isto é, a interculturalidade, e a materialização da interculturalidade no currículo oficial trabalhado na referida escola, com a possibilidade de potencializar este currículo com significados, sentidos, bem como a didática e a prática pedagógica dos(as) professores(as).

A educação intercultural e o currículo: pressupostos teóricos

Partindo de uma dimensão histórica, é importante destacar que o conceito de interculturalidade, com a intenção de distinguirmos de outros conceitos, assim como nos recomenda Walsh (2014). Sendo assim, Vallescar Palanca (2001, p. 121), embasada em Walsh, destaca que:

> A interculturalidade é diferente, pois se refere às complexas relações entre grupos humanos, conhecimentos e práticas culturais diferentes, partindo do reconhecimento das assimetrias sociais, econômicas e políticas e de poder e das condições institucionais que limitam o outro em se tornar sujeito com identidade, diferença e agência, a cultura enfatiza que a interculturalidade busca se constituir como uma forma de relação e articulação social entre pessoas e grupos culturais diferentes, articulação essa que não deve supervalorizar ou erradicar as diferenças culturais, nem criar necessariamente identidades mescladas ou mestiças, mas propiciar uma interação dialógica entre pertencimento e diferença, passado e presente, inclusão e exclusão e controle e resistência, pois nestes encontros entre as pessoas e culturas, as assimetrias sociais, econômica e políticas não desaparecem (WALSH, 2001, p. 8-9).

A autora define a interculturalidade como possibilidade de construirmos relações justas e simétricas, considerando a vasta diversidade existente nos mais diversos espaços na sociedade, em especial no espaço escolar, onde emergem de forma latente, e que trazem conflitos, tensões dentro deste espaço, o qual deve ser educativo, privilegiando o reconhecimento e o respeito à cultura do outro, isso significa, de acordo com Freire (2001), respeitar a identidade cultural dos diferentes sujeitos. Vallescar Palanda (2001) traz nessa citação a importância de compreendermos que o processo de colonização deixou de herança desigualdade social, econômica, cultural e também a colonização dos conhecimentos, das subjetividades, ou seja, historicamente o processo de colonização consolidou e padronizou grupos, centros dominadores e que se julgam superiores identificando-se como única cultura a sua, a qual se coloca num

A EDUCAÇÃO INTERCULTURAL, CURRÍCULO, PRÁTICAS PEDAGÓGICAS E DIVERSIDADE NA ESCOLA

contexto de agentes mediadores e de referências em detrimento de outras culturas, consideradas inferiores e sem significado algum.

Nesse cenário, falar de educação na perspectiva intercultural, requer que reconheçamos que vivemos em um contexto de diversidade e pluralismo cultural e, como educadores(as), precisamos desenvolver um olhar unilateral a essa diversidade, na tentativa de desconstruir a ordem dominante, e construindo outra, novas visões de mundo, bem como reconhecer outras questões que interpelam acerca da diversidade, reconhecer ainda as formas diferenciadas que o ser humano adquire, constrói conhecimentos e manifesta suas crenças e religiões.

Conforme Candau (2013, p. 1):

> A educação intercultural parte da afirmação da diferença como riqueza. Promove processos sistemáticos de diálogo entre diversos sujeitos – individuais e coletivos – saberes e práticas na afirmação da justiça social, cognitiva e cultural – assim como da construção de relações igualitárias entre grupos socioculturais e da democratização da sociedade, através de políticas que articulam direitos da igualdade e da diferença (CANDAU, 2013, p.1).

A autora citada nos remete a uma definição sobre a interculturalidade no sentido de sinalizar que a diferença não é algo negativo, mas é sinônimo de riqueza, e para além disso aponta a interculturalidade como uma nova dimensão para o ensino escolar.

Dessa forma podemos inferir que a educação na perspectiva intercultural pode contribuir para o fortalecimento da identidade própria de cada cultura e de referência de cada população, grupo social e comunidades tradicionais, portanto, valorizando a cultura particular de cada um.

Sob este viés, um elemento que faz parte da educação e que de alguma forma pode determinar como o ensino se dá no espaço escolar é o currículo. Assim, é necessário que discorramos sobre o currículo e sua dinâmica para que possamos ter um efetivo conhecimento amplo e que respeite a diversidade presente na escola e ainda que haja o rompimento do reducionismo do saber, assim como não deve ser o currículo descontextualizado, pois:

No currículo descontextualizado não importa se há saberes; se há dores e delícias; se há alegrias e belezas. A educação que continua sendo "enviada" por esta narrativa hegemônica, se esconde por trás de uma desculpa de universalidade dos conhecimentos que professa, e sequer pergunta a si própria sobre seus próprios enunciados, sobre seus próprios termos, sobre porque tais palavras e não outras, porque tais conceitos e não outros, porque tais autores, tais obras e não outras. Esta narrativa não se pergunta sobre os próprios preconceitos que distribui como sendo "universais". Desde aí o que se pretende é, portanto, colocar em questão estes universais. O que está por trás da ideia de "Educação para a convivência com o Semi-Árido" é, antes de qualquer coisa a defesa de uma contextualização da educação, do ensino, das metodologias, dos processos (MARTINS, 2004, p. 31-32).

Desse modo, quando se pensa, se almeja uma educação na perspectiva intercultural, precisamos conceber o currículo como algo em movimento, em constante fluxo e transformação (GOODSON, 2001), uma vez que o ensino-aprendizagem não é estático, parado, mas sim um constante movimento e transformação, o que requer a possibilidade de articulação entre as culturas diversas e que fazem morada na sala de aula, no território escolar, dessa forma o currículo escolar precisa estar em diálogo com a diversidade cultural escolar, apontando assim rupturas com a efetivação de um conhecimento considerado como único, que oprime, que explora, que subalterna.

E nessa direção, Sacristán (2000) salienta que:

O currículo é uma práxis antes que um objeto estático emanado de um modelo coerente de pensar a educação ou as aprendizagens necessárias das crianças e dos jovens, que tampouco se esgota na parte explícita do projeto de socialização cultural nas escolas. É uma prática, expressão, da função socializadora e cultural que determinada instituição tem, que reagrupa em torno dele uma série de subsistemas ou práticas diversas, entre as quais se encontra a prática pedagógica desenvolvida em instituições escolares que comumente chamamos de ensino. O currículo é uma prática na qual se estabelece diálogo, por assim dizer, entre agentes sociais, elementos técnicos, alunos que reagem frente a ele, professores que o modelam (p. 15-16).

O currículo escolar precisa ter como objetivo a ato de comunicar de forma clara, objetiva, uma proposta educativa, mas de forma que seja sempre flexível, aberto a discussão, a alterações necessárias. O currículo necessita estar imerso numa proposta pedagógica que fortaleça as identidades culturais existentes no espaço escolar, a fim de que seja construída uma organização curricular adequada e que privilegie a diversidade cultural através de práticas pedagógicas o entendimento da sua história, assim como compreenderem a realidade na qual estão inseridos, pois o currículo perpassa pela seleção de conteúdos, os quais são ensinados aos(às) estudantes.

Sob essa linha de raciocínio, a prática pedagógica deve ser primordial em sala de aula, no sentido de possibilitar uma aprendizagem significativa e que possa transformar a vida dos(as) alunos(as), tornando-os sujeitos críticos e conscientes da sua própria história e da atual realidade da qual fazem parte.

Didática e prática pedagógica: articulação da teoria e da prática

Partindo de um espectro histórico, é importante destacar a importância de compreender o percurso histórico da didática e suas implicações na formação dos(as) professores(as) e, consequentemente, na sua prática pedagógica.

A didática compreende as relações entre professor(a) e aluno(a), contribuindo assim a didática no processo de organização da prática pedagógica do(a) professor(a), no entanto, é necessário notar que a didática surge com a intenção de mostrar que o processo ensino-aprendizagem se constitui na indissociabilidade ente teoria e prática.

A didática tem uma trajetória em paralelo com a história da educação, assim como a didática tem como foco a formação do professor, possibilitando também a construção da identidade do(a) professor(a), a qual se dá a partir das ações dos(as) professores(as) em consonância com suas teorias e práticas.

Historicamente, a didática surge em 1951, com Comenius, o qual reconhece o direito à educação e a didática vem à tona, no sentido da sua importância no que tange ao ensino e ao aprendizado na vida de homens e mulheres. E, nesse contexto, a diferença ente o ensinar e o aprender é levada em consideração.

Houve, historicamente, a difusão de novas tendências educacionais, as quais ficaram conhecidas como Teorias de Ensino. Podemos destacar: Pedagogia

Tradicional, Pedagogia Renovada, Pedagogia Tecnicista e a Pedagogia Crítica. A didática se caracteriza de forma diversa de acordo as teorias de ensino, bem como nos momentos históricos, políticos e sociais.

Outrossim, a didática e a prática pedagógica se constituem como elementos fundamentais para valorizar os processos educacionais, uma vez que a prática docente precisa estar além de uma atividade exclusivamente acadêmica e sua prática pedagógica deve perpassar por uma análise crítica sobre os aspectos sociais, políticas, econômicas e culturais que constituem o contexto histórico e que até hoje se fazem presentes.

De acordo com Pimenta *et al* (2013):

> [...] didática é, acima de tudo, a construção de conhecimentos que possibilitem a mediação entre o que é preciso ensinar e o que é necessário aprender; entre o saber estruturado nas disciplinas e o saber ensinável mediante as circunstâncias e os momentos; entre as atuais formas de relação com o saber e as novas formas possíveis de reconstruí-las (p. 150).

Conforme Pimenta (2013), a didática possibilita a compreensão entre o ensinar e o aprender, os quais se fazem de forma diferenciada e em momentos diferentes, considerando que o ato de ensinar e de aprender passam por momentos de desconstrução e reconstrução.

E a prática pedagógica se constitui nesse contexto, como fator, no sentido de contribuir na construção de conhecimento dos(as) alunos(as), e que, sobretudo, os(as) aprendentes possam estar refletindo acerca deste conhecimento construído que lhes ajudem a usá-los no seu dia a dia, para resolver problemas e problematizar situações que muitas vezes são naturalizadas no cotidiano.

Freire (1997) destaca:

> [...] Podemos concorrer com nossa incompetência, má preparação, irresponsabilidade, para o seu fracasso. Mas podemos, também, com nossa responsabilidade, preparo científico e gosto do ensino, com nossa seriedade e testemunho de luta contra as injustiças, contribuir para que os educandos vão se tornando presenças marcantes no mundo (p. 32).

Nessa perspectiva, o autor chama atenção para a importância da postura do docente diante da luta por uma educação justa, de um posicionamento contra as injustiças, aspectos estes que devem ser materializados nas práticas pedagógicas.

Considerações finais

E como conclusão parcial, percebemos que os(as) professores(as) ainda estão compreendendo o sentido de uma prática pedagógica que se materialize no currículo trabalhado na escola. Assim, a partir da apropriação da literatura de Paulo Freire e de outros autores, acreditamos que ainda iremos trazer outras respostas para outros questionamentos que se fazem pertinentes na pesquisa em questão.

Nesse sentido, a pesquisa em andamento nos aponta como resultados: os(as) professores(as) conseguem perceber que as práticas pedagógicas inovadoras são necessárias para o reconhecimento e valorização da diversidade cultural, a escola tenta materializar a educação intercultural no espaço escolar, através da reflexão, primeiramente acerca do currículo, realizando atividades voltadas que contemplem a diversidade presente na sala de aula.

Referências

BARDIN, Laurence. **Análise de Conteúdo.** Tradução Luís Antero Reto e Augusto Pinheiro. São Paulo: Edições 70, 2011. 279 p.

CANDAU, Vera Maria. **Educação intercultural e práticas pedagógicas**. Documento de trabalho. Rio de Janeiro: GECEC, 2013.

CERVO, Amado L.; BERVIAN, Pedro A.; SILVA, Roberto. **Metodologia Científica.** 6. ed. São Paulo: Pearson, Pretince Hall, 2007.

FREIRE. Paulo. **Professora sim, tia não:** cartas a quem ousa ensinar. São Paulo: Olho d'água, 1997.

GOODSON, Ivor F. **Currículo:** teoria e história. Tradução Attílio Brunetta. Rio de Janeiro: Vozes, 1997.

JACOB, Elin K. **Classification and categorization:** a difference that makes a difference. Library Trends, 52 (3), p. 515-540, 2004.

JOSSO, Marie C. **A experiência de vida e formação.** rev. e ampl. Natal: EDUFRN; São Paulo: Paulus, 2010.

MARTINS, Josemar, **Anotações em torno do conceito de Educação para Convivência com o Semi-Árido.** *In*: Educação para a convivência com o Semi-Árido Brasileiro: reflexões teóricopráticas.Bahia: Juazeiro: Selo Editorial RESAB, 2004.

MINAYO, Maria Cecília de Souza; GOMES, Romeu; DESLANDES, Suely Ferreira. **Pesquisa Social:** teoria, método e criatividade. Petrópolis: Vozes, 1994.

PIMENTA, Selma Garrido *et al.* A construção da didática no GT Didática-análise de seus referenciais. **Revista Brasileira de Educação**, v. 18, n. 52, p. 143-162, 2013.

SACRISTÁN, J. Gimeno. **O currículo:** uma reflexão sobre a prática. Porto Alegre: Artmed, 2000.

WALSH, Catherine. **Interculturalidad y (de)colonialidad**: Perspectivas críticas y políticas. Congresso da Association Internationale Pour la Recherche Interculturrele (ARIC) VALLESCAR PALANCA, D. Consideraciones sobre la interculturalidad y la educación. En: HEISE, M. Interculturalidad, Creación de un concepto y desarrollo de una actitud. Artículo editado y compilado, en el marco del Programa FORTE-PE - MINEDUC, Convenio PER/B7 Lima - 2001. Lima, Perú: Inversiones Hatuey S.A.C., 2001. pp. 115- 136. Disponível em: http://interculturalidad.org/numero03/2_03.htm. Acesso em: dez. 2008.

ESTUDANTES NEGROS: leituras preliminares sobre o acesso a bens culturais em uma escola de Educação Básica em Belém/PA

Rebeca Salem Varela Melo[99]
Nicelma Josenila Costa de Brito[100]

Este texto enfoca o tema das desigualdades raciais a partir de dados preliminares advindos da aplicação de instrumentos para construção de perfil dos(as) partícipes do Projeto Porto Futuro – Círculos de Diálogos, promovido pelo Tribunal de Justiça do Estado do Pará (TJ/PA), no âmbito das ações da Coordenadoria de Justiça Restaurativa daquele TJ. A inserção da Universidade Federal Rural da Amazônia (UFRA) incide sobre atividades de pesquisa, monitoramento e avaliação, com a apresentação de relatório periódico dos resultados alcançados por meio da proposta efetivada pelo Projeto Porto Seguro, assim como sua avaliação, com vistas a subsidiar e contribuir para os devidos ajustes necessários ao alcance dos objetivos do projeto.

Nessa etapa, o Plano de Trabalho pauta-se no objetivo de identificar o perfil dos(as) participantes do Projeto Porto Seguro – TJ/PA. Tal objetivo fora concretizado mediante a aplicação de questionários socioeconômicos que favoreçam a identificação de quem são os(as) partícipes do Projeto a partir de dimensões educacionais, econômicas, culturais e sociais.

O recorte do perfil sobre o qual incide este texto tece uma articulação entre a identificação racial e o acesso aos bens culturais de estudantes de uma das escolas públicas que participaram do Projeto, a qual situa-se na Região Metropolitana de Belém, e atende estudantes do Ensino Médio. O instrumento aplicado a 170 estudantes, dos quais 53,5% são alunas, e 43,5% alunos, com perfil etário situando estes(as) estudantes, majoritariamente na faixa

---

99 Licencianda em Pedagogia (UFRA). Bolsista do Projeto Porto Futuro TJPA/UFRA. *E-mail*: melorebeca895@gmail.com

100 Doutora em Educação (UFPA). Docente da UFRA. Coordenadora da UFRA no Projeto Porto Futuro TJPA/UFRA. *E-mail*: nicelmacbrito@gmail.com

etária compreendida entre 11 e 15 anos (60%), com composição racial obtida mediante autoidentificação, na qual 11,8% de estudantes se autodeclararam pretos(as) e 41,8% como pardos(as), perfazem um total de 53,6% de estudantes negros(as). Este perfil, na articulação com o acesso aos bens culturais, se constitui objeto das formulações aqui apresentadas.

Essa articulação nos interessa na medida em que possibilita identificarmos: como os perfis dos(as) estudantes negros(as) de uma Escola Pública de Belém se associam, no que tange ao acesso aos bens culturais? Para responder a essa questão, investigamos de que maneira as diferenças socioeconômicas, educacionais e culturais, presentes nos perfis daqueles(as) estudantes, impactam em seu acesso aos bens culturais. Nos centramos na análise dos aspectos enfrentados por esses(as) estudantes, buscando compreender como determinadas disparidades podem influenciar suas experiências culturais e, por conseguinte, sua formação educacional. Esse debate preliminar oferece oportunidades para análises futuras das complexidades que pautam a experiência educacional e cultural desses(as) estudantes.

O referencial teórico adotado foi norteado pelos estudos de Pierre Bourdieu (2003), acionando as noções conceituais de *capital cultural, capital econômico* e *capital social*. Apesar de consistir um termo geralmente explorado na área econômica, Bourdieu amplia a concepção de capital para além dessa dimensão e o adota em suas formulações, a fim de discutir como se processam as *trocas simbólicas*. Nesse procedimento, o autor tece analogia com a economia na medida em que o capital rende lucros a quem o possui.

Dentre esses lucros, o autor tece considerações que chamam a atenção para os desdobramentos desses capitais no âmbito escolar: "as atitudes dos indivíduos de diferentes classes sociais, sejam eles pais ou crianças, em relação à escola, à cultura e ao futuro oferecido pelos estudos, são manifestações do sistema de valores implícitos ou explícitos, resultado da posição social ocupada" (BOURDIEU, 2003, p. 50).

Nesse aspecto, Bourdieu (2003) aciona as formulações em relação ao *capital cultural* para explicar as desigualdades encontradas entre as crianças no ambiente escolar. Isso ocorre porque indivíduos que herdam um rico e diversificado patrimônio cultural têm maiores chances de terem um percurso escolar bem-sucedido, já que dominam a língua culta e os códigos simbólicos reconhecidos socialmente. Assim, o autor ressalta que a transmissão do *capital cultural* se efetiva através da combinação entre o nível cultural da família e um percurso escolar bem-sucedido.

A manifestação do privilégio cultural se evidencia quando se trata da familiaridade com obras de arte, a qual só pode ser adquirida por meio de visitas regulares ao teatro, museu e concertos, ainda que esporadicamente (BOURDIEU, 2003). Portanto, "para transformar o capital cultural familiar em pessoal, é necessário mobilizar tanto o jovem quanto seus pais" (MASSI; MUZZETI; SUFICIER, 2017, p. 1861). O *capital cultural* é dividido em três estados: o estado incorporado, que se refere às disposições duradouras expressadas por posturas corporais, tais como o estilo de se vestir e se comportar, bem como as características verbais; o estado objetivado, relacionado à posse de bens culturais socialmente reconhecidos pela cultura dominante, como livros e obras de arte; e o estado institucionalizado, que se refere a diplomas e certificados. Assim, podemos afirmar que o *capital cultural*:

> representa um exercício de incorporação e interiorização, que se dá inicialmente no âmbito familiar, servindo como um elo entre a individualidade e a família por toda sua existência. Por essa transmissão se dar no seio familiar, podemos inferir que trata-se de uma herança cultural, ou seja, um conjunto de valores e moral passados à prole (OLIVEIRA *et al.*, 2017, p. 101).

O *capital cultural* se manifesta quando as pessoas entram em contato com livros, obras de arte e músicas clássicas. Tal acesso é viabilizado pelo *capital econômico*, seja através de herança, seja mediante aquisição advinda de recursos que tornam possível adquirir tais bens. O autor ressalta ser crucial notar que a incorporação do *capital cultural* requer que o indivíduo compreenda os códigos simbólicos para apreciar os bens materiais. O autor continua discorrendo que o *capital econômico* se constitui como uma extensão do patrimônio, abrangendo unidades monetárias e físicas, tais como propriedades e veículos, sendo associado ao capital cultural e social. Este último envolve recursos ligados a relações institucionalizadas de conhecimento, percebidos quando as pessoas se beneficiam desses vínculos sociais, os quais podem desaparecer sem continuidade no trabalho que os gerou.

A escola é uma instituição que tem como finalidade promover o conhecimento, definida como um fator de mobilidade social. As estruturas de funcionamento do sistema de ensino são caracterizadas pelos próprios meios de produção e reprodução conforme as condições institucionais, cujas relações entre os grupos ou as classes contribuem para a reprodução social. Ela busca promover o conhecimento como meio de mobilidade social, com suas estruturas influenciadas pelos meios de produção e reprodução, contribuindo para a *reprodução social* por meio das relações entre grupos ou classes.

Segundo Bourdieu (2003), a escola, desde a primeira metade do século XX, acolhe estudantes com dificuldades nos códigos linguísticos reconhecidos como habilidades sociais na cultura dominante. Assim, a escola determina o que é prioritário nas diretrizes educacionais, definindo o que deve ser aprendido e os recursos necessários, desempenhando sua função social em uma sociedade que distingue bens culturais como legítimos ou ilegítimos. Portanto, a escola é considerada um agente de mobilidade social que influencia todo o processo de ensino, legitimando os mecanismos de aprendizado em diferentes estágios de desenvolvimento.

Para Bourdieu (1992, p. 57), "por meio do trabalho realizado pelo sistema escolar, o Estado exerce uma ação unificadora sobre as formas e categorias do pensamento, sob signo de uma cultura nacional e legítima, base da ideia de sociedade nacional". A esse respeito, Maria Fernanda Oliveira e outros(as) parceiros(as) refletem que:

> É certo que a escola perpetua as desigualdades sociais e, por consequente, todas as relações sociais, porém, se houver um exercício de construção de identidade iniciado no seio familiar, que garanta às nossas crianças e adolescentes uma liberdade e segurança em relação às suas identidades, a instituição escolar continuará reproduzindo a dinamicidade e o movimento social, porém este movimento será dado por pessoas conscientes, que lutam justamente por seus direitos (OLIVEIRA *et al.*, 2017, p. 103).

Para reversão do quadro de desigualdades que se instauram na sociedade, algumas perspectivas que discutem a questão educacional imputam um potencial de transformação social à escola porque concebem a educação com uma ampla margem de autonomia em relação à sociedade[101]. Estas outorgam à edu-

---

101 Saviani (1993) enumera a Pedagogia Tradicional, a Pedagogia Nova e a Pedagogia Tecnicista como integrantes desta perspectiva.

cação a construção de uma sociedade mais igualitária. Entretanto, ao desvincular a escola de seus condicionantes sociais, buscando compreendê-la "a partir dela mesma" (SAVIANI, 1993, p. 17), tais perspectivas expressam uma visão "otimista e ingênua" (RIOS, 2007, p. 37.) da instituição escolar.

Distanciando-se de tais perspectivas, alguns teóricos[102] discutem a contribuição da escola na reprodução das dinâmicas da sociedade na qual se insere. Essa contribuição materializa-se quando a ação escolarizada desempenha um trabalho de inculcação eficiente na produção de uma *formação durável*, bem como quando pauta as relações dos indivíduos (BOURDIEU; PASSERON, 2009). Sua eficiência reside na possibilidade do alcance de sua ação, porque atinge um contingente bastante expressivo da população, que permanecerá a melhor parte de sua vida formativa, dentro deste espaço.

Correlacionando as discussões tecidas por tais perspectivas teóricas na análise da educação como espaço de reprodução ou transformação, nossa compreensão parte do princípio de que a escola cumpre funções "contraditórias" (RIOS, 2007, p. 38), exercendo simultaneamente o papel de reprodutora e transformadora da sociedade em que está inserida. Esta compreensão advém da percepção de uma "autonomia relativa" (RIOS, 2007, p. 39) da escola diante desta sociedade, sem perder de vista, entretanto, que o papel desempenhado pela escola se reveste de singular importância neste processo.

As formulações que discorrem sobre os processos mediante os quais a escola cumpre uma função de reprodução social iluminam "sua própria superação, pelo conhecimento das bases fundantes desse processo" (ALMEIDA, 2005, p. 140). Nesse sentido, se atentarmos para a realidade de que, no desconhecimento (BOURDIEU; PASSERON, 2009) dos meandros dos processos reprodutivos como tais, reside a sua eficácia, "compreender como o sistema escolar tem servido à manutenção e à reprodução da sociedade capitalista, ao contrário de estar atribuindo a ele a função única de reproduzir a ordem social, é contribuir para que seja um importante instrumento de transformação" (ALMEIDA, 2005, p. 145).

Dessa forma, a educação deve ser orientada para uma cultura livre, criativa e, ao mesmo tempo, por uma real eficácia, com o objetivo de contribuir

---

102 SAVIANI (1993) arrola Bourdieu e Passeron dentre os teóricos que formulam suas teses a partir desta perspectiva.

para a formação plena dos indivíduos para exercerem seu papel nas decisões da sociedade em que vivem.

Neste trabalho sobre o acesso cultural de estudantes negros(as) em escolas públicas de Belém, as noções conceituais de Pierre Bourdieu nos oferecem um aporte robusto que possibilita analisar como o *capital cultural*, muitas vezes ligado às condições socioeconômicas, afeta diretamente as oportunidades culturais dos(as) estudantes. Essa perspectiva enriquece a compreensão das desigualdades culturais, proporcionando uma lente analítica para interpretar as experiências dos(as) estudantes em sua dimensão cultural. Ao explorar o tema, é fundamental considerar como as formas de *capital cultural* se entrelaçam e como a distribuição desigual desses recursos impacta o acesso aos bens culturais. As formulações de Bourdieu não apenas fornecem um guia para a análise das disparidades observadas, mas também sugerem caminhos para a formulação de políticas mais equitativas no âmbito educacional e cultural.

Metodologia

Os dados foram coletados mediante a aplicação de um questionário estruturado, abordando variáveis socioeconômicas, educacionais e culturais dos(as) estudantes de uma escola pública em Belém. O instrumento foi aplicado nas turmas do primeiro ano do Ensino Médio, com um público de 170 (cento e setenta) estudantes. O trabalho de natureza qualitativa, centra-se na praxiologia *bourdeusiana*, pois se conecta, tanto interna quanto externamente, à compreensão da natureza do sujeito para a formação do *habitus*. Bourdieu reflete acerca do sistema de relações objetivas construído pelo modo objetivista de conhecimento, explorando as relações dialéticas entre essas estruturas e as disposições estruturadas nas quais se manifestam e tendem a se reproduzir.

> o conhecimento praxiológico inverte o conhecimento objetivista, colocando a questão das condições de possibilidade dessa questão (condições teóricas e, também, sociais) e mostra, ao mesmo tempo, que o conhecimento objetivista se define fundamentalmente, pela exclusão dessa questão: na medida em que ele se constitui contra a experiência primeira – apreensão prática do mundo social – o conhecimento objetivista se afasta da construção da teoria do conhecimento prático do mundo social e dela produz, ao menos

> negativamente, a falta, ao produzir conhecimento teórico do mundo social contra os pressupostos implícitos do conhecimento prático do mundo social. O conhecimento praxiológico não anula as aquisições do conhecimento objetivista, mas conserva-as e as ultrapassa, integrando o que esse conhecimento teve que excluir para obtê-las (BOURDIEU, 1983, p. 47).

A análise desses questionários proporcionou *insights* sobre os padrões de acesso aos bens culturais, permitindo identificar correlações entre os perfis dos(as) estudantes e suas experiências culturais, senão vejamos: a renda familiar destes(as) estudantes situa os percentuais mais expressivos, na faixa de 2 a 3 salários mínimos (37,1%) e 1 salário mínimo (27,1%), em realidades nas quais as renda familiar é assegurada por 2 pessoas (47.1%); 1 pessoa (30%) ou 3 pessoas (15,9%), em famílias formadas por 4 a 5 pessoas (44,1%), 1 a 3 pessoas (35,3%) ou mais de 5 pessoas (20,6%). As ocupações das quais advém essa renda situam-se basicamente no mercado informal de trabalho, com registros de ocupações informais também exercidas pelos(as) estudantes (em lanchonetes, como vendedores(as) ambulantes, babás etc).

O acesso a bens culturais é demarcado por percentuais indicadores de limitações nesta experiência: 54,7% frequentam o cinema semestral ou anualmente; assim como de ausências: 57,1% nunca foram ao teatro; 55,3% nunca foram a uma exposição de artes; 60% não têm experiências de idas à *shows*. Percentuais equilibrados indicam experiências com leituras: 28,8% leem diariamente; 22,4% o fazem mensalmente; 21,8%, semanal ou quinzenalmente, e 8,8% informam nunca terem lido livros. Os gêneros de predominância incidem sobre os romances (27,6%) e os livros de aventura ou ficção (27,1%), enquanto os demais gêneros (poesias, fantasia, drama, livros paradidáticos exigidos pela escola etc.) se apresentam diluídos em percentuais situados entre 6% a 0,6%.

Por outro lado, a concentração percentual, em termos de frequência com que assistem televisão, distancia-se dos acessos acima citados: 76,5% assistem-na diariamente, e 12,9% informam assistir com frequência semanal ou quinzenalmente, com preferência por programações onde destacam-se as séries (28,2%); filmes (21,2%); esportes (11,8%) e novelas (10%), dentre outras.

O maior destaque registra-se no acesso à *internet*, encaminhado mediante rede *wi-fi* em suas residências (90,6%), em expressiva maioria, por meio de aparelhos celulares (91,2%), com frequências registradas em mais de 12 horas por dia (38,8%); 8 à 12 horas (26,5%); 4 a 8 horas (19,4%) e 1 a 4 horas (15,3%), com escala de preferência de 37,6% ao *Instagram*; 17,6% ao *Tiktok*; 15,3% ao *Youtube*, dentre outros canais cujos percentuais orbitam em torno de 10 a 0,6%.

Neste cenário, em que pese a amplitude que a rede mundial de computadores possibilita em termos de rupturas geográficas e espaciais, os acessos mobilizados pelos(as) estudantes, em aproximação com o estudo realizado por Wilma Coelho, Nicelma Brito, Sinara Dias e Carlos Aldemir Silva (2022), ainda privilegiam as redes sociais, conformando uma experiência na qual o acesso aos bens culturais se concretiza pelo parco contato com a leitura de livros e pela frequência mediante a qual assistem à programação televisiva.

Considerações finais

Os indicadores apresentados nos perfis dos(as) estudantes registram a experiência destes(as) no acesso aos bens culturais. A análise revelou que fatores socioeconômicos e educacionais desempenham um papel crucial gerando disparidades, influenciando diretamente as oportunidades culturais disponíveis para aqueles(as) estudantes. Essa compreensão destaca a necessidade de políticas educacionais e culturais mais inclusivas, visando diminuir as desigualdades e proporcionar experiências culturais enriquecedoras para todos(as) os(as) estudantes, cujas experiências se desdobram nos seus processos educacionais e, por conseguinte, em suas trajetórias futuras.

É inevitável a articulação deste panorama com as formulações sobre o "ciclo de desvantagens" há muito apontadas por Carlos Hasenbalg e Nelson Silva (1992), que se ampliam a cada nova geração de negros e negras brasileiros(as). Desvantagens que comprometem a equanimidade na participação dos(as) integrantes deste grupo populacional em cada estágio da "competição social" (GUIMARÃES, 2002. p. 67.), minando oportunidades na educação e no mercado de trabalho. Os desdobramentos desse alijamento das condições sociais que asseguram a efetividade do princípio de que "todos são iguais" devem se constituir objeto de estudo a fim de conferir visibilidade a possíveis impactos que possam apresentar, por exemplo, na trajetória escolar de estudantes de famílias negras.

As expectativas de alteração no quadro de desigualdades expressas nos índices de escolarização ficam seriamente comprometidas, dada a tendência de que essas desigualdades permaneçam estáveis entre "gerações" (HENRIQUES, 2001, p. 26.) nas famílias negras.

Referências

ALMEIDA, Lenildes Ribeiro da Silva. Pierre Bourdieu: a transformação social. **Inter-Ação**: Revista da Faculdade de Educação da UFG, v. 30, n. 1, p. 139-155, jan./jun. 2005. Disponível em: https://revistas.ufg.br/interacao/article/view/1291. Acesso em: 13 nov. 2023.

BOURDIEU, Pierre. A Escola Conservadora: as desigualdades frente à escola e à cultura. *In*: BOURDIEU, Pierre. **Escritos da Educação**. Tradução Maria Alice Nogueira e Afrânio Catani. Petrópolis: Vozes, 2003, p. 41-79.

BOURDIEU, Pierre. O capital social: notas provisórias. *In*: BOURDIEU, Pierre. **Escritos de educação**. Tradução Maria Alice Nogueira e Afrânio Catani. Petrópolis: Vozes, 2003, p. 65-69.

BOURDIEU, Pierre. Espaço social e poder simbólico. *In*: BOURDIEU, Pierre. **Coisas ditas**. Tradução Cássia Rodrigues da Silveira e Denise Moreno Pegorim. São Paulo: Brasiliense, 1990, p. 149-168.

BOURDIEU, Pierre. Gosto de classe e estilo de vida. *In*: ORTIZ, Renato (Org.). **Sociologia**. São Paulo: Ática, 1983.

BOURDIEU, Pierre; PASSERON, Jean-Claude. **A reprodução***: elementos para uma teoria do sistema de ensino. 2. ed. Petrópolis: Vozes, 2009. Coleção Textos Fundantes de Educação.

COELHO, Wilma de Nazaré Baía; BRITO, Nicelma Josenila Costa de; DIAS, Sinara Bernardo; SILVA, Carlos Aldemir Farias da. **Para além da sala de aula:** sociabilidades adolescentes, relações étnico-raciais e ação pedagógica. São Paulo: Livraria da Física, 2022. Coleção Formação de Professores & Relações Étnico-Raciais.

GUIMARÃES, Antônio Sergio Alfredo. **Classes, raças e democracia**. São Paulo: 34, 2002, p. 67.

HASENBALG, Carlos Alfredo; SILVA, Nelson do Valle. **Relações Raciais no Brasil Contemporâneo**. Rio de Janeiro, Rio Fundo Editora, 1992.

HENRIQUES, Ricardo. **Desigualdade racial no Brasil: evolução das condições de vida na década de 90**. Brasília: IPEA, 2001. Disponível em:< http://www.ipea.gov.br/pub/td/td_2001/td0807.pdf > Acesso em: 13 nov. 2023.

MASSI, Luciana; MUZZETI, Luci Regina; SUFICIER, Darbi. A pesquisa sobre trajetórias escolares no Brasil. **Revista Ibero-Americana de Estudos em Educação**, v. 12, n. 3, p. 1854-1873, jul./set. 2017. Disponível em: https://periodicos.fclar.unesp.br/iberoamericana/article/view/10364. Acesso em: 13 nov. 2023.

OLIVEIRA, Maria Fernanda Celli de; MUZETTI, Luci Regina; MICHELETI, Laís Inês Sanseverinato; LEÃO, Andreza Marques de Castro. Dominação Masculina: A construção histórica materializada em herança social e cultural. **Revista CAMINE**: Caminhos da Educação, Franca, v. 9, n. 1, 2017. Disponível em: https://ojs.franca.unesp.br/index.php/caminhos/article/view/2142. Acesso em: 13 nov. 2023.

RIOS, Terezinha Azerêdo. **Ética e Competência**. São Paulo: Cortez, 2007.

SAVIANI, Demerval. **Escola e Democracia**. Campinas: Autores Associados, 1993.

20 ANOS DA LEI Nº. 10.639/2003: breve panorama da literatura especializada

Waldemar Borges de Oliveira Júnior[103]
Erllenkeley Angelo Ribeiro[104]

Introdução

Em 9 de janeiro de 2023, celebraram-se duas décadas de vigência da Lei Nº. 10.639/2003, no Brasil. Esta legislação é complementada pela Lei Nº. 11.645/2008, as quais representam marcos importantes na abordagem da temática indígena e afro-brasileira nos espaços institucionais. O marco legal a respeito da temática da Educação para as Relações Raciais, conforme apontado por Wilma Coelho, Nicelma Brito, Anne Ferreira e Sinara Dias, em 2021, se tornou indiscutivelmente um avanço no debate da luta antirracista e nos aprofundamentos teóricos de um currículo que ainda é pautado com percepções colonizador.

O debate da Educação das Relações Étnico-Raciais (ERER) pressupõe a inclusão da história e da cultura dos diferentes grupos étnicos-raciais no currículo escolar, com atenção especial ao contexto da escola e aos grupos historicamente estigmatizados (ARAÚJO; GIUGLIANI, 2014). Conforme apontado por Souza (2018), crianças brancas, desde cedo são direcionadas a ocupar um lugar privilegiado na sociedade, o que destaca a necessidade de mudanças. Com a aprovação da Lei Nº. 10.639/2003 e, posteriormente, diversos

---

103 Doutor em Educação em Ciências e Matemáticas (UFPA). Professor Adjunto da Universidade Federal do Sul e Sudeste do Pará (UNIFESSPA), atuando no Instituto de Estudos do Xingu (IEX) no Curso de Licenciatura em Ciências Biológicas. É Líder do Grupo de Estudos e Pesquisas sobre Relações Étnico-Raciais e Ensino de Ciências e Biologia (GEPRREC/UNIFESSPA) e pesquisador do Núcleo de Estudos e Pesquisas sobre Formação de Professores e Relações Étnico-Raciais (Núcleo GERA-NEAB/UFPA).
E-mail: waldemarjuniorcn@gmail.com

104 Graduada em Licenciatura em Ciências Biológicas pela Universidade Federal do Sul e Sudeste do Pará (UNIFESSPA).

outros documentos legais como as Diretrizes Curriculares Nacionais para a Educação das Relações Étnico-Raciais e para o ensino de História e Cultura Afro-brasileira e Africana (BRASIL, 2004), consubstanciam a interlocução da temática nos cursos de formação de professores(as) em todo o país. Todos com a centralidade de rever e corroborar como está sendo concebida a formação de professores(as) (além de diversas dimensões que os documentos sinalizam).

O aspecto não é trivial, à medida que, em 1998, Eliane Cavalleiro apresentou que crianças negras enfrentam discriminações e racismo desde a pré-escola, evidenciando a necessidade de expansão de ações políticas antirracistas (apesar dos avanços reconhecidos nos últimos anos) na formação inicial e continuada de docentes para Escola Básica, já pontuados por Wilma Coelho, Nicelma Brito e Carlos Silva (2019).

Para promover mudanças a respeito do argumento mencionado, é essencial abordar a Diversidade Étnico-Racial em todos os espaços e etapas da Escola Básica e ainda estar inserida nos documentos oficiais (OLIVEIRA JÚNIOR, 2022). Com a inserção e o enraizamento mencionado por Nilma Gomes (2012), as instituições de ensino, em parceria com todos os agentes e instâncias superiores, devem assumir ao bom termo, o comprometimento qualificado da inclusão da temática da História e Cultura Africana e Afro-Brasileira.

Assim, reconhecemos a relevância da Lei Nº. 10.639/2003, uma vez que é uma legislação obrigatória e que altera a legislação educacional (a Lei de Diretrizes e Bases da Educação Nacional – LDB), enfatizando a importância da ERER em todas as áreas do conhecimento, não somente no ensino de História ou Literatura. Além disso, compreendemos o valor e o reconhecimento dos inúmeros estudos da literatura especializada que sempre contribuem, seja em termo de base epistemológica ou publicando as subversões no campo, e o que a temática tem avançado nos vinte anos da legislação e o que ainda se precisa avançar.

Aporte Teórico

É importante destacar a existência de uma gama de pesquisadores(as) relacionados à ERER no cenário educacional, os quais serviram como base e desempenham um papel fundamental na construção deste trabalho. Algumas dessas pesquisas incluem os trabalhos de Wilma Coelho e Carlos Silva (2016),

Wilma Coelho (2018), Wilma Coelho e Waldemar de Oliveira Júnior (2020). Todos esses autores(as) enfatizam a relevância da temática, seus desdobramentos, avanços e desafios, especialmente no que diz respeito à implementação da Lei Nº. 10.639/2003.

Os estudos realizados pela literatura como Fúlvia Rosemberg (2009), Ana Canen (2003), Wilma Coelho, Carlos Silva e Nicelma Soares (2016), Wilma Coelho, Tânia Muller e Carlos Silva (2016), Wilma Coelho e Waldemar Oliveira Júnior (2020), entre outros, têm demonstrado que a escola, ao longo do tempo, tem silenciado as diferenças e, muitas das vezes, contribuindo para a invisibilidade do conhecimento oriundo do continente africano e da diáspora. Para além dos argumentos das publicações, as pesquisas seguem o mesmo horizonte, evidenciam as práticas discriminatórias e as estruturas de poder presentes no sistema educacional, apontando a incidência de mudanças para promover a inclusão social dos povos africanos e afro-brasileiros.

O problema enfrentado neste texto é a persistência do racismo no ambiente escolar e a resistência à inclusão da cultura afro-brasileira nos currículos, apesar da legislação (Lei Nº. 10.639/2003) que determina a obrigatoriedade desse ensino. A discriminação racial e as práticas discriminatórias da população negra no sistema educacional são desafios que necessitam ser abordados e superados. Além disso, há a necessidade de descolonizar os currículos, reconhecendo a herança africana, e valorizar a diversidade racial, especialmente desde a educação infantil. Portanto, como essência, este trabalho sinaliza ao seguinte problema: "Após vinte anos de aprovação da Lei Nº. 10.639/2003, qual o panorama da literatura especializada sobre a temática da ERER?".

Por meio dos prolegômenos anteriores, o objetivo deste trabalho é apresentar um breve panorama sobre os debates encaminhados pela literatura especializada dos avanços, os desafios e a formação de professores(as), no que tange a implementação da Lei Nº. 10.639/2003 na Escola Básica.

Metodologia

Este trabalho trata-se de uma pesquisa de revisão da literatura sobre as Relações Étnico-Raciais na Escola Básica. Conforme Ferreira, em 2002, elencada há mais de vinte anos, esse tipo de pesquisa é definido como de caráter bibliográfico, tende a trazer em comum o desafio de mapear e de discutir produções acadêmicas em diferentes campos do conhecimento.

Nesta produção, foi trabalhado apenas com artigos científicos publicados no Brasil no recorte de 2003 a 2023, considerando os 20 anos da aprovação da Lei Nº. 10.639/2003. Sobre os artigos que fazem parte da empiria deste capítulo, todos foram obtidos em 2023, especialmente no mês de setembro. Para isso, foi realizado o levantamento de 10 (dez) artigos como forma de tentar abarcar e sinalizar argumentos da literatura especializada nos últimos vinte anos com a aprovação da Lei Nº. 10.639/2003. As produções foram adquiridas no *site* da Coordenação de Aperfeiçoamento de Pessoal de Nível Superior (CAPES), utilizando os descritores "relações étnico-raciais" e "escola básica". Ressaltamos que sabemos da expressividade e do quantitativo de publicações sobre ERER, dessa forma, nesta produção, resolvemos apresentar apenas uma parcela das produções.

Apesar de parco o quantitativo nesta produção, reconhecemos que já existem um gama de pesquisas no âmbito da Escola Básica para a ERER, as quais, em muito, apoiam esta produção e a luta do racismo, algumas são: Maria Souza (2012), Ana Souza (2016), Wilma Coelho e Sinara Dias (2020) e Waldemar de Oliveira Júnior e Joaklebio Silva (2023).

Este trabalho se concentra em apresentar um breve panorama dos debates da literatura especializada sobre os avanços, desafios e a formação de professores(as) na implementação da Lei Nº. 10.639/2003 na Escola Básica. Utilizando as dimensões da Análise de Conteúdo (BARDIN, 2016), buscando os questionamentos: a) qual o perfil por gênero dos(as) autores(as)? Qual área de conhecimento atuam os(as) autores(as)? Qual lugar os(as) autores(as) ocupam? Quais os principais argumentos mencionados nas produções? Qual área e *qualis* dos periódicos onde os artigos foram publicizados? Quais considerações as produções sinalizam para o leitor?

Resultados e Discussão

Dos 10 artigos obtidos, metade (50%) foram escritos por pesquisadoras e pesquisadores especializados no campo da Educação para as Relações Étnico-Raciais (ERER), enquanto 40% foram produzidos por pesquisadoras, e os 10% restantes, por pesquisadores. As produções em coautoria surgiram da parceria entre orientadores(as) e orientando(a), um elemento crucial para o crescimento profissional dos orientandos(a) para a promoção de mudanças significativas nos âmbitos acadêmico e escolar, uma vez que muitos dos(as) estudantes de pós-graduação têm vínculo profissional com a Educação Básica.

A respeito dos anos de publicação dos artigos, percebemos que houve três publicações entre 2012 a 2019 (GOMES, 2012; COELHO, 2018; JESUS; PAIXÃO; PRUDÊNCIO, 2019), duas em 2020 (MARQUES; SILVA, 2020; COELHO; OLIVEIRA JÚNIOR, 2020); duas em 2021 (SOUSA; CARVALHO, 2021; MARQUES; CONTE; SILVA, 2021); três em 2022 (SILVA; CRUZ, 2022; SANTOS; SANTANA, 2022; AGUIAR; OLIVEIRA; NASCIMENTO, 2022). Essa distribuição temporal reflete a continuidade do empenho e do compromisso com as questões da ERER ao longo dos anos, indicando uma tendência de crescimento nas pesquisas na Escola Básica.

No que tange as reflexões de algumas das dez produções, Jesus, Paixão e Prudêncio (2019) acenam que é urgente aprofundar e debater o papel no currículo no combate ao racismo e que a literatura sobre a ERER no ensino de Ciências da Natureza revela uma lacuna na abordagem da temática nesse campo, com especial escassez de trabalhos na área de física nos anos finais do Ensino Fundamental e no Ensino Médio, aspectos estes também já dialogados em pesquisas de Wilma Coelho e Brenda Fortes (2021) e Waldemar de Oliveira Júnior e Wilma Coelho (2023).

Na sua produção, Marques e Silva (2020), ao analisarem as concepções de docentes da Escola Básica, identificaram que, embora haja algum conhecimento inicial sobre a temática e os desdobramentos da Lei Nº. 10.639/2003, existe uma certa tentativa prática e pedagógica no trabalho coletivo sobre a cultura e história dos povos africanos. Alinhados a essa perspectiva, Sousa e Carvalho (2021) apontam que, de fato, a realização de intervenções pedagógicas pode possibilitar a superação de preconceitos, discriminação, estereótipos e o racismo na Escola Básica, dimensão esta que, conforme Marques, Conte e Silva (2021), consideram essencial para uma inserção efetiva da História e da Cultura Afro-brasileira e Indígena no âmbito da escola e das universidades, pois a temática representa uma longa trajetória de lutas dos movimentos negros e indígenas por direito à visibilidade e ao reconhecimento de suas heranças, estudos e conhecimentos, almejando uma desconstrução da herança colonial.

Sendo assim, coadunamos com alguns dos argumentos da literatura sobre a necessidade das ampliações de pesquisas sobre a implementação, os avanços e os desafios da Lei Nº. 10.639/2003 no Brasil. Consideramos urgente uma maior articulação entre as instâncias governamentais, uma ampliação na formação de quadros e subversões consubstanciadas sobre os estudos da ERER no campo social.

Considerações Finais

A legislação que norteia essa produção e todas as produções obtidas no levantamento reconhece que a educação não se limita apenas à transmissão de conteúdo, mas também tem o papel de formar cidadãos conscientes, críticos e participativos na sociedade, almejando sempre a justiça social, a minimização do preconceito e a discriminação. Nesse sentido, a temática da Educação para as Relações Raciais desempenha um papel crucial nos processos de transformação da sociedade, quando trabalhada de forma enraizada e qualificada, propicia mudanças estruturais no conhecimento, valores e experiências dentro e fora da sala de aula, sem contar na formação de quadros, independente da área de conhecimento, como já afirma rotineiramente a literatura da área.

Referências

AGUIAR, José Vicente de Souza; OLIVEIRA, Kelly Almeida de; NASCIMENTO, Izaura Rodrigues do. O pensamento étnico-racial: o saber científico, as normas legais e a educação. **Práxis Educativa**, v. 17, e2219318, p. 1-22, 2022. Disponível em: https://revistas.uepg.br/index.php/praxiseducativa/article/view/19318. Acesso em: 26 abr. 2019.

BRASIL, Ministério da Educação. Conselho Nacional de Educação. **Diretrizes Curriculares Nacionais para a Educação das Relações Étnico-Raciais e para o Ensino de História e Cultura Afro-Brasileira e Africana**. 2004. Disponível em: https://editalequidaderacial.ceert.org.br/pdf/diretrizes.pdf. Acesso em: 11 mar. 2020.

CANEN, Ana. Formação de professores: diálogo das diferenças. **Ensaio: Avaliação e Políticas Públicas em Educação**. Rio de Janeiro, v. 5, n. 17, p. 477-94, out.-nov. 2003.

Disponível em: http://educa.fcc.org.br/pdf/ensaio/v05n17/v05n17a05.pdf. Acesso em: 26 abr. 2019.

CAVALLEIRO, Eliane. **Do silêncio do lar ao silêncio escolar**: racismo, preconceito e discriminação na educação infantil. 6. ed., 5ª reimpressão. São Paulo: Contexto, 2020.

COELHO, Wilma de Nazaré Baía; BRITO, Nicelma Josenila Costa; FERREIRA, Anne de Matos Souza; DIAS, Sinara Bernardo (Orgs.). **Educação Básica e formação inicial de professores**: a diversidade e os desafios contemporâneos. 1. ed. Curitiba: Bagai, 2021.

COELHO, Wilma de Nazaré Baía; BRITO, Nicelma Josenila Costa; SILVA, Carlos Aldemir Farias da Silva (Orgs.). **Escola Básica e relações raciais**. Tubarão: Copiart, 2019.

COELHO, Wilma de Nazaré Baía; FORTES, Brenda Gonçalves. Educação das Relações étnico-Raciais e o Ensino Médio a partir de teses no período de 2003 a 2013. *In*: COELHO, Wilma de Nazaré Baía; BRITO, Nicelma Josenila Costa; FERREIRA, Anne de Matos Souza; DIAS, Sinara Bernardo (Orgs.). **Educação Básica e formação inicial de professores**: a diversidade e os desafios contemporâneos. 1. ed. Curitiba: Bagai, 2021, p. 122-127.

COELHO, Wilma de Nazaré Baía; DIAS, Sinara Bernardo. Relações raciais na escola: entre legislações e coordenações pedagógicas. **Revista da Associação Brasileira de Pesquisadores(as) Negros(as) (ABPN)**, v. 12, n. 32, p. 46-67, 2020. Disponível em: https://abpnrevista.org.br/site/article/view/883. Acesso em: 26 abr. 2019.

COELHO, Wilma de Nazaré Baía. Formação de professores e relações étnico-raciais (2003-2014): produção em teses, dissertações e artigos. **Educar em Revista**, Curitiba, v. 34, n. 69, p. 97-122, maio-jun. 2018. Disponível em: https://revistas.ufpr.br/educar/arti%20cle/view/57233. Acesso em: 26 abr. 2019.

COELHO, Wilma de Nazaré Baía; MÜLLER, Tânia Pedroso; SILVA, Carlos Aldemir Farias (Orgs.). **Formação de Professores, Livro Didático e Escola Básica**. São Paulo: Editora Livraria da Física, 2016. (Coleção Formação de Professores e Étnico-Raciais).

COELHO, Wilma de Nazaré Baía; OLIVEIRA JÚNIOR, Waldemar Borges de. Educação para as relações étnico-raciais e escola básica: produções em teses, dissertações e artigos (2014-2018). **Revista Humanidades e Inovação**, v. 7, n. 15, p. 262-280, 2020. Disponível em: https://revista.unitins.br/index.php/humanidadeseinovacao/article/view/3860. Acesso em: 18 ago. 2020.

COELHO, Wilma de Nazaré Baía; SILVA, Rosângela Maria de Nazaré Barbosa e. Relações raciais e educação: o estado da arte. **Revista Teias**, v. 14, n. 31, p. 121-146, maio/ago, 2013. Disponível em: https://www.epublicacoes.uerj.br/index.php/revistateias/article/view/24332. Acesso em: 18 jan. 2020.

FERREIRA, Norma Sandra de Almeida. As pesquisas denominadas "estado da arte". **Educação & Sociedade** [online], v. 23, n. 79, p. 257-272, 2002. Disponível em: https://www.scielo.br/j/es/a/vPsyhSBW4xJT48FfrdCtqfp/abstract/?lang=pt. Acesso em: 23 abr. 2019.

GOMES, Nilma Lino. Relações étnico-raciais, educação e descolonização dos currículos. **Currículo sem Fronteiras**, v. 12, n. 1, p. 98-109, jan/abr 2012. Disponível em: https://www.acaoeducativa.org.br/fdh/wp-content/uploads/2012/11/curr%C3%ADculo-e-%20rela%C3%A7%C3%B5es-raciais-nilma-lino-gomes.pdf. Acesso em: 12 set. 2019.

JESUS, Jeobergna de; PAIXÃO, Marília Costa Santos da; PRUDÊNCIO, Christiana Andrea Vianna. Relações étnico-raciais e o ensino de ciências: um mapeamento das pesquisas sobre o tema. **Rev. FAEEBA** - Ed. e Contemp., Salvador, v. 28, n. 55, p. 221-236, maio/ago. 2019. Disponível: https://www.revistas.uneb.br/index.php/faeeba/article/view/7192. Acesso em: 4 mar. 2020.

MARQUES, Eugenia Portela de Siqueira; CONTE, Patrícia Portela de Siqueira; SILVA, Wilker Solidade da Silva. O protagonismo docente na educação das relações étnico-raciais: resistência epistemológica em tempos de pandemia. **Momento – diálogos em educação**, v. 30, n. 2, p. 220-244, maio/ago. 2021. Disponível em: https://periodicos.furg.br/momento/article/view/13220/9029. Acesso em: 4 mar. 2020.

MARQUES, Eugenia Portela Siqueira; SILVA, Wilker Solidade da. Os desafios epistemológicos e práticos para o enfrentamento do racismo no contexto escolar. **Revista Práxis Educacional**, Vitória da Conquista, v. 16, n. 39, p. 72-90, abr./jun. 2020. Disponível em: https://periodicos2.uesb.br/index.php/praxis/article/view/6360/4693. Acesso em: 4 mar. 2020.

OLIVEIRA JÚNIOR, Waldemar Borges de; COELHO, Wilma de Nazaré Baía. O que dizem teses e dissertações sobre diversidade étnico-racial e ensino de ciências (2015-2020). *In:* FOLENA, Monica Lopes Araújo; SILVA, Joaklebio Alves da (Orgs.). **Ensino de Ciências e Biologia**: discussões em torno da Educação para as Relações Étnico-Raciais na Formação e Prática Pedagógica de Professoras e Professores. Recife: Edupe, 2021b, p. 57-78.

OLIVEIRA JÚNIOR, Waldemar Borges de; COELHO, Wilma de Nazaré Baía. Apontamentos sobre o ensino de ciências para a ERER no ENPEC (2011-2021).

In: OLIVEIRA JÚNIOR, Waldemar Borges de; MIRANDA, Adriana Marques de Oliveira; MELO, Veruschka Silva Santos; FORTES, Brenda Gonçalves. (Orgs.). **Educação em Ciências no Brasil**: interlocuções entre a universidade e a educação básica. 1. ed. Tutóia: Diálogos, 2023, v. 1, p. 12-33.

OLIVEIRA JÚNIOR, Waldemar Borges de. Interlocuções da literatura sobre ensino de ciências e a temática das relações étnico-raciais. **Revista Latino-Americana de Estudos Científicos**, v. 2, n. 7, p. 04-27, 2021. Disponível em: https://periodicos.ufes. br/ipa/article/view/34645. Acesso em: 1 jan. 2022.

OLIVEIRA JÚNIOR, Waldemar Borges de; SILVA, Joaklebio Alves da. **Educação para as Relações Étnico-Raciais e suas múltiplas dimensões no contexto brasileiro**. 1. ed. Itapiranga: Schreiben, 2023.

OLIVEIRA JÚNIOR, Waldemar Borges de. **Um estudo nos projetos político-pedagógicos sobre Diversidade Étnico-Racial nos anos finais do ensino fundamental no ensino de Ciências**. 254f. 2022. Tese (Doutorado em Educação em Ciências e Matemáticas) -Universidade Federal do Pará, Belém, 2022.

ROSEMBERG, Fúlvia. Expansão da educação infantil e processos de exclusão. **Cadernos de Pesquisa**, São Paulo, n. 107, p. 7-40, jul. 1999. Disponível em: https://www.scielo.br/j/cp/a/Cn3jPxxZDYnFbDVCXDQZNGL/abstract/?lang=pt. Acesso em: 10 jan. 2023.

SANTOS, Carlos Geilson Souza; SANTANA, José Valdir Jesus de. Das relações raciais à Educação para as Relações Étnico-Raciais no Brasil: alguns apontamentos. **Sertanias: Revista de Ciências Humanas e Sociais**, v. 3, n. 2, p. 1-19, 2022. Disponível em: https://periodicos2.uesb.br/index.php/sertanias/article/view/12024/7339. Acesso em: 10 jan. 2023.

SILVA, Bárbara Rainara Maia; CRUZ, Silvia Helena Vieira. Educação das Relações Étnico-Raciais na formação docente: o curso de pedagogia da UFC em foco. **Debates em Educação**, Maceió, v. 14, n. especial, 2022. Disponível em: https://www.seer.ufal. br/index.php/debateseducacao/article/view/12666/9671. Acesso em: 10 jan. 2023.

SOUSA, Lizandra Sodré; CARVALHO, Herli de Sousa. A Educação para as Relações Étnico-Raciais na Educação Superior: possibilidades em pesquisa-ação. **Revista Estudos Aplicados em Educação**, São Caetano do Sul, SP , v. 6, n. 12, p. 65-74, 2021. Disponível em: https://seer.uscs.edu.br/index.php/revista_estudos_aplicados/article/view/8125/3635. Acesso em: 10 jan. 2023.

SOUZA, Ana Lúcia Silva. Linguagem e letramentos de reexistências: exercícios para reeducação das relações raciais na escola. **Revista Linguagem em Foco**, v. 8, n. 2,

p. 67-76, 2016. Disponível em: https://revistas.uece.br/index.php/linguagememfoco/article/view/1908. Acesso em: 10 jan. 2023.

SOUZA, Maria Elena Viana. Relações raciais e educação: desafios e possibilidades para a formação continuada do professor. **Revista de Educação Pública**, v. 21, n. 46, p. 289-301, 2012. Disponível em: https://periodicoscientificos.ufmt.br/ojs/index.php/educacaopublica/article/view/409. Acesso em: 10 jan. 2023.

A LEI Nº. 10.639/03: relato de uma experiência na escola

Francimar Brito Silva[105]
Nicelma Josenila Costa de Brito[106]

Considerações Iniciais

A educação, conforme já assinalava Brandão (1982), compreende todo e qualquer processo formativo que ocorre nas relações sociais, e, ao se estender à educação escolar, visa o pleno desenvolvimento do(a) educando(a) e prepara-o(a) para o mundo do trabalho (BRASIL, 1996). Por entender que este processo ocorre nas interações sociais, e conhecendo as normas legais que tratam da educação escolar, o presente texto objetiva suscitar reflexões na temática do "Dia da Consciência Negra" trabalhada em uma escola de Educação Básica, em Belém-PA, pautadas nas diretrizes previstas na Lei Nº. 10.639, de 2003.

A metodologia utilizada procurou alinhar-se aos pressupostos de uma abordagem qualitativa e além do suporte documental (BNCC, LDB, DCEP), realizou-se levantamento bibliográfico, referenciando-se em Chagas (2022), Freire (1981, 1996, 2000), Shor e Freire (1986) e Tonial; Maheirie e Garcia Jr. (2017), articulando informações em relação **à obrigatoriedade prevista na Lei** Nº. 10.639/2003 (BRASIL, 2003) e sua atualização, por meio da Lei Nº. 11.645/2008. A análise das Leis mencionadas possibilitou confrontar o que prescrevem os documentos, no que tange ao respeito à diversidade cultural, em específico à cultura africana e sua contribuição na formação identitária brasileira, com a prática no cumprimento da obrigatoriedade legal do ensino da história e cultura afro-brasileira na Educação Básica.

---

105 Discente do curso de Licenciatura em Pedagogia, da Universidade Federal Rural da Amazônia. *E-mail:* luislofran37@gmail.com

106 Doutora em Educação pela Universidade Federal do Pará. Docente da Universidade Federal Rural da Amazônia/ICIBE. *E-mail:* nicelma.brito@ufra.edu.br

Ao atentarmos para a realidade da educação[107], em todo período da história brasileira, é possível percebê-la como um processo formativo e dinâmico. Formativo por contribuir com a subjetividade do sujeito em formação. Dinâmico por estar em constante mudança. Estas mudanças, sejam naturais ou planejadas, se movem em prol de algo ou de alguém. No caso da educação escolar se move em prol de uma reivindicação de direitos e valorização. Direito, por entender que todos devem ter acesso ao processo de ensino aprendizagem, valorização, ao entender que a escola é frequentada por múltiplas identidades e culturas diversas, dignas de respeito.

Como um processo formativo que ocorre nas interações sociais, a educação, direito constitucional e tema de pauta das inúmeras discussões da atualidade, visa "o pleno desenvolvimento do educando, seu preparo para o exercício da cidadania e sua qualificação para o trabalho" (BRASIL, 1996). Embora os textos legais tratem do pleno desenvolvimento do(a) educando(a), o foco principal está voltado para uma formação cidadã que prepare o(a) indivíduo para o mundo do trabalho. Percebe-se na prática escolar ser este cidadão um receptor de informações, sem competência crítica e reflexiva a respeito da realidade na qual está inserido(a). As demandas curriculares, livros didáticos, testes avaliativos locais, avaliação em larga escala etc. fazem com que temas relevantes para formação crítica do sujeito, não sejam trabalhados, ou, são trabalhados de forma superficial.

Em se tratando da perspectiva da formação cidadã, há vinte e um anos, a Lei Nº. 10.639/03 tornou obrigatórias as discussões a respeito da temática "história e cultura afro-brasileira" nas escolas de Educação Básica. Esta Lei traz à tona novas discussões já envelhecidas, tais como a colonialidade, que para Tonial; Maheirie e Garcia Jr. (2017) se refere "à ideia de que, mesmo com o fim do colonialismo, uma lógica de relação colonial permanece entre os saberes, entre os diferentes modos de vida [...], entre os diferentes grupos humanos e assim por diante" (p. 19). Tal reflexão confere urgência ao fato de que os(as) educadores(as) precisam compreender e problematizar – de forma a contribuir na formação de educandos(as) socialmente ativos(as), conscientes de sua atuação na sociedade, alterando e se deixando alterar – as questões que envolvam este tema. Sendo o "chão da escola" um espaço democrático, torna-se propício

---

107   Art. 1º da Lei Nº. 9.394, de 20 de dezembro de 1996.

para um diálogo horizontal, em que as crianças tenham voz e vez, proporcionando conhecimento que possibilite o combate à discriminação racial encoberto pela colonialidade estabelecida. Diante do exposto o presente relato de experiências, tenciona suscitar reflexões que discorrem acerca de como a temática do "Dia da Consciência Negra", é trabalhada em uma escola de Educação Básica em Belém/PA? Para dar conta deste intuito, cumpre situarmos, além destas considerações iniciais; o Aporte Teórico acionado; Materiais e Métodos empregados; alguns Resultados e as Considerações Finais.

As intervenções realizadas em uma turma de segundo ano, do Ensino Fundamental – Anos Iniciais, em uma escola de Belém, evidenciaram um cenário no qual o ensino-aprendizagem que pauta a educação escolar encaminha-se como um processo de transferência de conhecimento detido pelo(a) professor(a). Em datas comemorativas, como é o caso do "Dia da Consciência Negra", percebeu-se na prática encaminhada em sala de aula, na qual a abordagem de temas como este ainda é trabalhada de forma superficial, por meio de pinturas e textos lidos, sem, contudo, desenvolver-se um diálogo crítico por parte da escola, que realiza tais ações muitas vezes apenas para cumprir as exigências de um calendário.

Freire (1981) reflete acerca desta educação, voltada para a "domesticação", em que o ato de educar não passa de um método de transferência de conhecimento. Para o autor, o processo formativo e a educação, devem contribuir com a formação do cidadão para uma libertação, "um ato de conhecimento e um método de ação transformadora que os seres humanos devem exercer sobre a realidade" (FREIRE, 1981). A escola deixou de ser um espaço neutro, sendo incabível sua indiferença no que tange a população negra e sua contribuição cultural na formação identitária brasileira.

A Lei em questão, torna obrigatório que se aborde nos conteúdos curriculares da Educação Básica, a história "da África e dos africanos, a luta dos negros[...] no Brasil, a cultura negra [...] na formação da sociedade nacional, resgatando as suas contribuições nas áreas social, econômica e política, pertinentes à história do Brasil" (BNCC, 2017; BRASIL, 1996). A formação de professores(as) da Educação Básica deve considerar estratégias didáticas de abordagens em sala sopesando seu papel transformador. O(a) professor(a), ao refletir acerca do protagonismo dos povos indígenas, e população negra, acerca da sua relevância social e política nos processos educacionais, permite debates acerca de uma formação para a democracia e antirracista.

Destarte, é também no "chão da escola" que ocorrem as transformações subjetivas da criança, na interação com os colegas, com o(a) professor(a) e demais atores envolvidos em seu processo de formação. A criança aprende valores, mas também aprende a discriminar, a excluir, a segregar. A formação identitária "dos sujeitos é afetada pela escola, pelos conhecimentos que nela circulam e pelas relações que vivem com seus pares; as identidades, portanto se formam e se transformam" (PARÁ, 2019). Ao trabalhar temas como o "Dia da Consciência Negra", a escola pode ressaltar a importância da luta da população negra, sua contribuição cultural e a formação da cultura identitária nacional, tendo a participação da criança como construtora de seu conhecimento, de modo a contribuir com a experiência formativa de crianças, adolescentes, jovens e adultos para "se movimentar nos locais sociais e expandir a leitura dessas realidades" (PARÁ, 2019).

O "Dia da Consciência Negra", celebrado em 20 de novembro, foi definido considerando um marco na história da luta da população negra, por valorização e respeito. Luta essa que ganha força ao vigorar a Lei Nº. 10.639/2003, trazendo esta data como um marco para reflexão crítica a respeito da colonialidade ainda presente na atualidade. Neste contexto, o(a) educador(a) compreende que se trata de levar "sua fala como uma espécie de codificação de um problema, que agora será decodificado pelos alunos" (SHOR; FREIRE, 1986).

Para trabalhar temas como este, não são suficientes as atividades impressas de pinturas e colagem de pessoas negras. As crianças precisam dialogar sobre o conteúdo abordado, terem a liberdade de se expressar a respeito do que sabem sobre o tema. O(a) professor(a) pode usar dos saberes das crianças para planejar as próximas intervenções, de forma que as abordagens perpassem uma data definida em calendário. Um dia, uma semana, uma pintura, um poema sem contextualização não suprimem o racismo estruturado. Contudo abordagens contextualizadas em cada intervenção pedagógica realizada em sala de aula, trazendo a criança para a discussão do tema, da história, da cultura negra, seria uma forma de debater o racismo estrutural na sociedade brasileira, o qual tem sido encaminhado criticamente no âmbito da Lei Nº. 10.639/2003, visto que, conforme refletiu Nelson Mandela: "ninguém nasce odiando outra pessoa pela cor de sua pele, por sua origem ou ainda por sua religião. Para odiar, as pessoas precisam aprender e, se podem aprender a odiar, podem ser ensinadas a amar"[108].

A escrita do presente texto teve por motivação as experiências vivenciadas em uma escola de Ensino Fundamental em Belém-PA, em articulação com discussões tecidas suscitadas no âmbito de disciplinas que foram encaminhadas no processo de formação inicial no curso de Pedagogia da Universidade Federal Rural da Amazônia, acerca da temática, as quais mobilizam competências que auxiliarão as egressas deste curso para o enfrentamento pedagógico do racismo quando estiverem nos espaços escolares como profissionais.

O levantamento dos dados se deu a partir de uma pesquisa bibliográfica, por se tratar de um "levantamento da bibliografia já publicada sobre o assunto de interesse, em forma de livros, revistas, periódicos, publicações avulsas, veiculados na *internet* ou por meio da imprensa escrita" (SILVA, 2015, p. 83), tal levantamento considerou discussões acerca da temática das relações étnico-raciais como abordagem obrigatória nos conteúdos oferecidos na Educação Básica. A bibliografia utilizada para embasamento em conjunto com os documentos legais, contou com artigos de Tonial; Maheirie e Garcia Jr. (2017), Freire (1981, 1996, 2000) e Shor e Freire (1986).

As análises foram pautadas em documentos legais, tendo por principal, a Lei Nº. 10.639/03, complementando com o Documento Curricular do Estado do Pará (2019), a BNCC (BRASIL, 2017) e a LDB (BRASIL, 1996). A leitura destes e demais documentos legais, norteadores da educação escolar, orientam as ações do(a) educador(a) no que tange a temas como o previsto na Lei citada, abordando não como uma obrigatoriedade, mas com a consciência da importância da atuação do(a) educador(a) no processo formativo dos educandos em âmbito escolar, conteúdo contextualizado com a realidade na qual estão inseridos.

Neste aspecto, a experiência relatada contribuiu não somente com a percepção acerca da efetividade da formação de cidadãos críticos e conscientes de

---

108 O advogado e ex-presidente da África do Sul, Nelson Mandela, principal representante do movimento antiapartheid, nesse país, pronunciou-se acerca das questões raciais declarando: *"Ninguém nasce odiando outra pessoa pela cor de sua pele, por sua origem ou ainda por sua religião. Para odiar, as pessoas precisam aprender, e se podem aprender a odiar, podem ser ensinadas a amar".* Disponível em <http://www.palmares.gov.br>. Acesso em: 20 nov. 2023.

sua ação na sociedade, mas também com reflexão sobre a formação profissional de futuros(a) pedagogos(as) que atuarão na Educação Básica.

As intervenções realizadas em uma turma de segundo ano, do Ensino Fundamental – Anos Iniciais, de uma escola de Belém, evidenciam um panorama de ensino- aprendizagem que tem a educação escolar como o processo de transferência de conhecimento detido pelo(a) professor(a). Ações voltadas para datas comemorativas, como é o caso do "Dia da Consciência Negra", concorrem para a percepção de uma prática em sala de aula na qual a abordagem de temas como este, ainda é trabalhada de forma superficial, por meio de pinturas e textos lidos, sem, contudo, suscitar-se um diálogo crítico por parte da escola. São atividades que, muitas vezes, se destinam apenas para cumprir um calendário de comemorações na escola. A inquietação da não abordagem do tema, no ano de 2022, justificada pela demanda de ações da escola, contribuiu para a realização de uma intervenção na atual data a ser trabalhada, 20 de novembro de 2023, com a proposta de uma sequência didática, a ocorrer na semana da Consciência Negra, previamente definida no currículo escolar, tendo como base diálogos tecidos no curso de Pedagogia acerca da Educação das Relações Étnico-Raciais.

A proposta de uma sequência didática intitulada: "Povo afrodescendente: somos pretos, brancos ou somos gente?", pautou-se em um trabalho no qual a cultura africana foi enfocada como colaboradora da cultura afrodescendente do Brasil, mostrando a importância desta para a formação cultural brasileira na música, na culinária, no modo de ser. A sequência previa como proposta quatro aulas, sendo de início, bem aceita pela professora regente da sala, colaborando com auxílio financeiro e recurso de material. A intervenção pedagógica se deu a partir de um levantamento prévio dos saberes das crianças a respeito do "Dia da Consciência Negra", a ser comemorado em 20 de novembro de 2023.

As crianças, ao serem solicitadas que desenhassem o que entendiam por "Dia da Consciência Negra", em sua totalidade, apresentaram desenhos de pessoas com pele escura, cabelos crespos, tendo alguns acrescentados por livre escolha frases como "não jugue um livro por a capa, amor é tudo" (*sic*) e "negor e uma pele bonita" (*sic*). Optou-se por uma roda de conversas em que cada criança, após o levantamento prévio por meio de desenho livre sobre o que entendiam, tiveram a oportunidade de explicar seu desenho e as frases contidas em alguns. Percebe-se que ainda hoje temas sensíveis como esses, que tratam do respeito à diversidade, do respeito à cultura, do respeito à população negra, ainda são trabalhados em segundo plano. Como criar uma consciência crítica na criança, trabalhando temas importantes sem dar a criança a chance de se expressar? Como fazer com que a criança crie um interesse, uma curiosidade por um tema que elas não escolheram, de uma forma que as interese e passe a fazer parte do seu tema, da sua escolha? Como cumprir o que determina a Lei, se o tempo destinado à aula é comprometido pelas demandas externas e internas à sala de aula? Quais estratégias poderiam ajudar o(a) professor(a) a realizar uma abordagem de temas como o "Dia da Consciência Negra", cumprindo o que determina a Lei?

Diante dos achados e com apropriação dos documentos legais, e dos autores supracitados, seguem algumas reflexões a respeito da temática. A Lei Nº. 10.369/03 explicita a obrigatoriedade do "ensino sobre História e Cultura Afro-Brasileira" estendendo a abordagem ao "estudo da História da África e dos Africanos, a luta dos negros no Brasil", levando a criança ao conhecimento da "cultura negra brasileira e o negro na formação da sociedade nacional, resgatando a contribuição do povo negro nas áreas social, econômica e política pertinentes à História do Brasil" (BNCC, 2017; BRASIL, 2022). Colocar a criança à parte dos planejamentos e das discussões da temática, na condição apenas de ouvinte e receptor de informações, reforça a colonialidade instaurada e disseminada em uma educação *domesticada*, em que a história da luta da população negra no Brasil, por vezes, se resume em atividades como a acompanhada pelas autoras, muitas vezes distantes da realidade da criança. (TONIAL; MAHEIRIE; GARCIA JR., 2017, CHAGAS, 2022; FREIRE, 1996; 2000)

A sequência didática, como proposta de intervenção, visando a abordagem do tema em conteúdos práticos no qual as crianças teriam contato concreto com a cultura africana e sua contribuição na formação da cultura brasileira (na música, na culinária, no modo de ser do povo negro) teve o aprendizado da história afrodescendente substituído por atividades impressas para colorir, sem contextualização, sem escuta da criança, justificado pela falta de tempo para algo "mais elaborado", reiterando a superficialidade do cumprimento dos dispostos na Lei em questão. Esta experiência aproxima-se das ponderações de Coelho e Soares (2016) acerca dos desafios (ainda) presentes na implementação da Lei Nº. 10.639/2003 no que se refere às práticas pedagógicas adotadas nas escolas:

"superar o caráter de iniciativas pontuais e individuais dos professores na implementação das leis, adotando tal enfrentamento do ponto de vista institucional, mediante compromisso a ser estabelecido entre todos os agentes que integram a escola e inserção no Projeto Pedagógico (COELHO; SOARES, 2016, p. 600)

A reflexão das autoras chama a atenção em termos da necessidade de "divisão de responsabilidades" para que a efetivação da Lei se constitua um compromisso de todos os agentes envolvidos no processo. Além disto, os *déficits* presentes nas abordagens de temas referentes à História e Cultura Afro-Brasileira, demandam a Formação Inicial e Continuada amplamente apontadas na literatura especializada, favorecendo a continuam demandando a *intervenção conscienciosa* proposta por Coelho (2009), reduzindo assim, as distâncias entre os objetivos legais e a experiência na escola (COELHO W.; COELHO M., 2015), bem como ampliando as experiências docentes em relação ao ensino, para que ao ensinar, aprendam, e ao aprenderem, ensinem. Desta forma "tanto os professores como os alunos" passam a ser "agentes críticos do ato de conhecer" (SHOR; FREIRE, 1986).

A educação escolar ainda segue o método tradicionalista ao direcionar o processo de ensino aprendizagem ao simples ato de transferir conhecimento, contudo "ensinar não é transferir conhecimento, mas criar as possibilidades para a sua produção ou a sua construção" (FREIRE, 2000, p. 25) e uma forma de possibilitar esta produção está na escuta da criança como ser participante da sociedade. A educação escolar deve ser vista "como prática cultural, resultante da relação entre sujeito e objeto de conhecimento, marcada por temporalidades contextuais diversas, é uma das políticas sociais capaz de formar sujeitos políticos e críticos" (PARÁ, 2019, p. 10).

Considerações Finais

O cumprimento da Lei Nº. 10.639/2003 está corroborado aos direitos constitucionais e aos documentos norteadores da Educação Básica. No que tange aos anos iniciais da Educação Básica, em específico o segundo ano do Ensino Fundamental, objeto do presente relato, entende-se que a criança deve ser respeitada no processo de produção do conhecimento. Agente impulsionador de seu processo de ensino-aprendizagem, agente transformador da sociedade, "uma sociedade justa, democrática e inclusiva", (BNCC, 2017) ressignificando a cada abordagem a perspectiva pela qual se olha o povo brasileiro, independentemente da cor de sua pele.

Paulo Freire parte da ideia de que somos seres inacabados e que a consciência deste inacabamento deve nos mover na busca constante de sermos mais humanos, de nos reconhecermos como sujeitos históricos e sociais. Nos diferencia dos demais animais na medida que afirma ser, o ser humano, um ser com capacidade de reflexão de suas práticas, tendo, desta forma, consciência de seu inacabamento (FREIRE, 1996; 2000). Outro ponto relevante para o autor é reconhecer que a educação é "um momento no qual você tenta convencer-se de alguma coisa, e tenta convencer os outros de alguma coisa". Ou seja, o educador deve se convencer "da necessidade de mudar o racismo", caso contrário, seu não convencimento o leva a "seleção do material, a organização do estudo, e as relações do discurso", moldadas em suas convicções (SHOR; FREIRE, 1986).

Enquanto a educação escolar seguir o método tradicional, as abordagens de que trata a Lei Nº. 10.639/2003, seguirão domesticando educandos(as) apenas para o mundo do trabalho. Indo na contramão de uma *educação libertadora*. Cabe ao(à) professor(a) assumir um papel revolucionário, acreditar na esperança de um mundo melhor, lutar no que acredita, em concordância com a Lei, respeitando as diferenças, consciente de que suas ações modificam a realidade. Certos de que "a maneira consistente com que vive sua presença no mundo, de que sua experiência na escola é apenas um momento, mas um momento importante que precisa de ser autenticamente vivido" (FREIRE, 1996, p. 127). Ademais a compreensão da criança como ser histórico social, contribui para direcionarmos nossas ações educadoras com vistas a formar cidadãos críticos, conscientes de suas responsabilidades nas alterações das realidades nas quais estão inseridos(as).

Referências

BRANDÃO, Carlos Rodrigues. **O que é Educação.** São Paulo: Editora Brasiliense, 1982.

BRASIL. **Base Nacional Comum Curricular**. Educação é a Base. Ministro da Educação. Secretaria Executiva. Secretaria de Educação Básica. Conselho nacional de Educação. Brasília. 2017. Disponível em: http://basenacionalcomum.mec.gov.br/ images/BNCC_EI_EF_110518_versaofinal_site.pdf. Acesso em: 20 nov. 2023.

BRASIL. **Lei Nº. 10.639 de 9 de janeiro de 2003**. Altera a Lei Nº. 9.394/1996, que estabelece as diretrizes e bases da educação nacional, para incluir no currículo oficial da Rede de Ensino a obrigatoriedade da temática "História e Cultura Afro-brasileira", e dá outras providências. Brasília/DF, 2003. Disponível em: https://www.planalto.gov. br/ccivil_03/leis/2003/l10.639.htm. Acesso em: 21 nov. 2023.

BRASIL. **Constituição da República Federativa do Brasil** (1988). Brasília, DF: Senado Federal, 1988. Disponível em: http://www.planalto.gov.br/ccivil_03/ constituicao/constituicaocompilado.htm. Acesso em: 20 nov. 2023.

BRASIL. **Lei Nº. 9.394, de 20 de dezembro de 1996**. Estabelece as diretrizes e bases da educação nacional. Diário Oficial da União, Brasília, 23 de dezembro de 1996. Disponível em: <http://www.planalto.gov.br/ccivil_03/leis/L9394.htm>. Acesso em: 20 nov. 2023.

BRASIL. **Lei Nº. 10.639, de 9 de janeiro de 2003**. Altera a Lei Nº. 9.394, de 20 de dezembro de 1996, que estabelece as diretrizes e bases da educação nacional, para incluir no currículo oficial da Rede de Ensino a obrigatoriedade da temática "História e Cultura Afro-Brasileira", e dá outras providências. Diário Oficial da União, Brasília, 10 de janeiro de 2003. Disponível em: http://www.planalto.gov.br/ccivil_03/leis/2003/ L10.639.htm. Acesso em: 20 nov. 2023.

CHAGAS, Hugo Marlon dos Santos. **O Processo de Desenvolvimento Socio-Racial em Belém-PA**: o papel do negro na produção dos bairros da Sacramenta e do Barreiro. Tese (Licenciatura Plena em Geografia). Universidade do Estado do Pará, Pará, p. 75. 2022.

COELHO, Wilma de Nazaré Baía. **A cor ausente**: um estudo sobre a presença do negro na formação de professores – 1970-1989. 2. ed. Belo Horizonte: Mazza, 2009.

COELHO, Wilma de Nazaré Baia; COELHO, Mauro Cezar. Preconceito e discriminação para além das salas de aula: sociabilidades e cultura juvenil no ambiente escolar. **Revista do Instituto de Estudos Brasileiros**, v. 62, p. 32-53, 2015. Disponível em: http://www.scielo.br/pdf/rieb/n62/2316-901X-rieb-62-00032.pdf. Acesso em: 21 nov. 2023.

FREIRE, Paulo. **Ação cultural para a liberdade**. 5. ed., Rio de Janeiro: Paz e Terra, 1981.

FREIRE, Paulo. **Pedagogia do oprimido**. 17. ed. Rio de Janeiro: Paz e Terra, 1987.

FREIRE, Paulo. **Pedagogia da autonomia**: saberes necessários à prática educativa. Rio de Janeiro: Paz e Terra, 1996. (Coleção Leitura). 2000.

PARÁ. CEE. **Documento Curricular do Estado do Pará-DCEP**: Educação Infantil e Ensino Fundamental. Governo do Estado do Pará. Conselho Estadual de Educação do Pará. 2. ed. Secretaria de Estado de Educação do Pará: Belém, 2019.

SHOR, Ira; FREIRE, Paulo. **Medo e Ousadia**: O Cotidiano do Professor. Tradução Adriana Lopez. Revisão técnica de Lólio Lourenço de Oliveira. Rio de Janeiro: Paz e Terra, 1986.

SILVA, Airton Marques. **Metodologia da pesquisa**. 2. ed. ver. Fortaleza: EDUECE, 2015.

TONIAL, Felipe Augusto Leques; MAHEIRIE, Kátia; GARCIA JR, Carlos Alberto Severo. A resistência à colonialidade: definições e fronteiras. **Revista de Psicologia da UNESP**, v. 16, n. 1, p. 18-26, 2017. Disponível em: http://pepsic.bvsalud.org/scielo. php?script=sci_arttext&pid=S1984-0442017000100002&lng=pt&nrm=iso. Acesso em: 22 nov. 2023.

PRODUÇÕES ACADÊMICAS SOBRE SOCIABILIDADES E JOVENS NEGRAS: perfis de autores/as de teses e dissertações (2016 a 2021)

Thaís da Silva Mendonça Copelli[109]
Wilma de Nazaré Baía Coelho[110]

Primeiras Palavras

Refletir sobre jovens negras requer um diálogo com categorias que as compõem enquanto sujeito e como interferem na interação com seus pares e com os demais indivíduos sociais, com as relações raciais e de gênero. Questões que ligam a juventude a tais categorias, como a temática das sociabilidades, abarcam a possibilidade da subversão de estratégias (CERTEAU, 2014) que visam reiterar a condição de subalternização das mulheres negras. Em que ponderar sobre tais estratégias de manter o *status quo* do papel das mulheres negras na sociedade é reflexo da tomada de consciência de que as jovens mulheres negras, que além do descrédito a despeito da juventude, trazem consigo duas categorias analíticas que estarão presentes no decorrer de toda sua vida: são mulheres e são negras (GONZÁLEZ, 2020).

Desse modo, destacamos que a juventude não se constitui como categoria isolada, por isso a dialogamos com a concepção de gênero defendida por Guacira Louro (2008) como produção social, ou seja, ele é uma categoria de análise oriunda de uma construção social que demonstra que existem muitos jeitos de exercício da feminilidade (LOURO, 2008). Em que o gênero constitui e faz parte de quem o sujeito é, bem como a juventude e a raça. Interferindo diretamente no cotidiano (CERTEAU, 2014) vivenciado por meio das relações

---

109 Mestra em Educação (UEPA). Doutoranda do Programa de Pós-Graduação em Educação na Amazônia (PGEDA/UFPA). *E-mail*: smendonca.thais@gmail.com

110 Doutora em Educação pela Universidade Federal do Rio Grande do Norte (UFRN), Professora Titular da Universidade Federal do Pará (UFPA), Bolsista Produtividade 1D do CNPq. *E-mail*: wilmacoelho@yahoo.com.br

de juventude, as quais são postas em constante construção diante da dinâmica das sociabilidades juvenis em um tempo e em um espaço (DAYRELL, 2007). Trazendo a concepção na mesma direção, como uma construção histórica e social, de acordo com Alfredo Guimarães (1999) e, posteriormente, Nilma Gomes (2011), não sendo assim passível de unificação ou padronização.

Nesse diapasão, falar sobre a mulher negra é concordar com Lélia Gonzalez (1984), no que tange a necessidade de analisar a dupla discriminação que ela sofre (e em muitos casos tripla discriminação, quando adiciona-se a categoria "classe social") no seio das relações sociais. Há, ainda, a objetificação de seus corpos e a delegação de papéis subalternos, serviçais. São invisibilizadas e alvo de violências interseccionais, conjugadas, que tiveram que se acostumar a conviver com o racismo, sexismo, patriarcalismo e opressão de classe (CRENSHAW, 2002). Em que, nesse cenário, as relações dinâmicas de sociabilidades atuam e influenciam concomitantemente os sujeitos (AKOTIRENE, 2019), o que se percebe pela articulação de marcadores sociais que culminam em múltiplas opressões[111]

Este texto se ocupa das sociabilidades e jovens negras, com base nos perfis de quem escreve sobre esta relação. Subsidiamo-nos em Peter Berger e Thomas Luckmann (2014) na conceituação de *socialização* enquanto processo de interação social tido em múltiplas realidades. Essas realidades estão inseridas em diversos cotidianos, vistos como espaços de sociabilização e instituição definidora de condutas (BERGER; LUCKMANN, 2014), a qual origina as relações de sociabilidades dos sujeitos. Também acionamos a noção conceitual de *cotidiano*, de Michel de Certeau (2014), aqui entendido enquanto vivências/ações diárias dos sujeitos, o qual se configura como reunião de ações, "táticas", práticas cotidianas individuais dos sujeitos.

Wilma Coelho e Carlos Silva (2017) apontam que as sociabilidades de jovens são reflexos da sociedade na qual estão inseridos e são formas de experenciar suas condições juvenis (DAYRELL, 2007). Elas ocorrem coletivamente organizadas, formais e em fluxos cotidianos que demonstram como se constroem as dinâmicas dessas interações. Em que "a sociabilidade, para os

---

111 A autora discorre acerca da não redução da instrumentalização da interseccionalidade, na luta contra a homogeneização das mulheres, em um discurso binário. Ela deve ser vista como "uma lente analítica sobre a interação estrutural em seus efeitos políticos e legais" (p. 37), haja vista que as experiências de mulheres negras aliadas a diversas outras categorias são tidas de modos distintos, é uma junção interligada de opressões.

jovens, parece responder às suas necessidades de comunicação, de solidarie-dade, de democracia, de autonomia, de trocas afetivas e, principalmente, de identidade" (*idem*, p. 1111).

As sociabilidades são desenhadas como resultados da partilha de aspectos inerentes às jovens, no seu tempo, no contexto social, familiar, cultural e edu-cacional em que vivem. São resultantes de construções sociais, segundo Wilma Coelho e Carlos Silva (2018), pois se configuram como relações construídas a partir do compartilhamento de modos de ser e estar no mundo, de coletivos sociais, ligados ao espaço e ao tempo. Instigam a reflexão sobre o modo como se agrupam por afinidades, se relacionam, exercem e sofrem influência mútua (COELHO; SILVA, 2019).

A partir da literatura especializada, que se ocupa dos estudos que inves-tigam o universo das sociabilidades e das jovens negras, parece oportuno para expandir o debate sobre a temática ao mesmo tempo que instiga o diálogo com assuntos estruturantes para a construção de uma educação antirracista, a exemplo da Lei Nº. 10.639/03. Considerando que conhecer os perfis acarreta a construção de um retrato sobre o investimento nos processos formativos dos profissionais da educação, especialmente da Educação Básica.

Ao investigar as sociabilidades e seus desdobramentos, como hierarquias e agrupamentos (COELHO; SILVA, 2018), os(as) pesquisadores(as) constroem instrumentos e táticas (CERTEAU, 2014) para problematizar e subverter o racismo em seus cotidianos profissionais. Nesse sentido, visamos responder a questão que se configura da seguinte maneira: de que modo os(as) autores(as) se apresentam acadêmica e profissionalmente? Para responder tal questiona-mento, temos o objetivo de conhecer quem pesquisa sobre sociabilidades e jovens negras no Brasil entre os anos de 2016 e 2021.

Este texto versa acerca do mapeamento e descrição dos perfis dos(as) autores(as) de dissertações e teses sobre sociabilidades e jovens negras no Brasil, defendidas no período de 2016 a 2021 e publicizadas na Biblioteca Digital Brasileira de Teses e Dissertações (BDTD)[112]. O levantamento foi realizado do segundo semestre de 2021 ao primeiro semestre de 2023, sendo a empi-ria conformada por 74 produções, das quais 48 são dissertações de mestrado e 26 são teses de doutorado. Para chegar a tal quantitativo selecionamos 08

---

112 Disponível em: <https://bdtd.ibict.br>. Acesso em: 19 jun. 2021.

descritores: *sociabilidades, sociabilidades e Ensino Médio, sociabilidades juvenis, adolescentes negras, jovens negras, estudantes negras, jovens negras, sociabilidades adolescentes negras.*

Os filtros utilizados no refinamento foram: o marco temporal com o recorte dos anos de 2016 a 2021. Estar vinculado ao Conselho Nacional de Desenvolvimento Científico e Tecnológico (CNPq) e, no caso do descritor "sociabilidades", estar inscrito sob o crivo da área de conhecimento de "Educação", pois o quantitativo sem a filtragem seria vultuoso e fugiria do escopo da investigação. Escolhemos tal recorte temporal pelo fato de, em 2016, o Núcleo Gera[113], ao qual este estudo é vinculado, completar 10 anos de criação. Ao mesmo passo que foi o início de mudanças políticas[114] que refletiram diretamente no campo educacional, em especial na pós-graduação.

Para além disso, como desdobramento do levantamento das produções, passamos para a construção do mapeamento dos perfis dos(as) autores(as) dessas pesquisas. De modo que seguimos algumas etapas: escolha das plataformas de buscas sobre os currículos dos pesquisadores; seleção das dimensões sobre os perfis; sistematização dos dados coletados por meio da criação de um banco de dados e apresentação das informações encontradas sobre os (as) autores (as).

Nessa direção, destacamos as dimensões levantadas: gênero de autoria, região na qual defenderam suas pesquisas; os cursos da formação inicial; escolaridade completa até o momento do levantamento, bem como o nível, a esfera e a função de atuação em que se encontram. Tais informações foram coletadas na plataforma *Lattes*[115], no *site* Escavador[116] e no *site Linkedin*[117]. Utilizamos a análise de conteúdo, de Laurence Bardin (2016), no trato das informações encontradas.

---

113 Núcleo de Estudos e Pesquisas sobre Formação de Professores(as) e Relações Étnico-Raciais, grupo de pesquisa vinculado ao Instituto de Filosofia e Ciências Humanas da Universidade Federal do Pará que investiga, na maioria de suas pesquisas, questões acerca de raça, etnia, preconceito racial e relacionadas com o campo educacional, especialmente sobre a Formação de Professores(as). Mais informações acessar: https://nucleogera.ufpa.br/

114 Aqui destacamos que a gestão federal em um período de 02 (dois) anos teve um total de 03 (três) mudanças de chefes de Estado, o que ocasionou um ambiente de incertezas em diversos âmbitos da vida dos brasileiros. Dilma Rousseff sofreu um *impeachment* em agosto de 2016, assumindo seu vice Michel Temer e em janeiro de 2018 assumiu Jair Bolsonaro.

115 Disponível em: <https://lattes.cnpq.br/>. Acesso em: 15 set. 2023.

116 Disponível em: < https://www.escavador.com>. Acesso em 15 set. 2023.

117 Disponível em: < https://br.linkedin.com/.>. Acesso em 15 set. 2023.

Sobre os perfis

Conhecer os perfis acadêmicos e profissionais de autoria das pesquisas sobre sociabilidades e jovens negras nos coloca diante da oportunidade de identificar os principais caminhos que os(as) responsáveis pela construção da literatura especializada nessa temática percorrem para chegar a tal debate. Assim sendo, conhecer informações sobre o perfil, tanto profissional como acadêmico desses sujeitos, nos oferece argumentos para abordar as sociabilidades e os sentidos e interesses produzidos pelos sujeitos em suas relações sociais, em especial para aqueles que estão inseridos na Educação Básica, pois, como salientam Wilma Coelho e Carlos Silva (2018): há uma interdependência entre escola e sociedade.

Das 74 produções levantadas, destacamos que a maioria é de autoria feminina, com 54 pesquisadoras. Com aproximadamente 73% do total, tem-se tal dado como reflexo direto do quantitativo de mulheres matriculadas em cursos de pós-graduação *stricto sensu*, em que, de acordo com o *site* da CAPES[118] no ano de 2022, elas configuravam 54,2% do total de 395.870 estudantes. No campo da Educação para as Relações Étnico-Raciais, as mulheres são maioria no quantitativo de autoria, segundo Wilma Coelho e Waldemar Júnior (2020).

A maioria das produções são encontradas em nível de mestrado e tendo mulheres como protagonistas, compondo mais da metade do *corpus* total, com 37 dissertações, e dessas, 6 deram prosseguimento na formação e concluíram o doutorado até novembro de 2023 (10 estão com o curso em andamento). Já os homens apresentam certo equilíbrio nesse sentido, com, respectivamente, 11 e 9 pesquisas de mestrado e doutorado, dos quais 2 prosseguiram e concluíram o doutorado.

Percebe-se, ao ler as produções levantadas, que comumente há a identificação das autoras mulheres com a temática e/ou com os sujeitos, no caso as jovens negras, pela história de vida ou autodeclaração racial. Em alguns casos a opção por estudar a temática das sociabilidades se apresenta como necessidade para expandir suas práticas profissionais. Isso consubstancia o entendimento

---

118 O *site* informa, ainda, que no ano de 2022, 58 % dos seus bolsistas eram mulheres. Disponível em: https://www.gov.br/capes/pt-br/assuntos/noticias/pos-graduacao-brasileira-tem-maioria--feminina Acesso em: 8 maio 2022.

do porquê há uma disparidade tão significativa na distribuição dos trabalhos por gênero de autoria.

Esses(as) autores(as) possuem formação inicial nos mais diversos cursos de graduação. São eles: Pedagogia (26), Ciências Sociais (9), Licenciatura em História (6), Psicologia (6), Licenciatura em Letras (06), Licenciatura em Educação Física (5), Serviço Social (3), Comunicação Social (2), Filosofia (2), Gestão da Informação (1), Marketing (1), Engenharia elétrica (1), Engenharia Florestal (1), Relações Internacionais (1), Relações Públicas (1) e Ciências Econômicas (1). Não encontramos a formação inicial de duas autoras. O que demonstra que a abrangência e complexidade que constitui o campo dos estudos sobre sociabilidades e jovens negras não se restringe aos estudos desenvolvidos por profissionais do campo da educação.

A Região que concentra maior número de autores(as) é a Sudeste, com aproximadamente 35,8%; a Região Nordeste com 25%, a Região Sul com 23%; a Região Centro-Oeste com 13,5% e a Região Norte com 2,7%. Nessas regiões há predominância de pesquisas em instituições públicas. É importante destacar que a temática das sociabilidades e jovens negras é um recorte do campo das Relações Étnico-Raciais. Campo esse que Wilma Coelho e Waldemar Oliveira Júnior[119] (2020) afirmam que a produção acadêmica sobre Educação para as Relações Étnico-Raciais apresenta concentração de pesquisas nas universidades do Sul e Sudeste do país. O que não difere das produções sobre sociabilidades de jovens negras, investigadas neste texto.

Fazemos um destaque para a Região Norte, com suas duas produções (uma dissertação de mestrado e uma tese de doutorado, ambas produzidas e orientadas por pesquisadores paraenses), nos permitindo inferir que há o pioneirismo por parte desses agentes, haja vista que se apresentam como táticas (CERTEAU, 2014) de transformação do interesse desigual pela temática. Dizemos isso em decorrência da região ser estrategicamente (CERTEAU, 2014) tomada por relações desiguais que historicamente a coloca em posição secundarizada em detrimento das demais. Nesse sentido, o pesquisador e a pesquisadora das produções coletadas se anunciam como formas de resistência.

---

119 Os autores realizaram o estado da arte sobre ERER com artigos, dissertações e teses no período de 2014 a 2018.

Sobre a atuação profissional dos(as) pesquisadores(as), levantamos informações sobre o nível da educação em que atuam, sobre cargos/funções que exercem e esfera administrativa com maior incidência. No que tange ao nível, a Educação Básica apresenta maior número, com 33 profissionais atuando, o Ensino Superior com 21 e a Educação Tecnológica com 04. Dados sobre os demais profissionais não foram contabilizados por não estarem atualizados, disponíveis ou se encontram em outras áreas de atuação fora da educação. A principal esfera que se vinculam é a federal, com 27% dos agentes, seguidos da estadual com 22%, municipal com 20%, particular com 13,5% e o restante não contabilizado.

Por fim, temos a função exercida, na qual os quantitativos mais expressivos se vinculam à esfera pública, com 39 servidores(as) públicos, dos quais 32 são mulheres, o que configura 82% do funcionalismo público presente no *corpus* deste levantamento. Cargos como coordenações, psicólogos, deputada federal, consultores e assessores educacionais também fazem parte do perfil dos(as) pesquisadores(as) mapeados(as).

Considerações Finais

Os dados mapeados nos mostram que há estreita relação entre pesquisa sobre sociabilidades e jovens negras com a Educação Básica, o que nos proporciona o argumento de que as produções acadêmicas desses(as) pesquisadores(as) realizam reflexões sobre a escola e podem contribuir para repensar a prática pedagógica e profissional nos seus espaços de atuação. Se tornam ferramentas para entender o público-alvo desse nível formativo de modo que possa ser construída uma educação antirracista e antissexista, que ofereça às jovens estudantes negras uma experiência escolar que lhes permita subverter a lógica histórica que delega às mulheres negras papéis subalternos e socialmente desprestigiados. Entender como se relacionam é, ao mesmo tempo, a possibilidade de abordar a questão racial nas instituições educativas, como um dos efeitos positivos da Lei Nº. 10.639/03.

Percebemos que existem divergências quanto ao interesse em estudar e investigar a temática das sociabilidades e jovens negras nas Regiões do Brasil. Após o mapeamento das produções e de informações sobre seus(suas) autores(as), pudemos inferir e confirmar a existência de desigualdades regionais, de gênero, de nível e esfera de atuação, de escolaridade e de período de produção na academia. Dessa forma, pensamos ser viável desconstruir tais desigualdades por meio do estímulo a pesquisa criteriosa, metodologicamente rigorosa, debate sobre temas que não se restringem ao currículo formal e se configuram como possibilidade de entender os laços sociais tidos no cotidiano (CERTEAU, 2014) juvenil que é repleto de potencialidades investigativas, como nos permite conhecer o público-alvo da instituição (BERGER; LUCKMANN, 2014) no engendramento de *sociabilidades de adolescentes--juvenis* (COELHO; SILVA, 2015).

Referências

AKOTIRENE, Karla. **Interseccionalidade**. São Paulo: Polém, 2019.

BARDIN, Laurence. **Análise de Conteúdo**. Tradução Luís Antero Reta e Augusto Pinheiro. São Paulo: Edições 70, 2016.

BERGER, Peter; LUCKMANN, Thomas. **A construção social da realidade:** Tratado de sociologia do conhecimento. Tradução Floriano de Souza Fernandes. 24. ed. Petrópolis: Vozes, 2014.

CERTEAU, Michel: **A invenção do cotidiano**: 1. Artes de fazer. Tradução Ephraim Ferreira Alves. 22. ed. Petrópolis: Vozes, 2014.

COELHO, Wilma; OLIVEIRA JÚNIOR, Waldemar. Educação para as Relações Étnico-Raciais e Escola Básica: Produções em Teses, Dissertações e Artigos (2014-2018). **Revista Humanidades e Inovação** v. 7, n. 15, 2020. Disponível em: https://revista.unitins.br/index.php/humanidadeseinovacao/article/view/3860. Acesso em: 23 jun. 2021.

COELHO, Wilma de Nazaré Baía; SILVA, Carlos Aldemir Farias da. Sociabilidade e discriminação entre grupos de adolescentes-juvenis no Ensino Médio. **Revista Unisinos** n. 23, p. 225-241, abril-jun. 2019. Disponível em: https://revistas.unisinos.br/index.php/educacao/article/view/edu.2019.232.02/60746955. Acesso em: 14 maio 2021.

COELHO, Wilma de Nazaré Baía; SILVA, Carlos Aldemir Farias da. Grupos de adolescentes-juvenis no Ensino Médio: Sociabilidades, preconceito e discriminação. *In*: COELHO, Wilma; COELHO, Mauro (orgs). **Debates interdisciplinares sobre diversidade e educação.** São Paulo: Editora Livraria da Física, 2018, p. 255-290.

COELHO, Wilma de Nazaré Baía; SILVA, Carlos Aldemir Farias da. Grupos e Relações de sociabilidades entre adolescentes no Ensino Médio: Hierarquia e cor. **Revista Teoria e Prática na Educação.** v. 20, n. 1, p. 101-115. 2017. Disponível em: https://periodicos.uem.br/ojs/index.php/TeorPratEduc/article/view/36944. Acesso em: 14 maio 2021.

COELHO, Wilma de Nazaré Baía; SILVA, Carlos Aldemir Farias da. Preconceito, discriminação e sociabilidades na escola. **Educere Et Educare.** v. 10, n. 20, jul./dez, p. 687-705, 2015. Disponível: https://e-revista.unioeste.br/index.php/educereeteducare/article/view/12606/9020. Acesso em: 14 maio 2021.

CRENSHAW, Kimberlé. Documento para o encontro de especialistas em aspectos da discriminação racial relativos ao gênero. **Revista estudos feministas**, v. 10, p. 171-188, 2002. Disponível em: https://www.scielo.br/j/ref/a/mbTpP4SFXPnJZ397j8fSBQQ/. Acesso em: 19 fev. 2023.

DAYRELL, Juarez. A escola "faz" as juventudes? Reflexões em torno da socialização juvenil. **Educação e Sociedade**, v. 28, n. 100, p. 1105-1128, 2007.

GOMES, Nilma Lino. O movimento negro no Brasil: ausências, emergências e a produção dos saberes. **Política e Sociedade.** v. 10. n. 18. Minas Gerais, 2011.

GONZALEZ, Lélia. **Por um feminismo afro-latino-americano.** Editora Schwarcz-Companhia das Letras, 2020.

GONZALEZ, Lélia. Racismo e sexismo na cultura brasileira. **Revista Ciências Sociais Hoje,** Rio de Janeiro, 1984. Aponcs, p. 223-244.

GUIMARÃES, Alfredo. Raça e os estudos de relações raciais no Brasil. **Novos Estudos**, São Paulo, n. 54. 1999.

LOURO, Guacira. Gênero e sexualidade: pedagogias contemporâneas. **Pró-Posições**. v. 19, n. 2. maio/ago. 2008.

PRODUÇÕES ACADÊMICAS SOBRE O LUGAR DA ERER NOS LIVROS DIDÁTICOS DE ENSINO MÉDIO: mapeamento de teses e dissertações (2017-2022)

Alessandra de Almeida Souza[120]
Wilma de Nazaré Baia Coelho[121]

Introdução

Este texto realiza um mapeamento de produções de Dissertações e de Teses acerca de livro didático de Ensino Médio e Relações Étnico-Raciais, defendidos nos Programas de Pós-Graduação no Brasil, no recorte temporal de 2017 a 2022, período correspondente à implementação da Base Nacional Curricular Comum (BNCC) no Brasil, situação que trouxe grandes transformações para a Educação brasileira, em especial para o jovens do Ensino Médio, que tiveram seu currículo formador modificado em prol de uma formação técnica para atender ao mercado de trabalho. Essas modificações exigiram alterações nos conteúdos presentes nos livros didáticos que circulam nos espaços escolares, posto que a BNCC direciona uma formação técnica integrada ao Ensino Médio, em detrimento de uma formação no multiculturalismo, pluriétnico, já que o documento trata a ERER de forma transversal (SILVA A.; SILVA C., 2021).

Concordamos com Luís Dourado e Romilson Siqueira (2019) que a BNCC tem sua concepção de educação, formação curriculares e dinâmicas curriculares centradas no gerencialismo nas competências e habilidades como

---

120 Mestre em Educação pela Universidade Estadual do Pará (UEPA), professora da Secretaria Estadual de Educação. Integrante do Núcleo de Estudos e Pesquisas sobre Formação de Professores(as) e Relações Étnico-Raciais (NEAB/GERA/UFPA). *E-mail*: alessandra_almeidasouza@yahoo.com.br

121 Doutora em Educação pela Universidade Federal do Rio Grande do Norte (UFRN), Professora Titular da Universidade Federal do Pará (UFPA), Bolsista Produtividade 1D do CNPq. *E-mail*: wilmacoelho@yahoo.com.br

fundamentos estruturantes, ao invés de uma educação que compreenda o ser humano como capaz de pensar, refletir e construir conhecimento, uma formação para a cidadania. Neste cenário de reguladora do currículo, é importante perceber como as relações étnico-raciais vêm sendo apresentadas/representadas nos livros didáticos após a implementação da BNCC do Ensino Médio.

É importante ressaltar que a formação de sujeitos para as relações étnico-raciais vem ocorrendo de maneira processual e perante muitas lutas, pois de acordo com Coelho (2010), mudanças no cenário educacional brasileiro, no que tange as relações étnico-raciais, são provenientes de lutas anteriores, cunhadas pelo movimento negro e pela ação atuante de pesquisadores(as) e do Estado, para o atendimento dessa população, que há décadas encontrava-se reprimida e buscava a igualdade e reconhecimento (GOMES, 2008). Essa luta coletiva foi importante para que, no ano de 2003, a Lei Nº. 10.639/03 fosse sancionada, tornando obrigatório o ensino de História da África e da Cultura Afro-Brasileira e Indígena nas escolas brasileiras.

Diante dessa realidade, questiona-se: em que medida os livros didáticos atrelam-se a uma Educação para as Relações Étnico-Raciais (ERER) após a implementação da BNCC? É válido ter o conhecimento sobre de que forma e com qual grau de relevância os(as) pesquisadores(as) se voltam para os estudos sobre o livro didático em nosso país, já que o livro se constitui um suporte didático que apresenta grande valor no contexto educacional, por ser um dos mais antigos instrumentos utilizados dentro da sala de aula, e muitas vezes se constitui o único material de leitura de docentes e de discentes, situação que evidencia, conforme aponta a literatura especializada, o grau de importância desse material na formação dos(as) estudantes – e em alguns casos, dos(as) docentes.

O caráter desse tipo de levantamento se enquadra na possibilidade de se conhecer como um recurso didático utilizado proeminentemente em sala de aula, com capacidade de formação escolar de estudantes, vem sendo observado e analisado por cientistas brasileiros, ou seja, partir dessas análises, é possível perceber os avanços e as permanências que estão envoltas nesses recursos didáticos, no que se refere a ERER. De acordo com Joana Romanowski e Romilda Ens (2006), esse tipo de levantamento de dados configura-se como um método de pesquisa, que objetiva mapear produções de formas direcionadas, por meio de períodos cronológicos, espaços, formas e condições de produção, além de revisar as produções bibliográficas sobre um determinado tema oriundo de uma área específica. Com esse método, há a possibilidade de identificar as teorias em construção, os métodos e os referenciais aplicados, assim como as temáticas mais e menos abordadas, ou até ausentes, nas pesquisas de Pós–Graduação *Stricto Sensu*.

Ademais, contribui no processo de definição de um campo, apontando as possíveis contribuições de uma pesquisa, no que tange as rupturas sociais, sobretudo, podendo fomentar a constituição do campo teórico de uma determinada área de conhecimento, identificando os aportes significativos da teoria e prática, as limitações presentes no campo em que a pesquisa é realizada e experiências inovadoras que mostrem alternativas para o problema da prática.

A partir do resultado desse levantamento, será realizada, à luz de Laurence Bardin (2016), uma estruturação dos perfis dos trabalhos a partir das dimensões: gênero (das autorias dos trabalhos); temporalidade (anos das produções); temáticas (temas que emergiram) e áreas de conhecimento (em que as pesquisas se desenvolvem).

Livro Didático e Relações Raciais

Para Mauro Coelho (2010), o lugar ocupado pelo livro didático na escola reside na função de formação escolar. Por meio dele se informa, se instrui e se educa, ou seja, o mesmo corresponde a uma fonte de acesso ao conhecimento acadêmico sistematizado e mais facilitado.

Marisa Lajolo (1996) já apontava o caráter importante dos livros didáticos no âmbito escolar, pois para ela, esses materiais ocupam um lugar central de produção, circulação e apropriação de conhecimentos, em especial aquele que a escola tem a responsabilidade de ensinar. Para a autora, entre todas as possibilidades de livros circulantes dentro da sociedade, os livros didáticos são os que serão mais utilizados, de forma ampla e sistematizada pelos(as) estudantes, posto que foram escritos, vendidos e comprados com a intenção de adentrar nas escolas.

Os livros didáticos são mais que fontes de informação. Eles funcionam como recursos importantes no processo de ensino-aprendizagem, pois são materiais que exprimem conteúdos e estratégias didáticas (COELHO M., 2010). São, sobretudo, um veículo de representações. As representações sociais estão impregnadas nas relações estabelecidas, nas comunicações e nos objetos produzidos ou consumidos, conforme assevera Serge Moscovici (1978), e o livro didático, como um instrumento de comunicação, está impregnado de representações sociais. E, nesse caso, durante muito tempo, serviu para veicular representações estereotipadas em relação à população negra, e colocar no centro do prestígio a cultura do homem branco.

O caráter formativo dos livros didáticos é importante e não se pode desconsiderar. O que se tem estudado por tanto tempo e refutado nesses materiais é o seu conteúdo expresso e disseminado, pois foram e são instrumentos que por muito tempo didatizaram conteúdos que veiculam identidades do povo brasileiro, em especial das populações negras e indígenas, tão importantes e essenciais para a formação sócio-histórico-cultural de nosso país. Em seu caráter, apontado por Mauro Coelho (2010), os livros didáticos são veiculadores de representações, as quais podem ser positivas, negativas ou até mesmo ausentes de representações.

O autor reitera que a escola, em especial a de nível fundamental, é o espaço primordial para a construção da identidade de uma criança. Negligenciar a história dos povos negros e indígenas comprometeria a formação dessas crianças, prejudicaria o processo de construção sobre si e limitaria o conhecimento sobre o outro também. Silva (2019) aponta a importância da mediação docente, em face do seu lugar como agente reforçador, ou desmistificador, das ideologias presentes nos livros didáticos. É nesse sentido que a formação do(a) professor(a) é necessária para que saiba identificar, no interior do livro didático, mensagens ou representações estereotipadas sobre a população negra. O(a) professor(a) tem um papel essencial no uso do livro didático, no contexto escolar com uma visão antirracista, pois a partir da sua capacidade analítica de observar esse material, o processo de desconstrução do teor discriminatório e racista, presente em seus conteúdos, poderá ser deflagrado, conforme propostas apontadas por Wilma Coelho e Waldemar Oliveira Júnior (2020).

Um livro didático que não espelhe as exigências dos novos paradigmas educacionais sobre a ERER poderá contribuir negativamente, tanto na formação de pessoas quanto na construção de uma sociedade igualitária e livre de injustiças raciais. Ana Magalhães (2010) aponta que, para ter uma vertente de uma educação para as relações étnico-raciais, é necessário buscar caminhos pedagógicos que insiram conteúdos vivos e significativos, que apresentem como base a referência cultural do(a) estudante.

Para alcançarmos o nosso objetivo, foi realizado um levantamento quantitativo de produções acadêmicas no Banco de dados de Teses e Dissertações, no qual buscou-se produções que versassem sobre livro didático de Ensino Médio e relações étnico-raciais. No universo das produções acadêmicas encontramos 47 produções. Dentre as quais foram selecionados 14 trabalhos que versavam sobre as relações étnico-raciais em livros didáticos do Ensino Médio.

Quadro 1 – Dados extraídos da Biblioteca Digital Brasileira de Teses e Dissertações (BDTD).

Título	Autoria	Ano	IES
TESES			
Novas iconografias no livro didático de História: análise e recepção do racismo e antirracismo imagético por jovens do Ensino Médio	Sidnei Marinho de Souza	2021	Universidade Federal de Minas Gerais
As poéticas negras brasileiras nos livros didáticos de língua portuguesa do Ensino Médio: ausências, presenças e possibilidades de uma educação antirracista.	Ivan de Pinho Espinheira Filho	2021	Universidade Federal de Minas Gerais
A população negra nos livros didáticos de biologia: uma análise afrocentrada por uma educação antirracista	Karina Maria de Souza Soares	2020	Universidade Federal da Paraíba
DISSERTAÇÕES			
Vidas negras e o livro didático: as ciências da natureza que estudam (qual vida?)	Fabíola de Carvalho Jardim	2022	Universidade Federal de São Carlos
A identidade étnico-racial negra no livro didático e as políticas práticas curriculares cotidianas	Fábio de Farias Soares	2022	Universidade Federal do Acre
Representações discursivas de mulheres negras em textos literários de autoria feminina negra brasileira de livros didáticos de língua portuguesa do 1º ano do ensino médio do Programa Nacional do Livro Didático – PNLD 2018	Marisol de Oliveira Barretos Mendes	2022	Universidade de Brasília

A lei Nº. 10.639/03 e o ensino de sociologia: uma análise sobre a presença do negro no livro didático "Tempos modernos, tempos de sociologia"	Rayanne Silva dos Santos	2021	Universidade Estadual Paulista
O livro didático de história no Ensino Médio no CEPI Lyceu de Goiânia: representações sobre a diversidade cultural	Míriam Pereira de Souza Fagundes	2020	Pontifícia Universidade Católica de Goiás
Construções de identidades de gênero, raça e classe em livros didáticos de História do Ensino Médio.	Inácio de Oliveira Ribeiro	2019	Universidade Federal de Pelotas
Mulheres negras e suas representações nas coleções de livros didáticos de Biologia aprovados pelo PNLD – 2015	Lauana Araújo Silva	2018	Universidade Federal de Uberlândia
Sentidos e Significados da Condição do Negro nos Livros Didáticos de História: um Estudo com Estudantes do Ensino Médio	Júlia Antas dos Santos	2017	Universidade Federal de São Paulo
Letramento crítico e vozes de alunas e professora acerca das identidades sociais de gênero com intersecção de raça e de classe no livro didático de língua inglesa	Michele Padilha Santa Clara	2017	Universidade Federal de Ponta Grossa
Sociologia em mangas de camisa: representações do negro no livro didático	Wellington Narde Navarro da Costa	2017	Universidade Federal do Rio Grande do Sul
A produção acadêmica sobre as relações étnico-raciais em livro didático (2005-2015)	Vanilda Gonçalves Abdalla		Universidade Federal de São Paulo

Fonte: elaborado pelas autoras (2023).

Perfil das autorias

a) Gênero

Gráfico 1 – Perfil/gênero dos(as) autores(as).

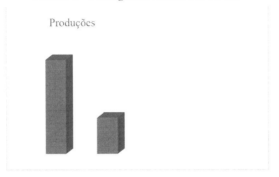

Fonte: elaboração das autoras (2023).

O Gráfico 1 é uma pequena amostra que a produtividade acerca da temática livro didático do Ensino Médio e relações étnico-raciais é constituída por um número maior de mulheres neste recorte temporal. Esses dados coadunam com as pesquisas já publicizadas por especialistas da área, nas quais as pesquisadoras assumem a dianteira.

b) Temporalidade

Gráfico 2 – temporalidade dos(as) autores(as).

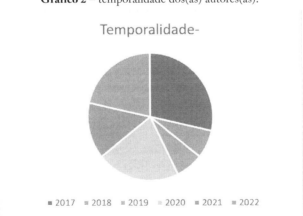

Fonte: elaboração das autoras (2023).

O Gráfico 2 mostra um cenário dos anos de produção de trabalhos sobre a temática em tela. Verifica-se que no ano de 2017 houve um maior número de trabalhos voltados ao estudo do livro didático e relações étnico-raciais. Em contrapartida, nos anos de 2018 e 2019 a situação modifica-se: as produções reduzem. No ano de 2020 e 2022 as produções acadêmicas voltam a crescer, contudo, sofrem um declínio em 2021. Quanto aos artigos científicos, a maior produtividade ocorreu também em 2017 e em 2020 não houve produção.

Temáticas e Áreas de Conhecimento Apontadas nas Dissertações e Teses

Gráfico 3 – Temáticas.

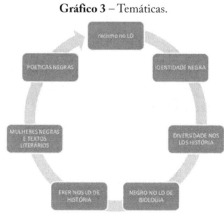

Fonte: Elaboração das autoras (2023).

O gráfico 03 nos mostra que as áreas e as temáticas de conhecimento que envolvem o estudo livro didático e relações raciais são diversas. Quanto às áreas de conhecimento, encontramos a de História, Língua Portuguesa, Biologia, Língua Inglesa, Sociologia todas alinhadas a uma educação para as relações étnico-raciais, com o foco na população negra. As temáticas são: Diversidade, Racismo, Identidade Negra, Mulher negra e literatura, poéticas negras. Conforme Wilma Coelho e Waldemar Oliveira Júnior (2020) muito tem se pesquisado acerca da ERER, e são importantes para perspectivas de temas e objetos futuros, porém é de suma importância que a Educação Básica receba discussões como racismo, discriminação e preconceito, por exemplo.

Considerações Finais

Notamos variadas áreas de conhecimento realizando este tipo de estudo, que são representadas por pesquisadores(as) da Pós-Graduação *Stricto Sensu*, preocupados(as) em envolver-se na produção de dados científicos sobre a temática em voga. Nesse sentido, constatou-se a presença de uma preocupação maior com o atrelamento, ou não, dos conteúdos presentes nos livros didáticos e a Educação para as Relações Étnico-Raciais. Nesse recorte temporal, foi possível observar que os debates mais proeminentes sobre a temática advêm da área de conhecimento do campo da História e da Biologia.

Há a evidência de um número significativo de pesquisas que surgiram com a intencionalidade de verificar o formato dos livros didáticos após a promulgação da Lei Nº. 10.639/03, e até mesmo realizar uma comparação entre livros produzidos antes e após a referida Lei, para assim observar o enfoque conferido à ERER nesses recursos. As pesquisas mostram também que os livros já tiveram avanços significativos no que concerne a temática em questão, inclusive no que se refere à presença de imagens da população negra atuando em agências de poder, e com maior frequência da participação dos conteúdos trazidos nos livros, além da presença de atividades antirracistas e abordagem das religiões de matriz africana.

Todavia, algumas produções pontuaram que, a despeito da implementação da da Lei Nº. 10.639/03 (e da Nº. 11.645/08), algumas mudanças sutis no âmbito da educação, em especial no que tange a construção do livro didático, foram percebidas. No entanto, apesar desses materiais já terem avançado, permanece o silêncio no que tange ao protagonismo dessas populações nos materiais, além de serem colocadas em situação de violência e desigualdade social. Aponta-se o caráter eurocêntrico racista, objetivo e acrítico na abordagem do conhecimento, distanciando-se assim dos princípios afrocêntricos.

Diante desses resultados, identificamos que, apesar da existência de representações que possibilitam a ERER, há a necessidade de que os livros didáticos em questão sejam submetidos a uma avaliação ainda mais criteriosa para que possam proporcionar uma educação antirracista, livre de silenciamentos e subalternizações.

Referências

ABDALLA, Vanilda G. **A produção acadêmica sobre as rela**ções **étnico- raciais em livro didático (2005- 2015)**. 108 f. Dissertação (Mestrado em Educação) Universidade Federal de São Paulo, Guarulhos, 2017. Disponível em: https://repositorio.unifesp. br/bitstream/handle/11600/50212/23%20-%20Vanilda%20Gon%c3%a7alves%20 de%20Oliveira.pdf?sequence=1&isAllowed=y . Acesso em: 10 mar. 2023.

BARDIN, Laurence. **Análise de conteúdo**. Tradução Luís Antônio Reto e Augusto Pinheiro. Rio de Janeiro: Edições 70, 2021.

ALMEIDA, Lívia J. M. de. O estado da arte do livro didático de Língua Portuguesa com ênfase em racismo e nas relações raciais. *In*: COELHO, Wilma de Nazaré Baía; MULLER, Tânia M. P.; SILVA, Carlos Aldemir Farias da. (Org.). **Formação de professores, livro didático e escola Básica**. São Paulo: Livraria da Física, 2016. v. 6, p. 83-96.

CLARA, Maria P. S. **Letramento crítico e vozes de alunas e professora acerca das identidades sociais de gênero com intersecção de raça e de classe no livro didático de língua inglesa**. 201 f. Dissertação (Mestrado em Estudos da Linguagem). Universidade Estadual de Ponta Grossa, Ponta Grossa. 2017. Disponível em: https:// tede2.uepg.br/jspui/bitstream/prefix/1489/1/Dissertacao%20%20Michele%20 Padilha%20Santa%20Clara.pdf. Acesso em: 7 mar. 2023.

COELHO, Mauro Cezar. As populações indígenas no livro didático ou a construção de um agente histórico ausente. *In*: COELHO, Wilma de Nazaré Baía; MAGALHÃES, Ana D. T. (org.). **Educação para a diversidade**: Olhares sobre a educação para as relações étnico-raciais. Belo Horizonte: Mazza, 2010, p. 97-112.

COELHO, Wilma de Nazaré Baía; JUNIOR, Waldemar B. O. Educação para as Relações Étnico-Raciais e Escola Básica: produções em teses, dissertações e artigos (2014-2018). **Revista Humanidades e Inovação**, v. 7, n. 15, 2020. Disponível em: https://revista.unitins.br/index.php/humanidadeseinovacao/article/view/3860. Acesso em: 17 nov. 2023.

COSTA, Wellington N. N. **Sociologia em Mangas de camisa: representaç**ões do negro no livro didático. 117 f Dissertação (Mestrado em Educação) – Faculdade de Educação, Universidade Federal do Rio Grande do Sul, Porto Alegre, 2017. Disponível em: https://lume.ufrgs.br/bitstream/handle/10183/168822/001047478. pdf?sequence=1&isAllowed=y. Acesso em: 10 mar. 2023.

DOURADO, Luís F.; SIQUEIRA, Romilson M. A arte do disfarce: BNCC como gestão e regulação. **RBPAE**. v. 35, n. 2, p. 291-306, mai./ago. 2019. Disponível em: https://seer.ufrgs.br/index.php/rbpae/article/view/vol35n22019.95407. Acesso em: 17 nov. 2023.

FAGUNDES, Miríam P. S. de. **O livro didático de história no ensino médio no CEPI Lyceu de Goiânia:** representações sobre a diversidade cultural. 114 f. Dissertação (Mestrado em História), Pontifícia Universidade Católica de Goiás, Goiânia, 2020. Disponível em: https://tede2.pucgoias.edu.br/bitstream/tede/4480/2/Mir%c3%adam%20Pereira%20 de%20Souza%20Fagundes.pdf. Acesso em: 10 mar. 2023.

FILHO, Ivan P. E. de. **As poéticas negras brasileiras nos livros didáticos de língua portuguesa do ensino médio**: ausências, presenças e possibilidades de uma educação antirracista. 309 f. Tese (Doutorado) – Faculdade de Educação, Universidade Federal de Minas Gerais, Minas Gerais, 2021. Disponível em: file:///C:/Users/dell/ Downloads/TESEIVANESPINHEIRAFILHOFAE1%20(1).pdf. Acesso em: 10 mar. 2023

GOMES, Nilma Lino. A questão racial na escola: desafios colocados pela implementação da Lei 10.639/03. *In*: MOREIRA, Antônio F.; CANDAU, Vera M. **Multiculturalismo**: diferenças culturais e práticas pedagógicas. Petrópolis: Vozes, 2008, p. 67-89.

GOMES, Nilma Lino. Diversidade étnico-racial: por um projeto educativo emancipatório. **Retratos da Escola**, v. 2, p. 95-108, 2008. Disponível em: https:// retratosdaescola.emnuvens.com.br/rde/article/view/127/230. Acesso em: 20 maio 2022.

MAGALHÃES, Ana Del Tabor. Recursos didáticos e relações étnico-raciais. *In*: COELHO, Wilma de Nazaré Baía; MAGALHÃES, Ana Del Tabor. (Org.). **Educação para a diversidade**: olhares sobre a educação para as relações étnico-raciais. Belo Horizonte: Mazza Edições, 2010, p. 41-52.

LAJOLO, Marisa. Livro didático: um (quase) manual de usuário. **Em Alberto**, Brasília, v. 16, n. 69, p. 3-9, jan./ mar. 1996. Disponível em: http://www.emaberto.inep. gov.br/ojs3/index.php/emaberto/article/view/2368/2107. Acesso em: 18 mar. 2023.

SILVA, Petronilha B. G. e *et al*. Educação das Relações Étnico-Raciais nas Instituições Escolares. *In*: SILVA, Paulo V. B. da.; REGIS, Kátia E.; MIRANDA, Shirley A. de (Org.). **Educação das relações étnico-raciais**: o estado da arte. NEAB-UFPR e ABPN, 2018, p. 105-146.

OLIVEIRA, Inácio R. **Construções de identidades de gênero, raça e classe em livros didáticos de História do Ensino Médio**. 119 f. Dissertação (Mestrado em Educação) – Faculdade de Educação, Universidade Federal de Pelotas, Pelotas, 2019. Disponível em: file:///C:/Users/dell/Downloads/Inacio%20Ribeiro%20Oliveira_Dissertacao.pdf. Acesso em: 6 mar. 2023.

ROMANOWSKI, Joana. P.; ENS, Romilda T. As pesquisas denominadas do tipo "estado da arte"em educação. **Diálogo Educ.**, Curitiba, v. 6, n. 19, p. 37-50, set./dez. 2006.

Disponível em: http://educa.fcc.org.br/scielo.php?script=sci_abstract&pid=S1981-416x2006000300004&lng=en&nrm=iso&tlng=pt. Acesso em: 25 abr. 2022.

SANTOS, Júlia A. do. **Sentidos e Significados da Condição do Negro nos Livros Didáticos de História:** um estudo com estudantes do Ensino Médio. 117 f. Dissertação (Mestrado em Educação) – Escola de Filosofia, Letras e Ciências Humanas, Universidade Federal de São Paulo, São Paulo, 2017. Disponível em: https://repositorio.unifesp.br/bitstream/handle/11600/50247/19%20%20Julia%20 Antas%20dos%20Santos.pdf?sequence=1&isAllowed=y . Acesso em: 14 maio 2023.

SANTOS, Rayanne S. dos. **A Lei 10.639/03 e o ensino de sociologia:** uma análise sobre a presença do negro no livro didático "Tempos modernos, tempos de sociologia". 117 f. Dissertação (Mestrado Profissional de Sociologia em Rede) – Faculdade de Filosofia e Ciência de Marília, Universidade Estadual Paulista, Marília, 2021. Disponível em: https://repositorio.unesp.br/server/api/core/bitstreams/b45516b5-8d41-49c5-b6b6-2598e5a6106d/content. Acesso em: 14 fev. 2023.

SILVA, Ana C. da. **A Discriminação do Negro no Livro didático**. 3. ed. Salvador: EDUFBA, 2019.

SILVA, Lauana Araújo. **Mulheres negras e suas representações nas coleções de livros didáticos de Biologia aprovados pelo PNLD – 2015**. 128 f. Dissertação (Mestrado em Educação) – Faculdade de Educação, Universidade Federal de Uberlândia, 2019. Disponível em: https://repositorio.ufu.br/bitstream/123456789/24159/3/ MulheresNegrasRepresentacoes.pdf. Acesso em: 6 abr. 2023.

SILVA, Assis L. da; SILVA, Clesivaldo da. A Base Nacional Comum Curricular e a Educação Étnico-Racial na promoção de uma educação antirracista. **Revista Eletrônica Pesquisa educa**, v. 13, n. 30, p. 553-570, maio/ago. 2021. Disponível em: https://periodicos.unisantos.br/pesquiseduca/article/view/1056/952 Acesso em: 10 maio 2023.

SOARES, Karina M. S. **A população negra nos livros didáticos de biologia:** uma análise afrocentrada por uma educação antirracista. 208 f. Tese (Doutorado em Educação). Universidade Federal da Paraíba, João Pessoa, 2020. Disponível em: https://repositorio. ufpb.br/jspui/bitstream/123456789/18674/1/KarinaMariaDeSouzaSoares_Tese.pdf. Acesso em: 6 abr. 2023.

SOUZA, Sidney M. **Novas iconografias no livro didático de História**: análise e recepção do racismo e antirracismo imagético por jovens de ensino médio. 364 f. Tese (Doutorado em Educação) – Faculdade de Educação, Universidade Federal de Minas Gerais, Belo Horizonte, 2021. Disponível em: file:///C:/Users/dell/ Downloads/Novas%20iconografias%20no%20livro%20did%C3%A1tico%20de%20 Hist%C3%B3ria%20(1).pdf . Acesso em: 4 abr. 2023.

DESIGUALDADES SOCIAIS NA ESCOLA

Josecley de Paula Alves[122]
Nicelma Josenila Costa de Brito[123]

Introdução

Este texto, que enfoca o tema das identidades surdas de estudantes negros(as), emerge a partir de uma experiência no Estágio Supervisionado Obrigatório – ESO 1, o qual se constitui componente curricular obrigatório do curso de Licenciatura em Letras Libras da Universidade Federal Rural da Amazônia (UFRA). Tal Estágio foi realizado durante os meses de agosto a outubro de 2023, em uma escola da rede pública de ensino, situada na cidade de Belém – PA, junto a estudantes do Ensino Médio do turno da noite. A atividade contribuiu para aprofundamentos relacionados com o exercício da docência, por meio da observação das rotinas que compõem o cotidiano escolar. Segundo dados obtidos por ocasião do Estágio, a unidade escolar atende uma estimativa de 1.100 (mil e cem) discentes. Dentre estes(as), o público que se insere no turno da noite é composto por 63 (sessenta e três) discentes das 3ª e 4ª séries do Ensino Fundamental, na modalidade da Educação de Jovens e Adultos (EJA), além de 80 (oitenta) discentes das 1ª e 2ª séries do Ensino Médio, somando 153 (cento e cinquenta e três) discentes no período noturno, entre os(as) quais estão situados(as) discentes surdos(as) e ouvintes.

Esse cenário chama a atenção para a realidade da Educação Especial em articulação com a Educação de Jovens e Adultos, as quais estão inseridas na Lei Nº. 9.394/1996 – Lei de Diretrizes e Bases da Educação Nacional (LDB), e são denominadas como modalidades de ensino, pois ambas compreendem que o ensino desses sujeitos, atendidos pela escola, deva ser respeitado em

---

122 Graduanda do Curso de Licenciatura em Letras/Libras da UFRA. *E-mail*: bebelpaulajosy34@gmail.com

123 Doutora em Educação pela UFPA. Docente da UFRA. Pesquisadora do NEAB GERA/UFPA. *E-mail:* nicelmacbrito@gmail.com

termos de sua forma, do seu conteúdo e dos processos que os conformam, os quais são totalmente singulares.

As duas modalidades são amparadas pela referida Lei, que dentre seus capítulos e artigos distintos define aspectos acerca do ensino para esse público. A exemplo, citamos o Artigo 37, com a indicação de que: "a educação de jovens e adultos será destinada àqueles que não tiveram acesso ou continuidade de estudos nos ensinos fundamental e médio na idade própria e constituirá instrumento para a educação e a aprendizagem ao longo da vida". O compromisso com a permanência deste público nos processos de escolarização é ressaltado na definição de que será assegurada "gratuitamente aos jovens e adultos, que não puderam estudar na idade regular, as oportunidades educacionais apropriadas". Assim, a EJA conforma-se por três pilares que norteiam esse ensino: reparação, qualificação e emancipação.

Na modalidade da Educação Especial, a LDB explicita no Artigo 58: "Entende-se por educação especial, para os efeitos desta Lei, a modalidade de educação escolar oferecida preferencialmente na rede regular de ensino, para educandos com deficiência, transtornos globais do desenvolvimento e altas habilidades ou superdotação". Tal explicitação evidencia a relevância desse marco normativo da educação brasileira, em face de consistir uma normatização objetiva e expansionista, uma vez que temos um capítulo inteiro que nos direciona e inclina para educação escolar desses sujeitos que foram marginalizados e tipificados como incapazes ao longo dos tempos, e que ainda na sociedade hodierna lutam por reconhecimento e pelo ensino na sua primeira língua, como é o caso dos surdos.

A LDB de 1996 desencadeou ampliações, em termos de outras Leis comprometidas com a educação de sujeitos surdos. Dentre estas, a Lei Nº. 10.436/2002 vem reconhecer a Língua Brasileira de Sinais – Libras como meio legal de comunicação e expressão, e outros recursos de expressão a ela associados, constituindo um significativo avanço e uma ruptura em relação ao ouvintismo[124] que cerca os sujeitos surdos.

A Libras sendo reconhecida, posteriormente é regulamentada pelo Decreto Nº. 5.626/2005, permitindo um diapasão da língua, uma vez que no

---

124 Segundo Skliar, "é um conjunto de representações dos ouvintes, a partir do qual o surdo está obrigado a olhar-se e narrar-se como se fosse ouvinte" (1998, p. 15).

Artigo 2º "considera-se pessoa surda aquela que, por ter perda auditiva, compreende e interage com o mundo por meio de experiências visuais, manifestando sua cultura principalmente pelo uso da Língua Brasileira de Sinais – Libras", e identificando aspectos objetivos acerca da deficiência auditiva, considerando-a como a "perda bilateral, parcial ou total, de quarenta e um decibéis (dB) ou mais, aferida por audiograma nas frequências de 500Hz, 1.000Hz, 2.000Hz e 3.000Hz".

A partir dessas Leis, a Libras é então inserida no Ensino Superior, nos cursos de Fonoaudiologia e nas licenciaturas de instituições de ensino público e privado. O avanço em relação a luta por uma educação plural e pautada nos direitos humanos fez surgir novas lutas e, consequentemente, a Lei Nº. 14.191/2021, ampliando compreensões que possibilitam o encaminhamento da educação bilíngue de surdos, entendida como:

> "a modalidade de educação escolar oferecida em Língua Brasileira de Sinais (Libras), como primeira língua, e em português escrito, como segunda língua, em escolas bilíngues de surdos, classes bilíngues de surdos, escolas comuns ou em polos de educação bilíngue de surdos, para educandos surdos, surdo-cegos, com deficiência auditiva sinalizantes, surdos com altas habilidades ou superdotação ou com outras deficiências associadas, optantes pela modalidade de educação bilíngue de surdos".

Ou seja, este marco normativo prevê que a educação desses sujeitos deve ser preconizada na sua própria língua desde a infância, tornando necessários pares linguísticos para que haja a formação da identidade, a comunicação e o ensino desses sujeitos.

Problema

No que tange a legitimidade em relação ao reconhecimento da Libras como língua, são perceptíveis os significativos avanços, porém, quando a experiência de estudantes surdos está articulada com o pertencimento racial, as vivências de estudantes negros(as) surdos(as) agrega outros desafios, tais como o desconhecimento sobre leis que tangenciem as ações afirmativas, por meio das cotas raciais e sociais; as questões que conformam sua negritude; a formação de uma identidade sob o enfrentamento de persistentes estereotipias, e os elementos que demarcam o racismo estrutural na sociedade brasileira.

Dessa forma, o objetivo desse estudo consiste em descrever o multifacetamento e as desigualdades que assolam o(a) estudante negro(a) surdo(a) dentro da escola, uma vez que o que está mais em dominância é a surdez e não a negritude desses(as) estudantes. Trazer à tona o debate da Educação das Relações Étnico-Raciais na articulação com as experiências que envolvem as comunidades surdas, representa uma relevância, pois há muitas lacunas neste debate que demandam nossos investimentos. Diante da temática, muitas perguntas nos interrogam, dentre as quais a que situa a problemática acionada neste texto em relação a qual a trajetória de estudantes negros(as) surdos(as) dentro da escola.

A intercessão entre a questão racial e as experiências de estudantes surdos(as) apresentada neste texto aciona as formulações de Kathryn Woodward (2000, p. 39), para quem "as identidades são fabricadas por meio da marcação das diferenças". Nesse contexto de constituição identitária, quando temos no horizonte o pertencimento étnico-racial que conforma o perfil dos(as) estudantes surdos(as) que se constituem sujeitos deste estudo, o recurso ao estudo de Priscilla Ferreira (2018) nos interessa, na medida em que a autora evidencia, em relação a este aspecto, a questão da dupla pertença envolta nas experiências destes(as) estudantes: a *raça*[125] e a surdez.

Nos debates em termos dos desafios que a experiência de estudantes negros(as) na Educação de Jovens e Adultos, interessam-nos as discussões de Carla Nadal, para quem as adversidades que se impõem aos(às) estudantes negros(as) têm acarretado, em alguns casos, o desenvolvimento da resiliência como mecanismo de enfrentamento e superação dos processos excludentes vivenciados na experiência discente destes integrantes das populações marginalizadas historicamente por seu pertencimento racial.

Às situações vivenciadas nas trajetórias escolares de estudantes negros(as), em relação à "aprendizagem quanto ao racismo" (PASSOS, 2006, p. 11), são acrescidas de outra violência a qual o silêncio escolar os(as) submete: a assunção

---

125 A adoção do termo *raça* expressa uma opção política, em concordância com Nilma Gomes (2005), para quem a utilização do conceito *raça* nos Movimentos Negros, e por alguns intelectuais das Ciências Sociais na atualidade, incide em uma nova interpretação, que se baseia na dimensão social e política do conceito de *raça*.

para si, do ônus de suas reprovações, e a naturalização de suas desvantagens[126] nos processos escolares (PASSOS, 2006).

Metodologia

As reflexões que permeiam esse texto advêm de estudos de natureza aplicada, pois gera conhecimentos novos e envolve verdades e interesses (PRODANOV; FREITAS 2013). Do ponto de vista de seus objetivos, ela constitui-se a partir de uma pesquisa descritiva, tendo o caráter de registrar e fazer levantamentos sem interferências, ou seja, observando como se encaminha a natureza dos fatos (PRODANOV; FREITAS 2013).

Os dados foram obtidos a partir da realização do componente Estágio Supervisionado Orientado, tendo como sujeitos estudantes surdos(as) inseridos(as) no Ensino Médio, os(as) quais, por questões éticas, não serão identificados(as) quando o recurso às suas experiências for acionado neste texto.

Para obtenção dos dados, adotamos como instrumento de coleta a aplicação de um questionário semiestruturado, construído dentro da proposta do Estágio, com a supervisão de orientadora. O questionário apresentava dez questões em Língua Portuguesa, tendo sido pensado e produzido de forma que pudéssemos obter indicadores acerca dos conhecimentos prévios daqueles(as) estudantes.

Entendemos a necessidade de inclusão de todos(as) os(as) discentes neste levantamento. Assim, ouvintes e surdos(as) participaram da aplicação, em um total de 11 (onze) discentes ouvintes e 6 (seis) surdos(as). Para estes(as) últimos(as), as perguntas foram traduzidas em Língua de Sinais, e suas respostas foram fornecidas em Língua Portuguesa, o que evidenciou uma lacuna que não distanciava substancialmente em relação a escrita produzida entre ouvintes e surdos(as).

Com tais respostas foi possível detectarmos entre os(as) discentes da Educação de Jovens e Adultos o índice de analfabetismo funcional; lacunas na interpretação de textos; problemas com a acentuação gráfica das palavras e um alto índice, entre os(as) surdos(as), de conhecimentos acerca de sua negritude.

---

126 Essa premissa tem suas raízes em Pierre Bourdieu (1998).

Na pergunta que faz alusão a autoidentificação racial desses sujeitos tivemos entre as respostas dos(as) discentes surdos(as): uma aluna se autoidentificando como preta, três discentes como pardos – os quais, neste texto, comporão o contingente de estudantes negros(as) – um se declarando indígena, e um como branco.

Considerações finais

A experiência com os(as) estudantes negros(as) e surdos(as), que retornam para a escola com vistas a minimizar os impactos dos acidentes de percurso que demarcaram suas trajetórias, concorre para nossa concordância com a reflexão de Ropoli, Mantoan, Santos e Machado (2010), para quem a Educação Especial e a Educação Inclusiva reconhecem uma escola "normal" como uma escola que pode receber todo e qualquer público. Quando reconhece a diferença de cada estudante e, com isso, mobiliza ações pedagógicas que possam incluir, de forma igualitária, a todos(as)aqueles(as) que estão naquele espaço.

A urgência dessas mobilizações, ao considerarmos a experiência de estudantes negros(as) e surdos(as), se justifica ao atentarmos que tais experiências ainda sofrem o impacto há muito sinalizado em estudos como os de Hédio Silva Jr. (2002), os quais já apontavam outros fatores comprometedores da aprendizagem, dentre os quais situa-se a discriminação racial dentre os elementos que inviabilizaram a permanência e a finalização exitosa da trajetória escolar por estudantes negros(as).

Esse processo é identificado por Ahyas Siss e Iolanda Oliveira (2007) como *acidentes de percurso*, ressaltando os prejuízos na trajetória escolar daqueles(as) estudantes. Os desdobramentos desses percursos se fazem sentir duplicadamente quando se trata de estudantes negros(as) e surdos(as), legitimando práticas de privilegiamento, exclusão e subordinação social, cujos "efeitos se materializam na convivência humana ao produzir hierarquizações, que são transformadas em desigualdades" (COELHO; SOARES, 2011, p. 136). A subversão deste panorama nos convoca, sobretudo, como educadores(as), ao compromisso com a efetividade de uma educação que concorra para uma sociedade mais justa e igualitária.

Referências

BOURDIEU, Pierre. O capital social: notas provisórias. *In*: NOGUEIRA, Maria Alice; CATANI, Afrânio (Org.). **Escritos sobre a Educação**. Petrópolis: Vozes, 1998, p. 65-69.

BRASIL. **Lei Nº. 9.394, de 20 de dezembro de 1996**. Estabelece as diretrizes e bases da educação nacional. Diário Oficial[da] República Federativa do Brasil, Brasília, DF, 23 dez. 1996. Seção 1.

BRASIL, **Lei Nº. 10.436, de 24 de abril de 2002**. Dispõe sobre a Língua Brasileira de Sinais – Libras e dá outras providências. Diário Oficial da União. Disponível em: <http://www.planalto.gov.br/cCivil_03/LEIS/2002/L10436.htm>. Acesso em: 14 nov. 2023.

BRASIL, **Decreto Federal Nº. 5.626, de 22 de dezembro de 2005**. Regulamenta a Lei Nº. 10.436, de 24 de abril de 2002, que dispões sobre a Língua Brasileira de Sinais - LIBRAS, e o Artigo 18, da Lei Nº. 10.098, de 19 de dezembro de 2000. Diário Oficial [da] União, Brasília, 25 abr. 2002.

BRASIL. **Lei Nº. 14.191, de 3 de agosto de 2021**. Altera a Lei Nº. 9.394, de 20 de dezembro de 1996 (Lei de Diretrizes e Bases da Educação Nacional), para dispor sobre a modalidade de educação bilíngue de surdos. Disponível em: http://www.planalto.gov.br/ccivil_03/_Ato2019-2022/2021/Lei/L14191.htm#art1. Acesso em: 14 nov. 2023.

COELHO, Wilma de Nazaré Baía; SILVA, Carlos Aldemir Farias da. Grupos e relações de sociabilidades entre adolescentes no ensino médio: hierarquia e cor. **Teoria e prática da educação**. v. 20, p. 101-115, 2017. Disponível em: https://www.academia.edu/38164699/GRUPOS_E_RELA%C3%87%C3%95ES_DE_SOCIABILIDADES_ENTRE_ADOLESCENTES_NO_ENSINO_M%C3%89DIO_HIERARQUIA_E_COR_-_WILMA_DE_NAZAR%C3%89_BA%C3%8DA_COELHO_E_CARLOS_ALDEMIR_FARIAS_DA_SILVA. Acesso em: 14 nov. 2023.

FERREIRA, Priscilla Leonnor Alencar. **O ensino de relações étnico-raciais nos percursos de escolarização de negros surdos na educação básica**. 2018. Dissertação (Mestrado em Ensino) – Programa de Pós-Graduação em Ensino – Universidade Estadual do Sudoeste da Bahia, Vitória da Conquista, 2018.

GOMES, Nilma Lino. Alguns termos e conceitos presentes no debate sobre relações raciais no Brasil: uma breve discussão. *In*: MEC; SECAD, **Educação Anti-racista**: caminhos abertos pela Lei federal Nº. 10.639/03. Brasília, MEC, Secretaria de educação continuada e alfabetização e diversidade, 2005. p. 39-62.

NADAL, Carla Marlise Silva. **A resiliência ao longo da vida de afro descendentes.** 2007. Dissertação (Mestrado em Educação) – Faculdade de Educação, PUC/RS, Porto Alegre, 2007.

PASSOS, Joana Célia. Jovens negros: trajetórias escolares, desigualdades e racismo. *In*: REUNIÃO DA ANPED, 29, 2006, Caxambu. **Anais...** Caxambu, 2006. Disponível em: http://29reuniao.anped.org.br/trabalhos/trabalho/GT21-1846--Int.pdf. Acesso em: 14 nov. 2023.

PRODANOV, Cleber Cristiano; FREITAS, Ernani Cesar de. **Metodologia do Trabalho Científico.** 2. ed. Novo Hamburgo: Feevale, 2013.

ROPOLI, Edilene Aparecida; MANTOAN, Maria Teresa Eglér; SANTOS, Maria Terezinha da Consolação Teixeira dos; MACHADO, Rosângela. **A educação especial na perspectiva da inclusão escolar.** A escola comum inclusiva. Brasília: Ministério da Educação; Secretaria de Educação Especial, 2010. Disponível em: https://repositorio. ufc.br/handle/riufc/43213. Acesso em: 14 nov. 2023.

SILVA JR., Hédio. **Discriminação racial nas escolas:** entre a entre a lei e as práticas sociais. Brasília: UNESCO, 2002.

SKLIAR, Carlos. **A Surdez:** um olhar sobre as diferenças. Porto Alegre: Editora Mediação, 1998.

SISS, Ahyas; OLIVEIRA, Iolanda. Trinta anos de Anped, as pesquisas sobre a educação dos afro-brasileiros e o GT 21: marcas de uma trajetória. *In*: REUNIÃO ANUAL DA ANPED, GT 21 – Trabalhos Encomendados. 30. 2007, Caxambu, **Anais...** Caxambu: ANPED, 2007. Disponível em: http://www.anped.org.br/sites/default/files/trabalho_ encomendado_gt21-_ahyas_-_int_.pdf. Acesso em: 14 nov. 2023.

WOODWARD, Kathryn. "Identidade e diferença: uma introdução teórica e conceitual". *In*: SILVA, Tomaz Tadeu da (Org.). **Identidade e Diferença:** a perspectiva dos estudos culturais. Petrópolis: Vozes, 2000.

EDUCAÇÃO E EQUIDADE FEITA NO BRASIL

Leslia de Freitas Knopp[127]
Érica Souza[128]

Introdução

O presente texto busca explorar as razões das desigualdades e os desa-fios que entravam a inserção de alguns atores na sociedade, princi-palmente no Brasil, lincando a discussão à dificuldades da educação. Sabe-se da importância das temáticas equidade e educação, campos tão frágeis, cada qual possui suas limitações, mas tais limitações são humanas e o debate é capaz de elevar o pensamento e fazer luz a essas questões. De cunho biblio-gráfico, com base em materiais antes pesquisados e constituídos principal-mente de livros, artigos científicos e *sites*, fundamentados nos teóricos Michel Foucault, Darci Ribeiro, Jessé de Souza, Yuva Noah Harari, Anísio Teixeira para pensar a sociedade e a educação, tal qual as histórias são mantidas sob o manto do desconhecido. Assim, a pesquisa faz uso de alguns *sites* do Governo Federal, G1, Uol, assim como outros. A conclusão a que este trabalho chega diz respeito a educação ser a chave para quebrar paradigmas preconceituosos que fundam nossa sociedade e suja de sangue nossa história.

Há tempos vem-se debatendo sobre igualdade. No verbete do dicionário Michaelis encontramos alguns significados: "qualidade daquilo que é igual ou que não apresenta diferenças; identidade [...] qualidade que consiste em estar em conformidade com o que é justo e correto, equidade, justiça". Pode-se citar o princípio religioso basilar da igreja católica, a mais difundida no Brasil e no

---

127 Graduanda em Licenciatura em Letras/Língua Portuguesa e Literaturas de Língua Portuguesa pela Universidade Estadual da Região Tocantina do Maranhão. *E-mail:* lesliaknopp.20200005971@uemasul.edu.br

128 Docente da Universidade Estadual da Região Tocantina do Maranhão. *E-mail:* ericasouzza24@gmail.com

qual se baseia também os fundamentos da religião evangélica, as palavras de Cristo: "ame o seu próximo como a si mesmo" (Mateus 22:39).

A Constituição Federativa do Brasil, em seus artigos 1°ao 4°, esmiúça a igualdade de direitos, então fica a questão: se todos são vistos pela lei como iguais em direitos, significa que todos tem direitos iguais? Outra questão a ser levantada é: numa sociedade, todos são iguais? E as diferenças, se existem, são respeitadas? Os movimentos sociais feministas, negros, de gênero, movimento dos surdos, de cegos, autistas e outros provam que não, esses afirmam que tais pautas são mais profundas e complexas e apenas a lei não dá conta.

O debate sobre equidade, que de acordo com o "Tribunal de Justiça do Distrito Federal e dos Territórios, significa dar às pessoas o que elas precisam para que todos tenham acesso às mesmas oportunidades", tem se tornado frequente tanto quanto necessário. Infelizmente, nem a religião e os outros aparelhos do estado dão conta da resolução dos conflitos que nascem a partir de pré-conceitos criados pelos homens com intuitos diversos, como exemplo aqueles que fundem a escravidão de negros. No século XV, de acordo com Harari (2018), o comércio de africanos se deu por três questões "era mais barato exportar escravos do Senegal do que do Vietnã; já existia um comércio de escravos bem desenvolvido" na África, e por último, fator mais importante, as Américas estavam repletas de doenças as quais os europeus não tinham imunidade, "paradoxalmente, a superioridade genética (em termos de imunidade) se traduziu em inferioridade social" (2018, p. 147-148).

Kabengele Munanga (2019) relata que, para reforçar o crime e amenizar a consciência, utilizaram argumentos de cunho religioso "os negros são descendentes de Cam, filho de Noé, amaldiçoado pelo pai por tê-lo desrespeitado quando este o encontrou embriagado, numa postura indecente" (2019, p. 30), e outros de cunho científico. O racismo científico foi, de certo modo, institucionalizado com a fundação da Sociedade de Antropologia em Paris, em 1859 (MUNANGA, 2019), a partir do qual tentavam articular a população negra a animais irracionais: "o negro vivendo ora no primeiro grau de estupidez, ora no segundo, ou seja, planejando as coisas pela metade, não formando uma sociedade estável" (MUNANGA, 2019, p. 31).

Desse fenômeno foram derivados outros, até chegarmos ao nazismo, que tinha como filosofia a superioridade da raça ariana sobre as outras. Mas, ao tratarmos de massacre ou genocídio, aquele registrado entre os povos originários das Américas não se vê discussão tão fervorosa. Outros absurdos criados por conceitos de inferioridade acontecem na história contra os deficientes. Na Grécia Antiga essas pessoas eram tratadas como escória, conforme vemos em Platão e Aristóteles (A República, capítulo XIV, 1335 b), quando, ao tratarem de arquitetar as cidades gregas, recomendavam que os nascidos disformes deveriam ser eliminados.

Contra o homossexualismo "Hocquenghem faz uma análise acurada da homossexualidade e de como ela foi relacionada a categorias religiosas – crimes natura –, categorias jurídicas – relação da criminalidade e da homossexualidade –, categorias médicas – a homossexualidade como enfermidade, perversão etc." (SAEZ, 2022, p. 13).

Sobre a mulher, o preconceito mais antigo do mundo é descrito de forma quase poética, e com certeza lúdica em Estés (1994). Na introdução de sua obra "observamos, ao longo dos séculos, a pilhagem, a redução do espaço e o esmagamento da natureza instintiva feminina" (1994, p. 1). A história prova que a estrutura patriarcal e eurocêntrica é cruel com aqueles que consideram fracos, com o advento da colonização e o capitalismo, as formas de coerção aumentaram e algumas se solidificaram, portanto, as lutas são necessárias e estão no palco social como num ringue de luta livre. Entre avanços e retrocessos temos aqueles visionários que veem na educação uma possibilidade de mudança e melhoria.

Aspectos como equidade e alteridade têm sido considerados formações importantes para o indivíduo no convívio familiar, social e laboral, de forma tal que se encontra como habilidade e competência a serem alcançadas na escola, com a educação escolar, já que neste ambiente há a coexistência com a multiplicidade de indivíduos, portanto, deveria ser um fomentador de empatia. A equidade e a alteridade no convívio social andam juntos, como exercício pressupõe o conhecimento de si, que concomitantemente vem atrelado ao se reconhecer diferente do outro, nos reconhecemos através de nossas características que não são encontradas no outro e vice-versa. Partindo desse pressuposto, precisamos do(s) outro(s) para formação da nossa psiquê, da nossa cognição e sociabilidade, psicólogos renomados como Henri Wallon, nos diz que "a integração entre a formação da pessoa e sua inserção na coletividade asseguraria a realização da educação" (WERBE, 1986, p. 62), para Vygotsky "o ser humano não nasce humano, mas aprende a ser humano com as outras pessoas [...] com as situações que vive, no momento histórico em que vive e com a cultura a que tem acesso." (CARRARA, 2004, p. 136). Em Lacan encontramos a mesma perspectiva "cada elemento, cada sujeito, se constitui numa relação ocupando um determinado lugar a partir dos lugares ocupados por "outros" (CARRARA, 2004, p. 88). Piaget reforça as teorias anteriores com a sua teoria da Epistemologia genética, trabalhos de vidas inteiras que reforçam a importância do outro, e o contato com o diferente (CARRARA, 2004, p. 139).

Equidade e seus Entraves

A educação foi vista por muitos como a chave para a emancipação humana. A revolução francesa inaugura o pensamento de liberdade, igualdade e fraternidade e a educação seria o meio para este fim. A humanidade chegaria a sua plenitude. Para Anísio Teixeira, o ensino escolar é o instrumento capaz de dar coesão à diversidade cultural de um povo ou civilização, ao mesmo tempo que os enriquece, os transforma em "conscientes e somente se fazem conscientes depois do desenvolvimento intelectual da humanidade, proveniente de sua maior educação" (1956, p. 4).

Mas, todas as ciências que postularam e postulam teorias sobre a sociedade, pensam e formulam técnicas para a educação, não transformaram todas as pessoas em sábias, reflexivas e arguidoras. Mesmo todo o saber acumulado por gerações e repassado nas escolas não é suficiente para emancipar as pessoas do jogo de poder que paira sobre todos. Portanto, há sempre a sensação de crise na educação. A implantação da Lei de 15 de outubro de 1827, no Brasil, foi a primeira conquista de debates e lutas sobre a educação, naquele momento da história conseguiram-se alguns avanços, fato é que o governo não se comprometeu com ela efetivamente, por consequência não se efetivou para as classes majoritárias, pois eram pobres, negros, mulheres e deficientes, as crianças eram consideradas adultas a partir dos sete anos de idade e as meninas eram educadas para serem donas do lar (SILVA, 1987). A escola começa realmente a ser pensada como projeto político no Brasil, na República Velha. Anísio Teixeira discutia a hegemonia cultural que visava a unicidade de nosso país como algo permisso, pois estes não abarcavam a característica dos vários povos que constituíam e constituem Brasil, em sua explanação ele denuncia que o governo sofria pressão de grupos centrais que legislavam sobre decisões que para ele não privilegiavam a educação, a diversidade de saberes e a cultura brasileira "grupos que hoje [...] centrais e distantes [...] procuram controlar o país a serviço de seus interesses ou dos seus preconceitos" (1956, p. 15). Os processos políticos no Brasil nunca foram pensados para serem igualitários, em função disso os projetos políticos pedagógicos também não. Ao contrário, são pensados para promover a exclusão e manter a divisão de classes, principalmente manter alguns fora do estado de direito.

Desta feita, pensarmos em equidade de direitos, sendo estes desenvolvidos na escola, é pensar as políticas, principalmente aquelas voltadas para a educação. Pois, a tensão neste campo é coordenada pelas políticas públicas, que são raciocinadas, elaboradas e postas em prática pela elite economicamente dominante detentora do poder, crer que fazem políticas para o bem de todos é ser ingênuo. Então, pensarmos o sistema estatal brasileiro e sua intencionalidade, com certeza é nos depararmos com a exclusão em massa de parte de sua população. Visto que o Brasil foi o último país das Américas a abolir a escravidão, pode-se afirmar que nossa sociedade se fundamenta na exclusão. Kuhlmann Jr. relata que, na década de 1920, o Brasil, impulsionado pela educação americana, aventava medidas para a educação infantil, no entanto, o "atendimento da pobreza não deveria ser feito com grandes investimentos. A educação assistencialista promovia uma pedagogia da submissão, que pretendia preparar os pobres para aceitar a exploração social" (Revista Brasileira de Educação, 2000, p. 8).

Faces da História

Faz-se mister refletir sobre como a economia rege as ações governamentais. A partir do século XVIII, com o advento do estado, é justamente a economia que qualifica, determina e limita a natureza das ações do governo, a queda das monarquias e o advento do Estado precipita novas formas de governar, novas sanções vão sendo estipuladas. Antes a razão institucional era medida pelos excessos cometidos pelo rei, veja, não se avaliava se eram justos, mas se ultrapassavam seus direitos soberanos, podia a tirania, em contrapartida, não cabia a extravagância. Com o surgimento do Estado, constituem-se novos arranjos sociais e o governo passa a ser escolhido pela maioria, nesse arranjo administrativo ele tem que ser impessoal, olhar todos como pessoas de direitos. Assim, quem passa a definir, ordenar, arbitrar, avaliar, concluir e delimitar as ações governamentais é a economia. Quem dita a razão do Estado – portanto suas ações – é a economia política. Encontramos na análise de Foucault essa dinâmica. Entram simultaneamente na arte de governar e pelo viés da economia política, primeiro [...] a possibilidade de que a ação governamental se limite em função da natureza que ela faz e daquilo sobre o que ela age e, segundo, a questão da verdade. [...] O princípio do máximo/mínimo na arte de governar substitui aquela noção do equilíbrio equitativo, da "justiça equitativa".

Educação, Equidade e Política

Assim, justifica-se pensar sobre quais ações do Estado são legitimas ou qual é a razão do Estado. Segundo o mesmo autor, a legitimação das ações estatais é exatamente enriquecer a si mesmo a ponto de ser reconhecido pelos outros Estados e fazer sua população prosperar, fazer suas fronteiras serem respeitadas por sua força militar e não permitir que outro Estado tenha poder maior que o seu, que possa subjugá-lo e determinar suas ações, desta feita, a economia política julga se são lucrativas ou não as atitudes dos governantes, age legitimando e naturalizando certas ações que visem o lucro e o poder do Estado (FOUCAULT, 2008, p. 23). Se, porventura, um estadista ultrapassa um direito individual ou coletivo, ou não cumpre algo que ele mesmo se impôs, o que evidencia é sua ignorância sobre as leis, já que estas são tratadas por outros e não por ele. Enfim, conforme o autor, normatizam as impunidades (FOUCAULT, 2008). Nessa nova ordem, é necessário criar diferenças para legitimar a apropriação, a exploração e subordinação dos outros.

Tal realidade precipitada no estado de direito se impõe nos corpos e distingue os brancos dos "indígenas e negros estúpidos", homens fortes, intelectuais, moralistas das "mulheres instrumentos de reprodução, afetivas, sensoriais, instáveis", os homens dos "homossexuais doentes e pervertidos", por fim, os capazes homens dos "deficientes inaptos e limitados". Ricos x pobres. Tal sistema escolhe quem tem direitos e quem é descartável, aquilo que é aceito e até onde se pode ir à cadeia social e econômica, tanto quanto o que se pode saber e aquilo que não convém a todos conhecer.

Nunca houve a intenção real de igualar as diferenças sociais, respeitar, abranger e reconhecer a todos e sim elevar as diferenças, desta feita, interessa ao sistema econômico e político que haja diferenças para que haja a legitimação da exploração. O interesse era mudar quem mandava. Todos que pensam em agir contra a exploração desenfreada, seja dos homens e mulheres ou do próprio planeta, logo, daqueles que ditam o certo e o errado são punidos e seu dispositivo é a própria lei, e seu braço a polícia. Anísio Teixeira, defensor da escola pública e de qualidade, desde a década de 1920 aventava sobre a importância da diversidade e aceitação do outro, do novo contra a petrificação, a padronização da cultura, justificando que este seria o grande empecilho para a evolução social e econômica no Brasil, indo mais longe afirmando que a Escola deveria defender a diversidade e a pluralidade cultural (p. 17). Completa-se a esta fala a de Krenak, que baseado no saber ancestral dos povos originários e não hegemônicos dispara "é enriquecer as nossas subjetividades, que é a matéria que este tempo que nós vivemos quer consumir. Se existe uma ânsia por consumir a natureza, existe também uma por consumir subjetividades" (p. 32), aliás, sua proposição é justamente em defesa das diferenças, seja racial, sexista, capacitista e qualquer outra forma de negar o outro, ele pensa contra o antropocentrismo, trazê-lo ao debate é necessário para pensarmos onde o sistema capitalista está levando a humanidade, como também o planeta, refletir sobre outras formas de existir e coexistir.

Quem Educa a Sociedade

Pensarmos que a política e a economia são as únicas responsáveis por essa dicotomia é tratarmos da questão com superficialidade. O cerne está na sociedade, pois está é, na verdade, quem domina as instituições, seja o Estado, a economia, a escola etc., todos são consequências da sociedade, a questão é, por qualquer um de seus atores?

Porque, como já foi descrito anteriormente, esses preconceitos foram ditados por algum órgão competente, a escravidão, a submissão feminina, a homossexualidade, a deficiência, todas essas classificações nasceram de pensadores e foram creditados como verossímeis por intelectuais e/ou chefes sociais, mas foram passadas à população. Então, toda pessoa no seu espaço exerce poder (FOUCAULT, 1999), mas suas ideias são fundamentadas fora dela.

Na formação da sociedade são os mitos que educam, moralizam e respondem a questionamentos profundos, tais como vida e morte, de onde viemos e para onde vamos. Darci Ribeiro, em seu ensaio antropológico, relata que os sacerdotes foram responsáveis por organizações de trabalho e de grandes obras (p. 100) e completa que as igrejas regulavam a sociedade, seus hábitos e deveres, como também educava, formavam uma "entidade política monolítica e todo-poderosa" (RIBEIRO, 1987, p. 103).

Outra função importante das religiões era mediar as interações entre os homens e os deuses, entender os mandos dos últimos e mitigar sua ira. Fatos que hoje são reconhecidamente de cunho natural como uma enchente ou a escassez de chuva, eram tidos como punição, assim essas instituições regiam a vida da comunidade pelo medo. Com o tempo, criou-se a ideia de que alguns homens falavam pelos deuses, não simples homens como eles, daí nasceram os sacerdotes, por eles criaram-se vários tabus para limitar a ação do grupo, precisava-se de trabalhadores como também precisava-se convencê-los que estavam obedecendo a uma ordem maior. Explicações teológicas que ainda estão em voga como virtudes, amor, moral e amoral para um fiel etc. definem tabus que estão em nosso inconsciente, mesmo que não percebamos. Na Igreja Católica, alguns dogmas cristalizados foram em parte construídos por Santo Agostinho no século IX, ao incorporar as proposições platônicas em seus discursos para entender Deus e definir como deve se comportar um bom cristão (BLOOM, 1967). A superioridade para este está ligada ao espírito, à inferioridade ao corpo, Jesus era visto por ele como a sabedoria, a verdade, a misericórdia, a pureza, a justiça, aquele que preferia sofrer ao trazer sofrimento aos outros. Bloom relata que, antes dele, Jesus era visto como um professor, um educador, a imagem de Jesus não era a de um Cristo crucificado (p. 312).

Concomitante a este fato está ainda um maior, a Igreja Católica era, e é, uma ordem missionária poderosamente rica. Consequência de várias doações, saques, jogos políticos e uma lavagem cerebral contínua. Ainda hoje a Igreja Católica é uma força, mas, com o advento da imprensa e com o rompimento que Martinho Lutero liderou, ela cai como império. As consequências são o nascimento de uma nova ideologia o Protestantismo, na qual o mundo e todos aqueles que habitam nele são organizados frente a uma nova ordem, o contato com Deus passa a ser direto, não há necessidade de mediadores e os ritos onde se purgava os pecados passam a ser condenados, o homem se torna livre das punições da igreja. Em contrapartida, deve, pela força do trabalho, alcançar a benevolência divina e o autocontrole do corpo pelo trabalho, a dualidade mente/corpo se intensifica.

Os trabalhadores manuais são depreciados, pois digno é o intelectual, as mulheres, que já eram vistas como pessoas emotivas, sensíveis e instáveis, portanto, menos intelectivas e racionais, são colocadas no papel de subserviência de um tutor, o marido, a força mental. Os homens de poder são vistos como abençoados por Deus e, portanto, com direitos sobre a vida e a organização social, não se avalia os meios dessa conquista, o que se vê ostentando é o que importa, o novo digno é trabalhar, mas não qualquer labor, sim aqueles na cadeia de comando, assim justifica-se a desigualdade (SOUZA, 2020; JUNG, 2020). Pela descrição de Jung, tem-se uma ideia da força desse novo pensamento. O protestantismo foi e continua a ser um grande risco e, ao mesmo tempo, uma grande possibilidade. Se continuar o processo de sua desintegração enquanto Igreja, o homem ver-se-á despojado de todos os dispositivos de segurança e da defesa espiritual que o protegem contra a experiência imediata das forças enraizadas no inconsciente, e que esperam sua libertação. Observe-se a incrível crueldade de nosso mundo supostamente civilizado – tudo isso tem sua origem na essência humana e em sua situação espiritual! Observe-se os meios diabólicos de destruição! Foram inventados por *gentlemen* inofensivos, cidadãos pacatos e respeitados e tudo aquilo que se possa desejar. E se tudo explodir, abrindo-se um inferno indescritível de destruição, parece que ninguém será responsabilizado por isso. É como se as coisas simplesmente acontecessem, no entanto, tudo é obra do homem.

Mas, como cada um está cegamente convencido de não ser mais do que uma simples consciência, muito humilde e sem importância, que cumpre regularmente suas obrigações, ganhando seu modesto sustento, ninguém percebe que toda a massa racionalmente organizada a que se dá o nome de Estado ou Nação é impelida por um poder, aparentemente impessoal, invisível, mas terrível, cuja ação ninguém ou coisa alguma pode deter (JUNG, 2020, p. 47). Outro fato a se considerar é que a Bíblia, promovida a todos, dá margem a várias interpretações, sendo usada de acordo com o discurso que se quer. Soma-se a isso veneração à ciência, inaugurado pelo Iluminismo, derivando disso a intensificação de patologias e categorizações de pessoas e a exploração dos corpos, todo tipo de miséria moral são ratificadas por essas forças. São várias as preocupações advindas dessas prerrogativas, já que uma verdade única pregada nas religiões ditas cristãs tem trazido à tona. Todas as outras formas de ver o mundo são condenadas e todas as formas de ser que não condizem com esses preceitos são mortos ou desprezados, de forma contínua.

Porque Lutar

Em 2022, o Brasil foi recorde de feminicídio, uma mulher morta a cada seis horas, dados obtidos no site do G1, em outra pesquisa. O *site* Agência Brasil mostra o aumento de 33% de mortes de pessoas LGBTIA+, estando entre as vítimas um garoto de treze anos, também denuncia as subnotificações dos casos pelas autoridades. Continuando as consultas, agora sobre as mortes de negros no Brasil, o mesmo *site* Agência Brasil dá voz à diretora executiva do FBSP, Samira Bueno, que diz que, graças à estrutura racial brasileira, há um grande número de homicídios de negros no Brasil. O *site* da *BBC News* afirma que oito de dez pessoas mortas no Brasil são negros. No G1 encontramos a informação do aumento de assassinatos de indígenas nos últimos anos. O mesmo *site* declara que muitos deficientes estão abaixo da linha de extrema pobreza. Também no G1, o índice de violência nas escolas aumentou vertiginosamente. Todos esses casos devem ser levados em conta e deve-se inquerir sobre o real motivo desses atos. É de urgência pensarmos no que se está formando nas escolas, ela não é a única responsável por esses problemas. Como já foi afirmado anteriormente, não é apenas a escola que educa, a família e a igreja também.

Portanto, é importante que, mesmo todos os movimentos tendo pleitos e pautas diversas, é necessário união, já que aqueles que exercem poder e modelam a sociedade são os mesmos, para todos os segmentos, se houver união poderá haver pressão contrária suficiente para lograr a vitória contra o preconceito, contra a pauperização da educação e a estupidificação da humanidade.

Se há um lugar de luta, esse lugar é a escola, nele se dá entrada ao mundo e por ele se aprende a estar no mundo, portanto, esse é o lugar propício para o desvendar das formas de subordinação. Não tem sido fácil, mas tem-se conseguido algumas vitórias, elas devem ser pronunciadas e divulgadas, pois a descrença é uma das ferramentas mais usadas para empobrecer a discussão e desacreditar qualquer crença de melhora, sendo então um dos utensílios de maior poder sobre as pessoas. Desacreditar o que se ensina, desacreditar a cultura, desacreditar a luta, é enfraquecer o concorrente. Em coro pelo respeito, dignidade, direitos, igualdade e educação para todos. Acreditar que apenas com leis é possível mudar a realidade é um delírio, para a verdadeira mudança deve-se mudar a forma de pensar dos indivíduos e acrescer suas subjetividades com significados diversos, com horizontes mais amplos.

Referências

ATLAS DA VIOLÊNCIA. **Assassinatos de negros crescem 11,5% em 10 anos.** Disponível em: https://agenciabrasil.ebc.com.br/geral/noticia/2020-08. Acesso em: 10 abr. 2023.

ACABAYA, Cíntia. **Taxa de Assassinatos de Indígenas Aumenta 21,6% em Dez Anos Enquanto de Homicídios em Geral cai, de Atlas da Violência.** Disponível em: https://g1.globo.com/sp/sao-paulo/noticia/2021/08/31. Acesso em: 10 abr. 2023.

BLOOM, Harold. **Onde Encontrar a Sabedoria?** Rio de Janeiro: Objetiva, 2005.

CARRARA, Kester. **Introdução à Psicologia da Educação; Seis Abordagens.** São Paulo: Avercamp, 2004.

ESTÉS, Clarice Pínkola, **Mulheres que correm com os lobos** – Mitos e histórias do Arquétipo da Mulher Selvagem. Rio de Janeiro: Rocco, 1994.

FOUCAULT, Michel. **Nascimento da Biopolítica:** Curso dado no Collège de France (1978-1979). São Paulo: Martins Fontes, 2008.

GOLDEMBERG, José. O Repensar da Educação no Brasil. **Estudos Avançados,** v. 7, n. 18, p. 65-137. 1993. Disponível em: https://www.revistas.usp.br/eav/article/view/9623. Acesso em: 11 abr. 2023.

GUGEL, Maria Aparecida. **A Pessoa com Deficiência e sua Relação com a História da Humanidade.** Ampid. Associação Nacional dos Membros do Ministério Público de Defesa dos Direitos das Pessoas com Deficiência. Disponível em: https://www.ampid.org.br. Acesso em: 11 abr. 2023.

HARARI, Yuva Noah. **Sapiens** – Uma breve história da humanidade. Porto Alegre: L&PM, 2018.

JUNG, Carl Gustav. **Psicologia da Religião Ocidental e Oriental.** Petrópolis: Vozes, 1983.

KRENAK, Ailton. **Ideias para Adiar o Fim do Mundo**. 2. ed. São Paulo: Companhia das Letras, 2020.

MUNANGA, Kabenguele. **Negritude:** usos e sentidos. 4. ed. Belo Horizonte: Autêntica, 2019.

RIBEIRO, Darci. **O Processo Civilizatório:** estudos de Antropologia da Civilização; Etapas da Evolução Sociocultural. 9. ed. Petrópolis: Vozes, 1987.

SAÉZ, Javier. CARRASCOSA, Sejo. **Pelo Cu – Políticas anais.** Salvador: Devires, 2022.

SILVA, Maria Beatriz Nizza da. A História da Mulher no Brasil: Tendências e Perspectivas. **Revista do Instituto de Estudos Brasileiros,** v. 27, p. 75-91. 1987. Disponível em: https://doi.org/10.11606/issn.2316-901X.v0i27p75-91. Acesso em: 12 abr. 2023.

SOUZA, Jessé. **A Guerra contra o Brasil.** Rio de Janeiro: Estação Brasil Sextante, 2020.

TEIXEIRA, Aniso. **A Educação e a Crise Brasileira.** São Paulo: Editora Nacional, 1956.

VIECELI, Leonardo. **Metade das escolas do 1° ao 5° ano não tem infraestrutura para alunos com deficiência**, 2022. Disponível em: https://www1.folha.uol.com.br/cotidiano. Acesso em: 11 abr. 2023.

38° edição Câmara dos Deputados. Disponível em: https://www2.camara.leg.br/atividade-legislativa/comissoes/comissoes-permanentes Boem, Camila. **Números de Mortes Violentas de Pessoas LGBTQI+ subiu 33,3% Em Um Ano**. Disponível em: https://agenciabrasil.ebc.com.br/direitos-humanos/noticia/2022. Acesso em: 11 abr. 2023.

ESTATUTO DA IGUALDADE RACIAL, POR UM BRASIL POSSÍVEL

Carla Cristina Mafra Ribeiro[129]

Introdução

No Brasil, a Lei Nº. 12.288/10, de autoria do Senador Paulo Paim, instituiu o Estatuto da Igualdade Racial. Segundo o Artigo 1º, o Estatuto da Igualdade Racial tem por objetivo "combater a discriminação racial e as desigualdades raciais que atingem os afro-brasileiros, incluindo a dimensão racial nas políticas públicas desenvolvidas pelo Estado". Discriminação racial é definida pelo texto legal como "toda distinção, exclusão, restrição ou preferência baseada em raça, cor, descendência ou origem nacional ou étnica que tenha por objeto anular ou restringir o reconhecimento, gozo, ou exercício, em igualdade de condições, de direitos humanos e liberdades fundamentais" (Art. 1º, § 1º). Já desigualdades raciais, por sua vez, como sendo "situações injustificadas de diferenciação de acesso e gozo de bens, serviços e oportunidades, na esfera pública e privada". Segundo o autor do projeto:

> "Não queremos a cultura afro-brasileira vista, sentida e experimentada somente nas práticas religiosas, música ou alimentação. Queremos a cultura do negro inserida nas escolas, no mercado de trabalho, nas universidades, pois o negro faz parte do povo brasileiro. Cultivar as raízes da nossa formação histórica evidentes na diversificação da composição étnica do povo é o caminho mais seguro para garantirmos a afirmação de nossa identidade nacional e preservarmos os valores culturais que conferem autenticidade e singularidade ao nosso país. É imprescindível que haja união entre as pessoas, povos, nacionalidades e culturas. Todos os esforços para

---

129 Licenciada em História pela UNIFAP. Coordenadora Pedagógica da Educação Básica pela Secretaria Estadual de Educação do Estado do Amapá. *E-mail*: carlamafra.ap@gmail.com

combater as barreiras discriminatórias são subsídios concretos para a formação de um novo ser humano, capaz de elevar-se à altura de seu destino e evitar destruir a si mesmo".

Então, como surgiu essa lei?

De autoria do deputado Paulo Paim, atualmente senador, a Lei Nº. 12.288/2010 foi promulgada em 20 de julho de 2010. Contudo, esse processo teve início bem antes, ainda como um PL 3198/2000, no ano de 2000. Assim, o PL prolongou-se por uma década de tramitação na Câmara dos Deputados e no Senado Federal, com subsequentes emendas que iam alterando, complementando ou retirando propostas e formulações Estatuto.

E o que é o Estatuto da Igualdade Racial?

Logo em seu 1º artigo, o Estatuto já nos informa do que se trata. Podemos entender que esta Lei foi criada de forma a tentar efetivar a igualdade de condições e acesso a uma parcela cumulativa da população – pretos e pardos – que historicamente, nenhum período escravocrata e depois dele, passa por discriminação racial e desigualdades de acesso aos direitos considerados básicos.

Foi pela ideia central de defender os direitos básicos dessa parte da população que o Estatuto surgiu, com muito valor e importância para aqueles que entendem que as desigualdades de gênero e raça precisavam ser discutidas e estruturadas no âmbito político e jurídico.

Diante disso, tem como princípio apresentar que é **dever do Estado** a garantia e o estabelecimento de políticas públicas para a aplicabilidade desses direitos, bem como definir, por meio de seu texto-base, quais são esses direitos fundamentais. O objetivo da Lei é planejar, garantir e colocar em prática ações que permitem o desenvolvimento dessa igualdade, propondo um texto-base, como já mencionado, que pode ser aplicado em prol de políticas públicas e ações afirmativas.

Então, como é dividido esse texto-base da Lei Nº. 12.288/2010?

Em seus 65 artigos, compostos de 4 títulos com divisões e subdivisões temáticas, como principais partes que integram o texto-base dessa Lei são:

1. As disposições iniciais do Estatuto (o que a lei determina, basicamente, e o que é entendido por desigualdade racial, discriminação étnico-racial, entre outros conceitos elencados);

2. Os direitos fundamentais (no caso, como bases que devem ser asseguradas para uma população de negros e pardos no país e a garantia de igualdade de acesso);

3. A respeito do SINAPIR (Sistema Nacional de Promoção da Igualdade Racial);

4. As disposições finais da Lei.

Mas como ocorre, na prática, uma organização de políticas públicas com base no Estatuto?

Lembram-se que, anteriormente, nesse texto, mencionamos o SINAPIR? Então, o **SINAPIR (Sistema Nacional de Promoção da Igualdade Racial)** foi criado para que pudesse organizar e articular, na prática, projetos, políticas públicas e ações afirmativas destinadas a erradicar ou minimizar as desigualdades raciais no país. Esse sistema veio para trazer um maior alcance aos objetivos da Lei Nº. 12.288 e o que foi disposto.

O poder público federal, através deste sistema, transfere recursos aos estados, Distrito Federal e municípios que desejam promover a igualdade racial em suas regiões. Tais instâncias públicas aderem ao SINAPIR e realizam planos de implementação para políticas públicas e ações afirmativas que visem a contribuir para minimizar impactos causados pelas desigualdades étnicas em seus estados e municípios.

E qual a estrutura por trás disso?

O poder público federal tem um órgão chamado SNPIR (Secretaria Nacional de Promoção da Igualdade Racial). O SNPIR está inserido no Ministério da Mulher, da Família e dos Direitos Humanos (MMFDH). O

SINAPIR, por sua vez, está contido no SNPIR. Mas é o SNPIR que realiza os termos de adesão e compromisso. Ou seja, os estados e municípios solicitam adesão por meio do SNPIR.

O SINAPIR é apenas um sistema desenvolvido para promover, formular e garantir políticas públicas de forma descentralizada, realizando a distribuição dos recursos e formalizando o que foi disposto no Estatuto. Para que essa adesão aconteça, os estados e municípios devem ter como requisitos um órgão público que seja voltado à promoção da igualdade racial, em sua localidade, e um **Conselho de Promoção da Igualdade Racial** em funcionamento.

Só depois de preenchidos esses requisitos é que um ente federado pode aderir. É a partir daí que há (ou deveria haver) o incentivo do poder público federal para que estados e municípios possam se empenhar, se conscientizar e participar do SINAPIR.

O que financia as iniciativas de promoção de igualdade?

Sobre o financiamento de iniciativas de promoção da igualdade racial, com base no Estatuto, determina-se, em um inciso do Artigo 56, que:

> § 1º O Poder Executivo federal é autorizado a adotar medidas que garantam, em cada exercício, a transparência na alocação e na execução dos recursos necessários ao financiamento das ações previstas neste Estatuto, explicitando, entre outros, a proporção dos recursos orçamentários destinados aos programas de promoção da igualdade, especialmente nas áreas de educação, saúde, emprego e renda, desenvolvimento agrário, habitação popular, desenvolvimento regional, cultura, esporte e lazer.

Uma iniciativa recente, tomada com base no Estatuto, foi o **Plano Estadual de Promoção da Igualdade Racial** da Paraíba (PlanePIR). Tal iniciativa comprometeu-se em designar, para a agenda de execução de políticas públicas desse município, demandas da população negra e de povos originários, abrangendo algum dos eixos mencionados pelos direitos fundamentais contidos no Estatuto, como, por exemplo, *"do direito à liberdade de consciência e de crença"*, reconhecendo e realizando o cadastramento de Casas de Matriz Africana. Além disso, em nível nacional, outro exemplo concreto que ocorreu foi a política de cotas para o serviço público e para o Ensino Superior, ainda hoje, assunto polêmico e que gera divisões.

Apesar de certos avanços, há muitos desafios de implementação para a Lei Nº. 12.288/10, e apesar da adesão de 20 estados brasileiros ao SINAPIR, apenas 71 municípios brasileiros solicitaram inclusão ao sistema desde o seu surgimento, segundo dados divulgados até o período de novembro de 2019.

Debates públicos em torno do Estatuto da Igualdade Racial

Aconteceram grandes debates públicos nos períodos finais em que a Lei Nº. 12.288/2010 estava sendo promulgada. Não houve um consenso geral definitivo. Alguns justificavam que não havia a necessidade de um estatuto específico com demarcação étnica, já que tal conotação racializada sobre o tema, por meio de uma Lei, só traria mais divisão, provocando ainda mais *segregações* com uma medida tão especializada para os negros. Para estes, a pobreza e as desigualdades socioeconômicas podem explicar grande parte das mazelas sociais no Brasil.

Essa explicação tem lá seus embasamentos e razões, mas foi, aos poucos, sendo repensada e refletida por uma outra vertente, que achava necessário um entendimento que possibilitasse compreender a trajetória histórico-social da população negra no Brasil, e que ela se diferenciava daquela percorrida pelos(as) brancos(as) na História do país. Tal parcela desses grupos, junto ao Movimento Negro, ressaltou que as questões em torno de um debate étnico no Brasil são primordiais para compreender como essas **desigualdades raciais** se desenvolveram ao longo do tempo.

Para uma rápida compreensão do que foi esse Movimento Negro, temos que seu início ocorreu já na fase do período republicano em 1889, em uma organização que é diferente da que ocorre nos dias atuais. Tal movimento foi refletindo a participação dos(as) negros(as) e pardos(as) no Brasil, e pensando políticas de igualdade racial em sua trajetória, estruturando e participando de formas que viabilizassem direitos e garantias para ir erradicando injustiças sociorraciais.

A importância do Estatuto da Igualdade Racial

Contudo, pelo que vimos, há quem entenda o Estatuto como algo mais simbólico do que prático. Isso pode ser explicado com o fato de o próprio contexto da política brasileira e a estruturação social após a abolição da escravatura no Brasil, em 1888, ter facilitado certas permanências em relação a desigualdade étnica. Junto a isso temos a **democracia racial**, que foi muito difundida no Brasil. Esse pensamento foi mais fortemente difundido na Era Vargas (1930-1945), dizendo que as etnias existentes no Brasil têm uma certa igualdade de tratamento e de acesso devido a uma natural tolerância étnica, uma vez que o país já seria pluricultural e miscigenado por natureza, não havendo espaços para existência das desigualdades com base racial.

Tal ideia de democracia racial, aliada a uma estrutura política com maioria composta por pessoas brancas, no qual certa parte dessa maioria não reconhece o racismo como um problema estrutural em nossa sociedade (e uma considerável parte da sociedade também não vê o racismo dessa forma).

Com certas permanências em torno da naturalização das desigualdades raciais ao longo da história e de poucas atitudes do Estado para com a real aplicabilidade do que está no Estatuto da Igualdade Racial, é que vem o entendimento de que ele se apresenta mais simbolicamente do que na prática. Apesar dessa constatação, podemos mencionar sua importância quando verificamos que foi pela existência do Estatuto que outras problemáticas recentes puderam ser evidenciadas. Outra questão é que a Lei Nº. 12.288/10 propôs um caminho no modo como essa igualdade racial pode ser concretizada aos poucos.

Sua importância se interliga ao fato de que, com sua existência, evidenciou-se algumas garantias e uma melhor estruturação de iniciativas e recursos para o financiamento de políticas públicas destinadas a diminuir as diferenças relacionadas a pauta racial no país. Para o cenário jurídico, social, e também político, o Estatuto da Igualdade Racial no Brasil veio trazendo **legitimidade e maior viabilidade** de aplicação do que antes, por parte de cada estado e município, no combate ao racismo e às desigualdades de oportunidades e de acesso entre brancos e negros.

Diante do exposto, está demonstrada a real necessidade em compreendermos a existência da Lei Nº. 12.288/10 e seu nível de amplitude e importância para os(as) negros(as) e pardos(as) deste país e para toda a população brasileira, em um contexto geral.

Considerações Finais

Ante o exposto, pode-se concluir que o Estatuto da Igualdade Racial representa um importante marco no contexto histórico brasileiro, reforçando os pilares do Estado Democrático de Direito.

A norma busca explicitar os ditames constitucionais em prol da igualdade. Ante seu intuito protetivo, não exclui outras medidas em prol da população negra que tenham sido ou venham a ser adotadas no âmbito da União, dos Estados, do Distrito Federal ou dos Municípios.

Referências

MARMELSTEIN, George. **Curso de direitos fundamentais**. 6. ed. rev., atual. e ampl. São Paulo: Atlas, 2016.

OLIVEIRA, Sidney de Paula. **O Estatuto da Igualdade Racial.** Selo Negro, 2013.

SANTOS, Celso José dos. O Estatuto da Igualdade Racial: avanços, limites e potencialidades. **Cadernos de Educação**, Brasília, n. 23, p. 147-163, jul./dez. 2010. Acesso em: 26 nov. 2019.

SARLET, Ingo Wolfgang. **A eficácia dos direitos fundamentais.** Porto Alegre: Livraria do Advogado, 1998.

SARLET, Ingo Wolfgang. **Dignidade da pessoa humana e direitos fundamentais da Constituição Federal de 1988.** 2. ed. Porto Alegre: Livraria do Advogado, 2002.

SUPREMO TRIBUNAL FEDERAL. ADC 41, Relator(a): Min. ROBERTO BARROSO, Tribunal Pleno, julgado em 08/06/2017, PROCESSO ELETRÔNICO DJe-180 DIVULG 16-08-2017 PUBLIC 17-08-2017).

VITORELLI, Edilson. **Estatuto da Igualdade Racial e comunidades quilombolas.** 4. ed. rev. amp. e atual. Salvador: Juspodvm, 2017.

A TRAJETÓRIA DA POPULAÇÃO NEGRA NO ENSINO FUNDAMENTAL NAS ESCOLAS PÚBLICAS DO BRASIL: acesso e permanência dos alunos negros – considerações preliminares

Antonio Henrique França Costa[130]

Introdução

Ao estudarmos sobre a Escola Básica Brasileira, fazendo uma breve análise sobre o Ensino Fundamental, faz-se necessário compreendermos o processo educacional da população negra, perpassando por sua ausência e presença na escola. Nesse sentido, a historiografia nos permite refletir como ocorreu a escolarização da população negra no Brasil, o qual segundo Marcus Fonseca (2012), foi ocasionado por um processo educacional diferenciado com diferentes contextos históricos.

Ao pensarmos a educação brasileira a partir dos referenciais históricos poderemos traçar uma linha temporal do percurso do processo educacional dos negros desde tempos remotos. Neste estudo, teremos como marco inicial de analise o período do Brasil Colônia. A partir das afirmações de Marcia Araújo e Genildo Silva (2005), destacamos que durante o período do Brasil colônia (desde 1530), referente ao ensino, os jesuítas implantaram no Brasil:

> um ensino livresco, que não levava em consideração a realidade local. Desta forma, a educação durante o período do Brasil Colônia, caracterizava-se por aulas avulsas das quais eram responsáveis professores improvisados, neste contexto os negros escravizados não tinham acesso à educação formal (ARAÚJO; SILVA 2005, p. 20).

---

130 Doutorando pelo Doutorado em Rede em Educação na Amazônia – EDUCANORTE/ PGEDA). *E-mail:* profhenriquefrancauema@gmail.com

Portanto, a educação jesuítica, implantada no período colonial, era o principal instrumento de "civilidade" e doutrinação dos habitantes do Brasil. E para os(as) negros(as) ela foi utilizada como controle e disciplinarização das atividades relacionadas ao trabalho escravo (FONSECA, 2002, p. 50).

Segundo Marcus Fonseca e Surya Barros (2016), no período imperial, desde 1808, com a vinda da Coroa Portuguesa para o Brasil, destaca-se, referente à educação, a criação das escolas de primeiras letras. E em relação a educação do povo negro, a Constituição de 1824 oficializava a proibição da educação (instrução) aos escravizados. Garantia a educação pública e gratuita para os homens e mulheres nascidos livres no Brasil. Destaca-se que a criação, em 1827, em São Paulo, das primeiras universidades, eram frequentadas somente pelas elites.

Marcus Fonseca e Surya Barros (2016) destacam que, em 1854, foi implementado o Decreto Nº. 1331, o qual determinava a inclusão de crianças a partir de 7 anos nas escolas de primeiras letras, sendo que, para ingressar nessas escolas públicas e gratuitas, elas não podiam ser escravas e nem portadoras de doenças contagiosas, dessa forma, apresentavam-se barreiras para que crianças negras tivessem acesso à educação, e essas barreiras, assim como outras dificuldades, foram criadas para impedirem que crianças negras dessem continuidade aos seus estudos. Observa-se ainda que as crianças negras nesse período que estavam nas camadas subalternas sofriam racismo dentro do ambiente escolar, o que tornava o ato de estudar algo bem difícil.

Segundo Surya Barros (2005), por mais que os(as) negros(as) libertos(as) alcançassem o ambiente escolar, deveriam superar os diversos obstáculos que os(as) impediam de prosseguir com os seus estudos, a autora afirma ainda que:

> Um dos principais obstáculos seria o acesso às letras, pois a mesma seria um elemento para distanciar ainda mais os brancos (que se consideravam superiores) e negros (considerados inferiores), mesmo sendo gratuito e obrigatório o ensino básico (BARROS, 2005, p. 91).

Referente às reformas educacionais propostas nas primeiras décadas do Brasil República (a partir de 1889), elas não possibilitavam efetivamente o acesso da população negra à educação formal, muitas das barreiras impostas no período imperial continuavam sendo desafios a serem superados pela população negra para terem acesso à educação pública e gratuita. Nesse sentido, destacamos as considerações de Marcus Fonseca e Surya Barros (2016), que afirmam que:

> Desde seus primórdios, a educação na República tinha um projeto educacional específico para os brancos, sendo uma educação desenvolvimentista, e para os negros uma educação cristalizada no estereótipo da escravidão (FONSECA; BARROS, 2016, p. 128).

De acordo com Gisele Chaves (2017), apesar das barreiras impostas, negros(as) conseguiram acessar as escolas no final do século XIX, a partir da implementação do chamado ensino popular nas escolas profissionalizantes, escolas estas que eram responsáveis em formar a mão de obra para o processo de industrialização do país. Esses(as) negros(as), que começaram a ter acesso à educação, formaram uma classe média intelectualizada, que começou nas primeiras décadas do século XX, a lutar pela escolarização e melhoria nas condições de vida da população negra, nesse período foram criadas várias associações negras, uma das mais promissoras foi a Frente Negra Brasileira (FNB), no período de 1931-1937.

Posteriormente a esse período, e o que vigorou o regime da ditadura militar no Brasil, como destacam Kanenguele Munanga e Nilma Gomes (2006), tivemos outras experiências relacionadas à inclusão do(a) negro(a) no sistema educacional brasileiro, oriundas da organização/rearticulação dos processos de luta e reivindicação do Movimento Social Negro.

Breve Análise sobre a situação da Educação Básica (Ensino Fundamental) no Brasil

Para fazermos uma análise inicial sobre a Educação Básica e a escolarização do(a) negro(a), no que tange ao Ensino Fundamental no Brasil, utilizaremos os dados de duas pesquisas realizadas em 2018 pelo Inep, sobre Censo Escolar[131], e de uma pesquisa realizada em 2019 pelo IBGE, sobre Educação

---

131 BRASIL. Instituto Brasileiro de Estudos e Pesquisas Educacionais Anísio Teixeira (Inep). **Censo Escolar 2018**. Brasília, DF: Inep, 2018. Disponível em: https://www.gov.br/inep/pt-br Acesso em: 10 fev. 2022.

Básica[132]. A partir dos dados identificados, pretende-se fazer o levantamento de dados empíricos, problematização e alargamento de fontes de registro.

Referente à primeira pesquisa do Inep de 2018, ela refere-se aos dados sobre a Educação Básica, as informações divulgadas pelo Índice de Desenvolvimento da Educação Básica – IDEB (2018), e demonstram uma pequena melhora na Educação Básica no Brasil nos últimos anos. De acordo com as informações socializadas, mais de 50% das crianças em nosso país tem acesso à Educação Básica. Esses dados revelam também que temos dificuldades quanto ao avanço do ensino, pois muitas crianças precisam repetir o ano escolar ou abandonar os estudos para trabalhar. Essa pesquisa revela ainda que o país não alcançou as metas correspondentes aos Anos Finais do Ensino Fundamental.

Referente à segunda pesquisa, também realizada em 2018 pelo Inep, ela revela que houve um aumento nas desigualdades educacionais entre brancos e negros no Brasil, desde a creche até a conclusão do Ensino Fundamental, os dados revelam que:

- Na etapa inicial da Educação Infantil (de 0 a 3 anos), referente a matrícula: 32% das crianças eram pardas e 39% das crianças eram brancas;

- Referente às matrículas de crianças de 6 a 14 anos no Ensino Fundamental: ao compararmos as taxas de matrícula entre brancos, pretos e pardos, a porcentagem é muito próxima: 98,3%, 97,7% e 97,8%, respectivamente. Contudo, a realidade se mostra diferente quando o assunto se trata de oportunidades educacionais. Pois, no 5º ano do Ensino Fundamental, de acordo com o Inep, 41,4% dos pretos e 62,5% dos pardos possuíam aprendizagem adequada em língua portuguesa em 2017. Os brancos nessa condição contabilizavam 70% da totalidade. Em matemática, as diferenças permanecem: 29,9% dos pretos, 49,2% dos pardos e 59,5% dos brancos também tinham aprendizagem adequada. Ao final da etapa, a situação continua: pretos e pardos, que têm acesso a escolas com piores infraestruturas e, estatisticamente, vêm de famílias mais vulneráveis, possuem índices menores em comparação aos brancos. Ao final do 9º ano do Ensino

---

132 INSTITUTO BRASILEIRO DE GEOGRAFIA E ESTATÍSTICA (IBGE). **Pesquisa Nacional por Amostra de Domicílios**: pesquisa sobre educação básica. Rio de Janeiro: IBGE, 2019. Disponível em: https://agenciadenoticias.ibge.gov.br/agencia-sala-de-imprensa/2013--agencia-de-noticias/releases/28285-pnad-educacao-2019-mais-da-metade-das-pessoas-de-25-anos-ou-mais-nao-completaram-o-ensino-medio. Acesso em: 5 out. 2023.

Fundamental, em língua portuguesa, 51,5% dos brancos tinham aprendizagem adequada, frente a 36,3% dos pardos e 28,8% dos pretos. Em matemática, 32%, 17,9% e 12,7%, respectivamente. Dados também de 2017.

Os dados, anteriormente destacados nas duas pesquisas realizadas pelo Inep, nos fazem refletir que ainda temos muito a avançar em relação a garantia do direito à educação, como contido no Artigo 5º da constituição de 1988, e a efetivação de um sistema educacional que garanta a educação para todos os brasileiros, pois isso não será tarefa fácil, principalmente se levarmos em consideração que o racismo é estrutural e mostra a sua face mais perversa na educação básica, como destacam os estudos de Abdias do Nascimento (2002).

A terceira pesquisa, realizada em 2019 pelo IBGE, apresenta dados sobre abandono escolar e destaca que, no total, 56,4 milhões de pessoas frequentavam a escola ou creche em 2019. A taxa de escolarização foi de 35,6% (3,6 milhões) para crianças de 0 a 3 anos; 92,9% (5 milhões) na faixa de 4 e 5 anos; 99,7% (25,8 milhões) dos 6 aos 14 anos – percentual próximo à universalização; 89,2% (8,5 milhões) de 15 a 17 anos; 32,4% (7,3 milhões) de 18 a 24 anos; e 4,5% (6,1 milhões) para 25 anos ou mais. O atraso ou abandono escolar atingia 12,5% dos adolescentes de 11 a 14 anos e 28,6% das pessoas de 15 a 17 anos.

Dentre outros indicadores, essa pesquisa realizada em 2019 mostrou ainda que a taxa de analfabetismo está em 6,6%, o que corresponde a 11 milhões de pessoas, sendo que mais da metade (56,2% ou 6,2 milhões) vive na região Nordeste. Para pretos e pardos, a taxa é 5,3% maior do que para brancos (8,9% e 3,6%).

Podemos afirmar que as pesquisas (Inep, 2018 e IBGE, 2019) revelam que precisamos urgentemente revisar as políticas educacionais relacionadas à Educação Básica, a fim de propor melhorias para o ensino. É necessário olhar para o sistema educacional brasileiro como um todo, pensando não só nos(as) alunos(as), mas também nos(as) professores(as), pois a Educação Básica brasileira é deficitária. Dessa forma, faz-se necessário que o governo federal e as esferas estaduais e municipais invistam no setor educacional (como preconiza a constituição de 1988 e a LDB de 1996), e garantam um ensino de qualidade para a população, principalmente para população negra, pois como bem destaca Florestan Fernandes (2008): "a arma mais eficaz a ser utilizada contra o racismo é a educação", por isso que esse bem tão precioso é negado para a população negra.

Considerações Finais

Esperamos que este estudo contribua para uma maior compreensão sobre a desigualdade no sistema educacional brasileiro e que possa subsidiar ações e políticas que busquem a inclusão e a equidade no ambiente escolar para a população negra.

Constatamos que são muitos os desafios na educação brasileira, mas podemos considerar que só haverá uma mudança significativa na educação em nosso país quando a nossa sociedade compreender a necessidade de reivindicarmos uma educação de qualidade, na qual façamos parte, exigindo do Estado brasileiro que respeite as especificidades da nossa população e implemente, em relação à educação, o que preconiza a Constituição de 1988, a LDB (9394/96), com as suas alterações como a Lei Nº. 10.639/2003 e a Nº. 11.645/2008, e as Diretrizes Curriculares Nacionais para a Educação das Relações Étnico-Raciais e para o Ensino de História e Cultura Afro-Brasileira e Africana (Brasil, 2004).

A partir da legislação específica sobre a Educação Básica no Brasil, descrita neste estudo[133], podemos perceber que o alicerce da transformação social está pronto para edificar as transformações necessárias em nossa sociedade pois, como bem destaca Nilma Gomes (2017), se a educação é um direito de todos, todos somos responsáveis em lutar para termos uma sociedade mais justa e igualitária onde a população negra tenha acesso ao ensino público de qualidade. Pois, a desigualdade racial persiste na negação do acesso e permanência dos(as) estudantes negros(as) na Educação Básica, em especial no Ensino Fundamental. Nesse sentido, reafirmamos através dessas reflexões, o que em estudos anteriormente realizados por Wilma Coelho e Carlos Aldemir Silva (2016), revelam sobre a importância em trabalharmos o currículo para relações étnico-raciais na formação de professores, a fim de combater o racismo estrutural presente nas instituições de ensino e na prática docente.

---

133 Constituição de 1988, a LDB (9394/96), com as suas alterações como a Lei Nº. 10.639/2003 e a Nº. 11.645/2008, e as Diretrizes Curriculares Nacionais para a Educação das Relações Étnico-Raciais e para o Ensino de História e Cultura Afro-Brasileira e Africana (Brasil, 2004).

Referências

ARAÚJO, Márcia; SILVA, Geraldo. Da interdição escolar às ações educacionais de sucesso: escolas dos Movimentos Negros e Escolas Profissionais. *In*: ROMÃO. Jeruse. *et al*. (Org.). **História da Educação do Negro e outras histórias**. Secretaria de Educação Continuada, Alfabetização e Diversidade. Brasília: Ministério da Educação, Secretaria de Educação Continuada, Alfabetização e Diversidade. 2005, p. 65-78.

BARROS, Surya A. P. Discutindo a Escolarização da População Negra em São Paulo entre o final do séc. XIX e início do XX. *In*: ROMÃO, Jeruse. *et al*. (Org.). **História da Educação do Negro e outras histórias.** Secretaria de Educação Continuada, Alfabetização e Diversidade. – Brasília: Ministério da Educação, Secretaria de Educação Continuada, Alfabetização e Diversidade, 2005, p. 79-92.

BRASIL. **Constituição da República Federativa do Brasil**. Brasília, DF: Senado, 1988.

BRASIL. Instituto Brasileiro de Estudos e Pesquisas Educacionais Anísio Teixeira (Inep). **Resumo Técnico**: Censo Escolar da Educação Básica 2018. Brasília, DF: Inep, 2018. Disponível em: https://download.inep.gov.br/educacao_basica/censo_escolar/notas_estatisticas/2018/notas_estatisticas_censo_escolar_2018.pdf Acesso em: 10 fev. 2022.

BRASIL. **Lei Nº. 10.639 de 9 de janeiro de 2003.** Altera a Lei Nº. 9.394/1996, que estabelece as diretrizes e bases da educação nacional, para incluir no currículo oficial da Rede de Ensino a obrigatoriedade da temática "História e Cultura Afro-brasileira", e dá outras providências. Diário Oficial da República Federativa do Brasil. Brasília, DF, 9 jan. 2003. Disponível em: http://www.planalto.gov.br/ccivil_03/leis/2003/L10.639. htm. Acesso em: 12 jun. 2022.

BRASIL. **Lei Nº. 11.645, de 10 de março de 2008**. Altera a Lei Nº. 9.394, de 20 de dezembro de 1996, modificada pela Lei Nº. 10.639, de 9 de janeiro de 2003, que estabelece as diretrizes e bases da educação nacional, para incluir no currículo oficial da rede de ensino a obrigatoriedade da temática "História e Cultura Afro-Brasileira e Indígena". Disponível em: http://www.planalto.gov.br/ccivil_03/_ato2007-2010/2008/lei/l11645.htm Acesso em: 12 jun. 2022.

BRASIL. **Lei Nº. 9.394, de 20 de dezembro de 1996**. Estabelece as Diretrizes e Bases da Educação. Diário Oficial da União: seção 1, Brasília, p. 27833, 23 dez. 1996. Disponível em: http://www.planalto.gov.br/ccivil_03/leis/L9394.htm. Acesso em: 12 jun. 2022.

BRASIL. Ministério da Educação. **Diretrizes Curriculares Nacionais para a Educação das Relações Étnico-Raciais e para o Ensino de História e Cultura Afro-Brasileira e Africana.** Brasília: MEC, 2004. 35 p.

CHAVES, Gisele Matos. **Educação da população negra no Brasil:** dificuldades e mecanismos de resistência ao longo da história. Universidade de São Paulo. São Paulo, 2017. Disponível em: https://lemad.fflch.usp.br/node/5333. Acesso em: 2 out. 2023.

COELHO, Wilma de Nazaré Baía; SILVA, Carlos Aldemir Farias da. **Formação de Professores e Diversidade:** entre a universidade e a escola básica. São Paulo: Editora Livraria da Física, 2016. (Coleção Formação de Professores & Relações Étnico-raciais).

FERNANDES, F. **A integração do negro na sociedade de classes** (1º vol.). São Paulo: Globo, 2008.

FONSECA, Marcus Vinícius. A população negra no ensino e na pesquisa em história da educação no Brasil. *In*: FONSECA, Marcus Vinícius; BARROS, Surya Aaronovich Pombo de. (Org.). **A história da educação dos negros no Brasil.** Niterói: EdUFF, 2016, p. 23-50.

FONSECA, Marcus Vinícius; BARROS, Surya Aaronovich Pombo de (Orgs.). **A História da Educação dos Negros no Brasil**. Niterói: EdUFF, 2016.

GOMES, Nilma Lino. **O Movimento Negro educador:** saberes construídos nas lutas por emancipação. Petrópolis: Vozes, 2017.

IBGE – Instituto Brasileiro de Geografia e Estatística. **PNAD Educação 2019:** mais da metade das pessoas de 25 anos ou mais não completaram o ensino médio. Agência IBGE, Rio de Janeiro, 2019. Disponível em: https://agenciadenoticias.ibge.gov.br/agencia-sala-de-imprensa/2013-agencia-de-noticias/releases/28285-pnad-educacao-2019-mais-da-metade-das-pessoas-de-25-anos-ou-mais-nao-completaram-o-ensino-medio. Acesso em: 5 out. 2023.

MUNANGA, Kabengele; GOMES, Nilma Lino. **O negro no Brasil de hoje**. São Paulo: Global, 2006.

PEREIRA, Amilcar Araujo. A Lei 10.639/03 e o movimento negro: aspectos da luta pela "reavaliação do papel do negro na história do Brasil". **Cadernos de História**, Belo Horizonte, v. 12, n. 17, p. 25-45, 2º sem. 2011.

ROCHA, Helena do Socorro Campos da; VIANA, Bruno Jorge Abdul Massih. Invisibilização da África: apagamento da História e da Cultura do Negro na Educação Formal Brasileira. **Revista da Associação Brasileira de Pesquisadores(as) Negros(as)**

(ABPN), v. 2, n. 5, p. 115-138. 2011. Recuperado de https://abpnrevista.org.br/site/article/view/341. Acesso em: 25 set. 2021.

TODOS PELA EDUCAÇÃO. **Como é formada a Educação Básica brasileira? Entenda quais são as etapas da educação básica**. 2019. Disponível em: <https://www.educamaisbrasil.com.br/educacao/escolas/como-e-formada-a-educacao-basica-brasileira >. Acesso em: 25 set. 2021.

TODOS PELA EDUCAÇÃO. **Do Início ao Fim:** população negra tem menos oportunidades educacionais. 2018. Disponível em: <https://todospelaeducacao.org.br/noticias/do-inicio-ao-fim-populacao-negra-tem-menos-oportunidades-educacionais/#:~:text=Na%20etapa%20inicial%20da%20Educa%C3%A7%C3%A3o,jovens%2C%2053%2C9%25%20dos>. Acesso em: 27 dez. 2020.

Impresso na Prime Graph
em papel offset 75 g/m^2
fonte utilizada adobe caslon pro
junho / 2024